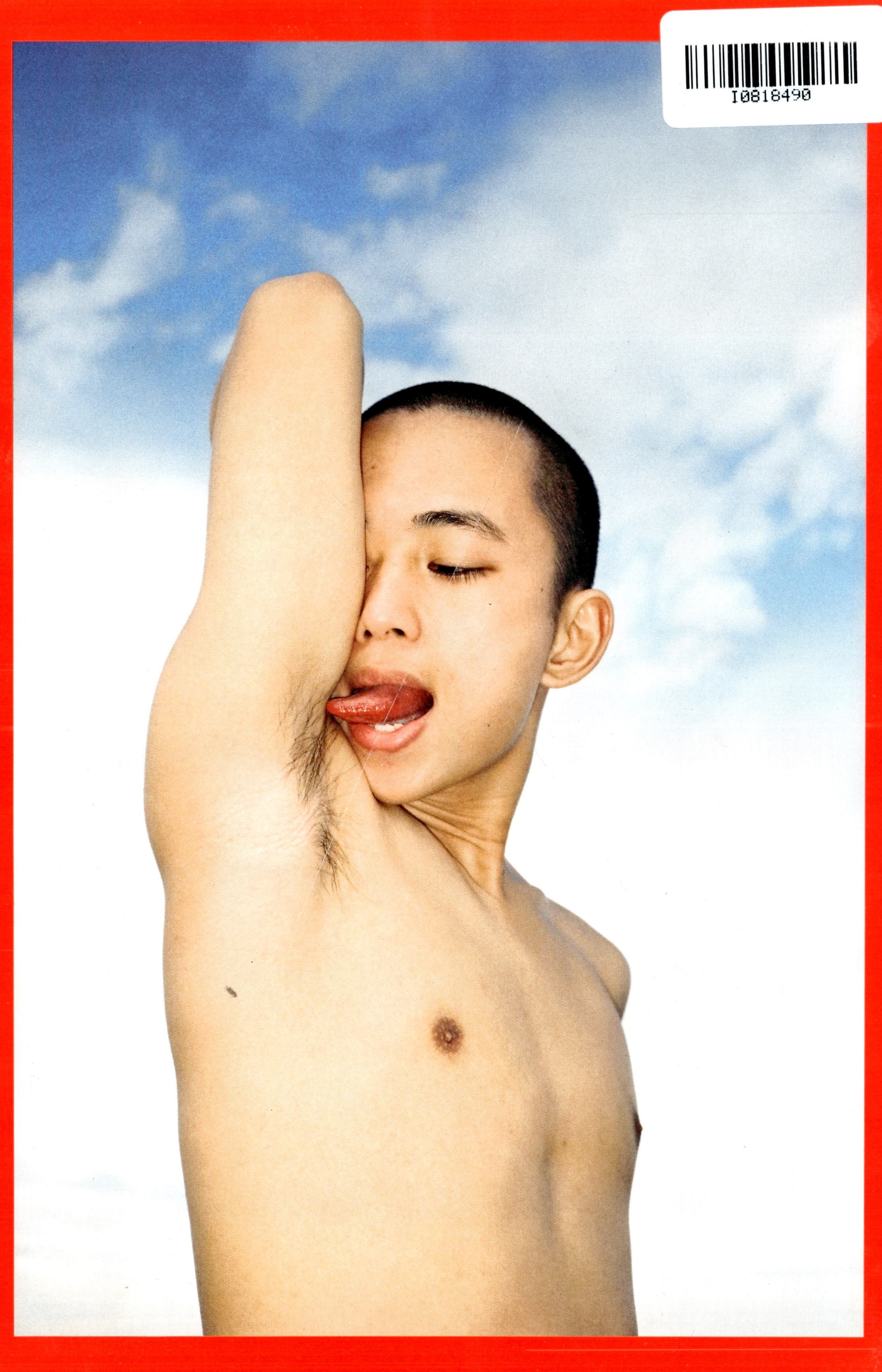

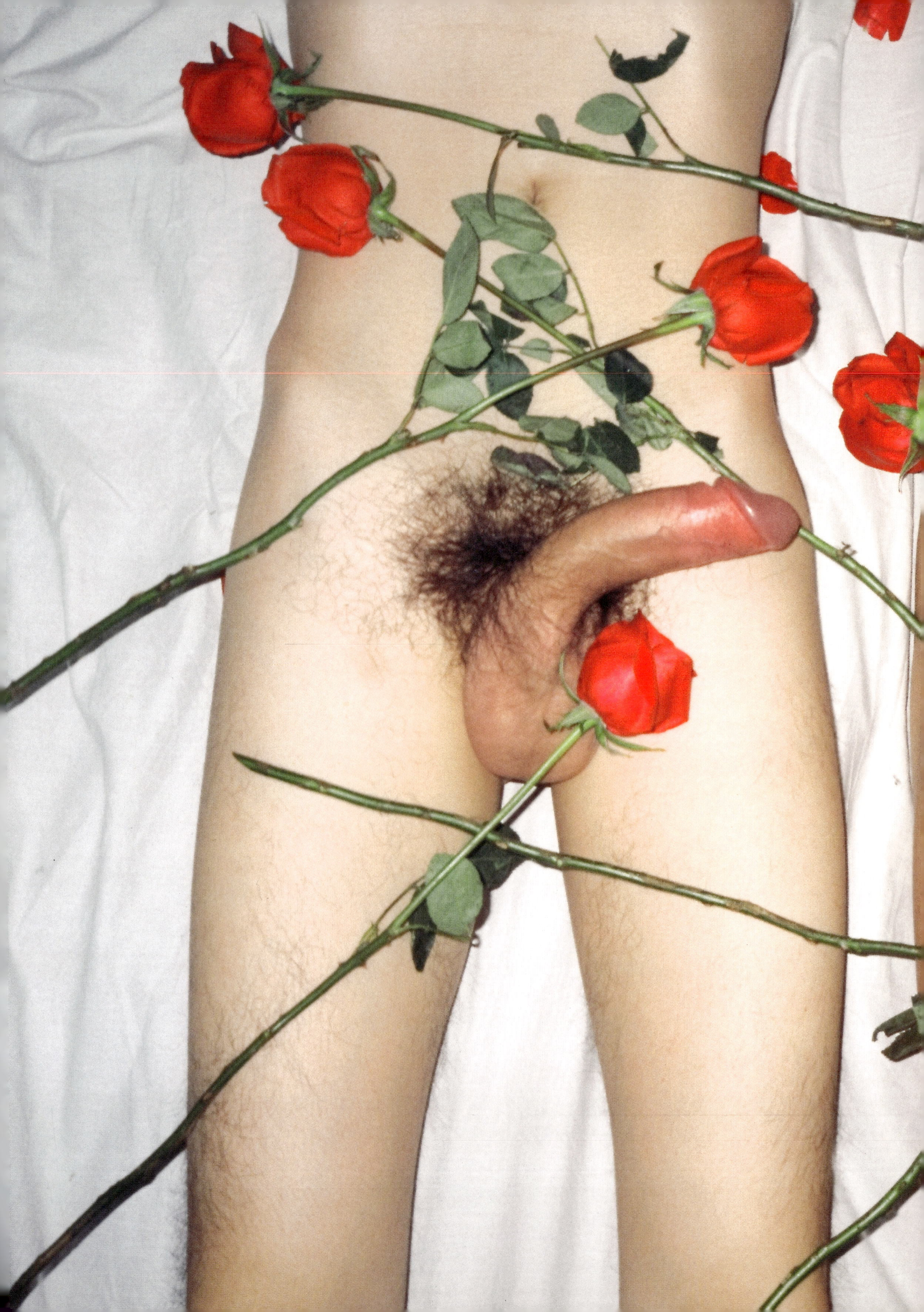

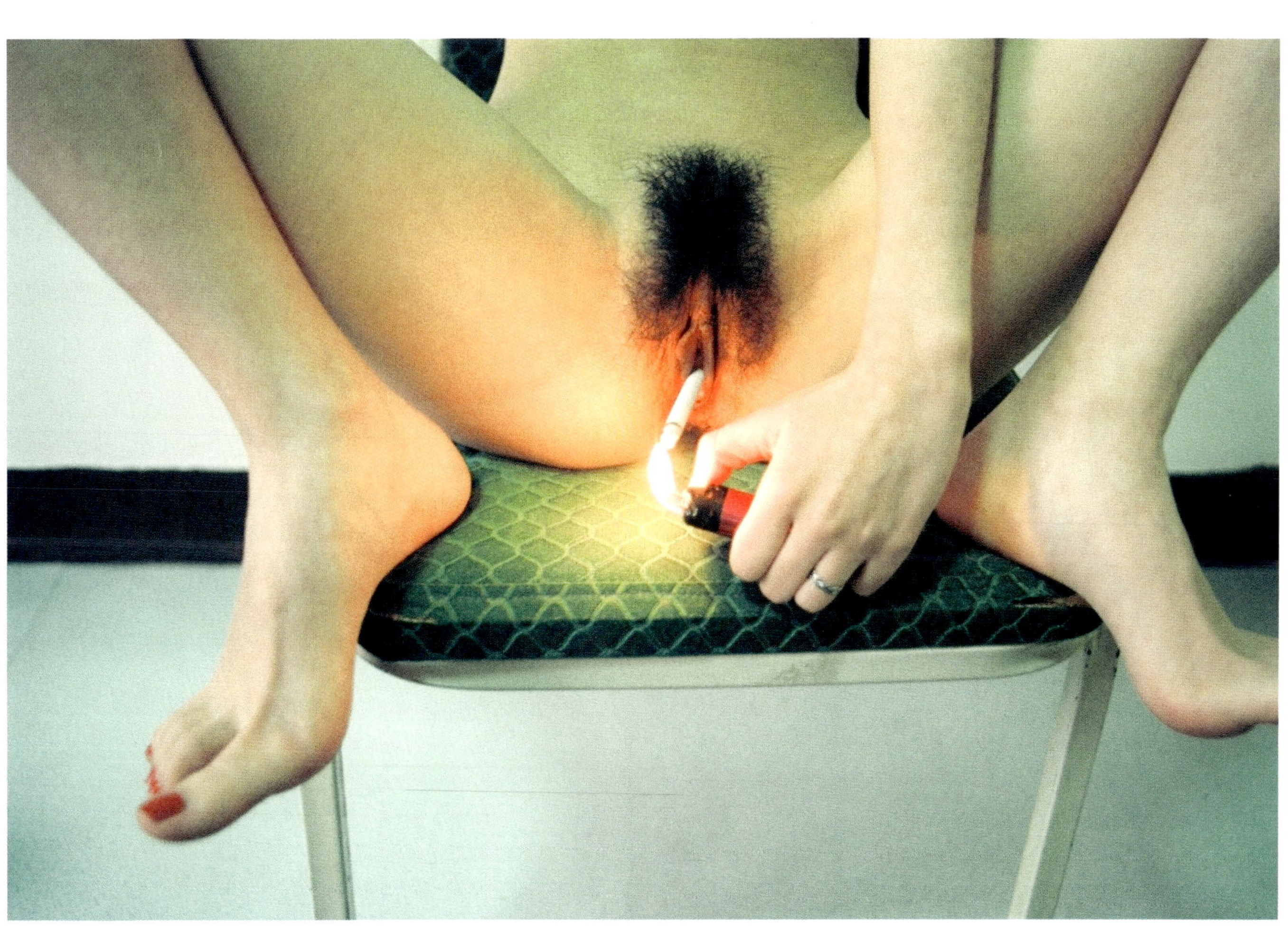

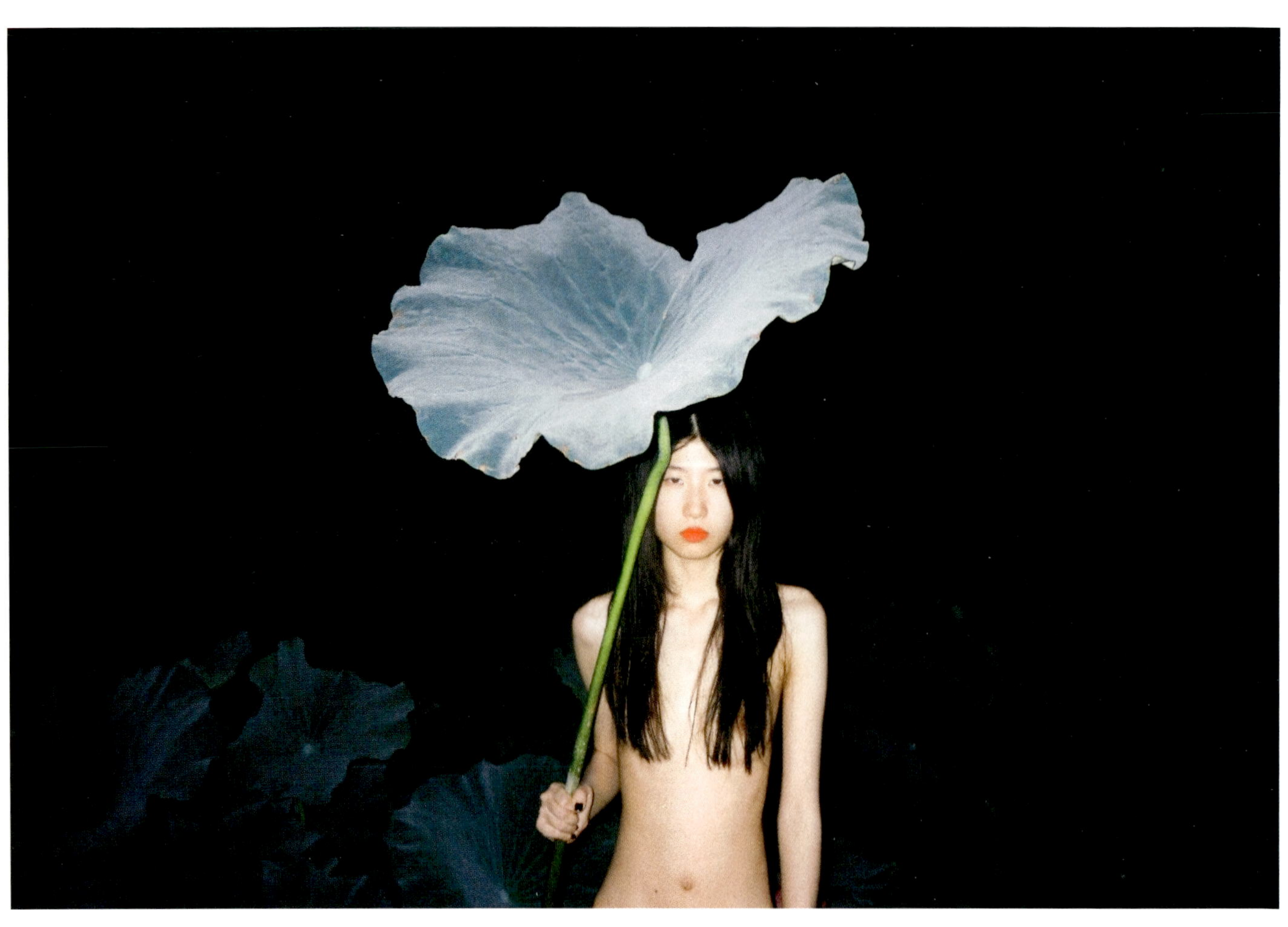

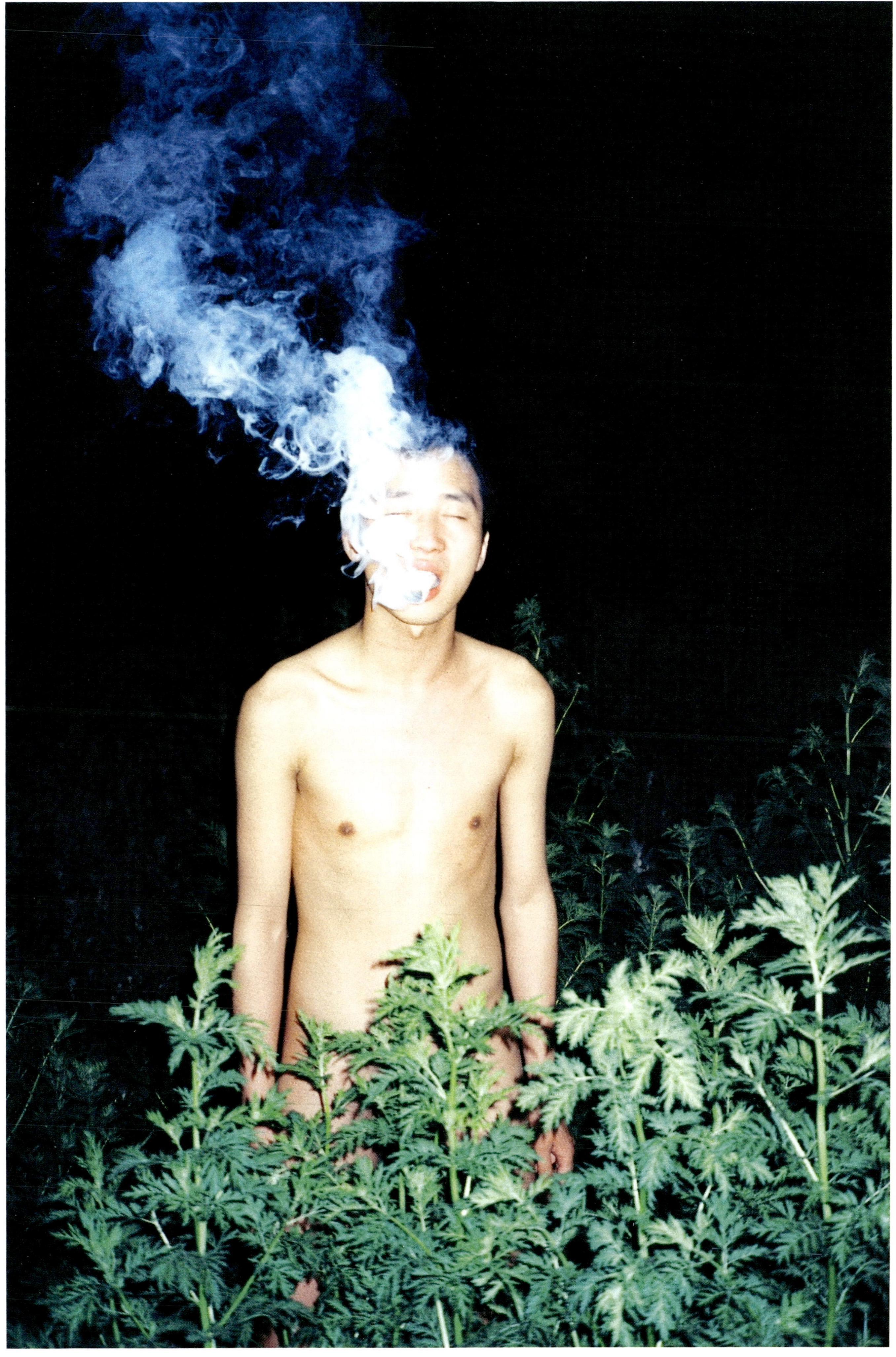

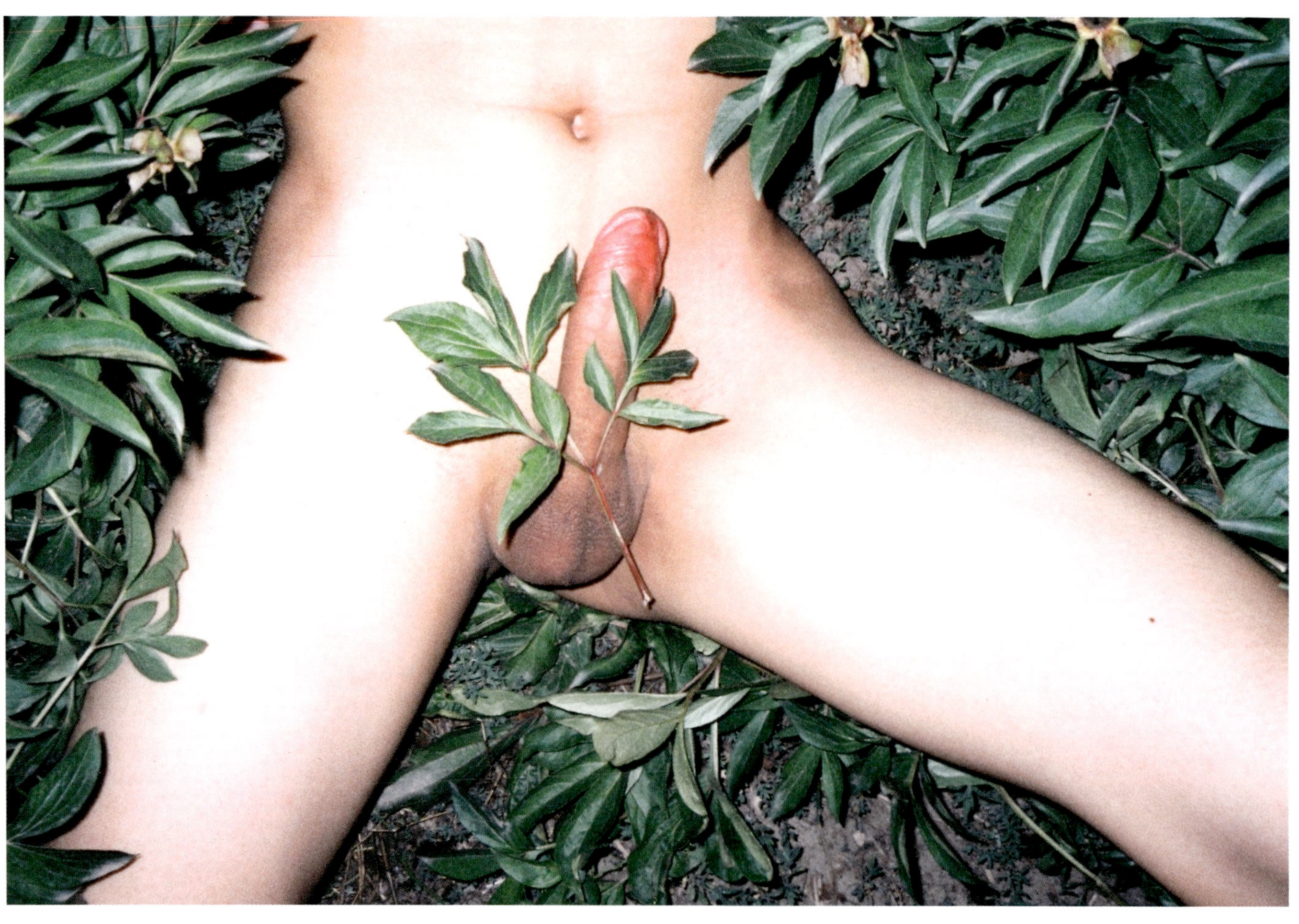

fotografischen Motive keine tiefere Bedeutung: Digitalfotografie war ihm einfach zu kompliziert und zu verwirrend, wenn er dabei war, den entscheidenden Augenblick zu erfassen.

Zehn Jahre später war Ren ein international gefeierter Fotograf mit Ausstellungen in Amsterdam, Antwerpen, Athen, Bangkok, Frankfurt, Hongkong, Kopenhagen, Marseille, New York, Paris, Stockholm und Wien oder auch Peking. Im Eigenverlag veröffentlichte er 16 Magazine und Monografien. Junge Fans verfolgten eifrig seine Website und seine Beiträge auf Facebook, Instagram und flickr. Doch der Ruhm passte nicht so recht zu seiner knapp 1,83 Meter großen und gerade mal 59 Kilo wiegenden Gestalt.

„Was mir Erfolg bedeutet ...? Keine Ahnung", hat er einmal gesagt. „Ich wünsche mir, dass das Leben einfach nur weitergeht. Problemlos." Sich unbehaglich zu fühlen ist offenbar ein Grundzustand, der auch vor der Arbeit mit seinen Modellen nicht haltzumachen scheint. Über sie sagte er: „In der Regel fotografiere ich meine Freunde – Fremde machen mich nervös." Wie viel davon einfach typisch Ren oder dem Umstand geschuldet war, Aktfotografie in einem Land mit strenger Zensur zu betreiben, bleibt offen. Pornografische Bilder sind in der Volksrepublik China seit 1949 verboten, doch sind die Begriffsbestimmungen bewusst vage gehalten und lassen Raum für Interpretationen wie auch für eine unberechenbare Strafverfolgung. Gleichzeitig gibt es vor allem bei jungen Leuten eine steigende Nachfrage nach Aktbildern, die damit ihre körperliche Blüte festhalten und, wie eines der Modelle erklärte, „die gesellschaftliche Tabuisierung (von Nacktheit) zugunsten natürlicher Schönheit" aufbrechen wollen. Das erklärt die Beliebtheit von Rens Fotografien und bescherte dem Künstler eine unendliche Auswahl an Modellen. Ren, der ebenso viele Männer wie Frauen fotografierte, bestritt eine motivische Vorliebe für das eine oder andere Geschlecht und stellte klar: „Das Geschlecht spielt nur dann eine Rolle, wenn ich Sex habe." In seinen Bildern verschwimmen die Geschlechtergrenzen, ob zufällig oder mit Absicht. Die abgelichteten Körper sind durchweg schlank, geschmeidig und wenig behaart, was das Genital umso beeindruckender erscheinen lässt, sprich: Seine Fotografien offenbaren eine Menge überraschend selbstbewusster Penisse.

Auf Fragen zu seinen Penissen antwortete Ren, da er nun mal Ren war, selten direkt. Sind all diese Penisse ein bewusstes Statement? Will er uns damit etwas sagen? „Nein, Penis ist Penis. Da bedarf es keiner Erklärung." Warum sind es so viele erigierte Penisse? „Ein Penis ist hässlich, wenn er schlaff ist. Nur wenn er steif ist, spürst du seine Existenz." Aber warum sind die Penisse alle so groß? „Ich persönlich finde einen großen Penis schöner." Wenn du mit all deinen Modellen befreundet bist, heißt das, dass all deine Freunde große Penisse haben? Eindeutig eine zu unhöfliche Frage, als dass sie eine Antwort verdiente. Doch was immer die Wahrheit sein mochte, Ren nahm mit seinen expliziten, radikalen und witzigen Bildern auf vorzügliche Weise überholte Stereotypen auseinander und überzeugte uns davon, dass das intime Spielfeld der Chinesen tatsächlich mehr öffentliche Darstellung verdient. Und das sollte jedem als Sinn genügen. Ren Hang nahm sich am 24. Februar 2017 in Peking das Leben.

REN HANG par Dian Hanson

Ren Hang n'avait rien d'un rebelle. Timide, dégingandé, sujet à la dépression, le photographe de 29 ans basé à Pékin n'en était pas moins à l'avant-garde du combat que livrent les artistes chinois pour leur liberté de création. Controversé dans son pays mais immensément populaire dans le reste du monde, il expliquait: « Je ne considère pas vraiment que mon travail soit tabou, parce que je ne réfléchis pas tant que ça dans un contexte culturel ou politique. Je ne repousse pas les limites intentionnellement, je me contente de faire ce que je fais. »

Le problème, c'était le sexe. Ren photographiait ses amis – et, de plus en plus, ses fans – nus, dans son appartement minuscule, en haut des arbres, au bord d'un lac ou d'un torrent et sur les toits vertigineux de Pékin. Ils s'empilaient comme des cubes de béton, la tête enturbannée d'une pieuvre, des câbles téléphoniques ou des fleurs sortant de leurs orifices naturels – selon ce qui lui venait à l'esprit sur le moment.

« Je ne veux pas que les autres aient l'impression que les Chinois sont des robots sans bites ni chattes, ou qu'ils ont des parties génitales mais qu'ils les cachent comme des espèces de trésors secrets, déclarait-il. Je veux dire que nos bites et nos chattes ne sont pas du tout une gêne. » Dans le même temps, il niait que sa photographie eût un sens ou un but: simplement, il prenait des photos parce que cela le rendait heureux, même s'il entretenait avec son bonheur une relation fragile.

Ren souffrait d'accès dépressifs si intenses que chaque crise semblait insurmontable. Il les racontait sur son site Internet, parfois en poésie. Ainsi cette entrée du 16 juillet 2014:

> La vie est bien
> Un cadeau précieux
> Mais souvent je sens
> Qu'il est offert à la mauvaise personne

Quiconque a tenu en laisse le chien noir de la dépression comprenait ce qu'il voulait dire.

Ren, prénommé Hang, a vu le jour le 30 mai 1987 à Nong' An, une banlieue de Changchun, capitale de la province du Jilin au nord-est du pays, surnommée le « Détroit de la Chine » pour son industrie automobile. Il clamait son affection profonde pour sa ville natale, qu'il avait quittée à 17 ans pour étudier la publicité à Pékin, ce qui l'avait rapidement ennuyé. En 2007, il s'était mis en quête d'une occupation plus amusante, quelque chose qu'il pouvait faire avec ses amis, confortablement installé chez lui. Il acheta un appareil automatique et commença à prendre des photos. Ren travaillait toujours avec un simple appareil à pellicule, mais comme les sujets qu'il choisissait, cela n'avait pas de signification particulière: il trouvait juste le numérique trop compliqué, et prenait plaisir à rechercher le bon moment à capturer. En dix ans, Ren est devenu un photographe de renommée internationale qui a exposé à

Amsterdam, Anvers, Athènes, Bangkok, Copenhague, Francfort, Hong Kong, Los Angeles, Marseille, New York, Paris, Stockholm, Vienne, et aussi à Pékin. Il a publié seize magazines et monographies à compte d'auteur et ses fans le suivaient avidement sur Flickr, Facebook et Instagram. Cette gloire semblait cependant peser étrangement sur sa frêle silhouette de 1,83 m.

« Ce que le succès signifie pour moi... Je ne sais pas, disait-il. J'aimerais juste que la vie puisse continuer. En douceur. » Le malaise semblait être son état par défaut, qui s'étendait à ses modèles, dont il disait : « Je prends en général mes amis, parce que les inconnus me rendent nerveux. » Difficile de discerner ce qui relevait de la personnalité de Ren et ce qui découlait du fait de photographier des nus dans un pays où la censure est si stricte. Les images pornographiques sont interdites en République populaire de Chine depuis 1949, mais la définition de ce terme demeure volontairement vague, permettant une interprétation à géométrie variable et des poursuites imprévisibles. Dans le même temps, le pays connaît une demande croissante de portraits nus, en particulier parmi les jeunes, qui désirent immortaliser leur corps à la fleur de l'âge et, comme l'explique un de ses modèles, « briser le tabou social [de la nudité] au nom de la beauté naturelle ». Son art faisait de Ren un ami populaire, qui disposait donc d'un vaste choix de modèles. Il photographiait les hommes autant que les femmes et niait avoir une préférence esthétique pour l'un ou l'autre : « Le genre... ne compte pour moi que quand je fais l'amour. » De fait, que ce fût accidentel ou intentionnel, la frontière entre les sexes s'estompait. Tous les corps sont minces, souples et relativement imberbes, ce qui donne aux organes génitaux un impact plus impressionnant. Je veux dire qu'on découvre sur ces photos pas mal de pénis gonflés d'une surprenante assurance.

Tout le monde interrogeait Ren sur ses pénis, et Ren, étant ce qu'il était, répondait rarement de façon directe. Est-ce que tous ces pénis véhiculent un message ? « Non, un pénis est un pénis ; les messages sont inutiles. » Pourquoi montre-t-il autant de pénis en érection ? « Un pénis, c'est horrible quand c'est flasque. On ne sent vraiment son existence que quand il est dur. » Mais pourquoi ses pénis sont-ils toujours si gros ? « Je trouve personnellement que les gros pénis sont plus beaux. » « Mais si tous vos modèles sont vos amis, est-ce que cela veut dire que tous vos amis ont de gros pénis ? » lui avais-je demandé. Celle-ci était clairement trop rustre pour mériter une réponse, mais quelle que fût la vérité, Ren, durant sa courte vie, a fait un travail admirable pour démanteler les stéréotypes sexuels et nous convaincre que les parties intimes des Chinois mériteraient vraiment d'être davantage exposées. Et cela devrait être suffisant pour tout le monde.

Ren Hang s'est donné la mort le 24 février 2017 à Pékin.

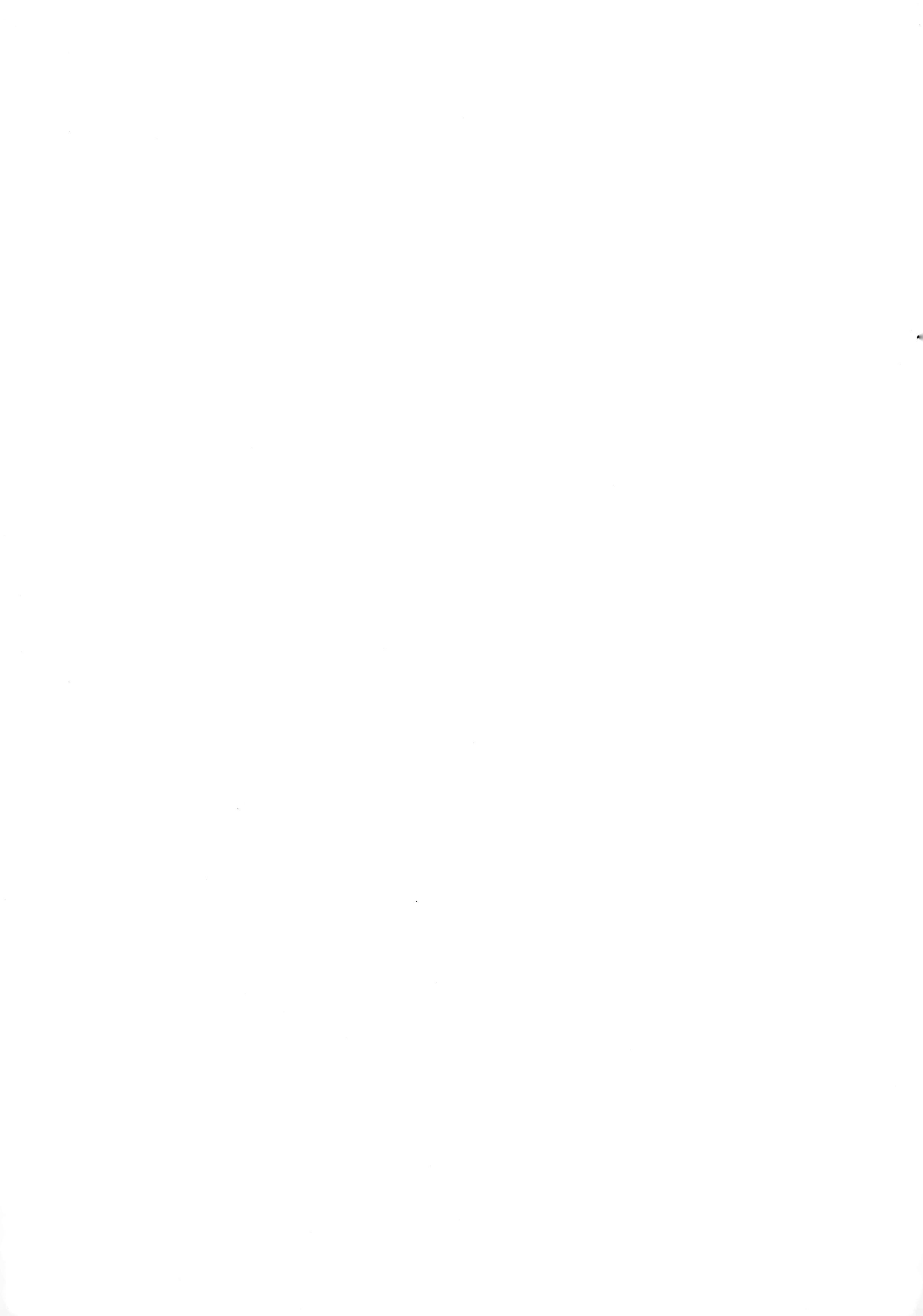

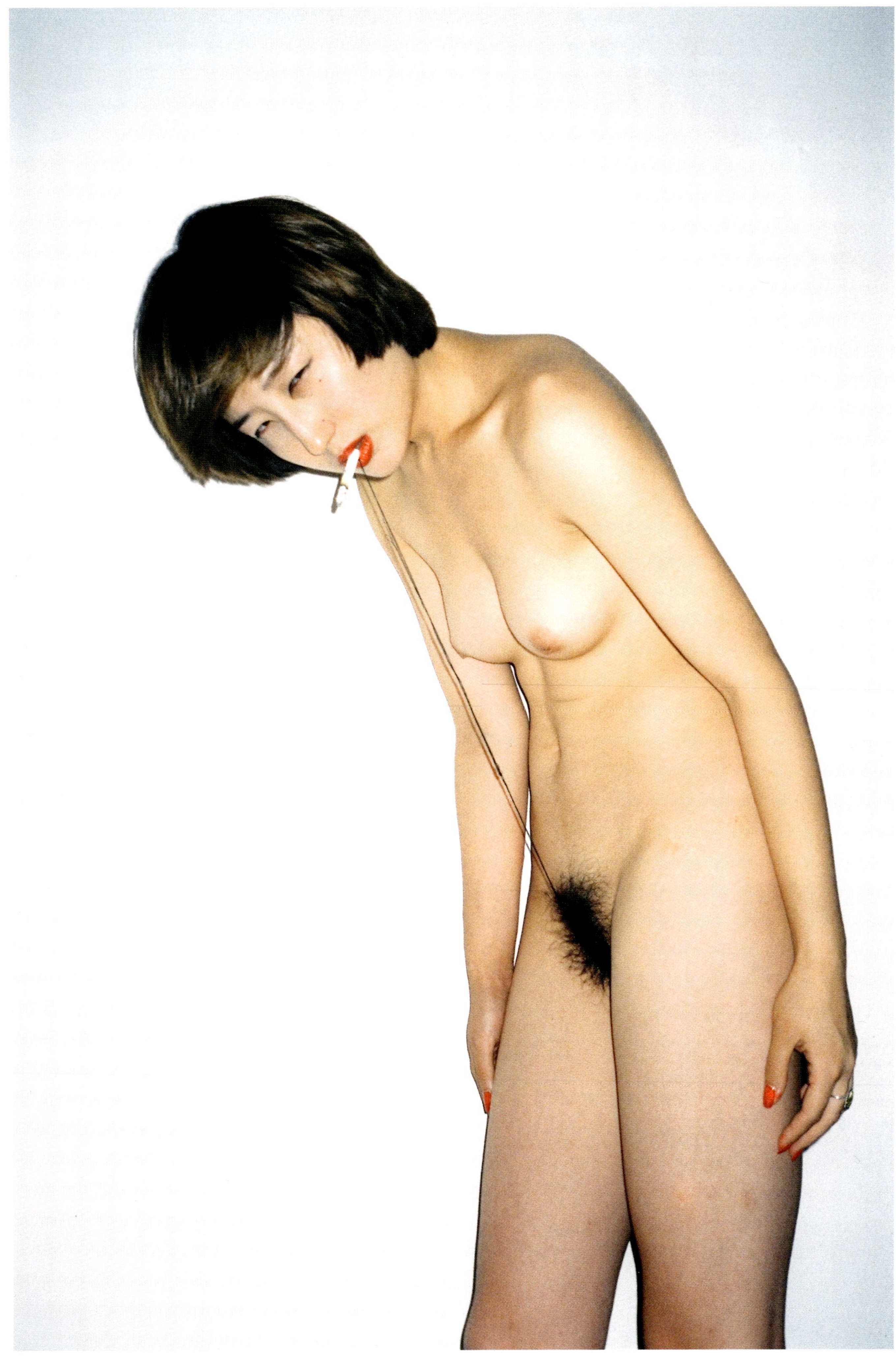

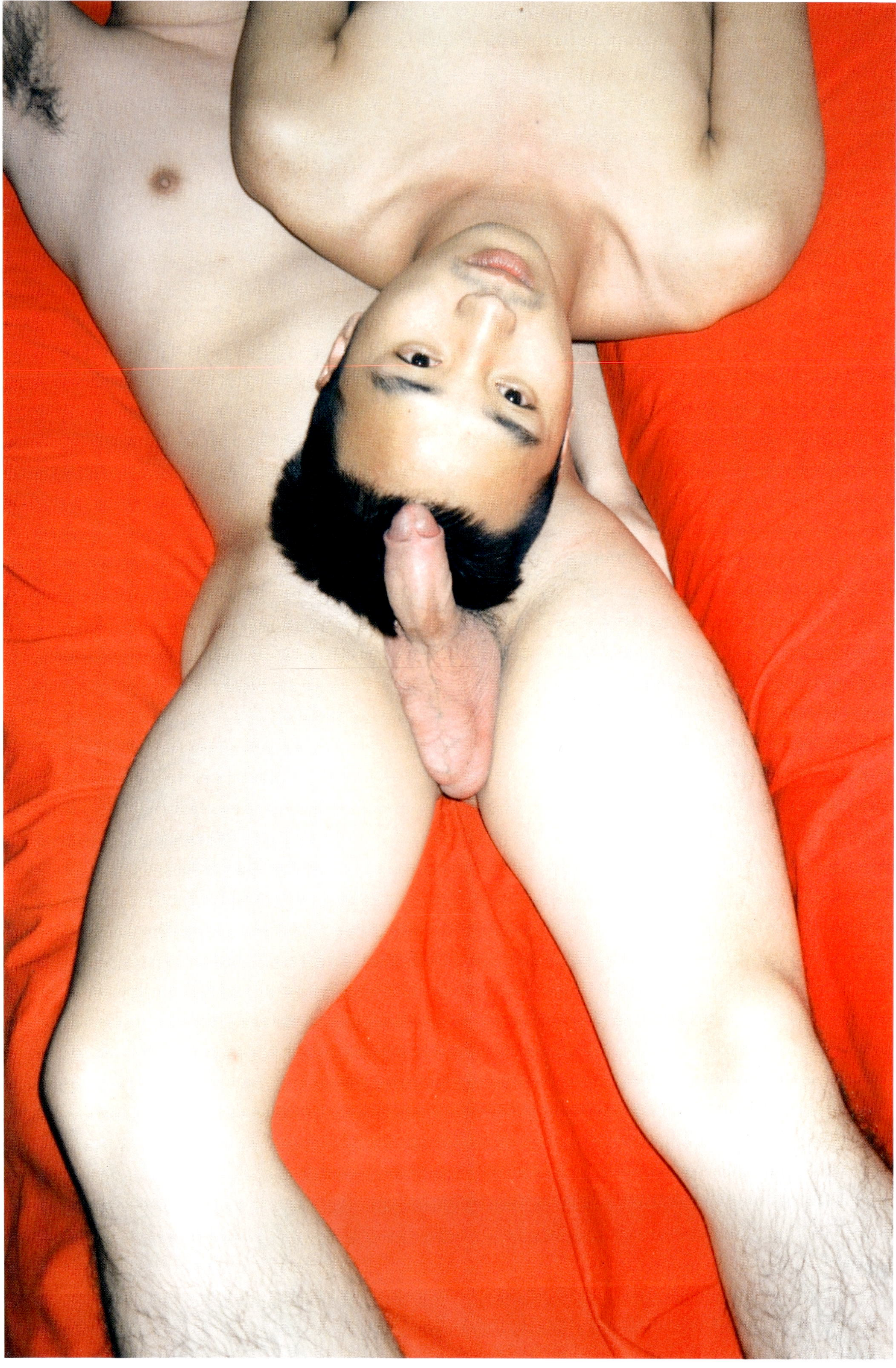

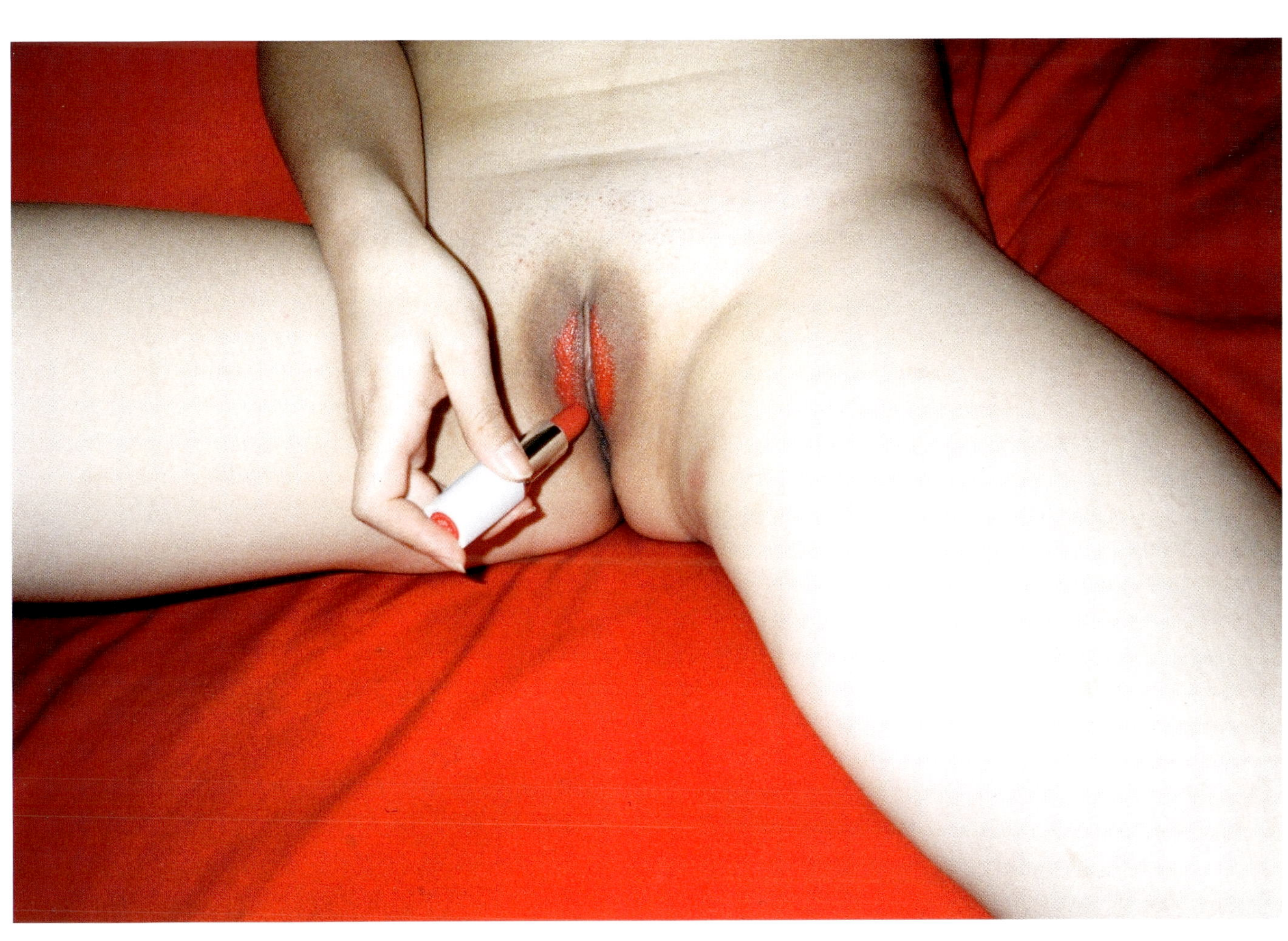

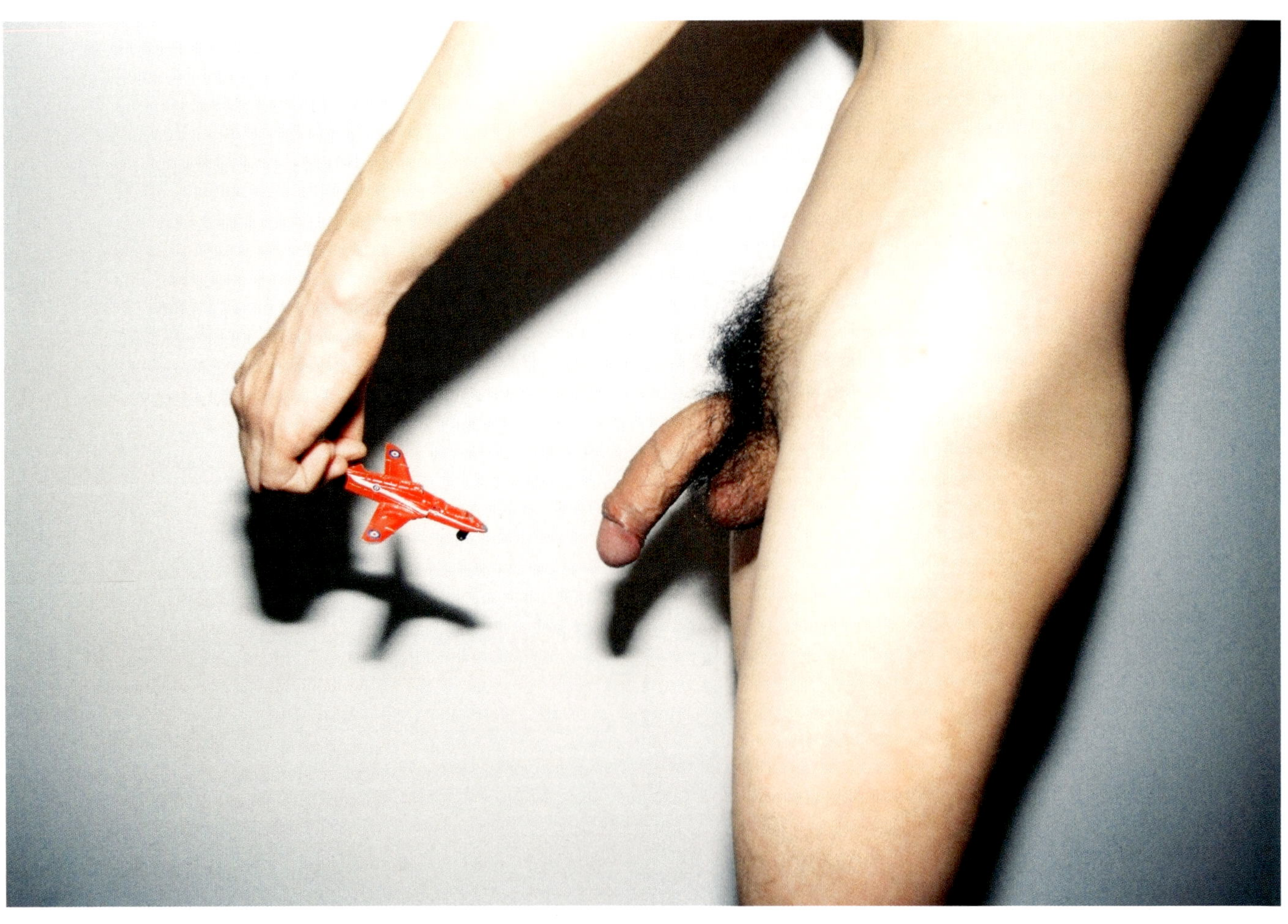

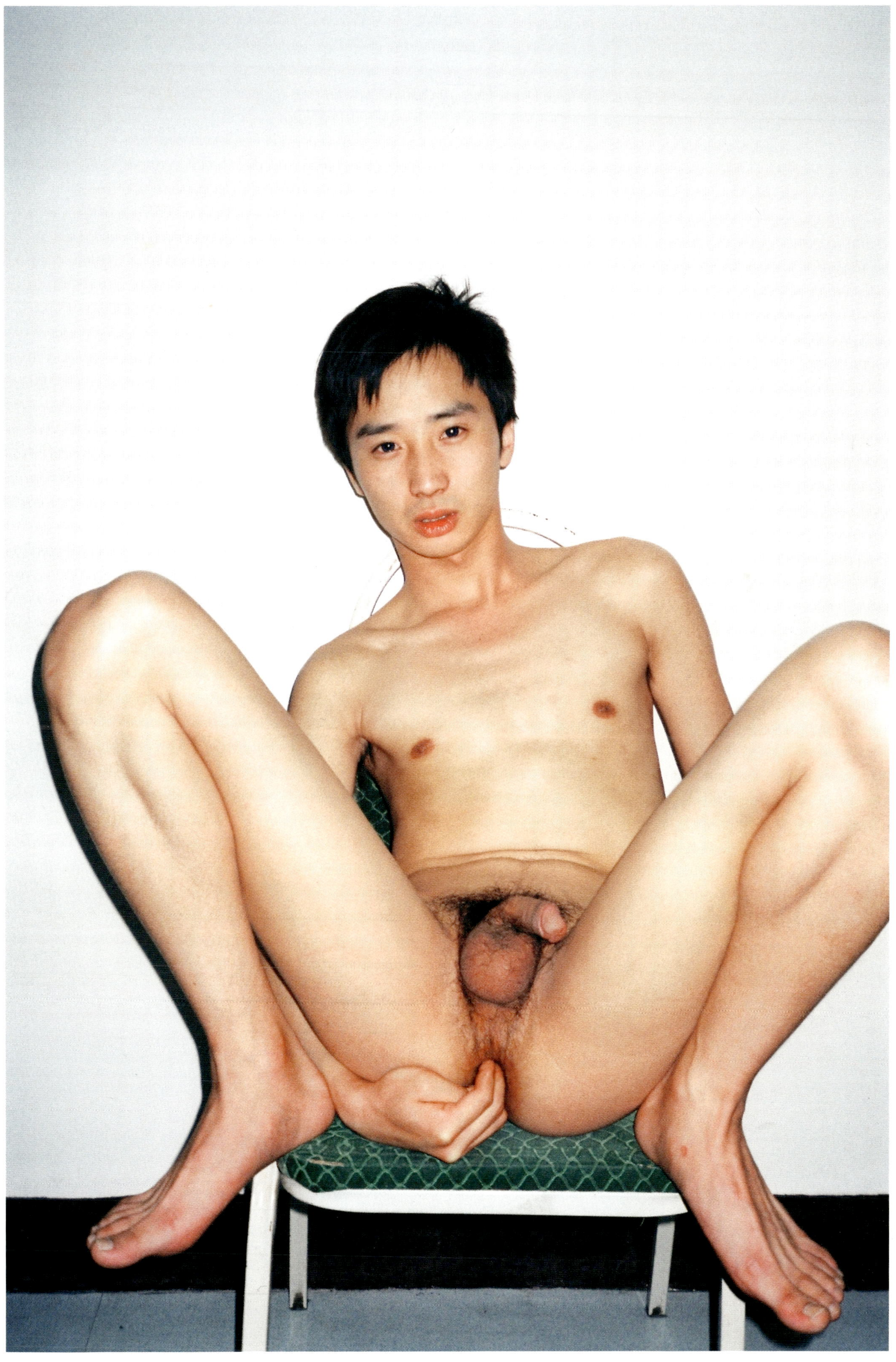

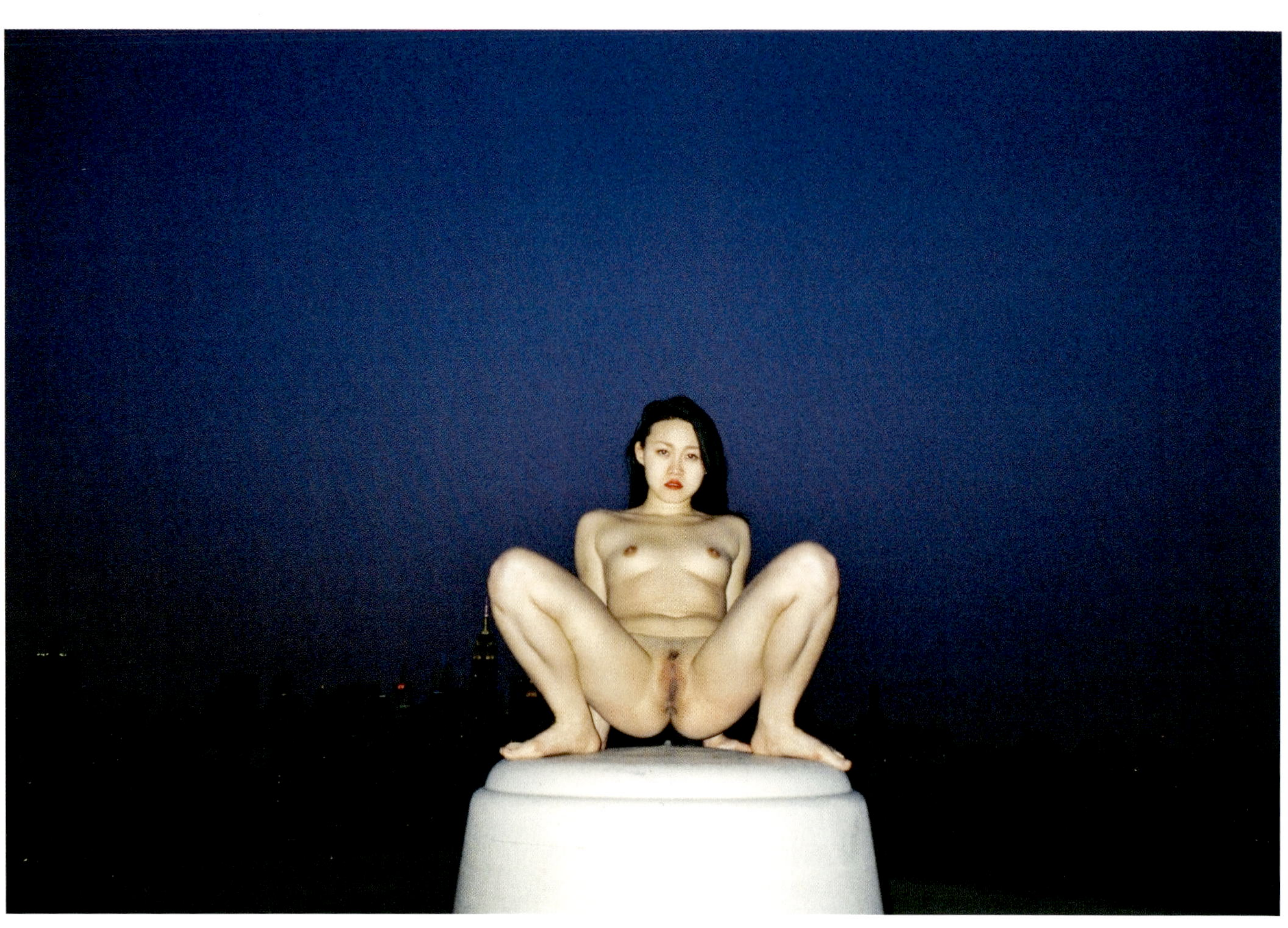

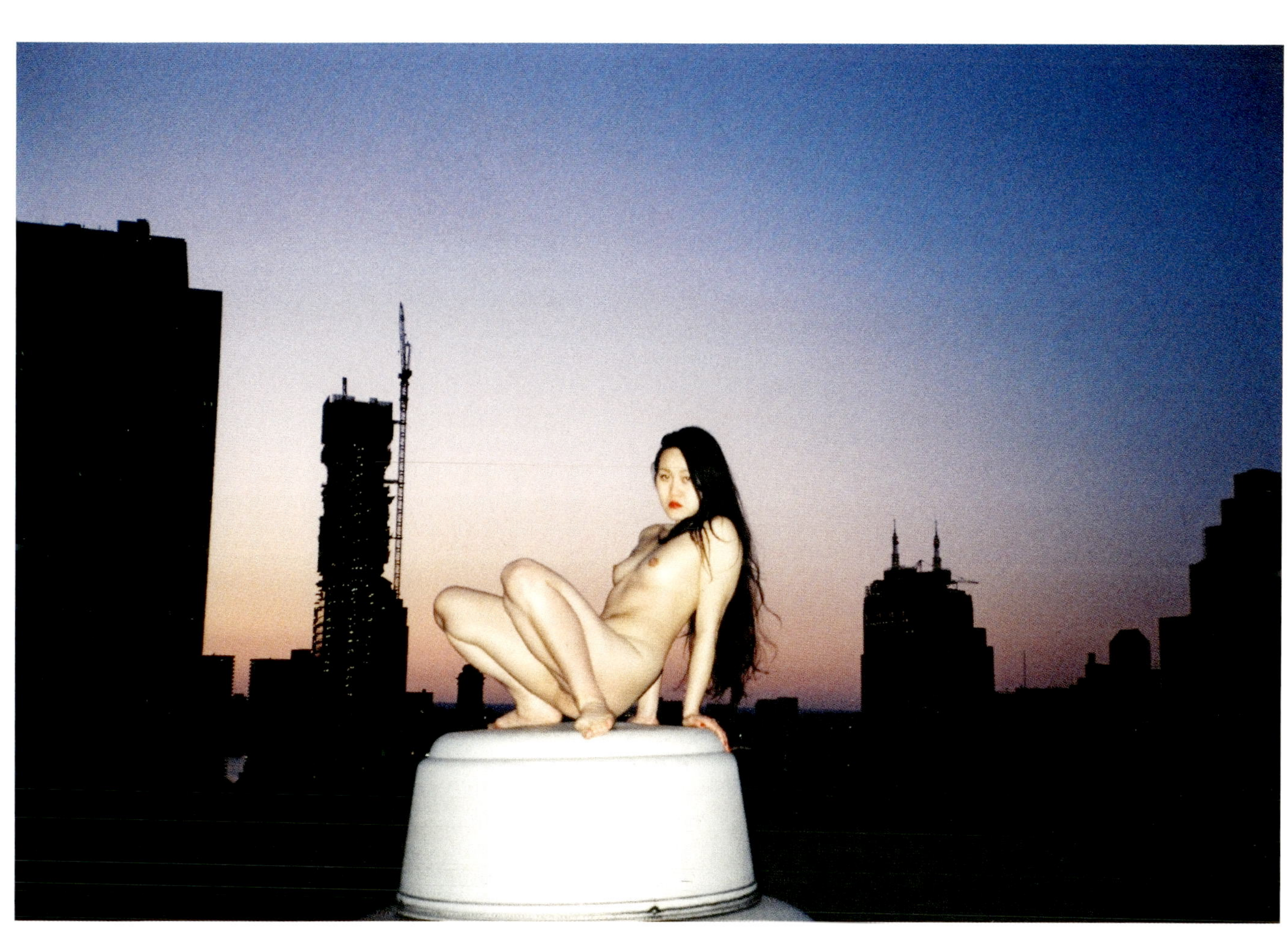

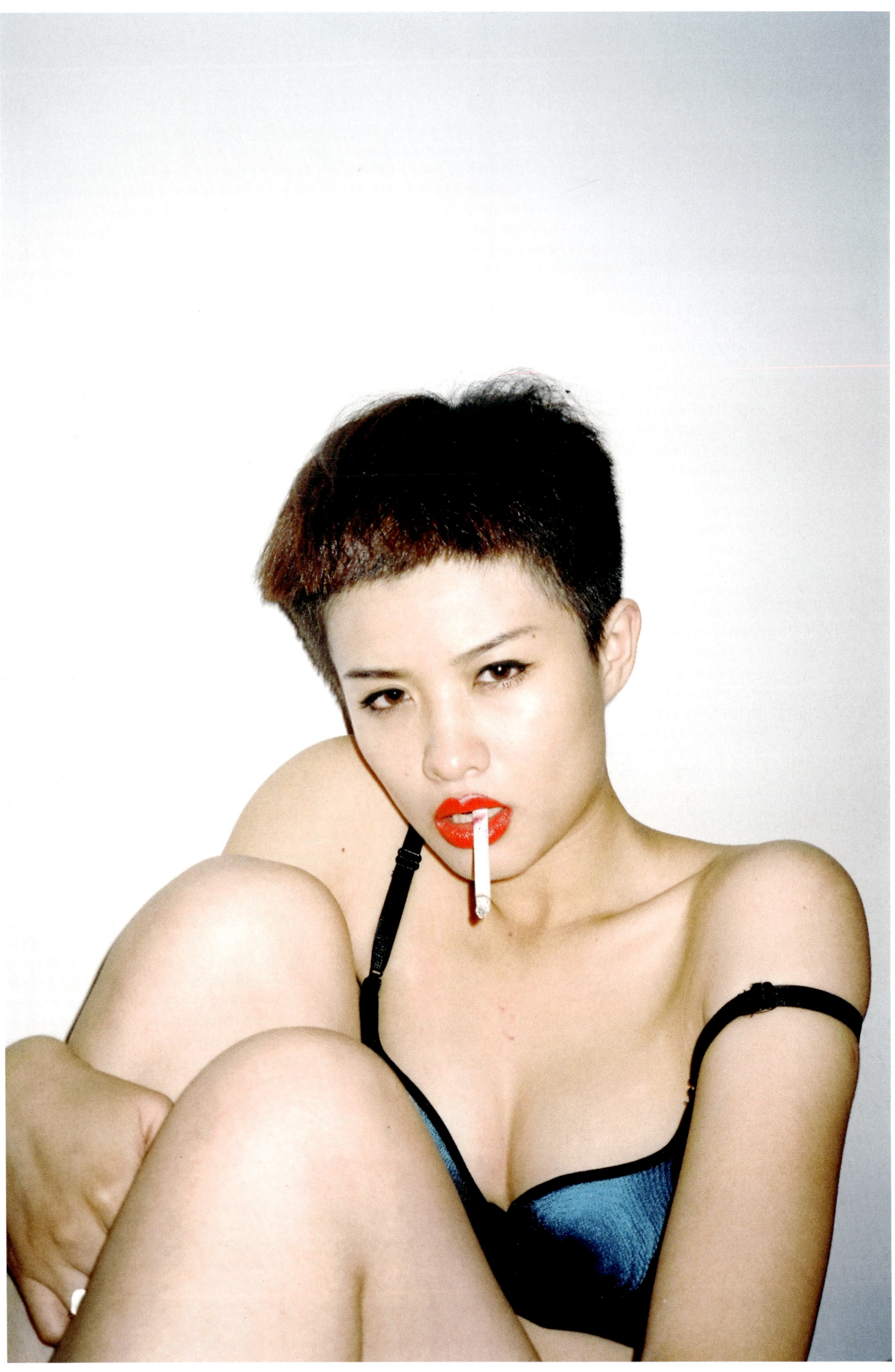

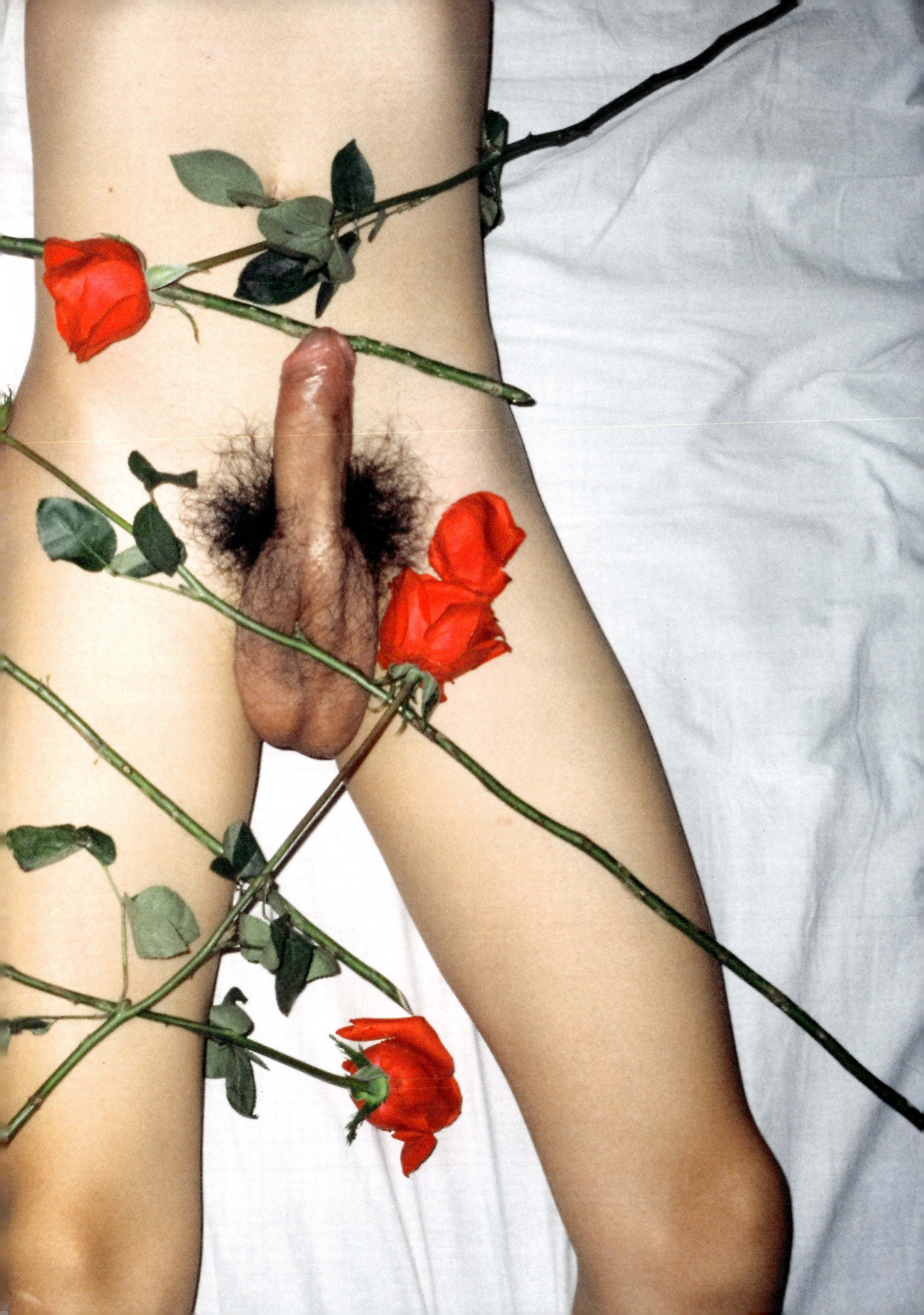

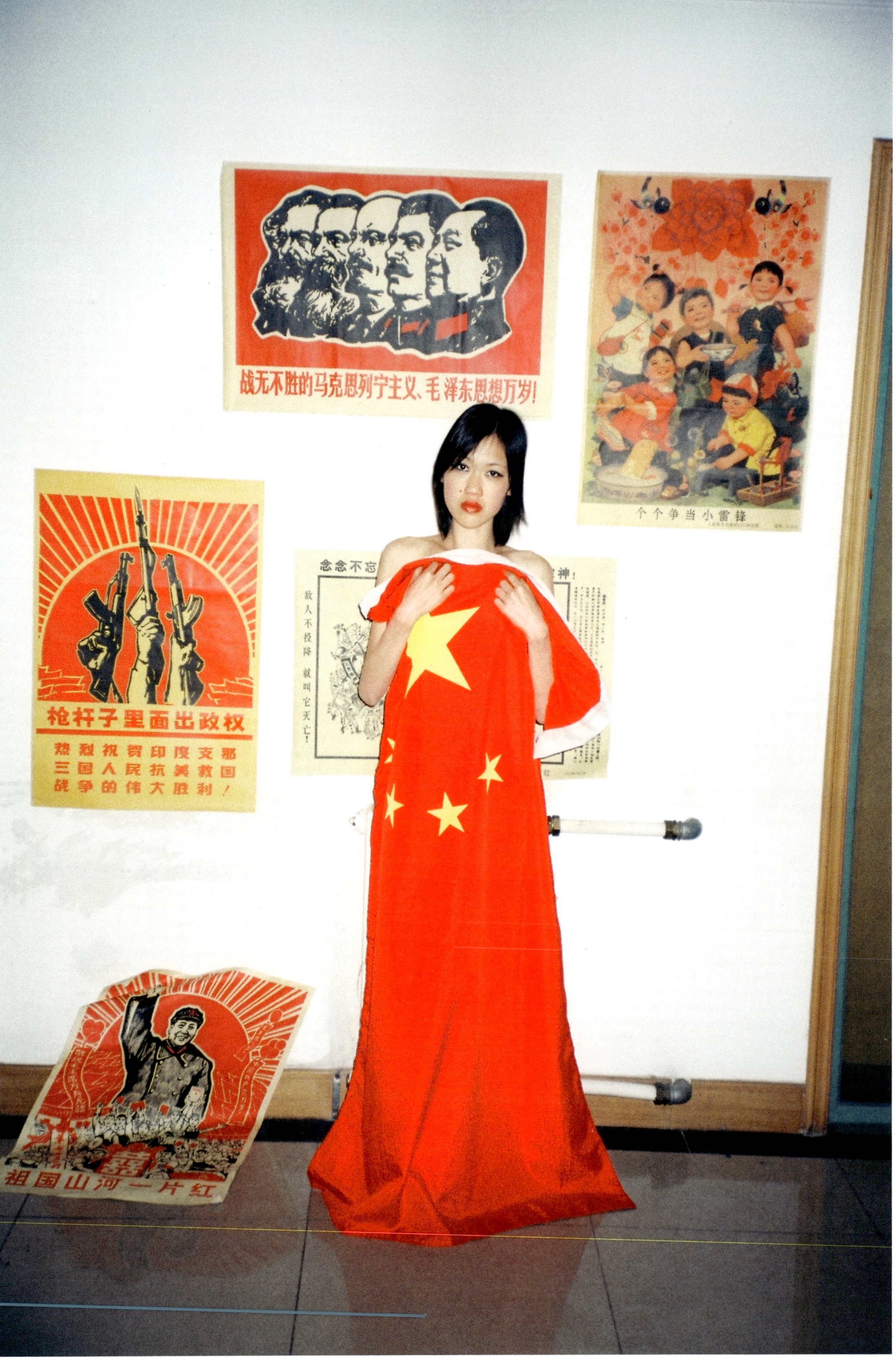
战无不胜的马克思列宁主义、毛泽东思想万岁!
个个争当小雷锋
枪杆子里面出政权
热烈祝贺印度支那
三国人民抗美救国
战争的伟大胜利!
念念不忘
敌人不投降 就叫它灭亡!
祖国山河一片红

任航

REN HANG

EDITED BY DIAN HANSON

TASCHEN

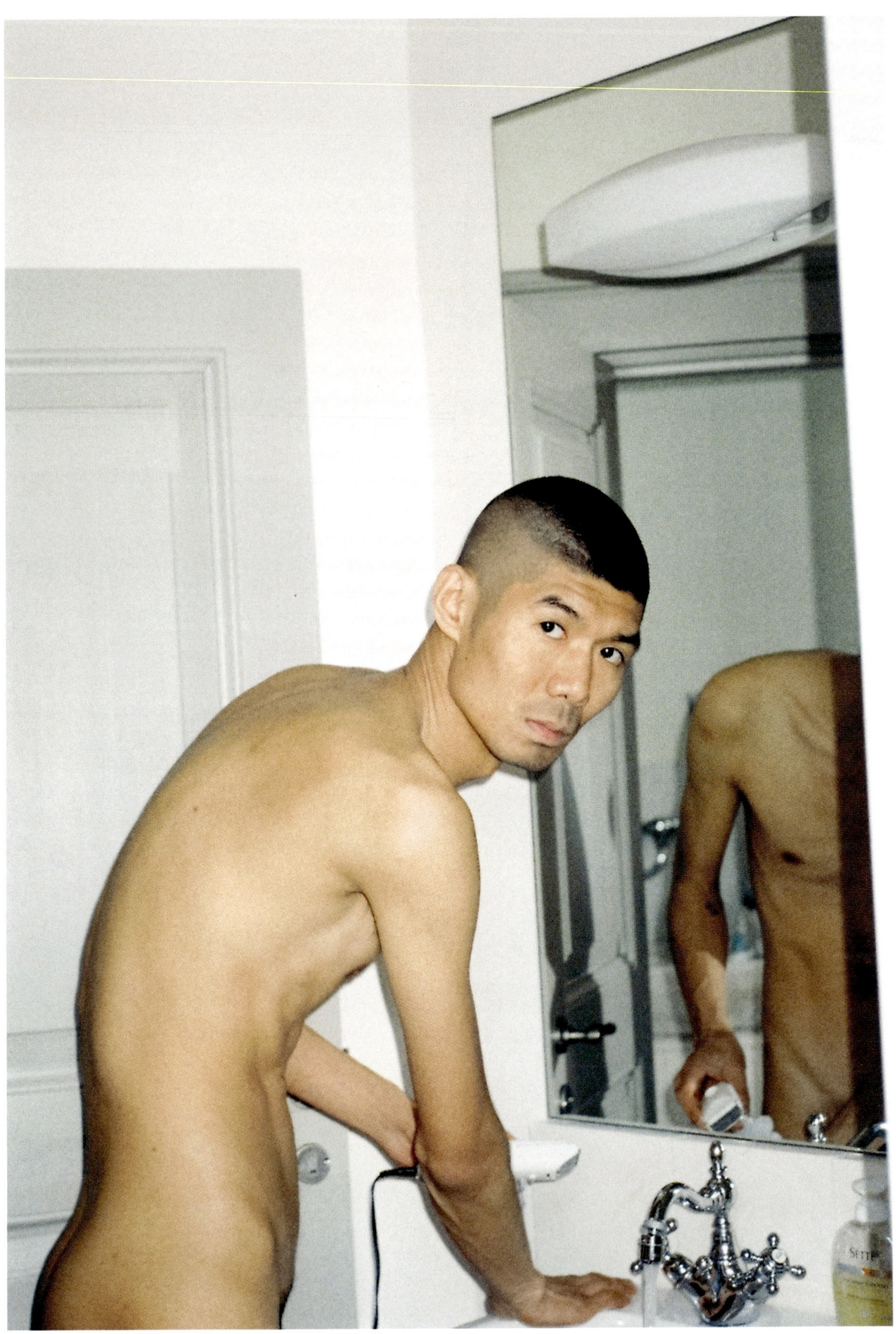

PHOTO: HUANG JIAQI

任航 Dian Hanson 撰

任航不太是一个叛逆者。他羞涩，清瘦，容易抑郁。然而，这个29岁的北京摄影师，确实站在了中国艺术家创作自由阵线的最前沿。虽在自己的家乡颇具争议，却在世界其他地区大受欢迎，他曾说，“我并不太认为我的作品是种禁忌。因为我不会过多地去考虑文化背景，或是政治背景。我不会去刻意挑战界限，我只是做我想做的而已。”

“性”是一切的问题所在。任航拍摄他的朋友们——后来也开始更多地拍摄他的仰慕者——他们大多赤身裸体，出现在他小小的公寓里，在高高的树上，在湖畔中，在可以俯瞰整个北京城令人眩晕的高楼房顶。这些身体亦像大楼街区一般重叠起来，头上缠着章鱼，或是由身体的孔里长出了电话线、绽放出花朵来——任何在那个时刻钻进他脑海中的画面。

“我不想别人认为中国人就像是没有性器官的机器人，”他说，“或者把他们的性器官当成一个见不得人的秘密。我认为我们的鸡巴并没有令人尴尬”。同时任航也拒绝给予他的摄影任何目的或是意义：他拍照只是单纯地为了让自己快乐，即使他和快乐一直有着脆弱的关系。

任航承受着反复的抑郁症，严重到以至于每次发作都难以忍受。他在个人网站上面记录着这些发作，有时也通过作诗来排解。一篇发布于2014年7月16号的诗写道：

> 生命的确是一份
> 珍贵的礼物
> 可是我时常觉得
> 它好像送错了人

这首诗用中文品味起来会更加的恰当和准确，但是我相信，任何一个被抑郁症这条黑色大狗牵制着的人，都能够明白个中滋味。

姓任，名航，1987年3月30日出生于长春郊区的农安县。长春是东北吉林省的省会，由于当地的汽车生产工业，也被称为“中国的底特律”。任航坦言说，他对老家有着很深的情感，尽管他17岁就离家来到北京上大学，念广告专业，不过这也很快就让他觉得十分无趣；2007年，任航开始尝试做一些更有趣的事情；一些可以和朋友们一起在家里，在这样安定舒服的环境中可以做的事情。于是，他买了一台全自动傻瓜相机，开始拍照。任航一直都用着简单的胶片相机，但就像他的照片一样，工具本身也并没有什么特别的意义：他单纯地觉得数码相机太复杂了，在捕捉某些特定时刻时，总是令人分神。

10年间任航成为了一名拥有国际声望的摄影师，在阿姆斯特丹、安特卫普、雅典、曼谷、哥本哈根、法兰克福、香港、洛杉矶、马赛、纽约、巴黎、斯德哥尔摩、维也纳等地开办展览，当然也包括北京。他曾自出版了16本杂志和摄影集，并在Flickr, Facebook及Instagram等社交网络上饱受持续的热议与追捧。尽管如此，外界似乎还是难以把这巨大的名声与看起来瘦瘦高高的任航本人联系在一起。

"成功对我来说意味着什么…我不知道"他说。"我希望生活可以顺畅地继续下去。"在任航的照片中，"忐忑"似乎是一种默认状态，这种情绪顺而延续到他对模特的选择，对此他解释到："我通常拍我的朋友，因为陌生人让我紧张。"其中，有多少是因为任航本身，有多少是归咎于处在这样一个有着严格审查制度的国家里拍摄裸体，我们尚不太清楚。色情照片从1949年起被中华人民共和国明令禁止，但对其定义却似乎一直有意地保持模糊，使其可拥有不稳定的诠释和不可预知的起诉。同时，在中国对裸体肖像的需求却越来越多，尤其对年轻人而言，他们倾向于去记录他们肉体的盛年，并正如任航的一位模特所说："为了自然原始的美，去打破社会（对裸体）的束缚和忌讳。"这都让任航在这群人当中颇受欢迎，同时也给了他更多拍摄对象的选择。在任航的拍摄对象中，男女数量相当，他拒绝在其中任意一方注入偏好："性别…只有在我做爱的时候才重要。"的确，无论是有意还是无意的，性别的界线被模糊了。在他的照片中，所有的身体都是纤细的，柔软的，毛发稀疏的，而这也使得画面中的性器官更加令人印象深刻。我的意思是，照片里最不缺的便是令人惊讶的高高勃起的鸡巴。

每个人都很好奇任航拍摄的那些鸡巴，而任航，正如他的一贯作风，很少直接回答。他是在用这些鸡巴声明什么吗？"不是，鸡巴就是鸡巴，不需要什么声明。"为什么有这么多勃起的鸡巴？"一个软的鸡巴不好看。只有它硬起来的时候你才能感受到他的存在。"但为什么这些鸡巴都很大？"我自己认为大的鸡巴更好看。"但是如果所有的模特都是你朋友，那么他们都有大鸡巴吗？显然这个问题过于愚钝粗鲁以至于得不到一个答案。但无论事实如何，任航在做着一件令人可敬的工作——消除一些对于性器官的固有偏见，以及使我们信服，中国人一直刻意遮掩的私处的确应当得到更多的展示。这之于我们任何一个人的意义来说，已足矣。

任航，于2017年2月27日，在北京，结束了他自己的生命。

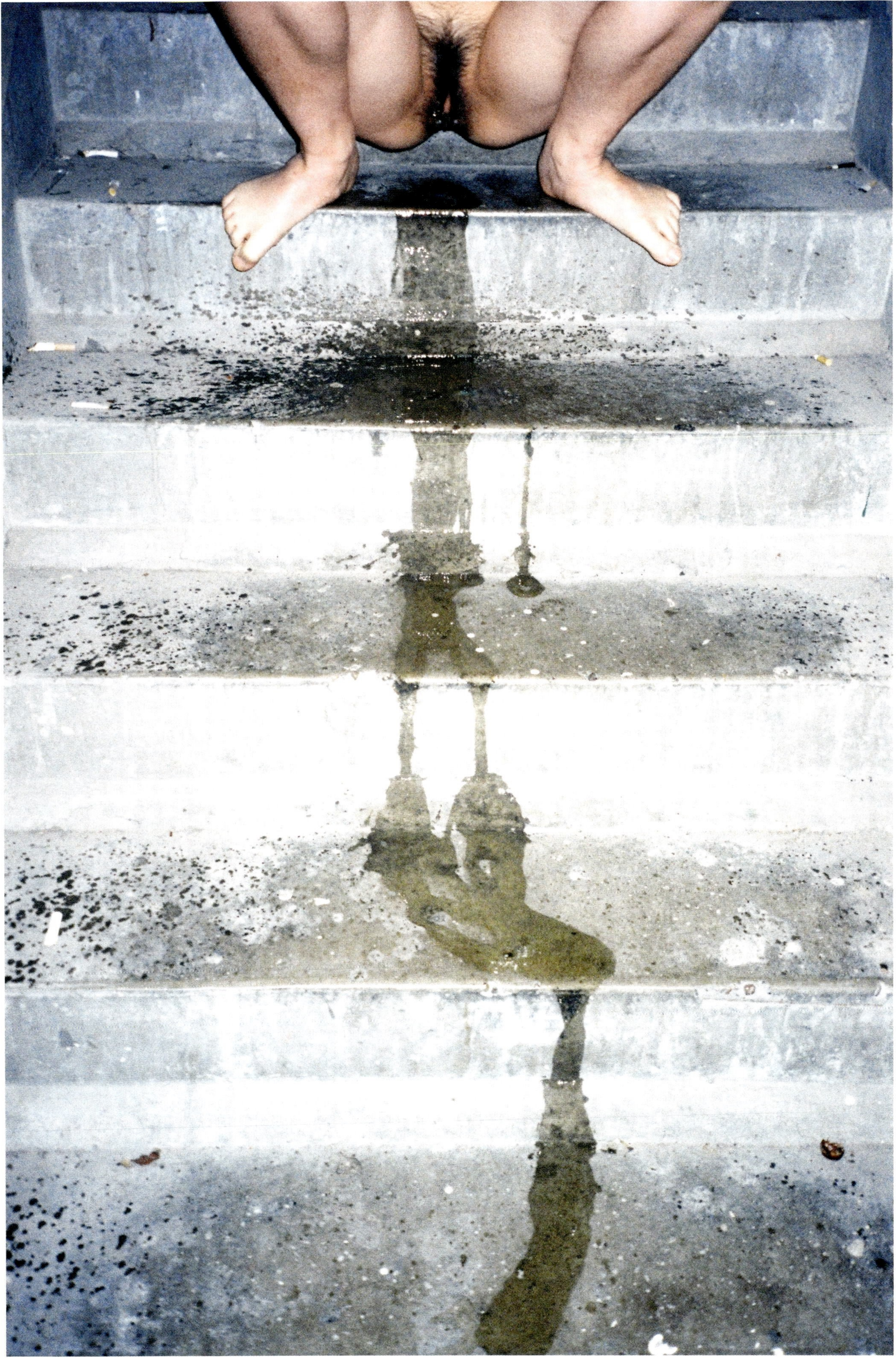

REN HANG by Dian Hanson

Ren Hang was an unlikely rebel. Shy, lanky, prone to depression, the 29-year-old Beijing-based photographer was nonetheless at the forefront of Chinese artists' battle for creative freedom. Controversial in his homeland, but wildly popular in the rest of the world, he said, "I don't really view my work as taboo, because I don't think so much in cultural context, or political context. I don't intentionally push boundaries, I just do what I do."

Sex was the whole problem. Ren shot his friends—and, later, his fans—naked, in his tiny apartment, high in trees, in lakes and streams, and on the vertiginous rooftops of Beijing. They're stacked like building blocks, heads wrapped in octopi, bodily orifices sprouting phone cords and flowers—whatever entered his mind at the moment.

"I don't want others having the impression that Chinese people are robots with no cocks or pussies," he said, "or they do have sexual genitals but always keep them as some secret treasures. I want to say that our cocks and pussies are not embarrassing at all." At the same time he denied that there was any meaning or purpose to his photography: He took photos simply because it made him happy, though he and happiness always had a fragile relationship.

Ren suffered from cyclic depression so severe that each bout seemed unendurable. He documented his attacks on his website, sometimes poetically. An entry from July 16, 2014 reads:

> Life is really one
> Precious gift
> But sometimes I feel that
> It has been given to the wrong person

Anyone leashed to the black dog of depression gets his point.

Ren, his surname, given name Hang, was born March 30, 1987, in Nong' An, a suburb of Changchun, capital of the northeastern province of Jilin, called the "Detroit of China" for its automotive industry. He claimed a deep affection for his hometown, but left for Beijing at 17 to study advertising, which quickly bored him. By 2007 he was seeking something more fun; something he could do with friends, in the comfort of home. He bought a point-and-shoot camera and began taking pictures. Ren always shot with a simple film camera, but like his photographic subjects, this had no special meaning: He simply found digital too difficult and distracting when seeking to capture a moment.

Ten years on, Ren is an internationally acclaimed photographer, with exhibitions in Amsterdam, Antwerp, Athens, Bangkok, Copenhagen, Frankfurt, Hong Kong, Los Angeles, Marseille, New York, Paris, Stockholm and Vienna, as well as Beijing. He self-published 16 magazines and monographs and attracted ardent followers on Flickr, Facebook and Instagram. Still, the fame fit awkwardly on his 130-pound, six-foot frame.

"What success means to me … I don't know," he said. "I wish that life can just go on. Smoothly." Ill at ease seemed a default state, extending to his models, of which he said, "I usually shoot my friends, because strangers make me nervous." How much of this was simply Ren, and how much is attributable to photographing nudes in a country with strict censorship, is unclear. Pornographic images have been banned in the People's Republic of China since 1949, but definitions are kept purposefully vague, allowing for fluid interpretation and unpredictable prosecution. At the same time there's a growing demand for nude portraits, especially among the young, to record their physical prime and, as one of his models explained, "to break through the social taboo (of nudity) for the sake of natural beauty." This made Ren a popular friend, and provided a deep well of choice. He shot men and women in equal number, and denied a photographic preference for either, saying, "Gender … only matters to me when I'm having sex." Indeed, whether through incidence or intention, gender lines blur. All bodies are slim, lithe and relatively hairless, which makes the genital impact more impressive. By which I mean there are lots of surprisingly assertive penises.

Everyone asks about Ren's penises, and Ren, being Ren, seldom answered directly. Was he making a statement with all these penises? "No, penis is penis; there is no need for statements." Why are there so many erect penises? "A penis is ugly when it's limp. Only when it's hard can you really feel its existence." But why are the penises all so big? "I myself find big penises more beautiful." "But if all the models are your friends," I asked him, "do all your friends have big penises?" Clearly too crass to deserve an answer, but whatever the truth, Ren, in his short life, did an admirable job of dismantling genital stereotypes and convincing us that Chinese private parts do indeed deserve more public exposure. And that should be meaning enough for anyone.

Ren Hang took his own life on February 24, 2017, in Beijing.

REN HANG von Dian Hanson

Ren Hang sah nicht wirklich aus wie ein Rebell. Der schlaksige und von Natur aus scheue, zu Depressionen neigende 29-jährige Pekinger Fotograf stand nichtsdestotrotz mit an der Spitze des Kampfes chinesischer Künstler für ihre kreative Freiheit. In seiner Heimat war er umstritten, doch im Rest der Welt war Ren Hang einer der Stars der Szene. „Eigentlich sehe ich meine Arbeit gar nicht als Tabubruch", behauptete Ren, „der kulturelle oder politische Kontext spielt in meinen Überlegungen kaum eine Rolle. Wenn ich Grenzen überschreite, dann tue ich das nicht vorsätzlich. Das, was ich tue, mache ich einfach."

Das, was er tat, hatte mit Sex zu tun. Ren fotografierte seine Freunde – und zunehmend seine Fans – nackt, oftmals im Freien, hoch oben in Baumkronen oder auf den schwindelerregenden Dächern von Peking, mal aufeinandergestapelt wie Bücher, mal von Kraken umschlungen, mit Telefonleitungen und Blumen, die aus Körperöffnungen sprießen ... was auch immer ihm gerade in den Sinn kam oder als Requisite in die Hände fiel, wurde um- und eingesetzt.

„Ich will nicht, dass andere den Eindruck haben, Chinesen seien Roboter ohne Schwänze oder Mösen", meinte er, „oder dass sie zwar Genitalien haben, sie aber wie geheime Schätze verbergen. Ich will zeigen, dass unsere Schwänze und Mösen ganz und gar nichts Peinliches sind." Gleichzeitig bestritt er, dass seine Fotografien irgendeinen Sinn oder Zweck verfolgten: Er fotografierte schlicht, weil es ihn glücklich machte, obgleich oder gerade weil er und das Glück ein fragiles Verhältnis zueinander hatten.

Ren litt so schwer an wiederkehrenden Depressionen, dass jede dieser Phasen ihm schier unüberwindlich erschien. Seine Krisen dokumentierte er, manchmal auf poetische Weise, auf seiner Website. Der Eintrag vom 16. Juli 2014 lautete:

> Das Leben ist in der Tat ein
> Kostbares Geschenk
> Aber ich habe oft das Gefühl
> Der falsche Empfänger zu sein

Jeder, der den schwarzen Hund der Depression kennt, wird diese Verse verstehen.

Ren, so sein Familienname, Hang der Vorname, wurde am 30. Mai 1987 in Nong'an geboren, einem Vorort von Changchun, der Hauptstadt der nordöstlichen Provinz Jilin, die wegen der dort ansässigen Automobilindustrie auch das „chinesische Detroit" genannt wird. Obwohl er seine Heimatstadt sehr mochte, ging er mit 17 nach Peking, um dort Werbung zu studieren, was ihn jedoch schnell langweilte. Bis zum Jahr 2007 suchte er nach einer vergnüglicheren Beschäftigung – es sollte etwas sein, das er gemeinsam mit Freunden und bequem zu Hause machen konnte. Schließlich kaufte er sich eine Kompaktkamera und begann zu fotografieren. Stets fotografierte er mit einer schlichten Rollfilmkamera, doch auch das hatte wie seine

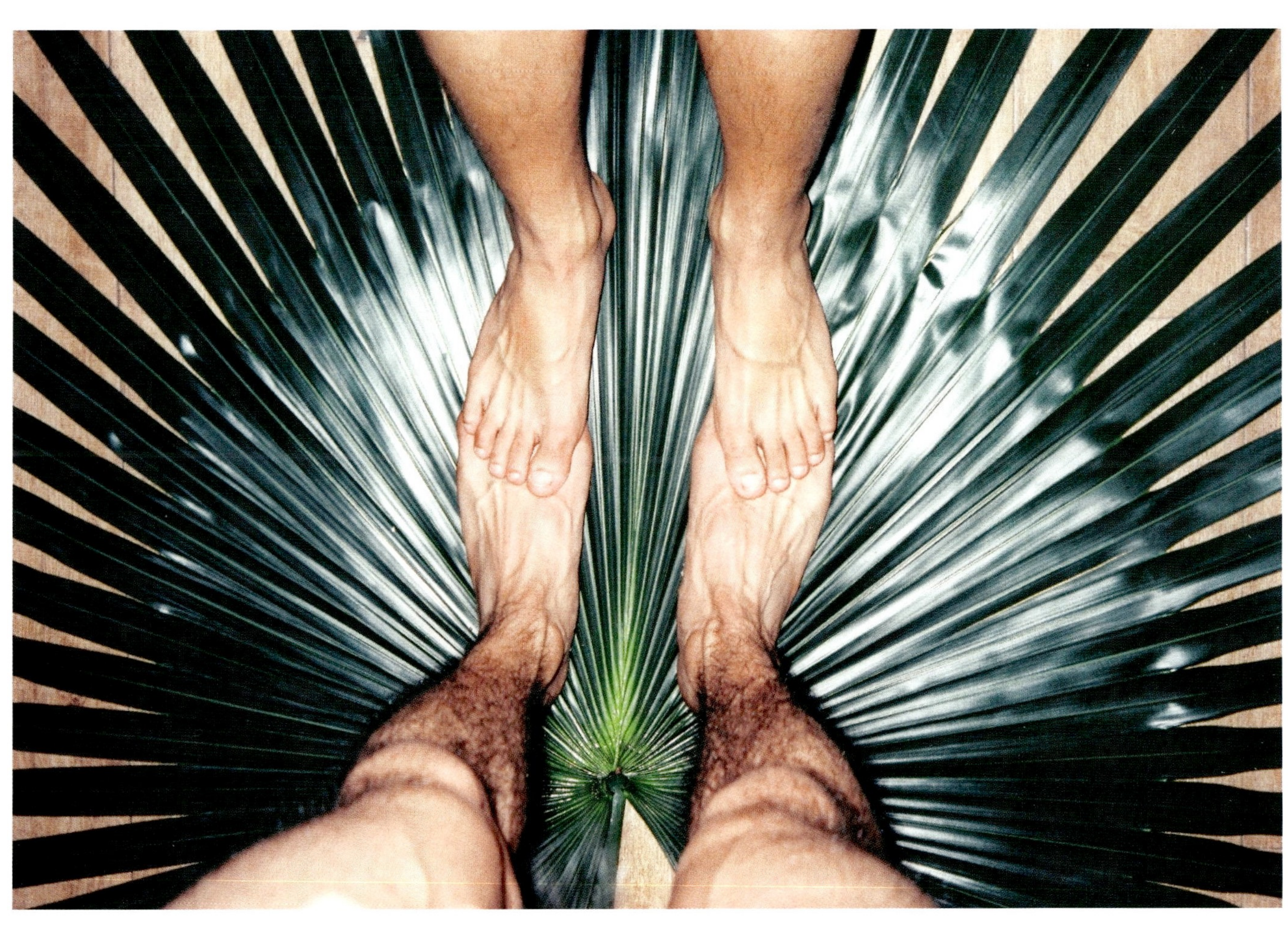

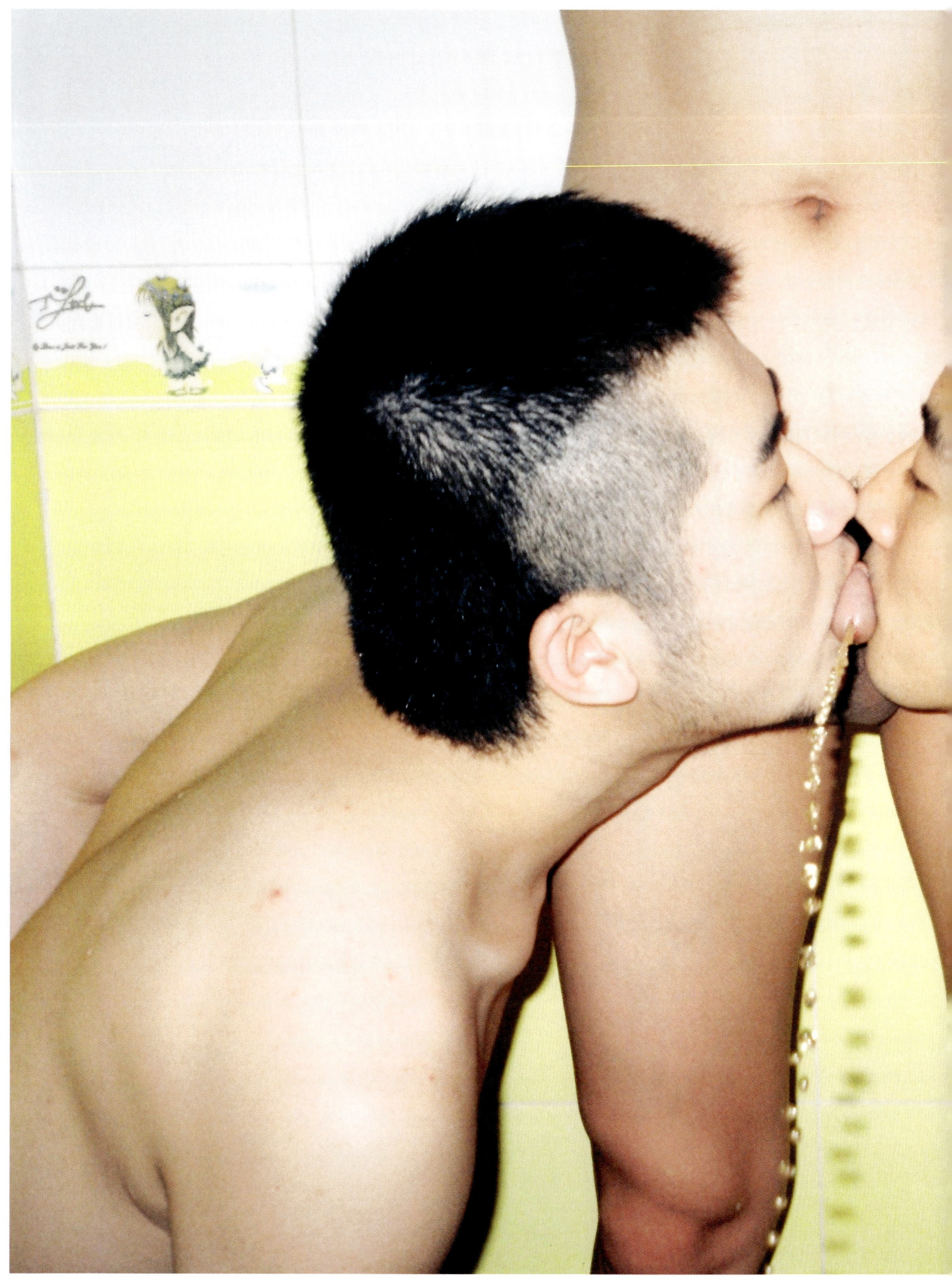

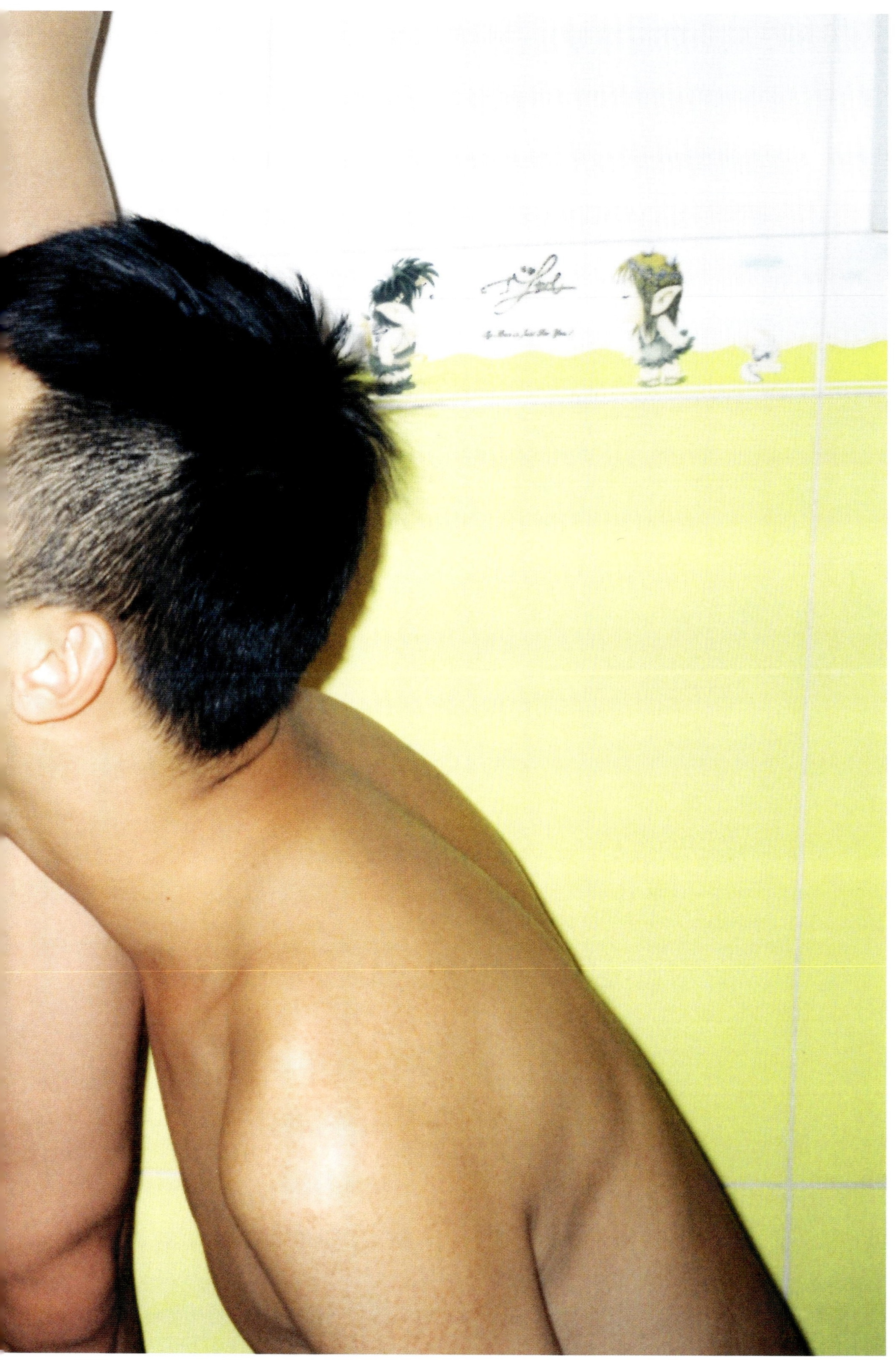

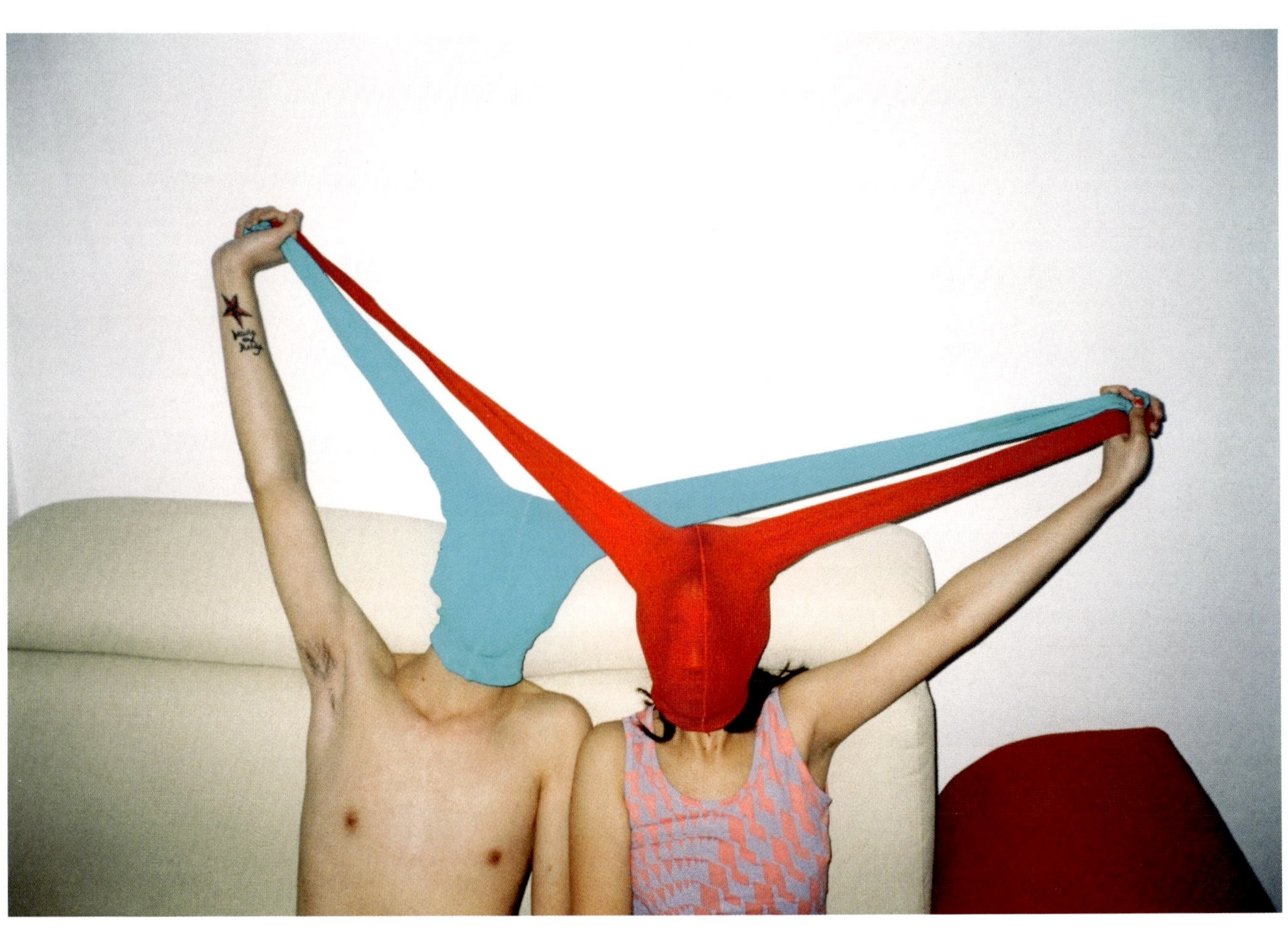

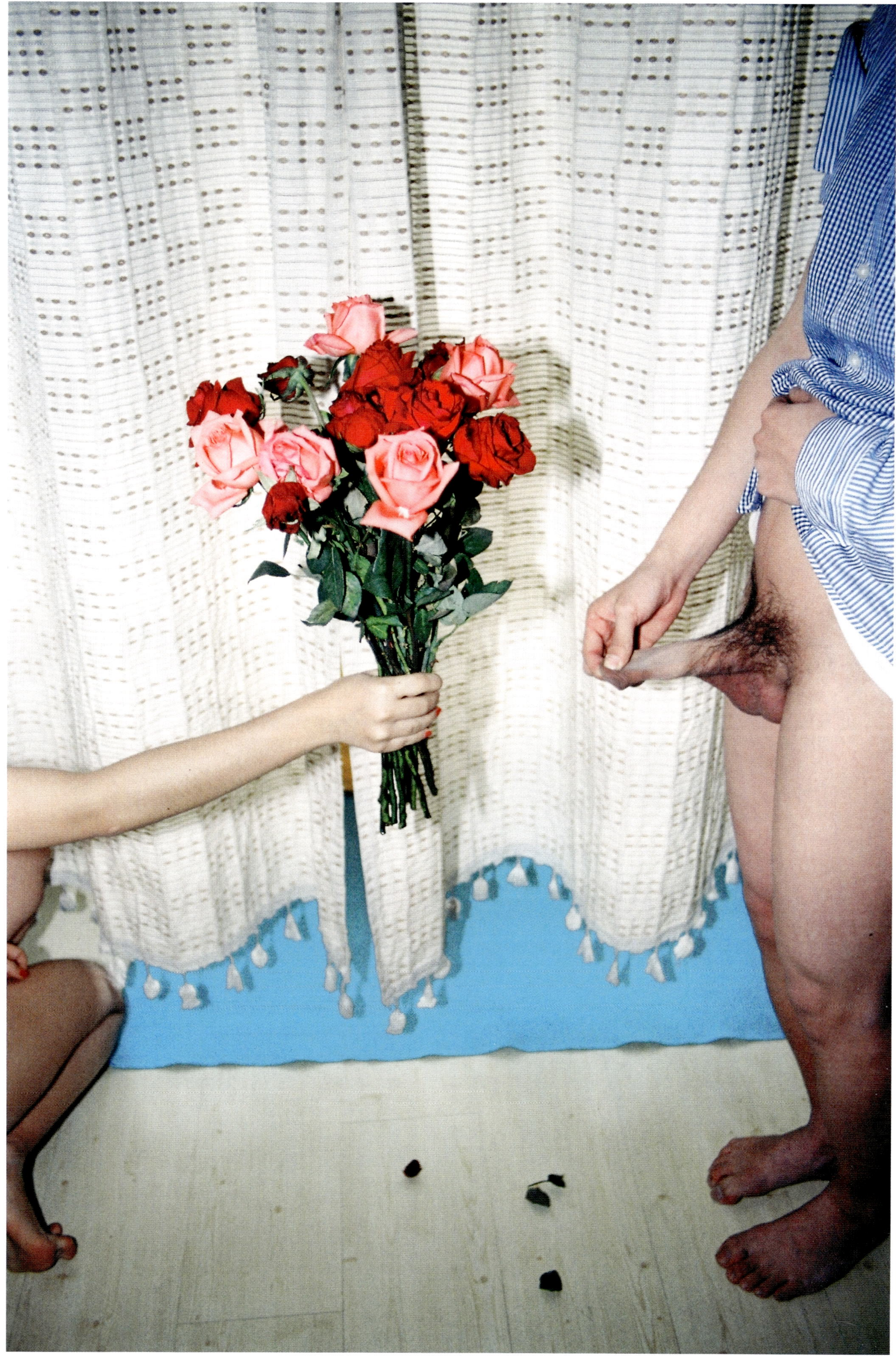

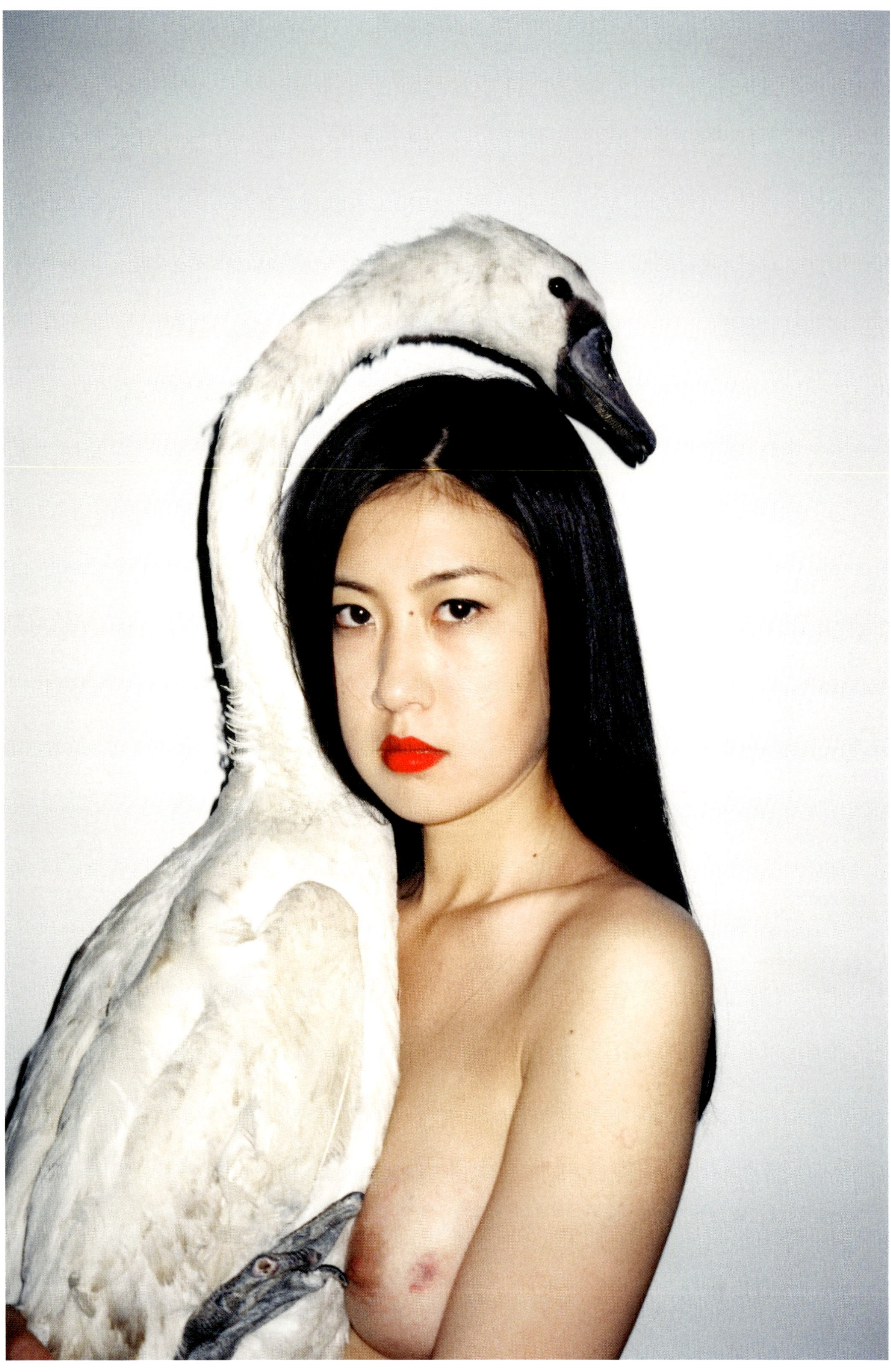

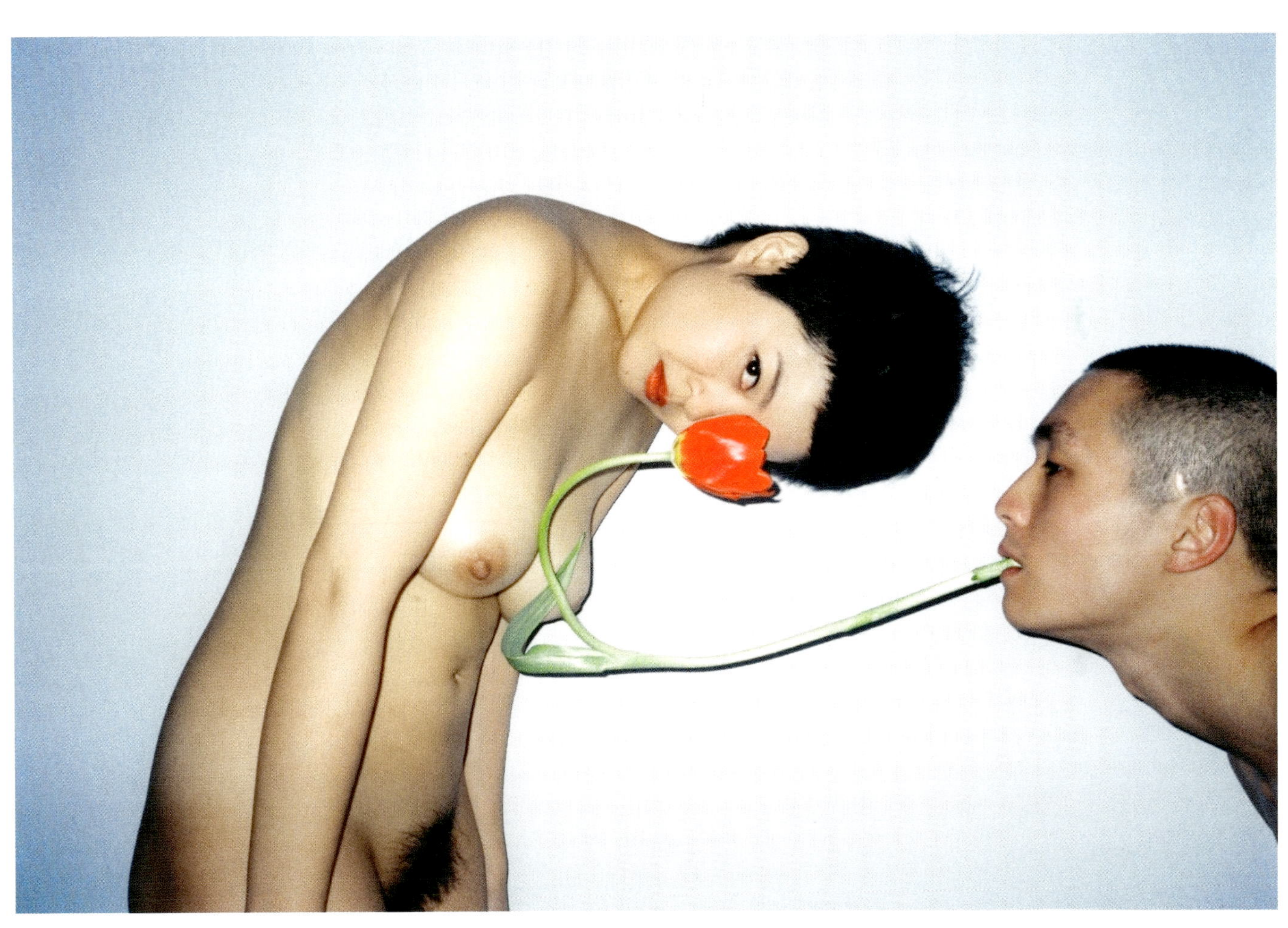

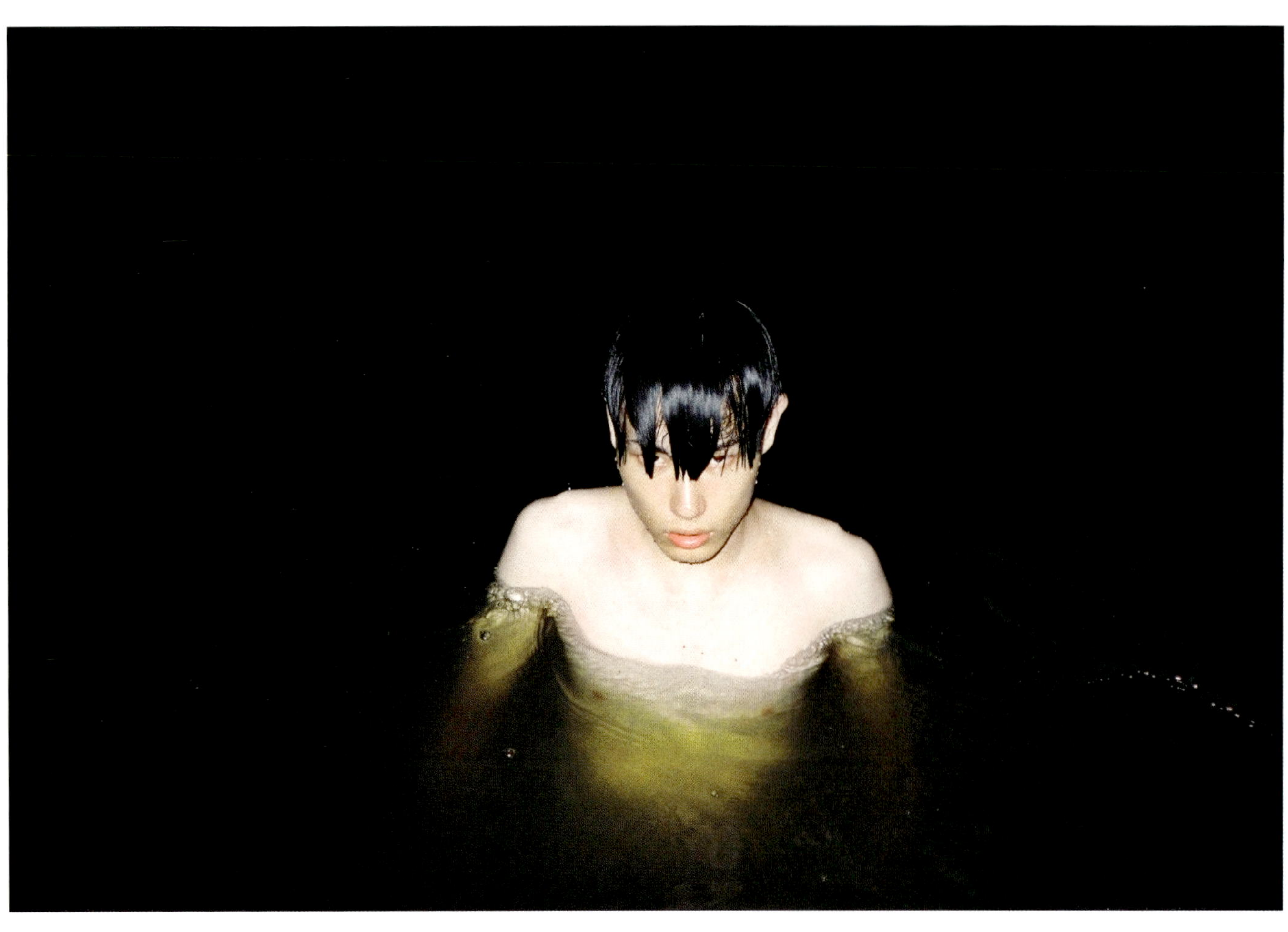

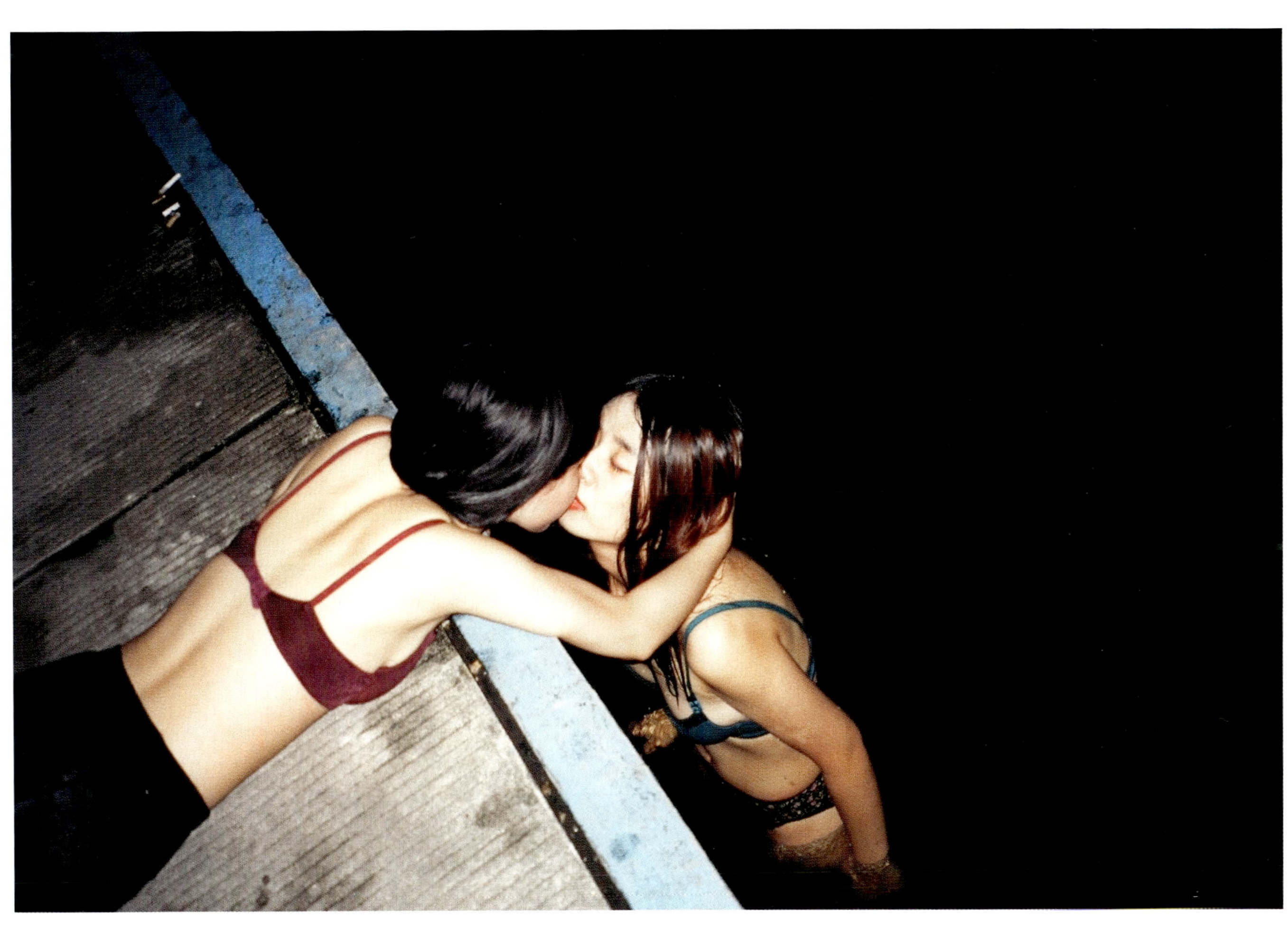

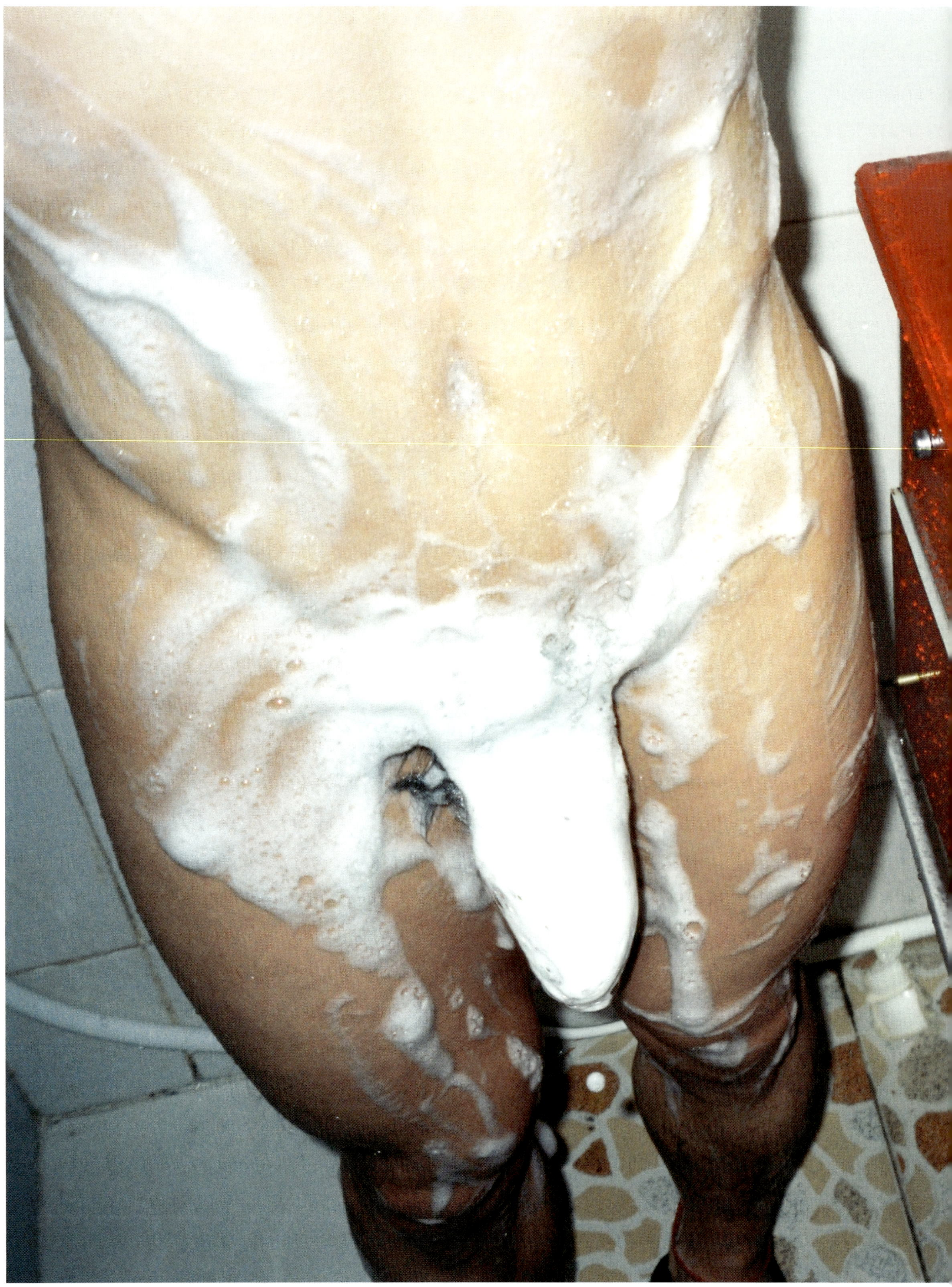

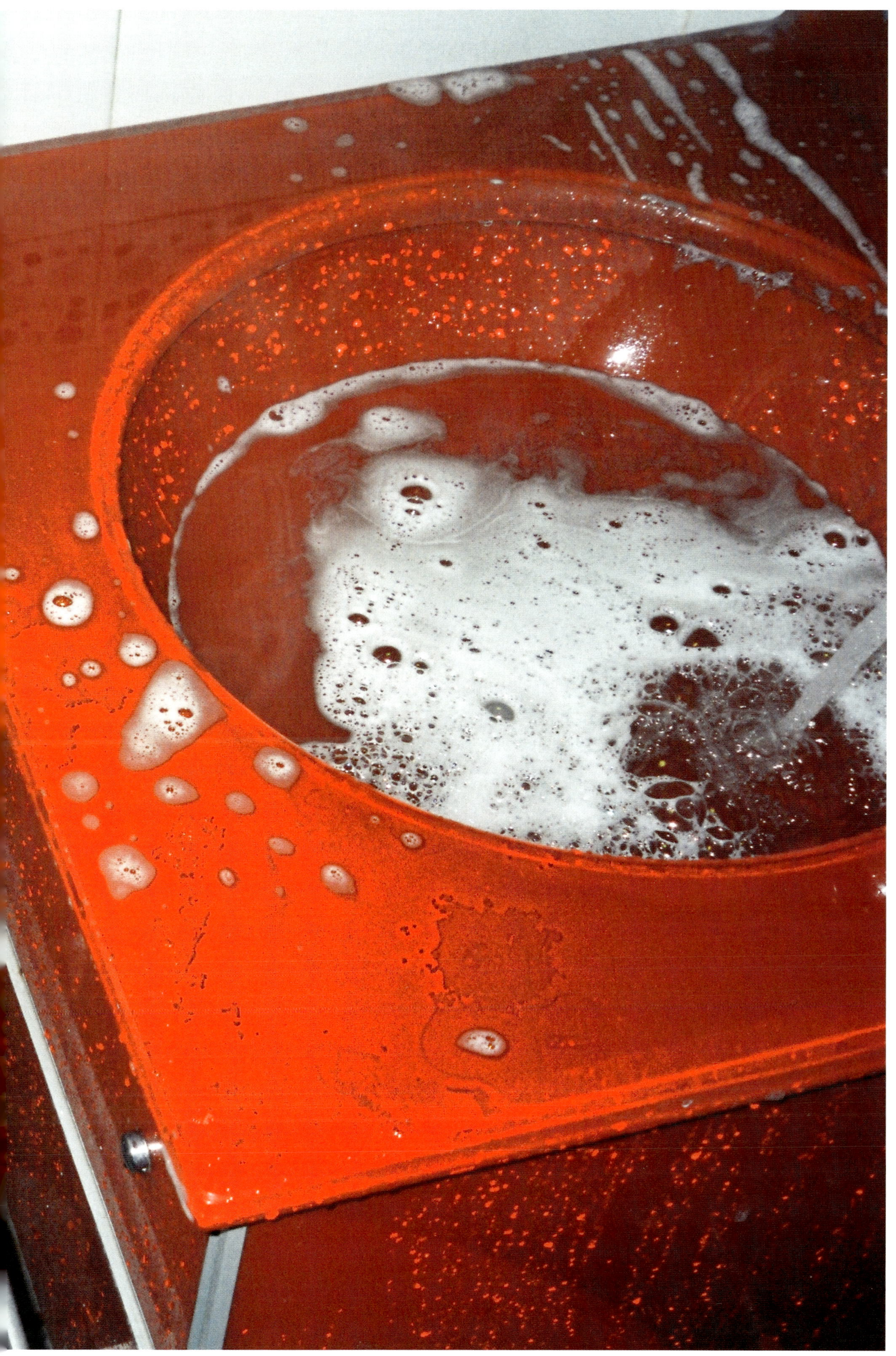

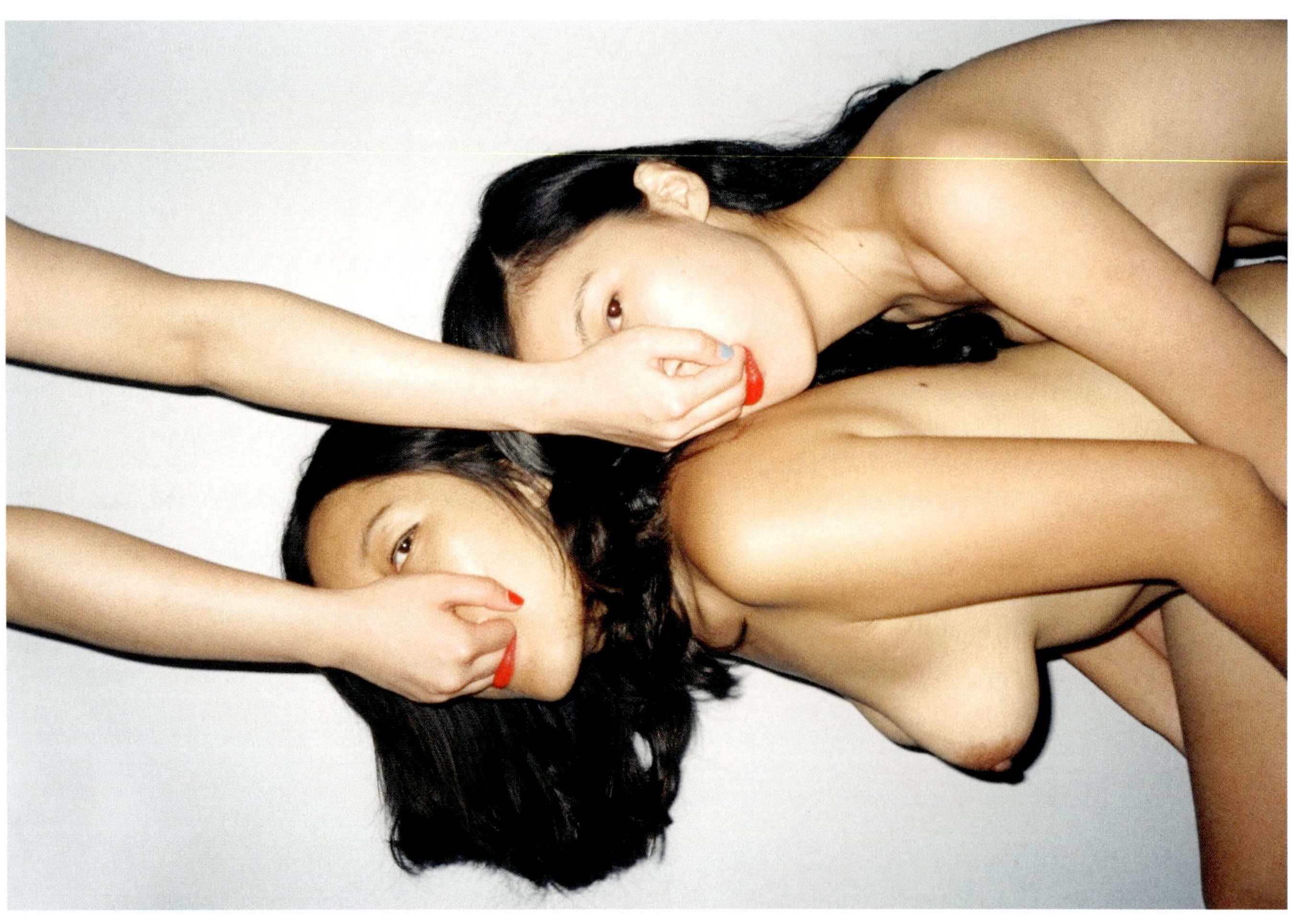

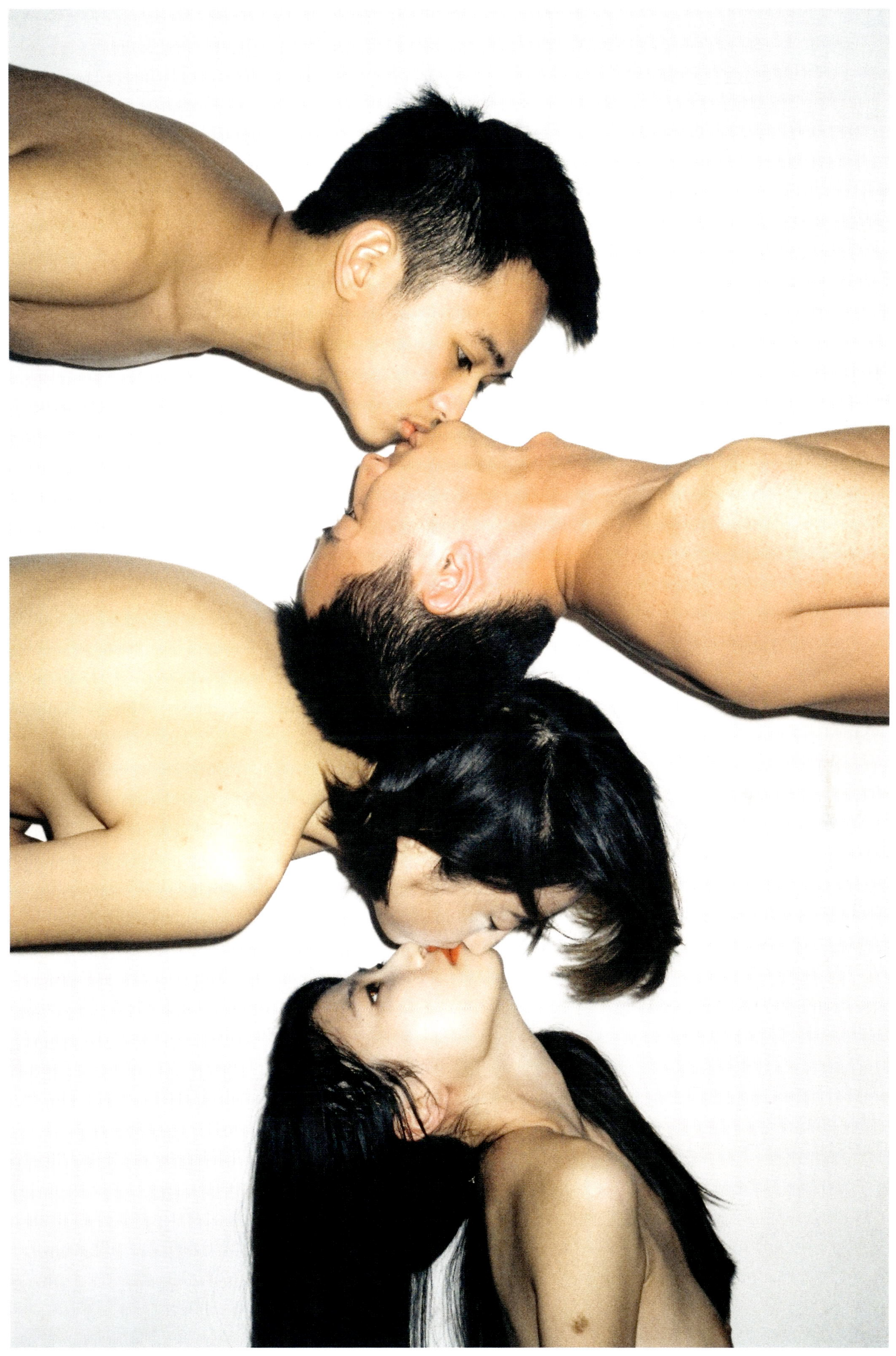

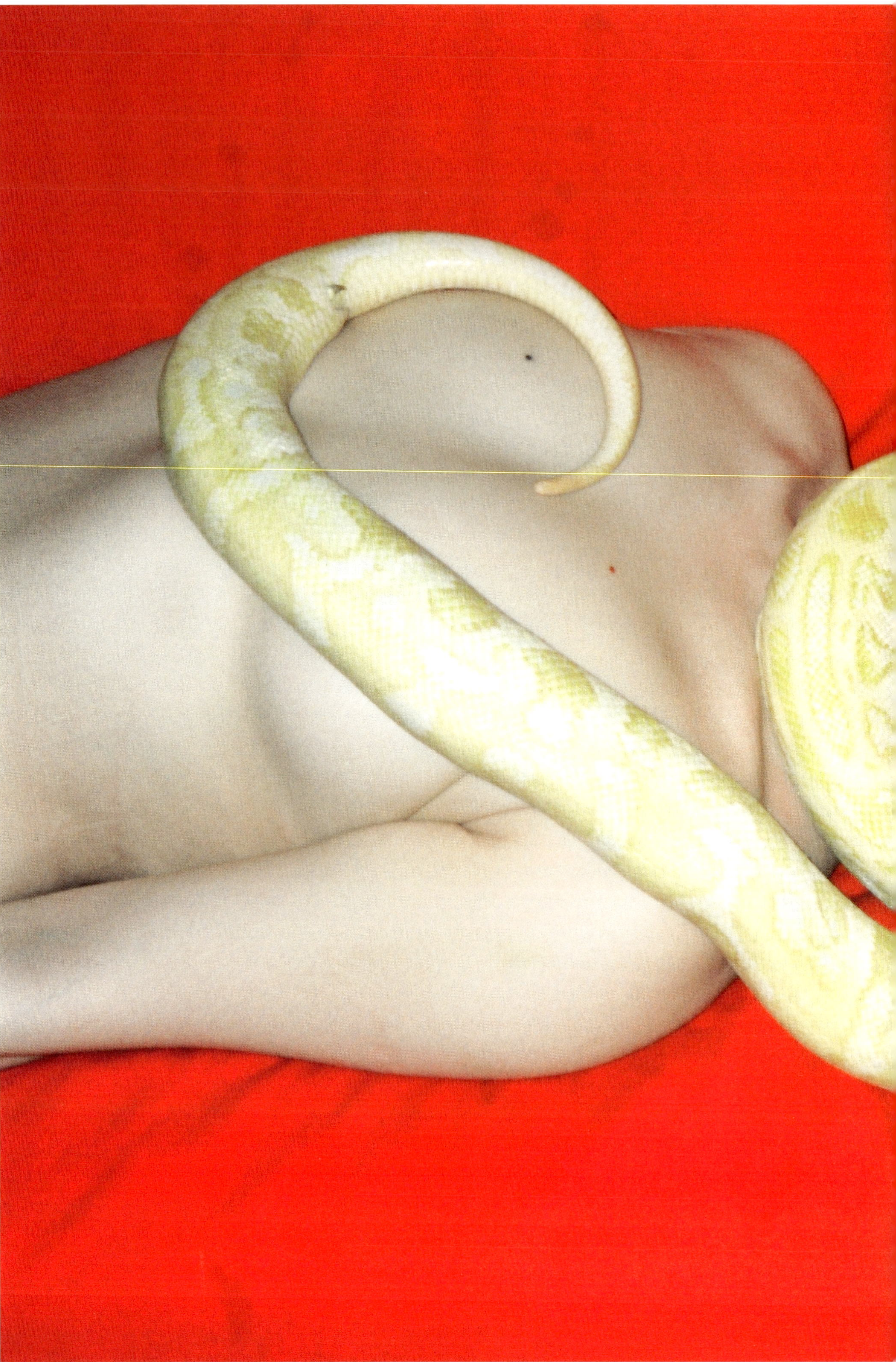

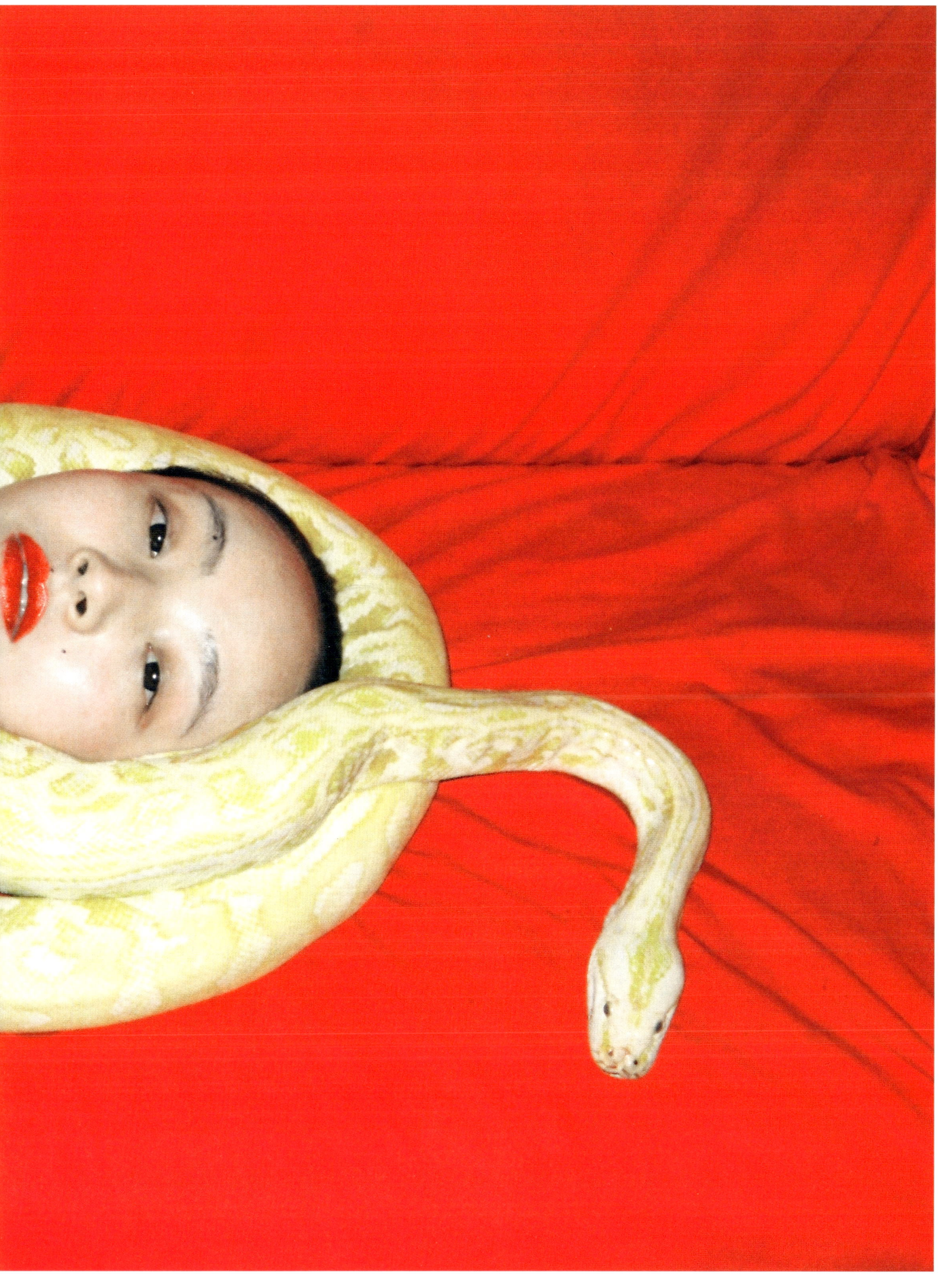

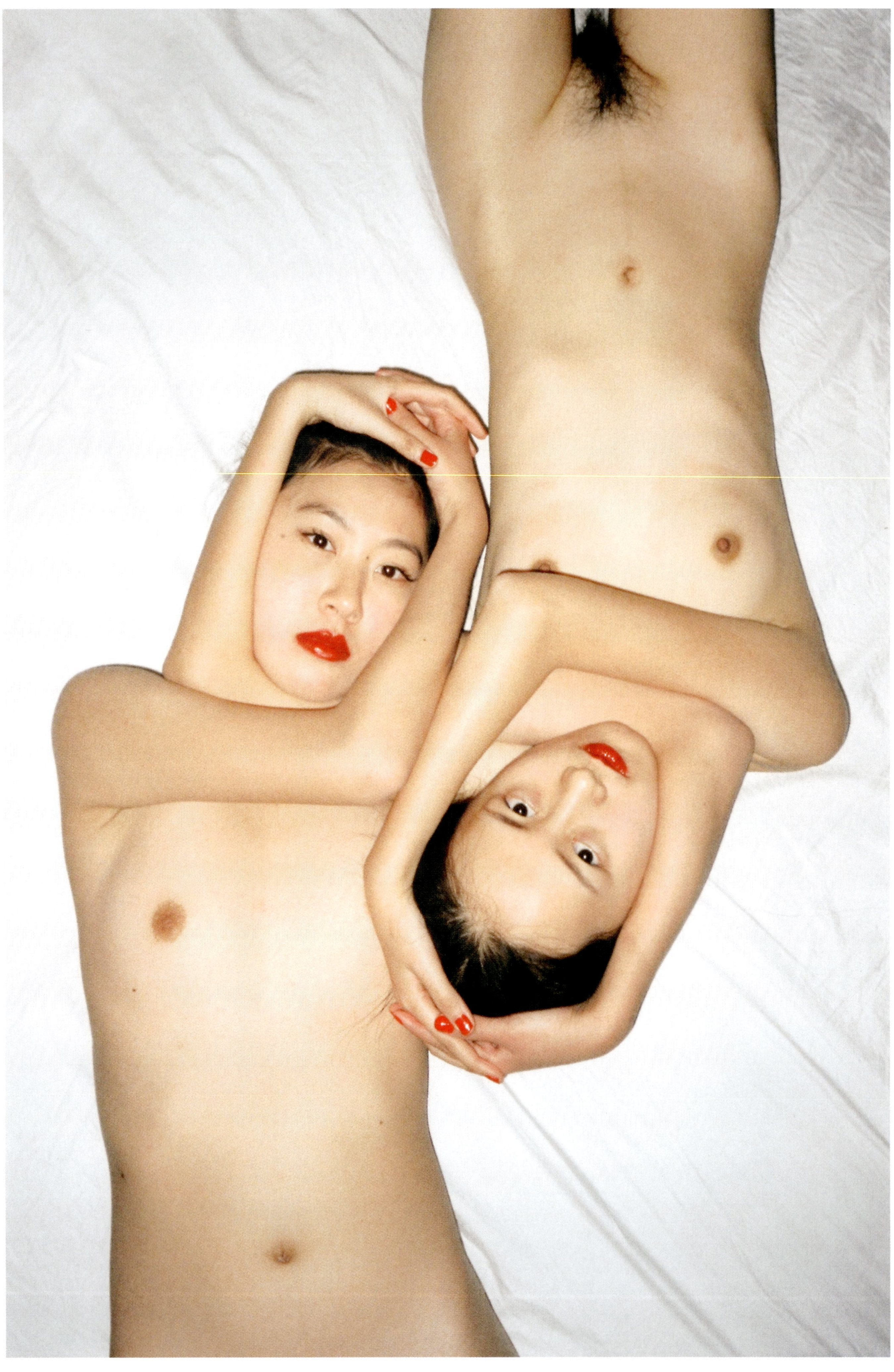

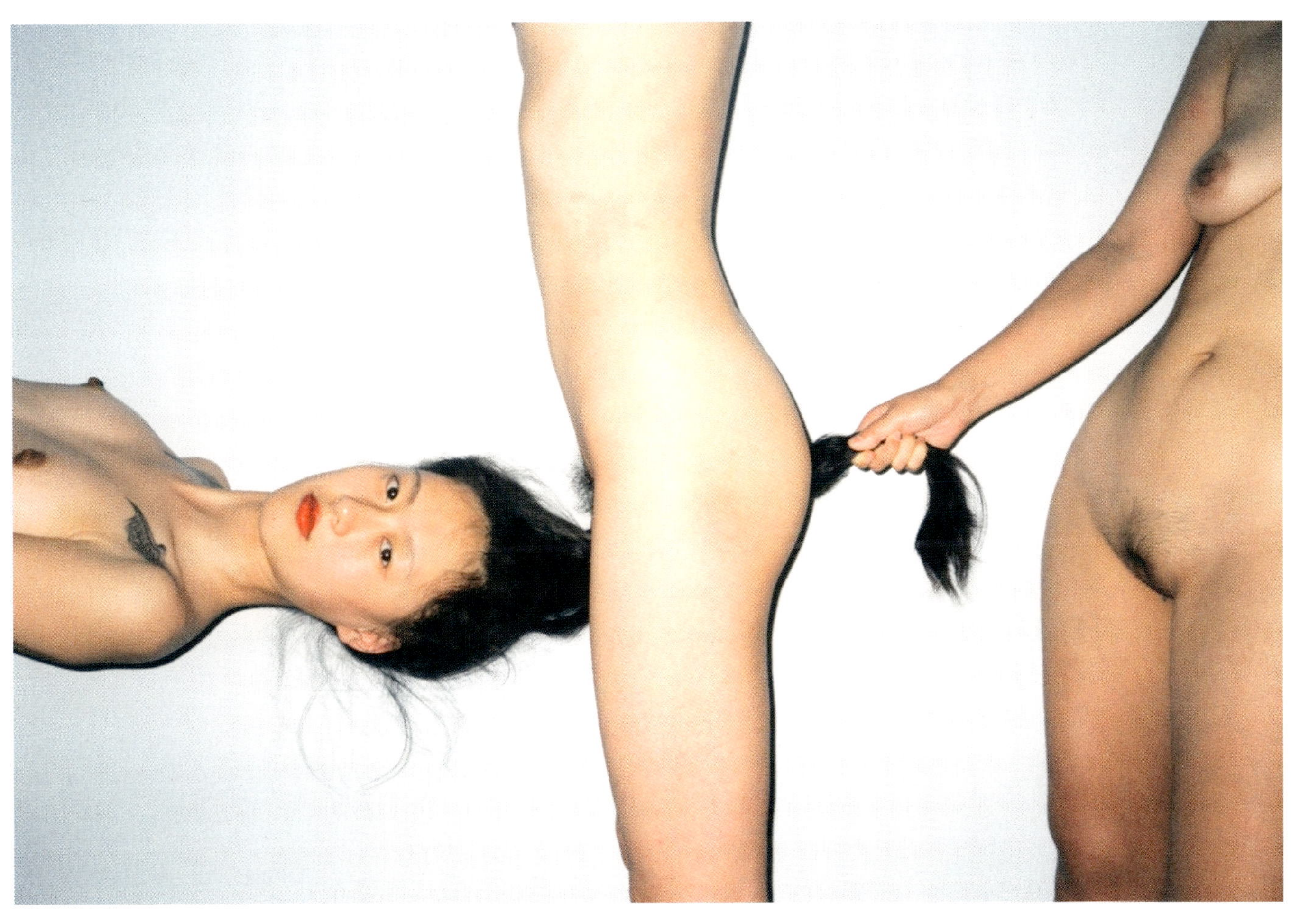

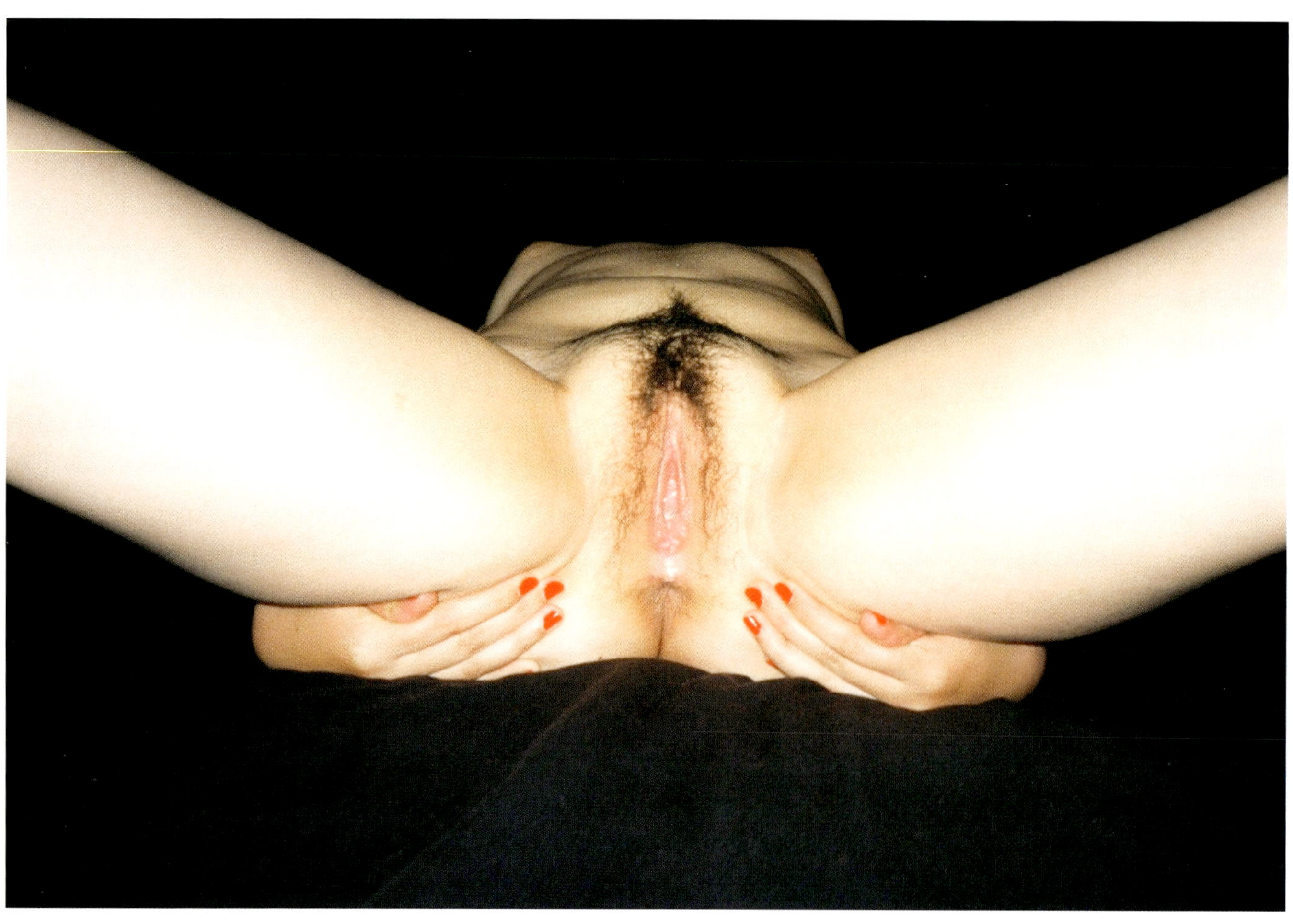

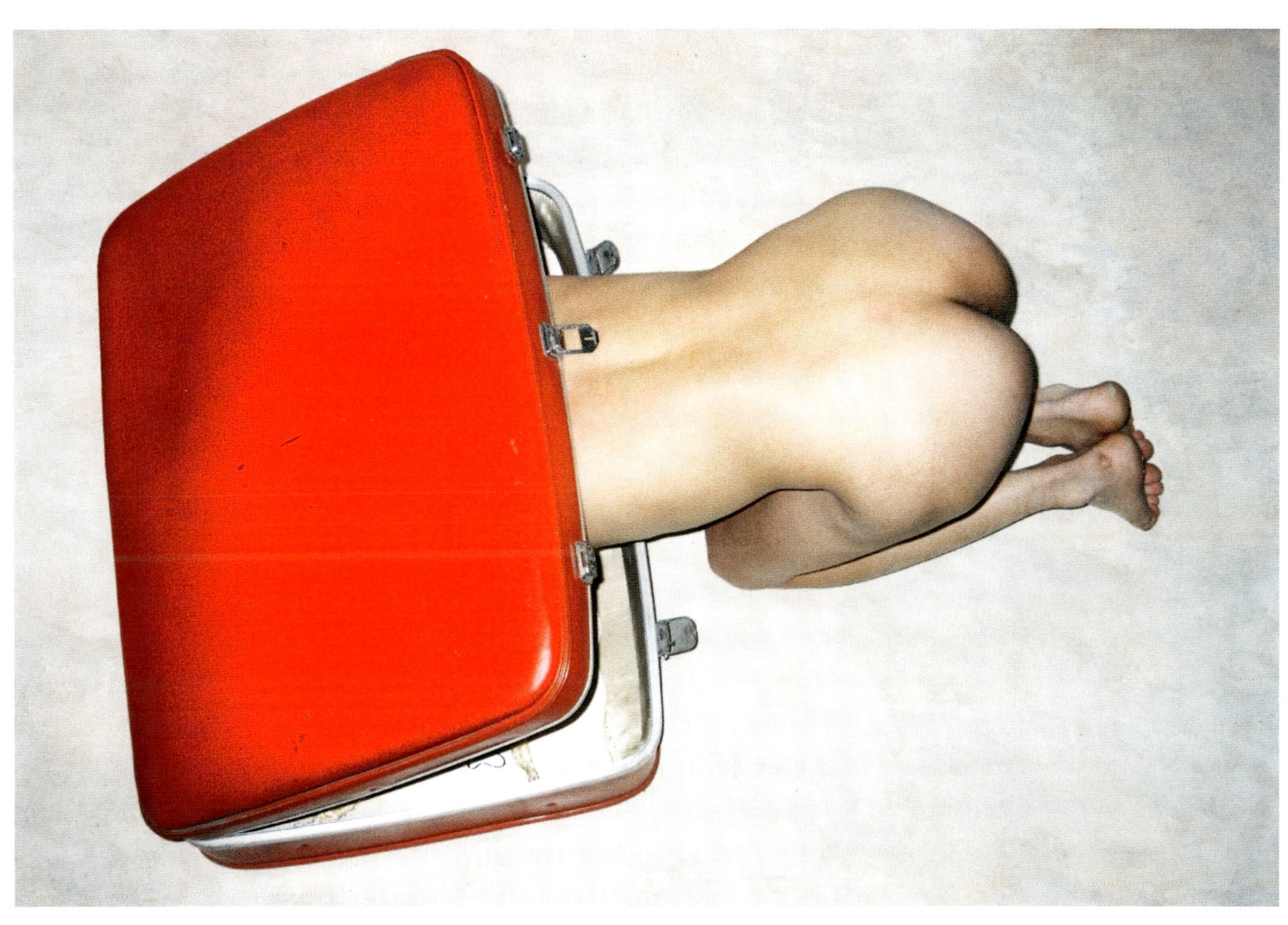

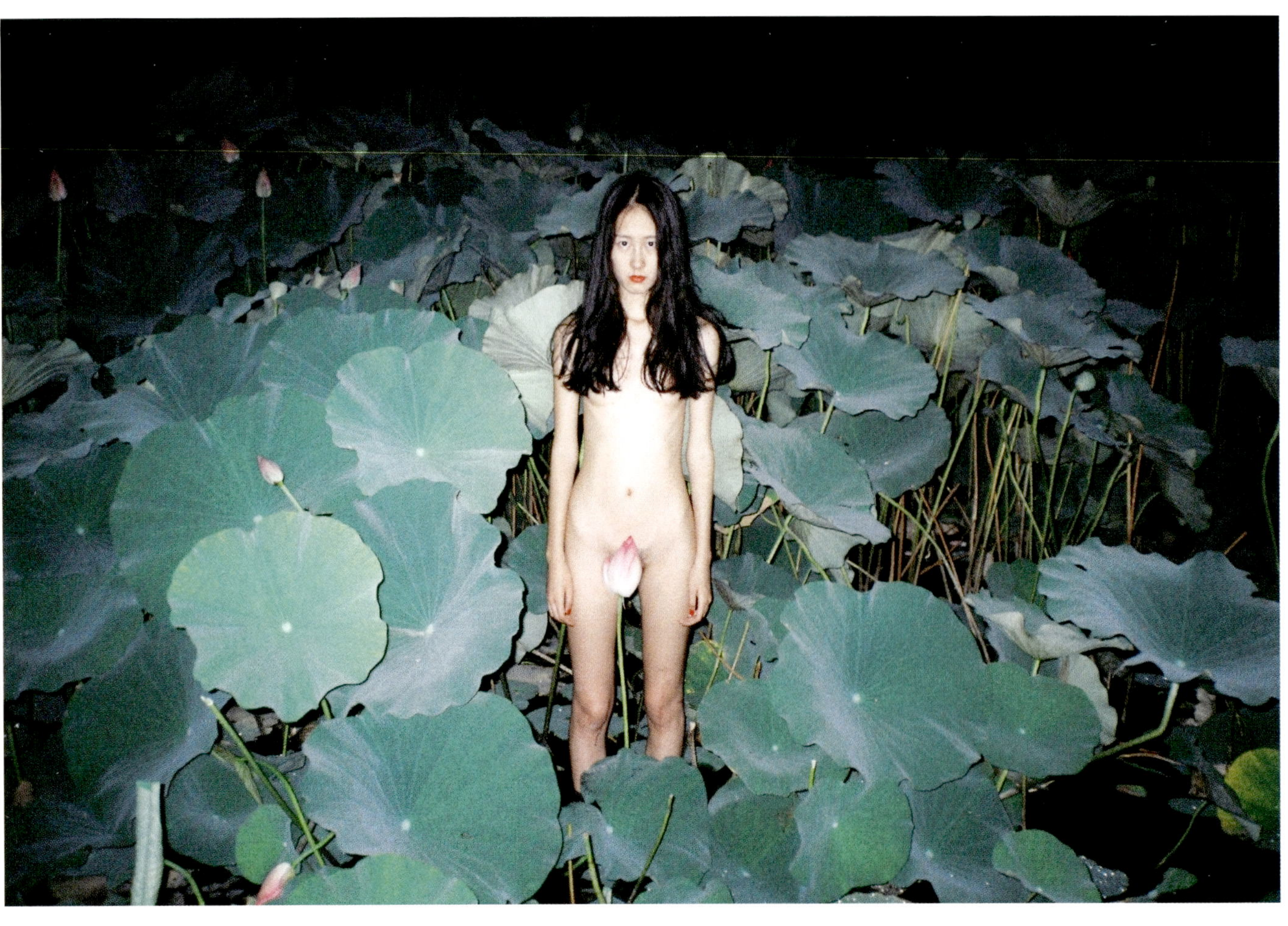

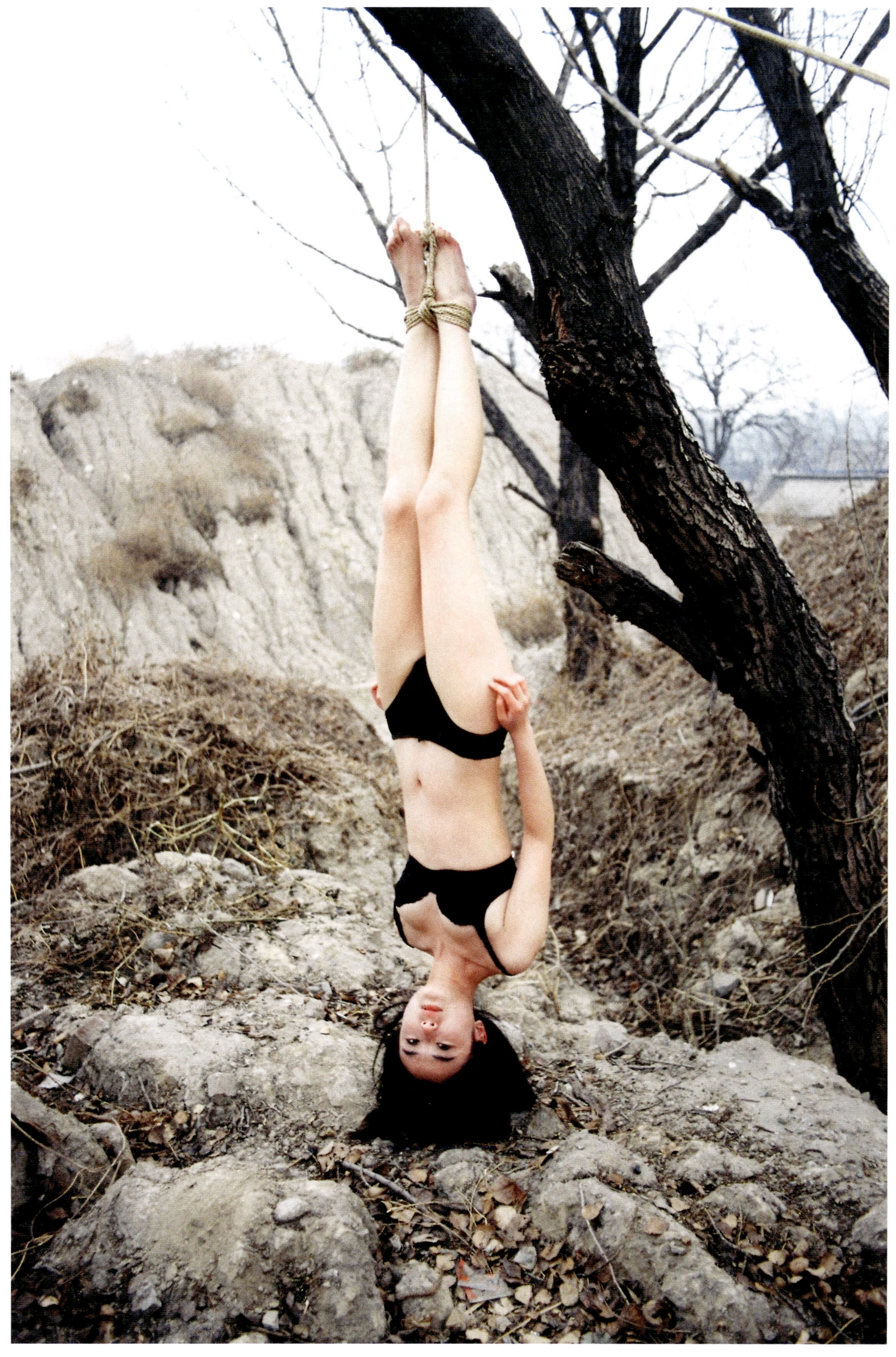

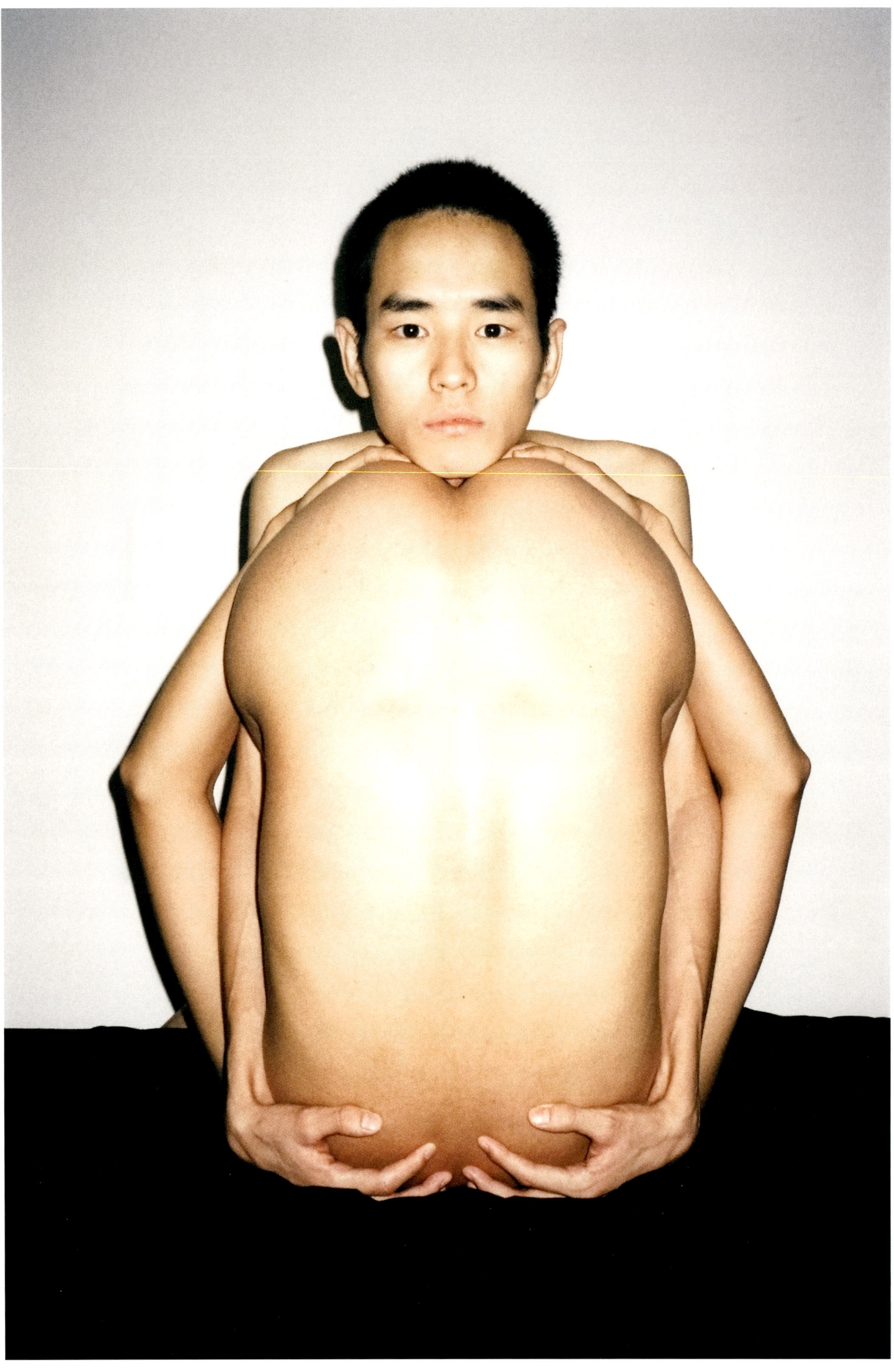

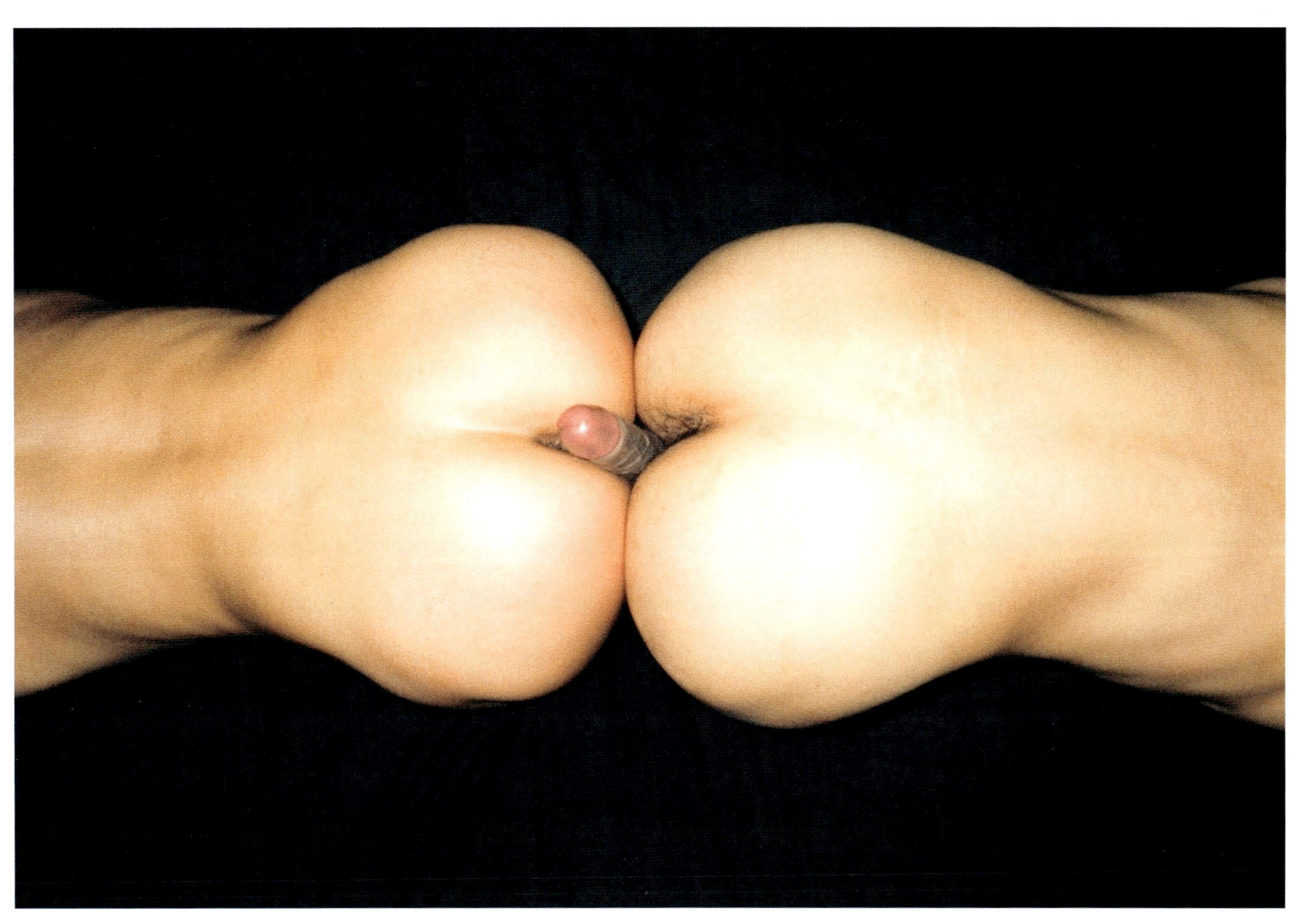

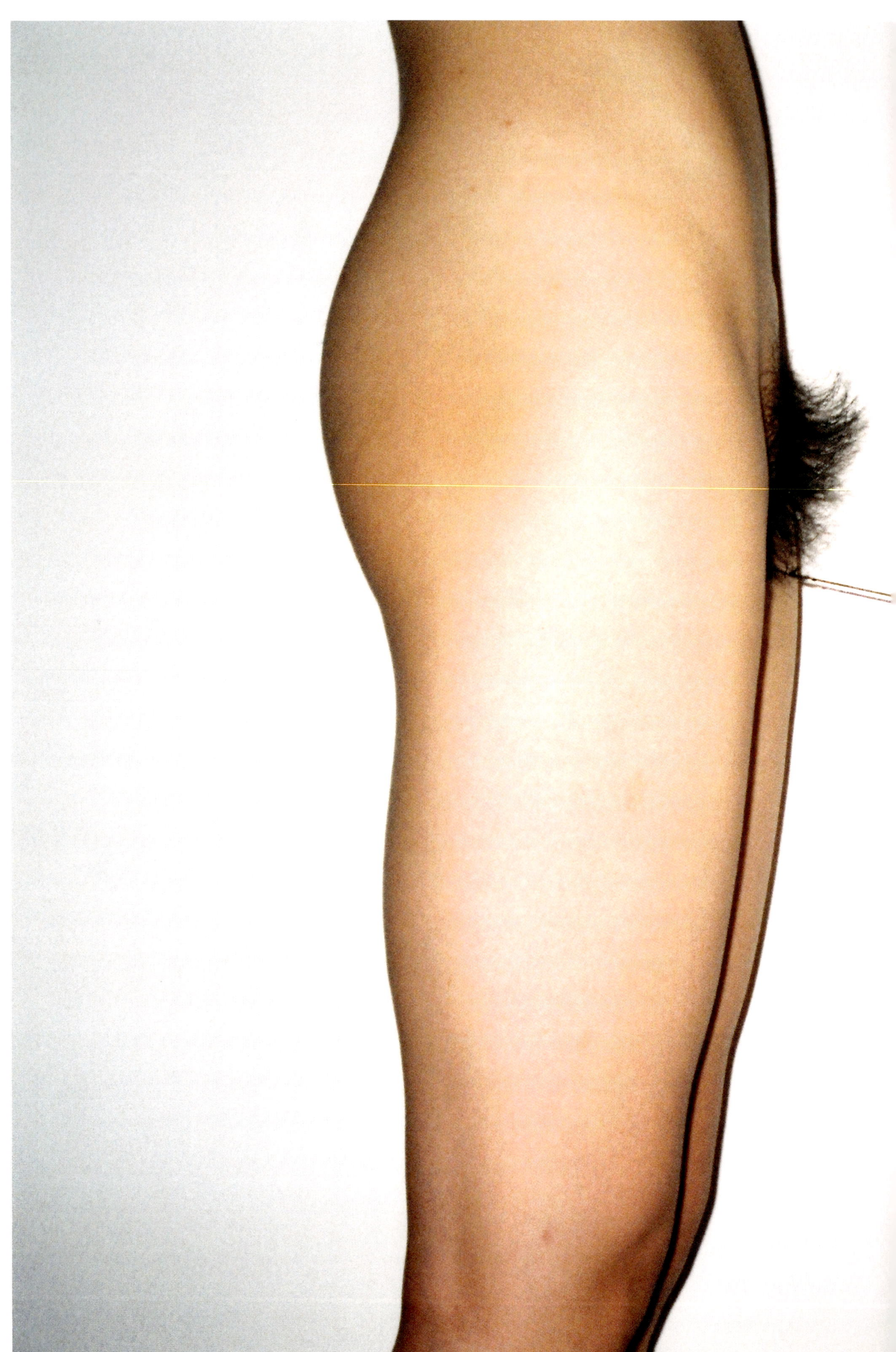

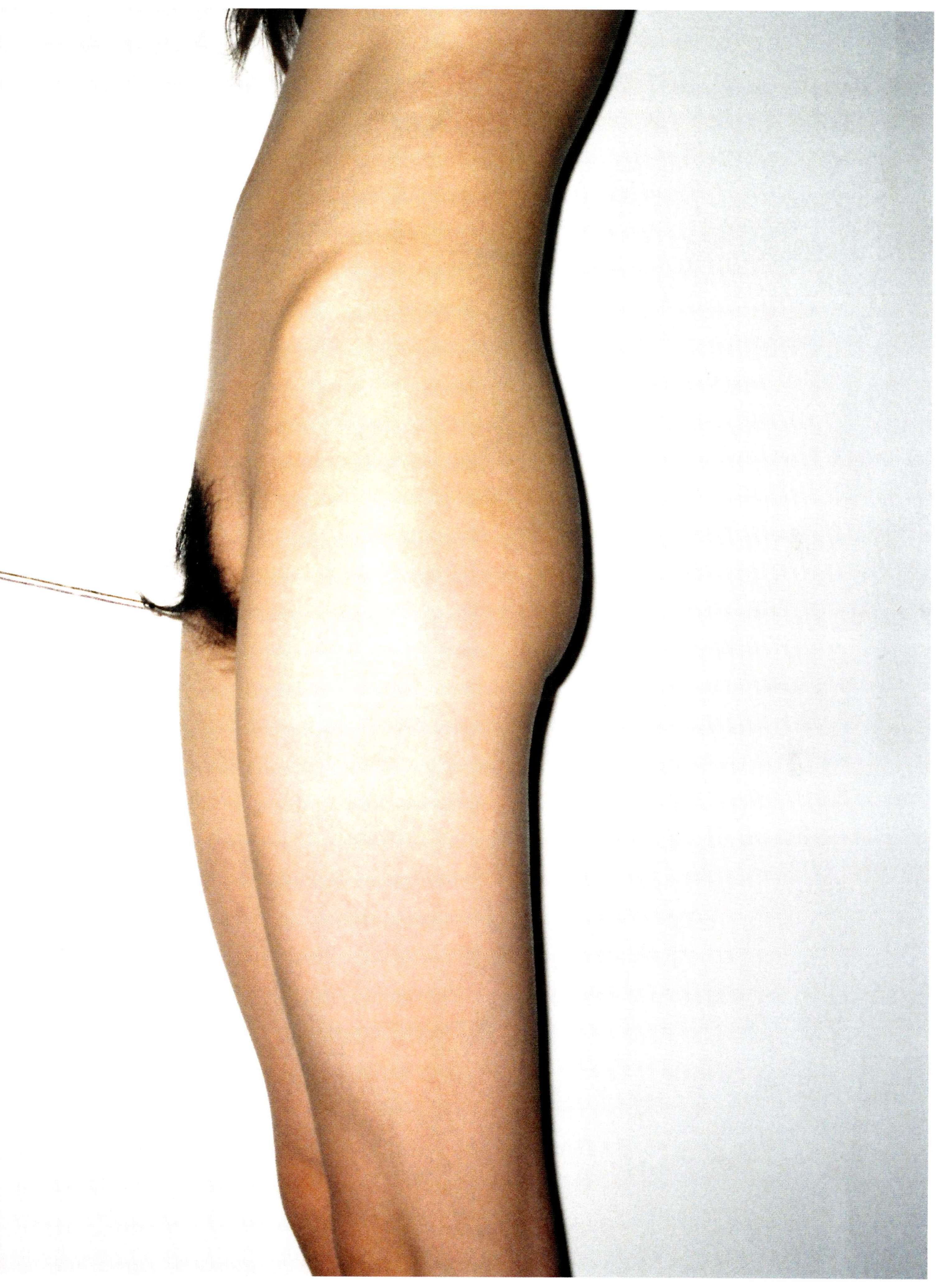

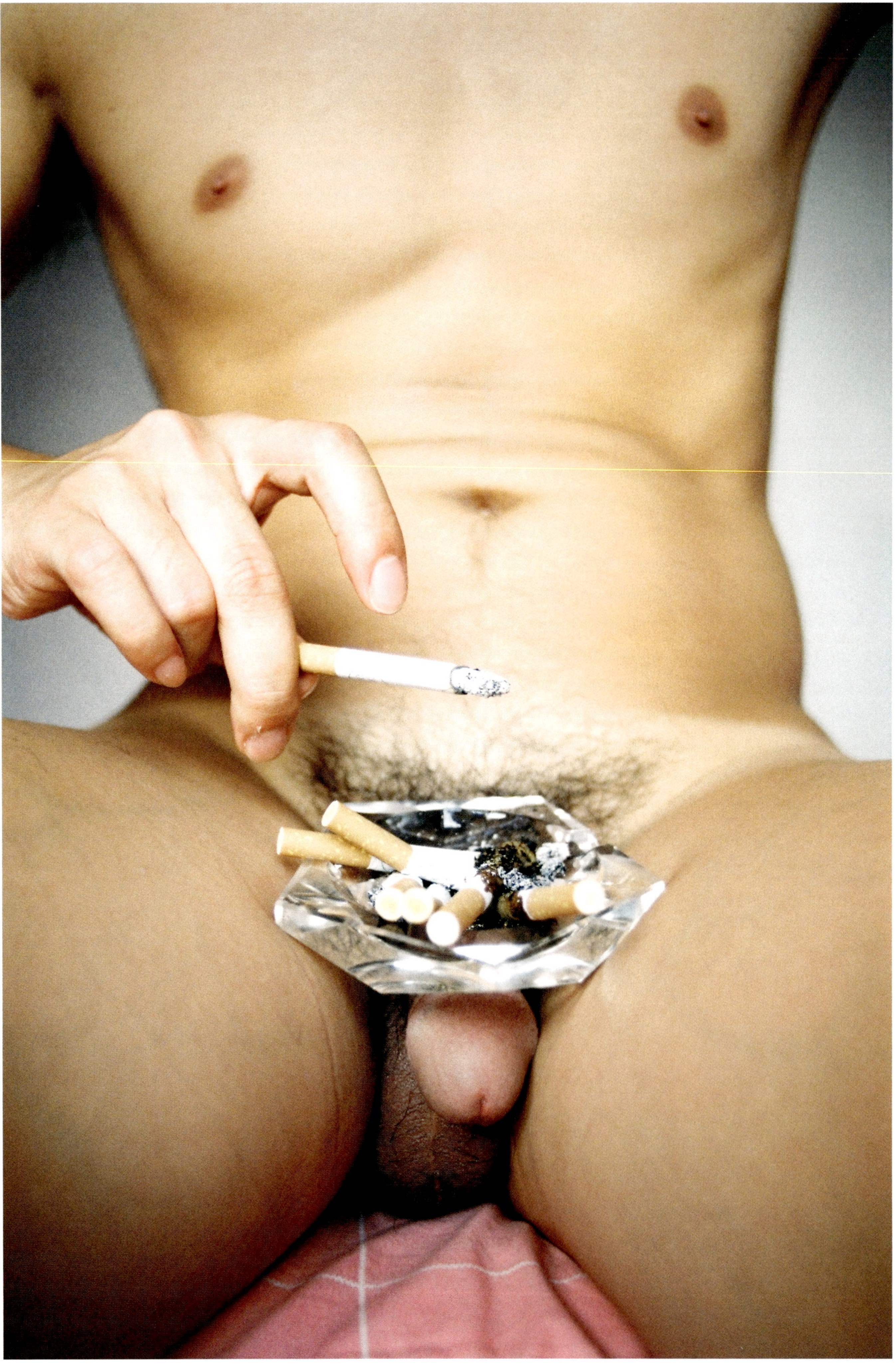

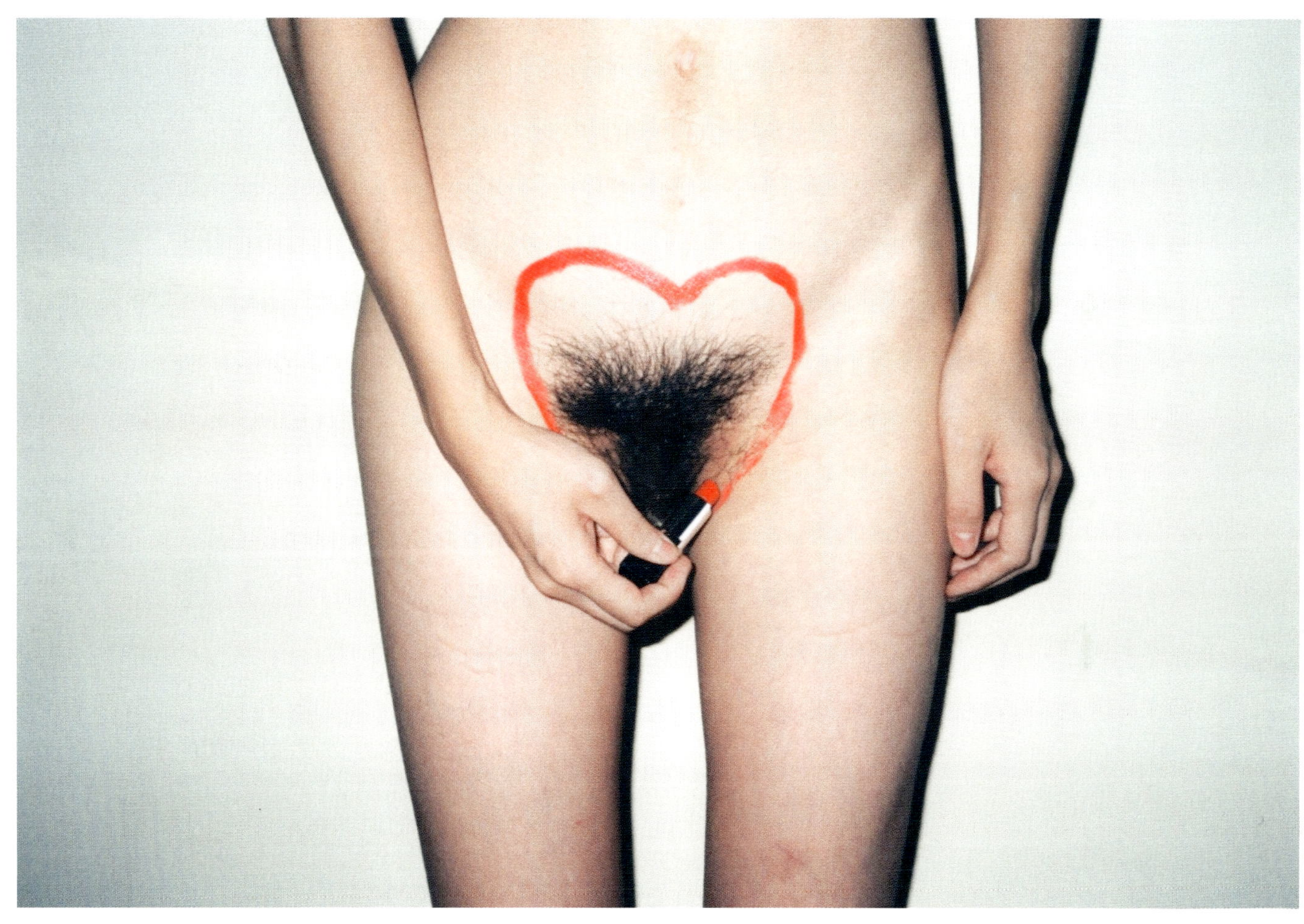

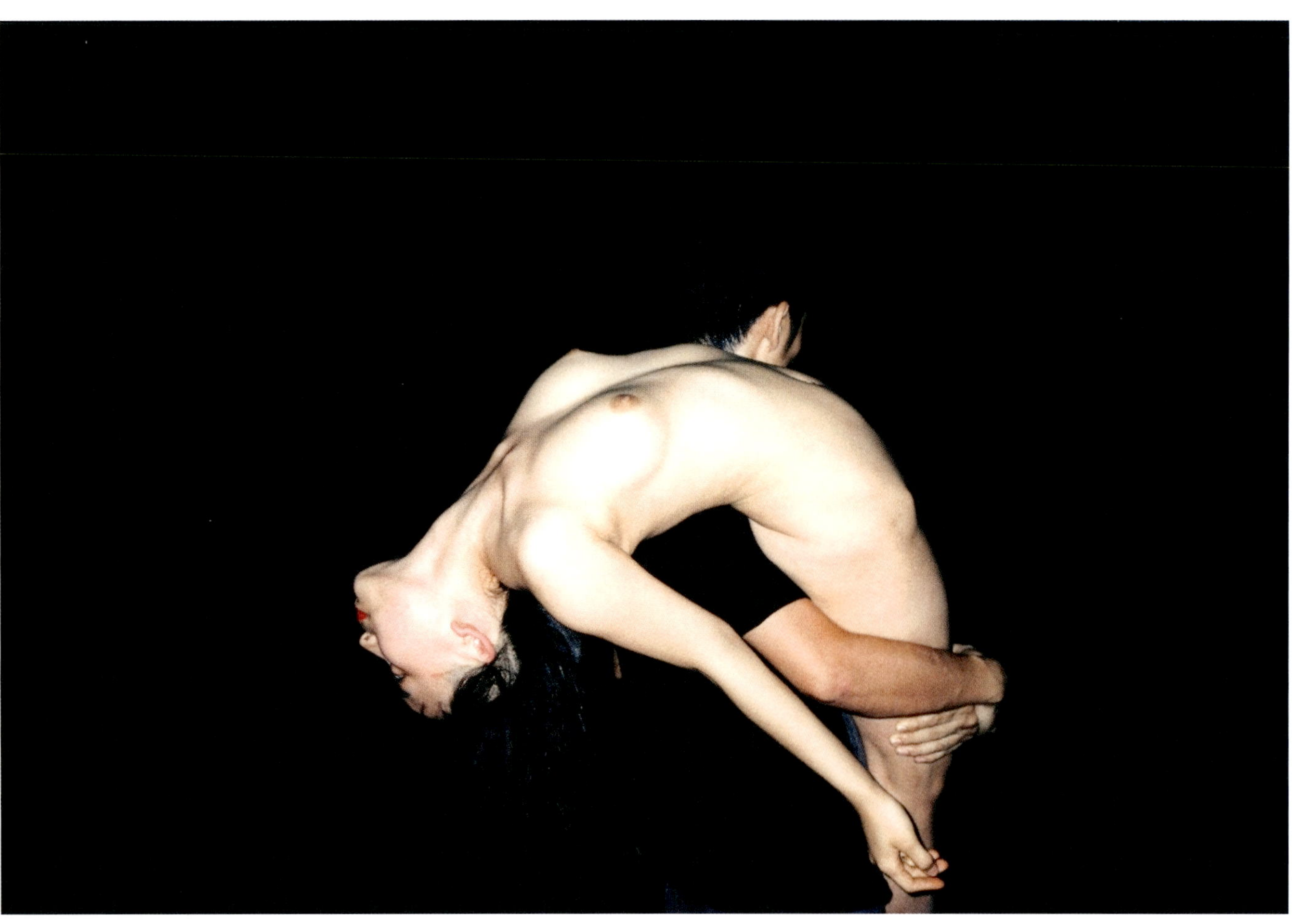

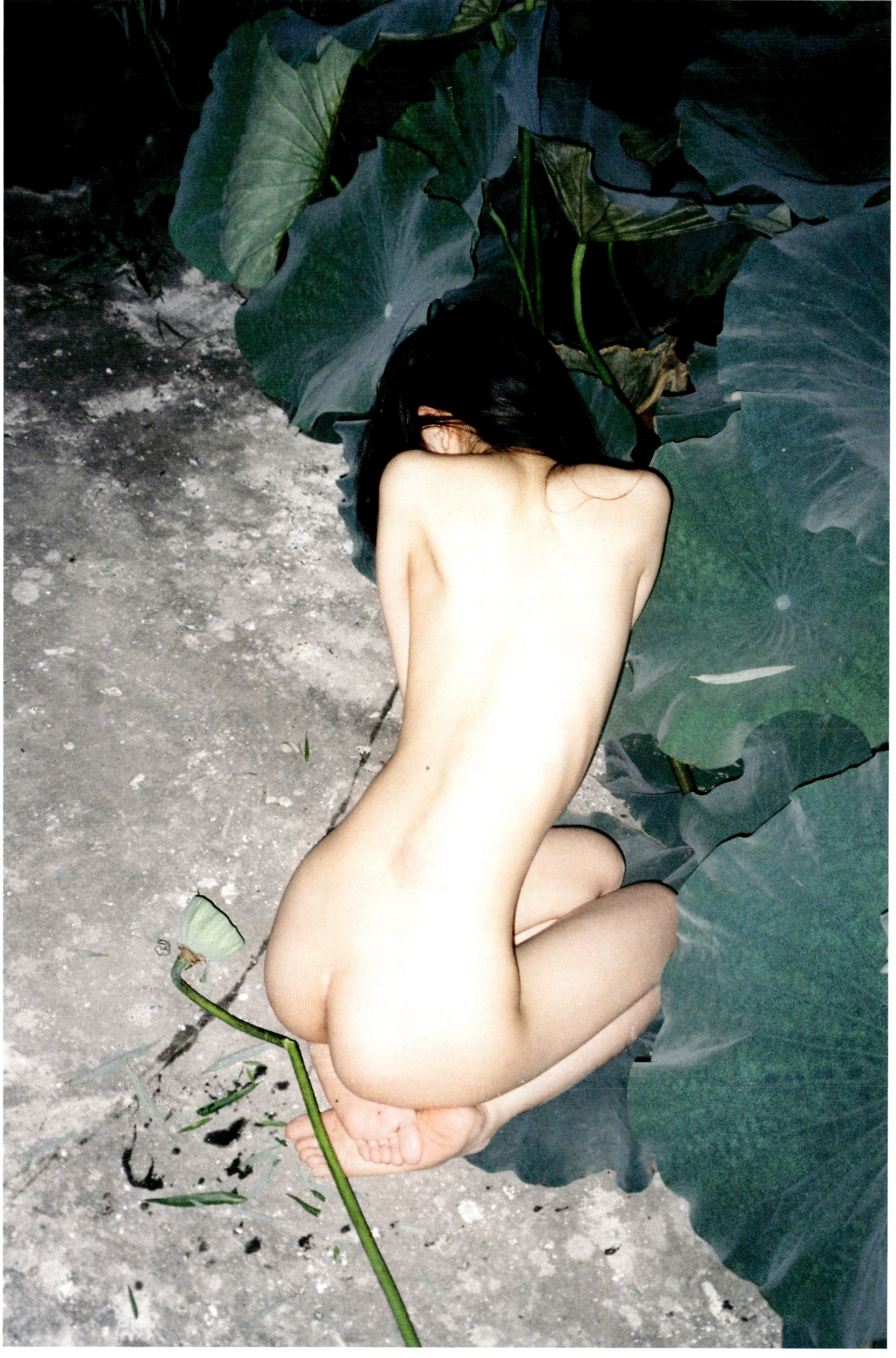

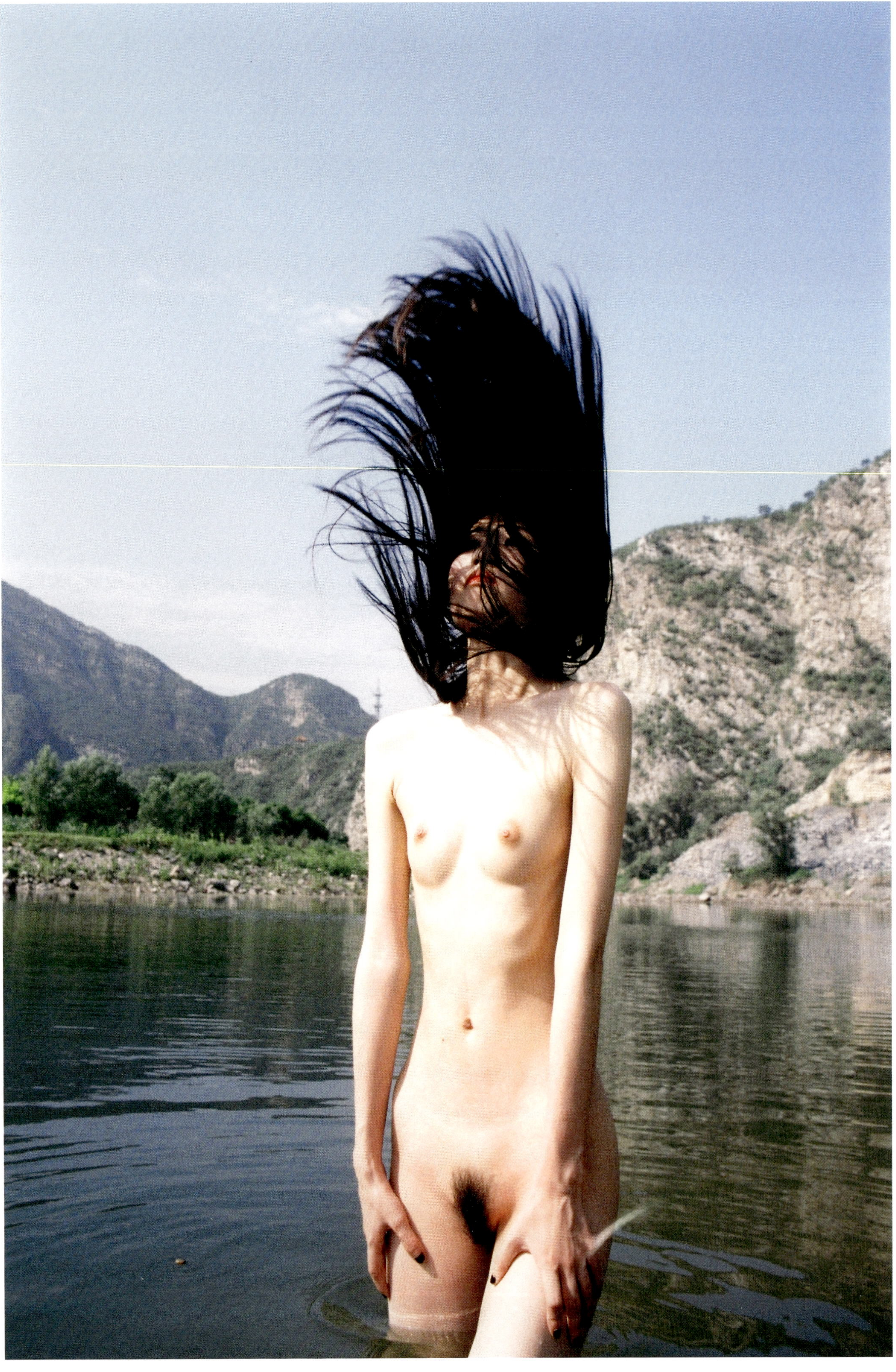

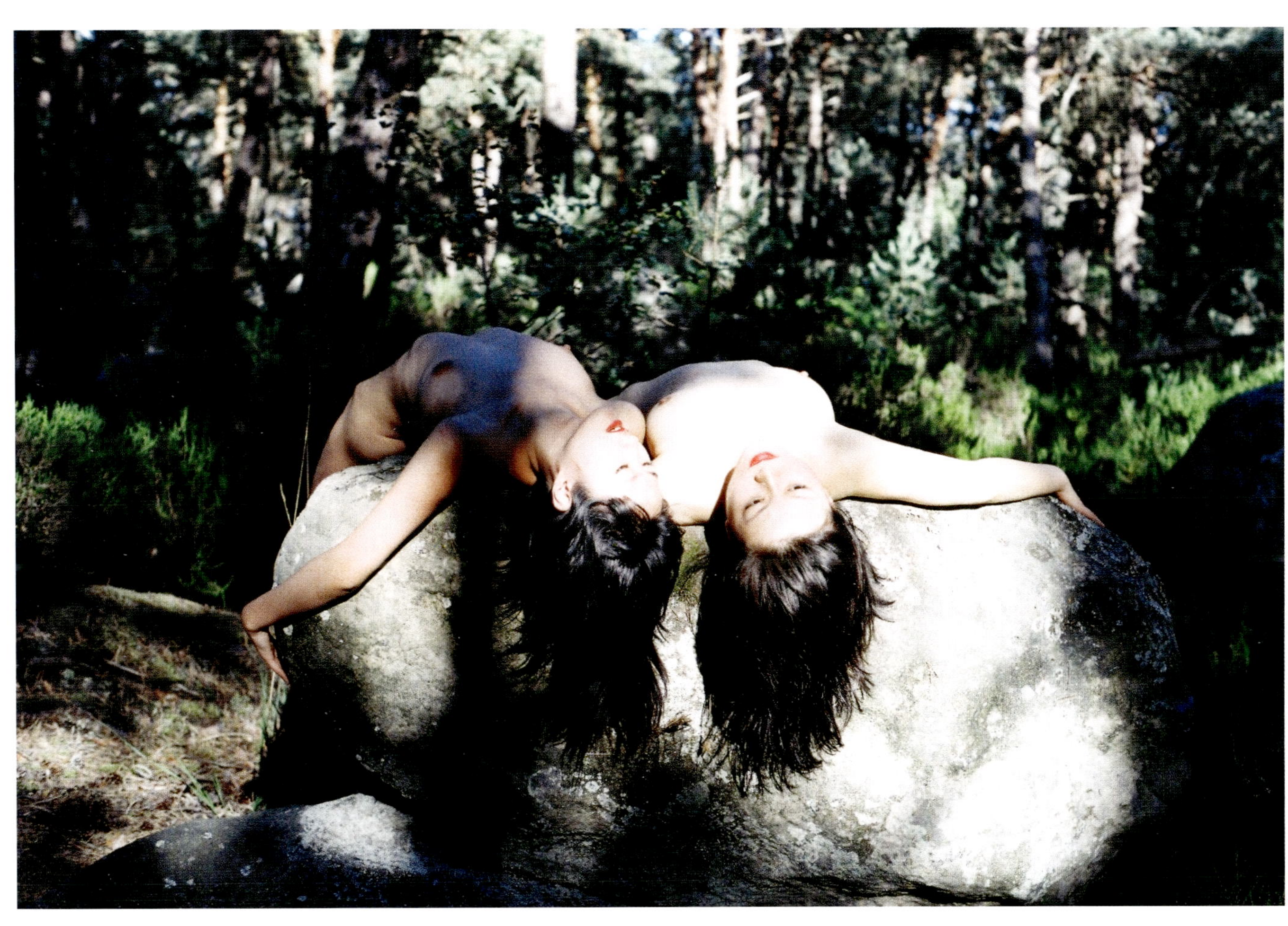

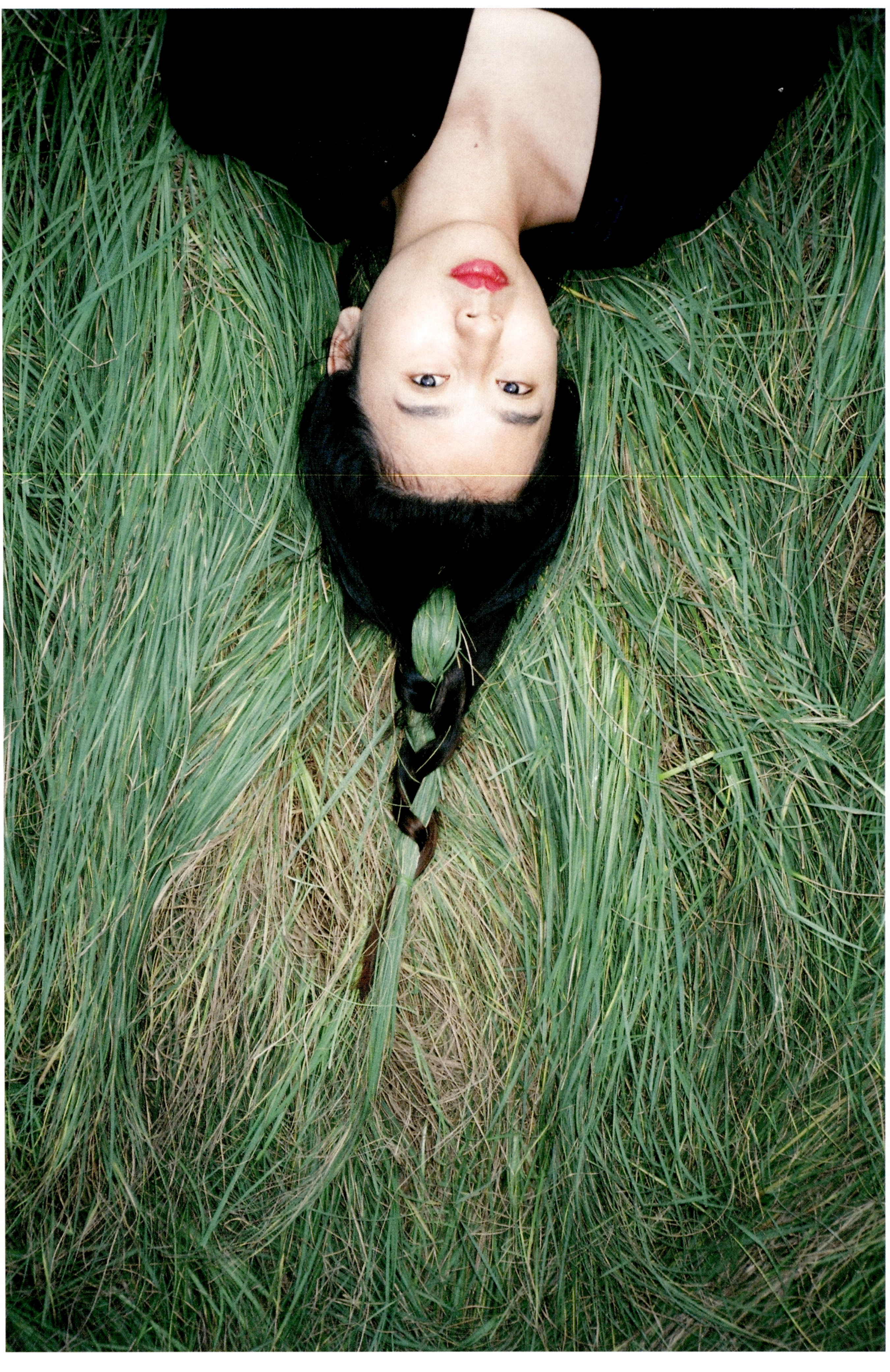

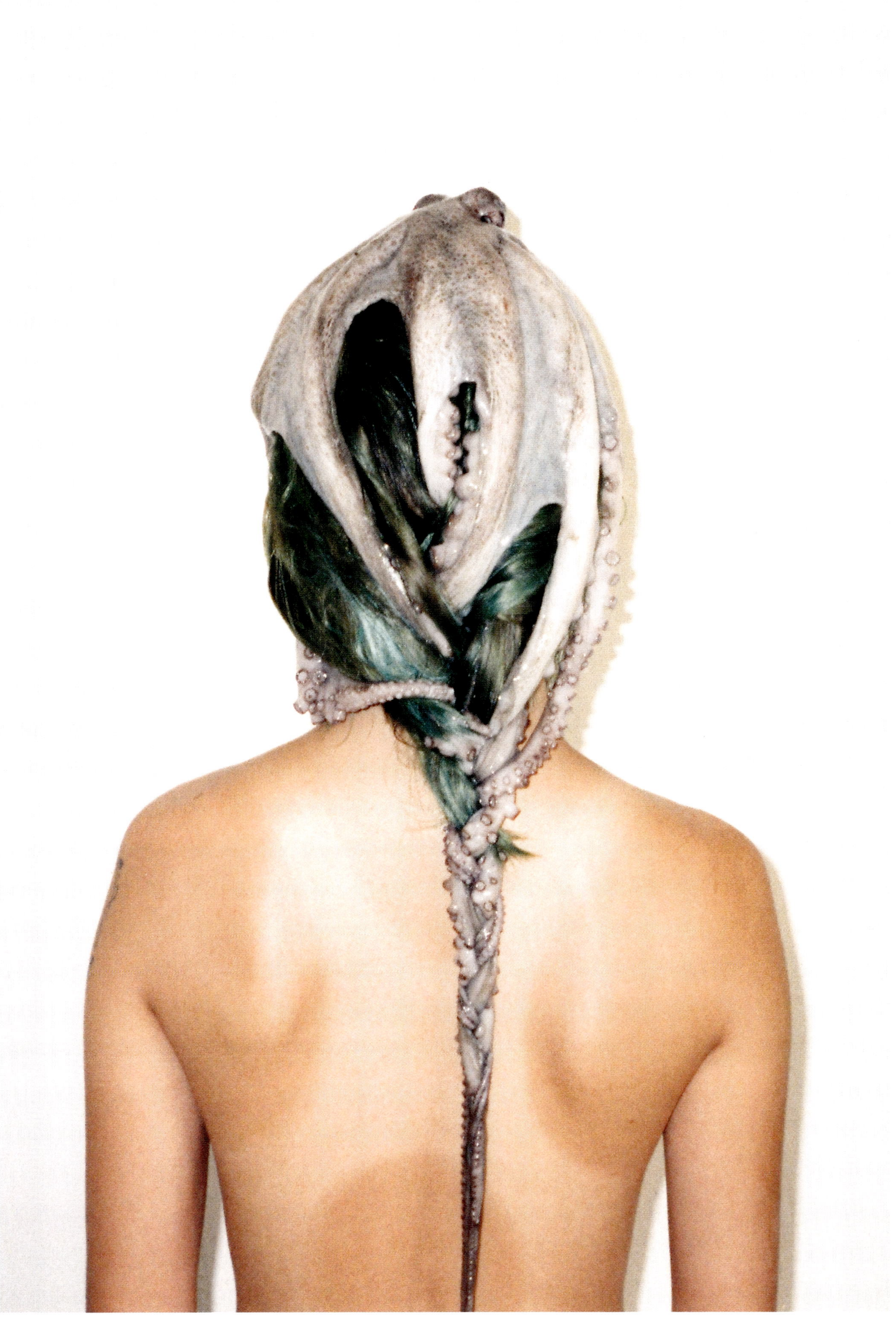

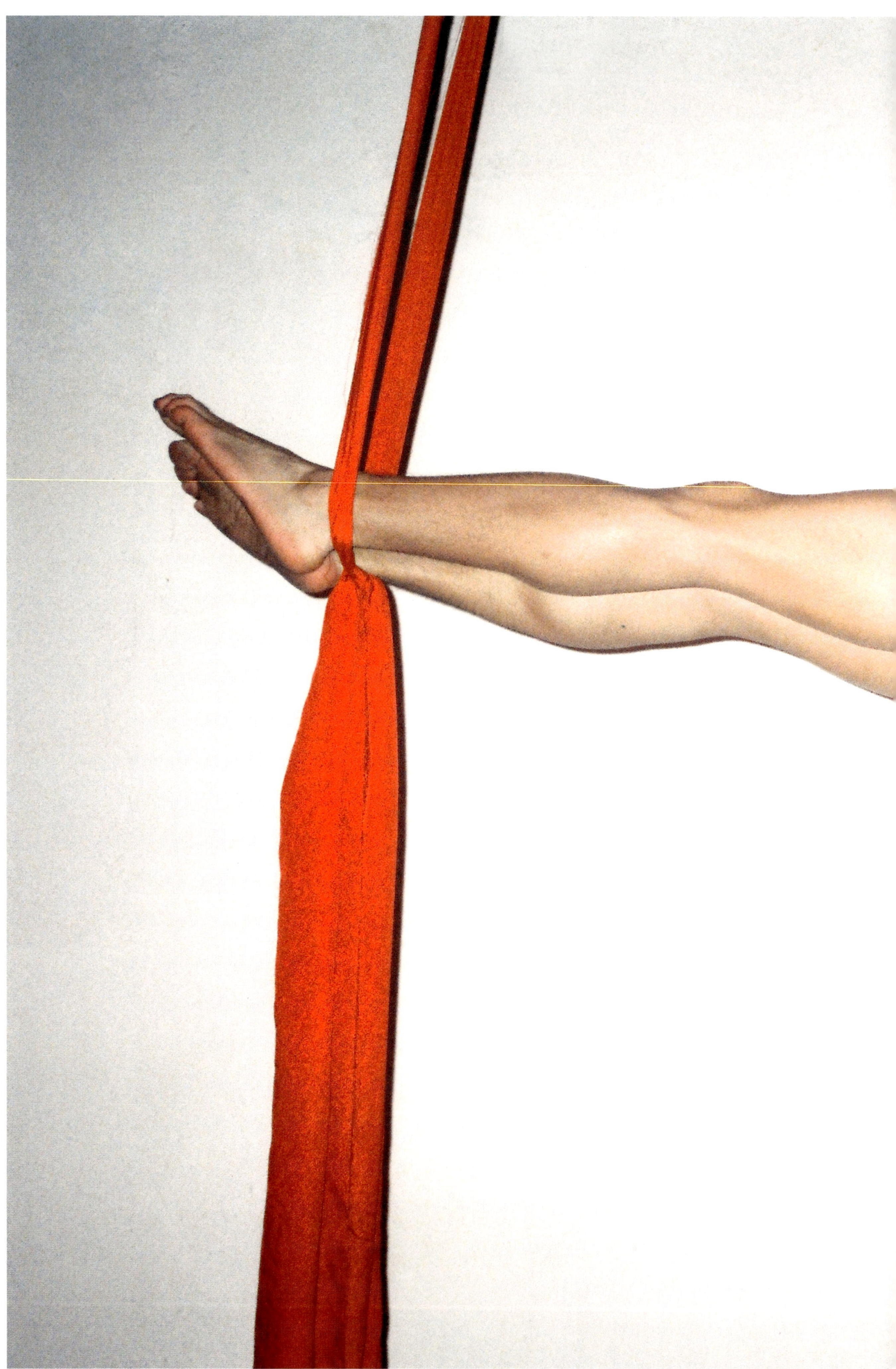

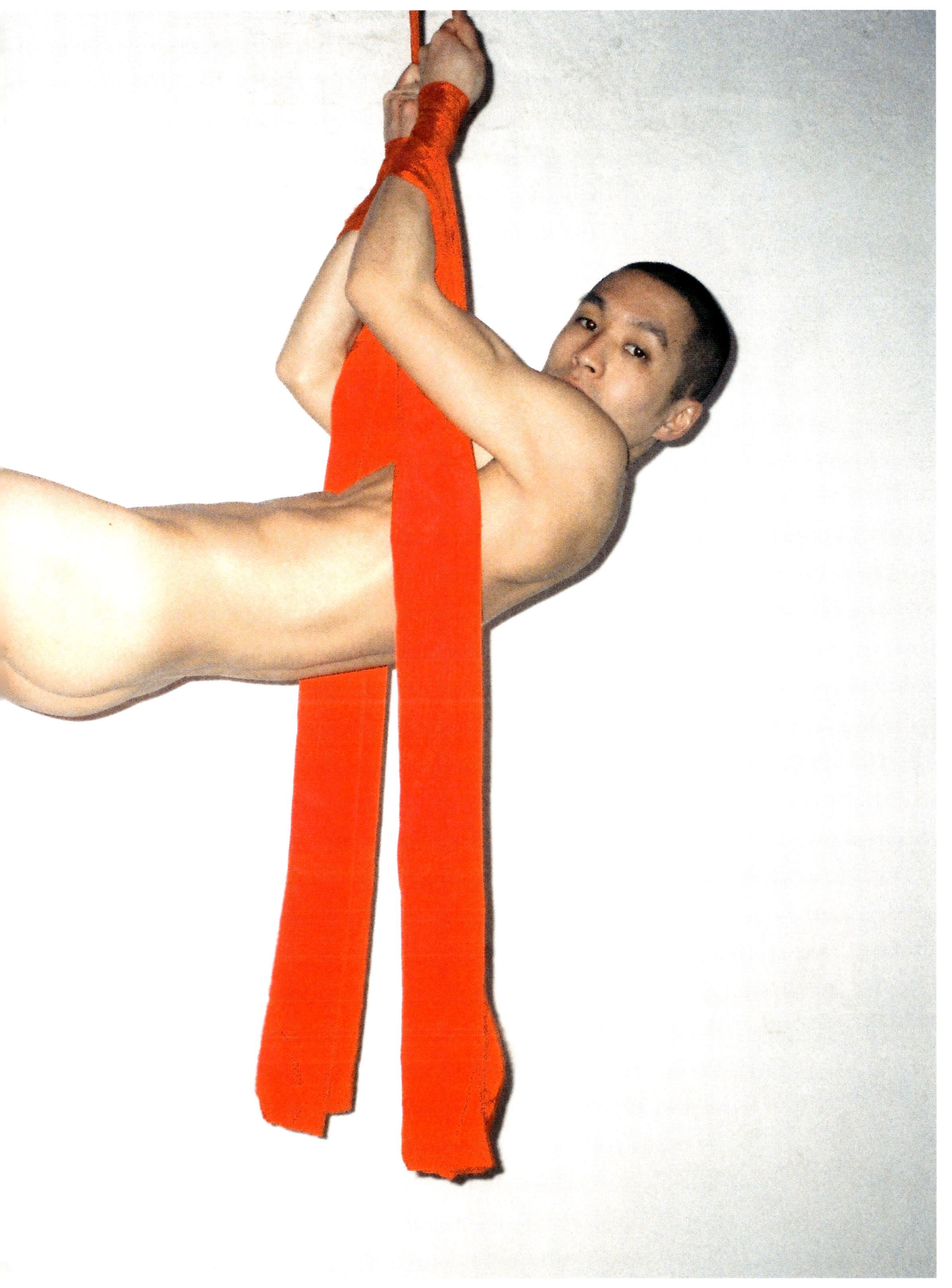

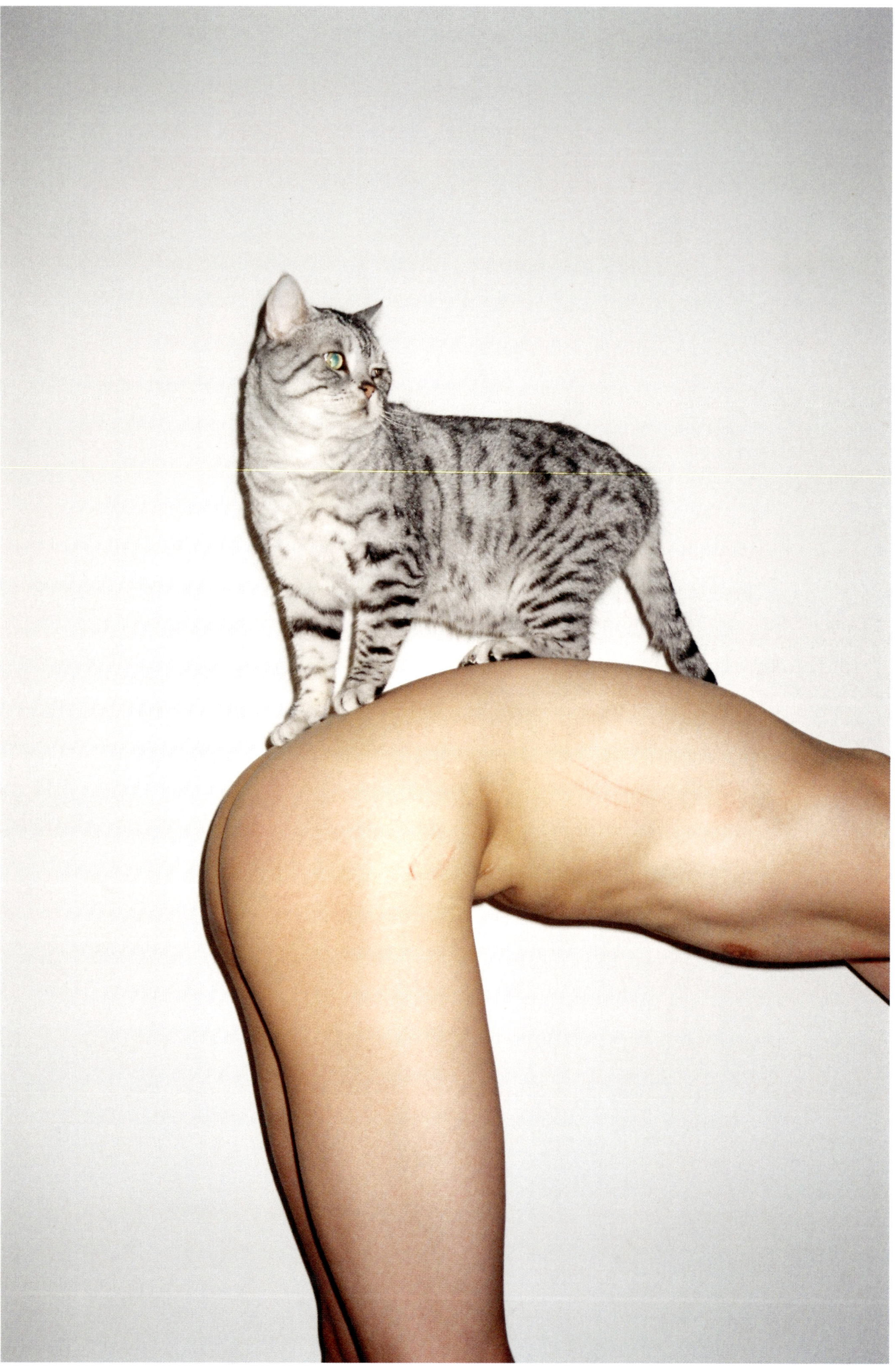

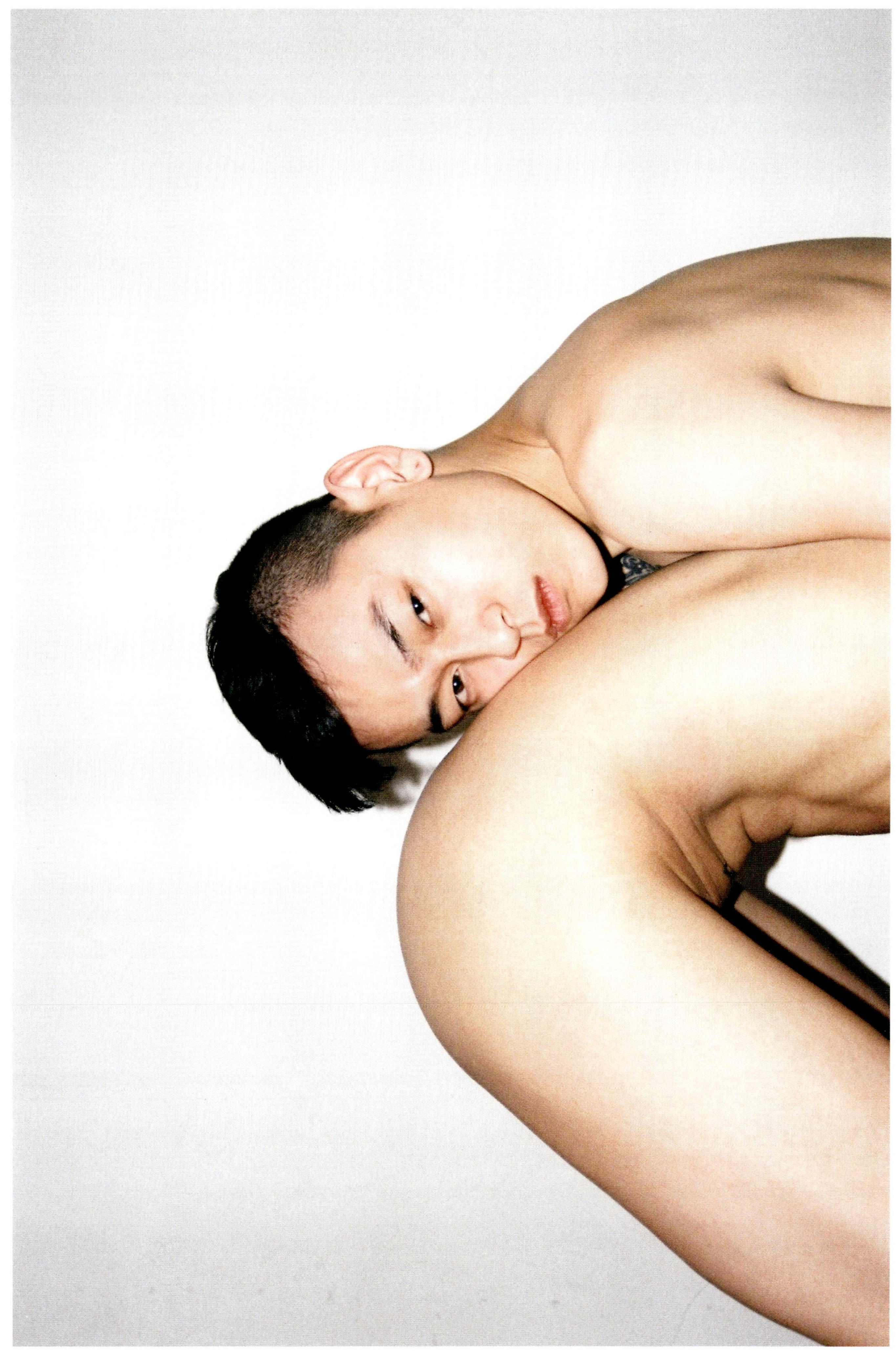

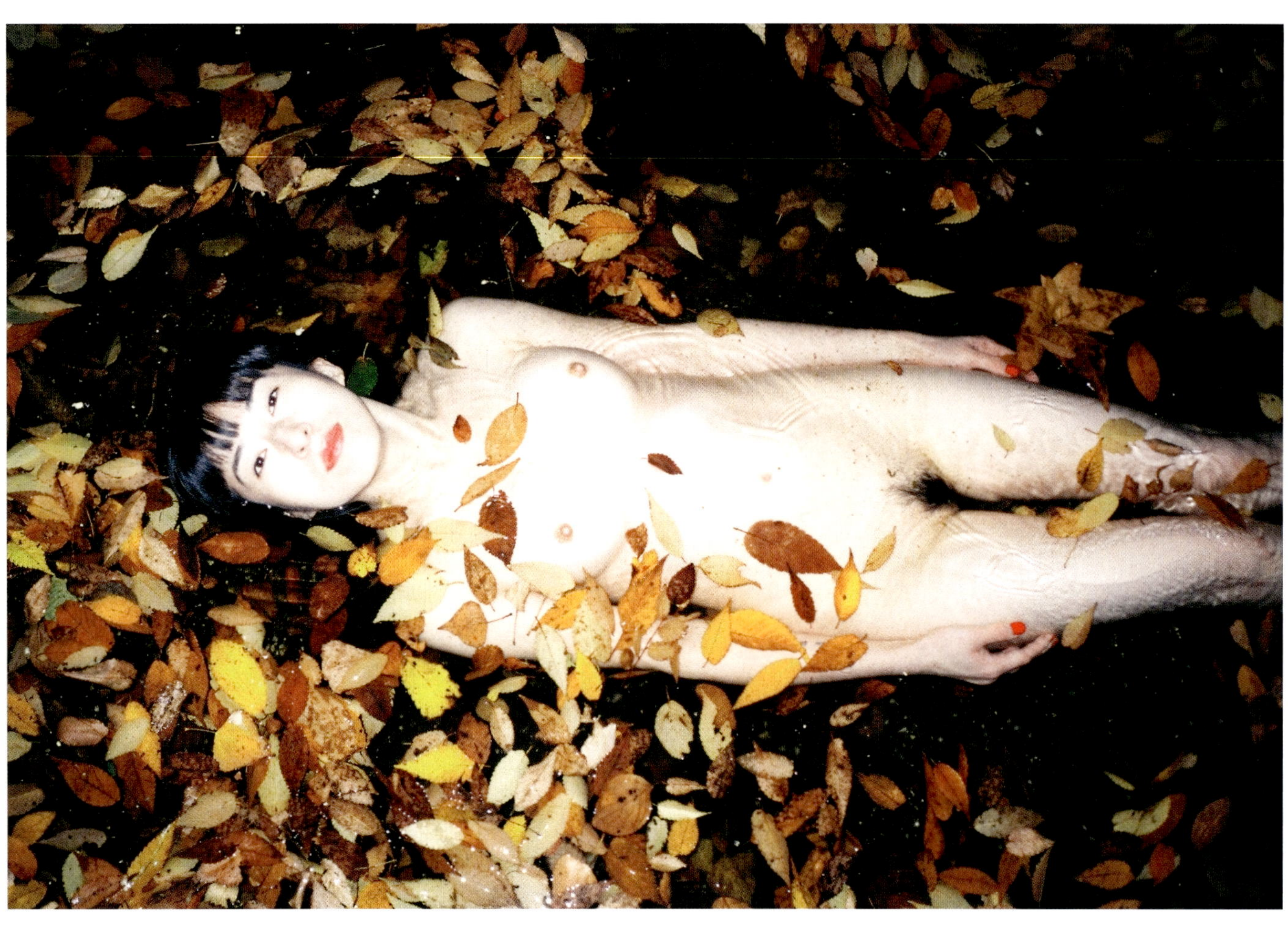

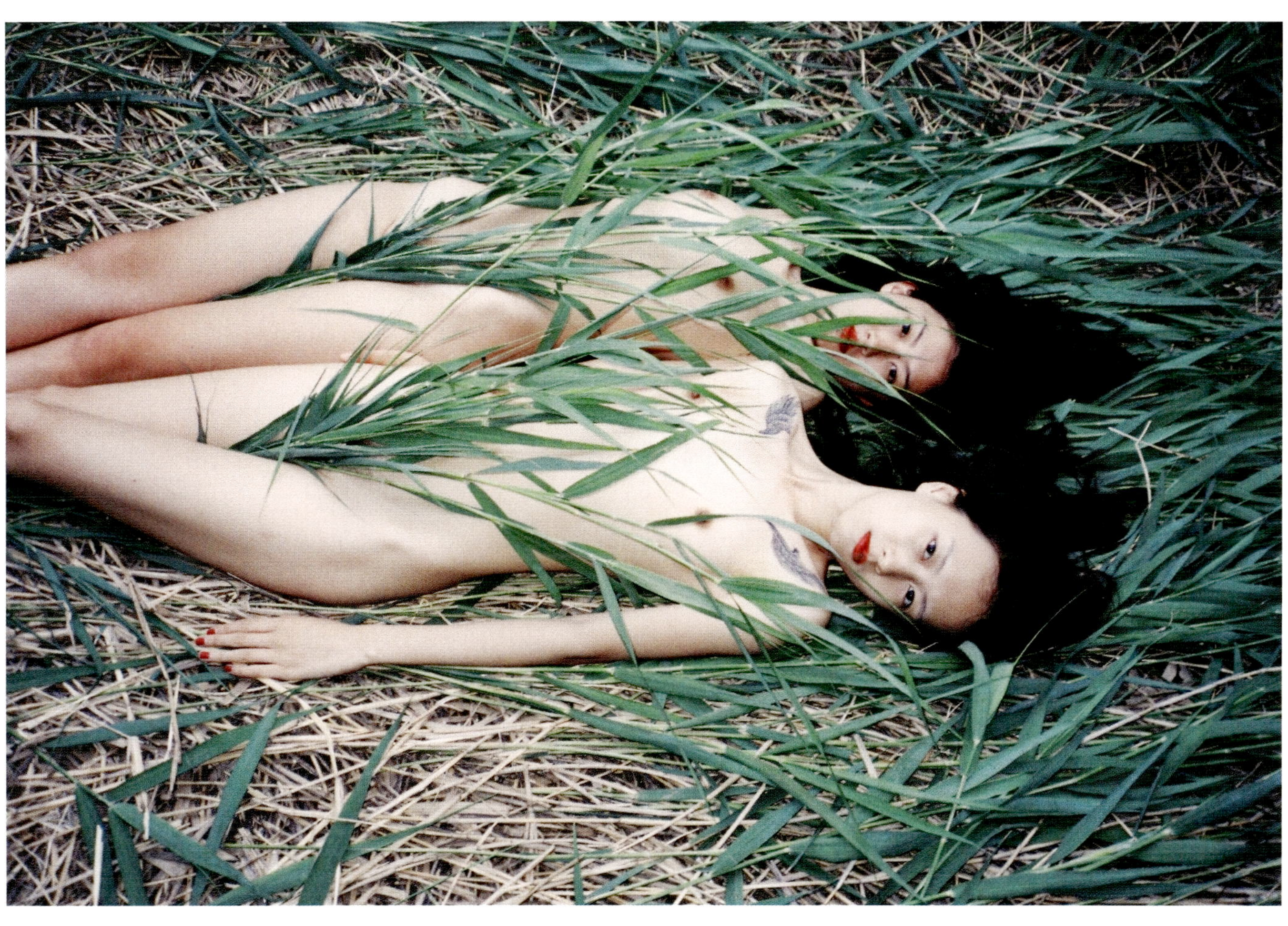

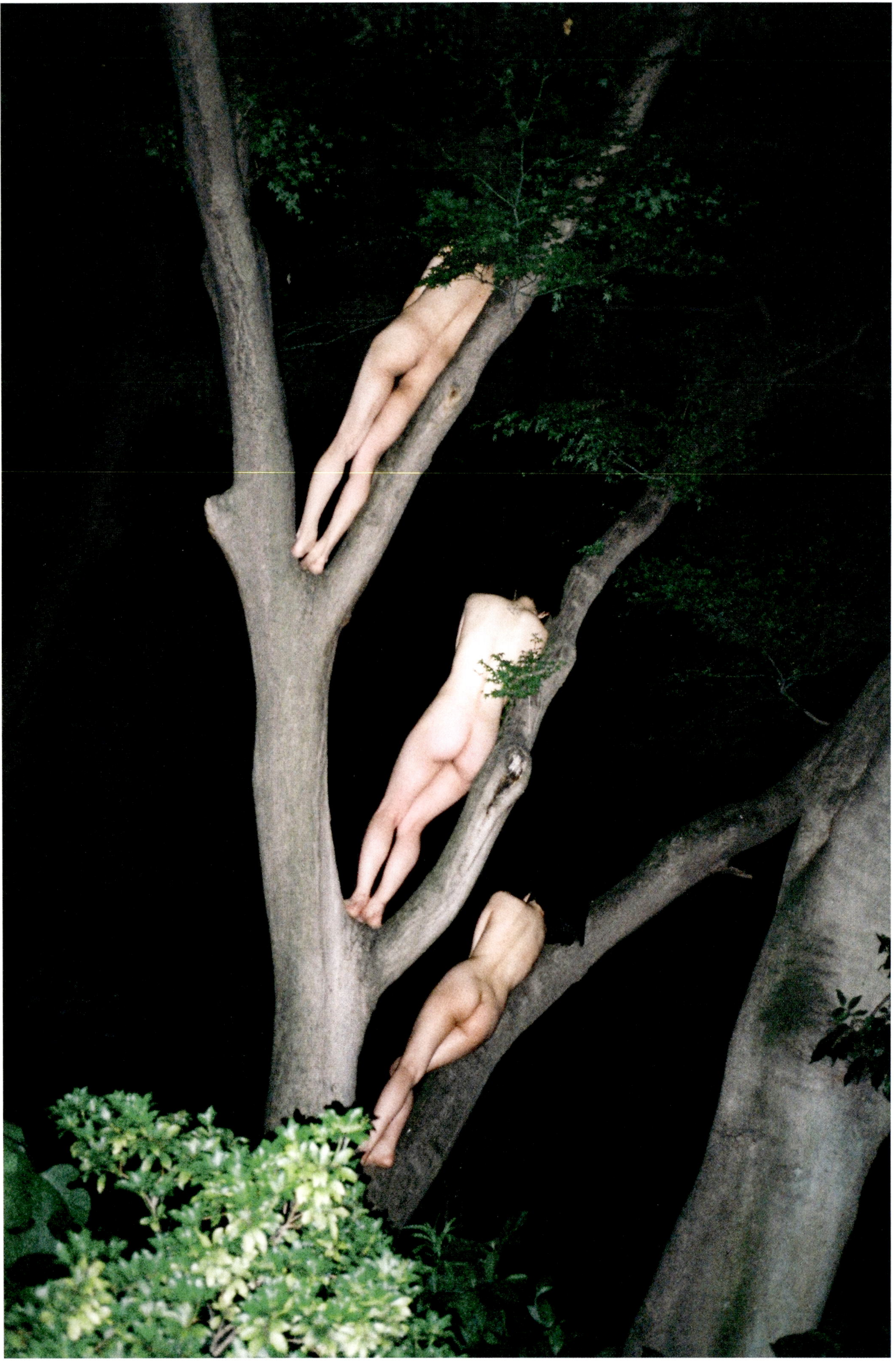

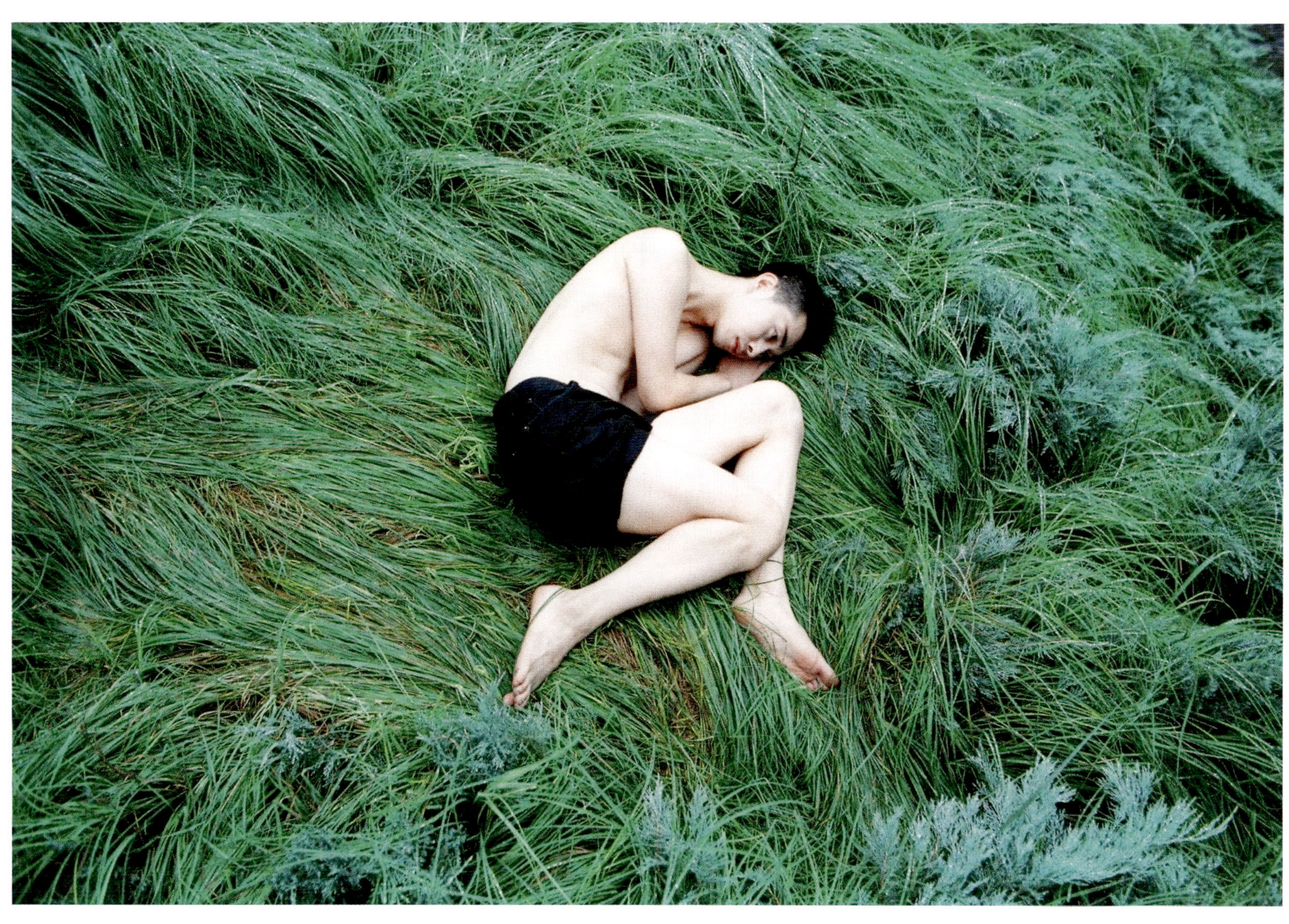

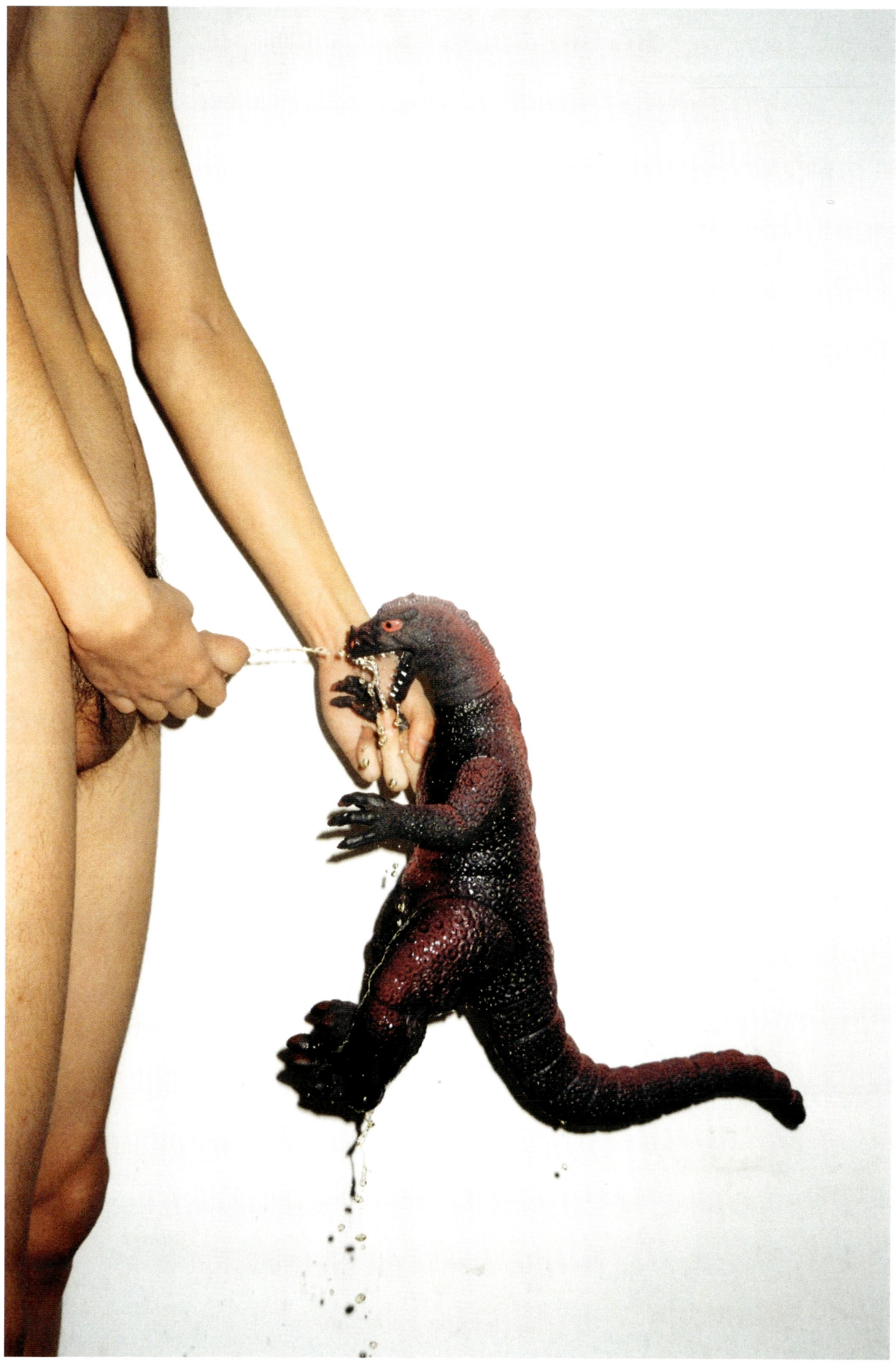

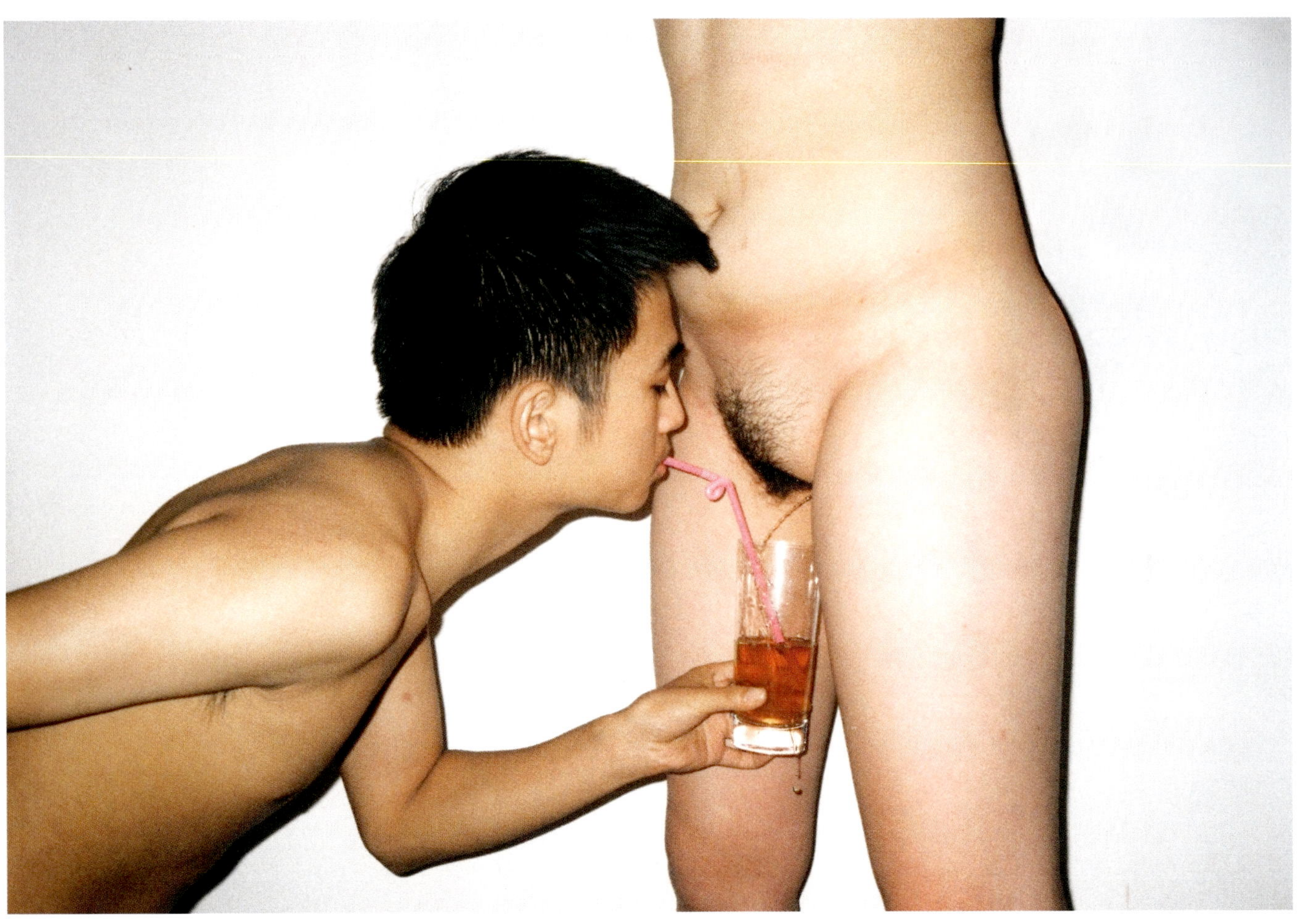

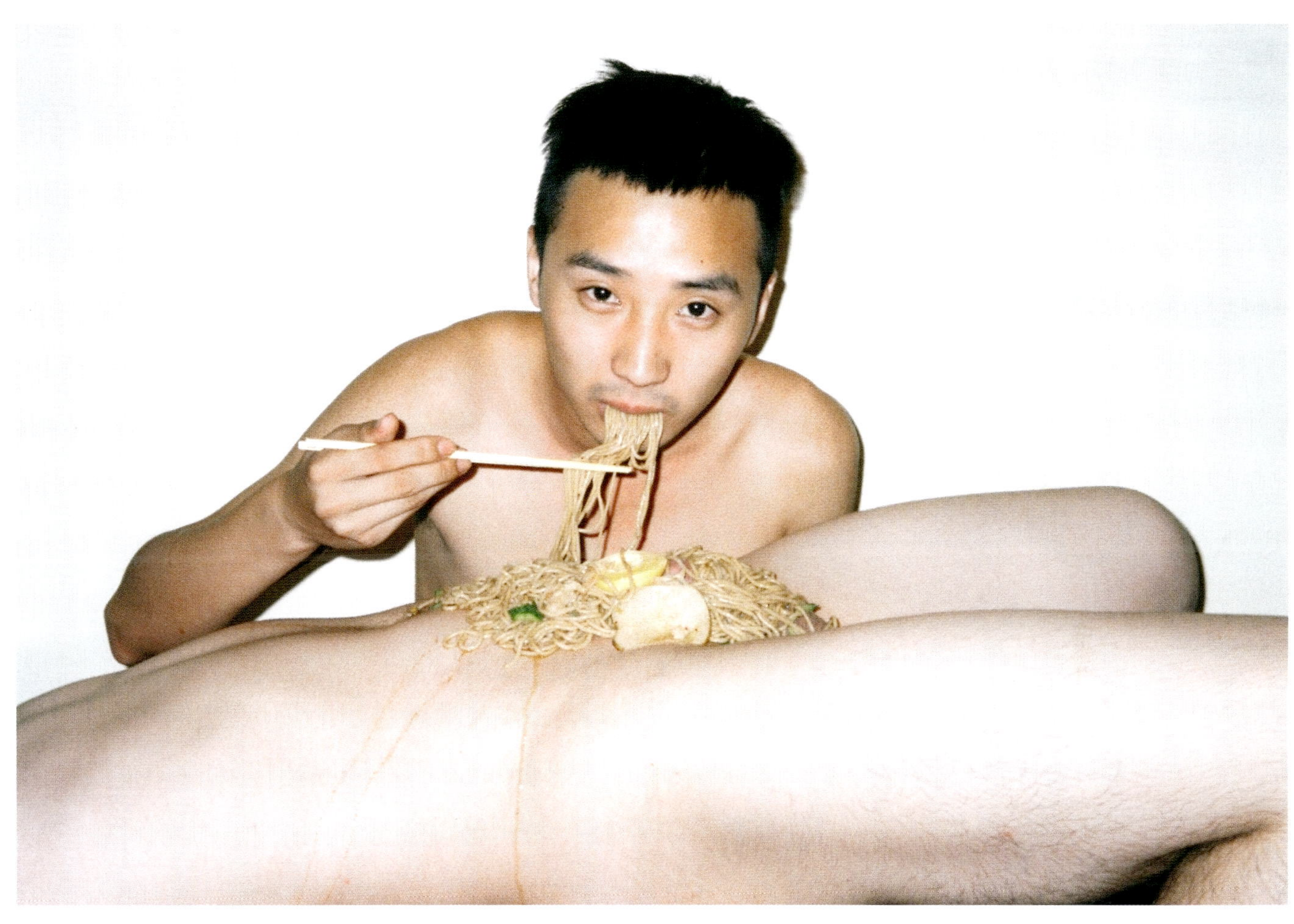

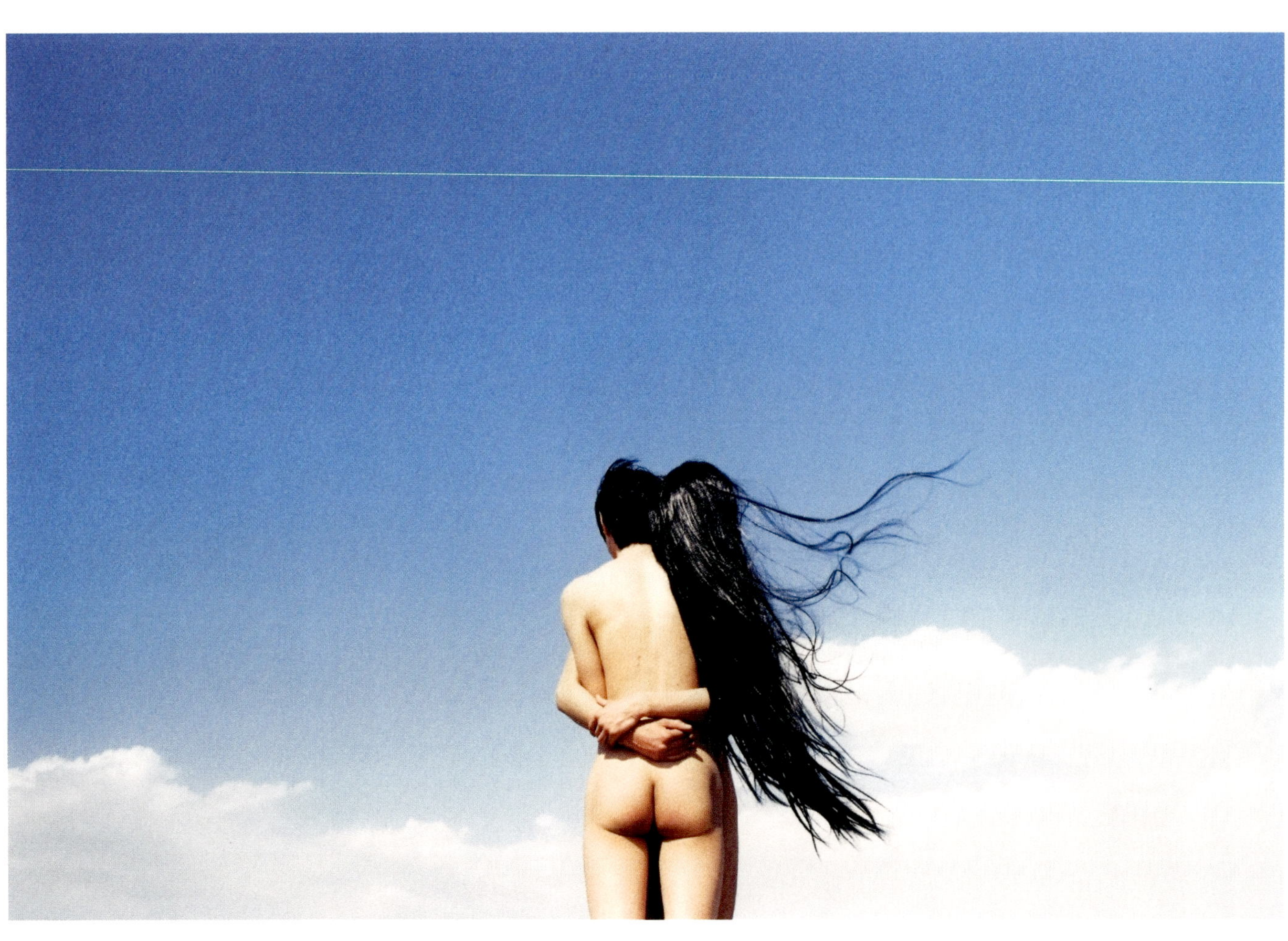

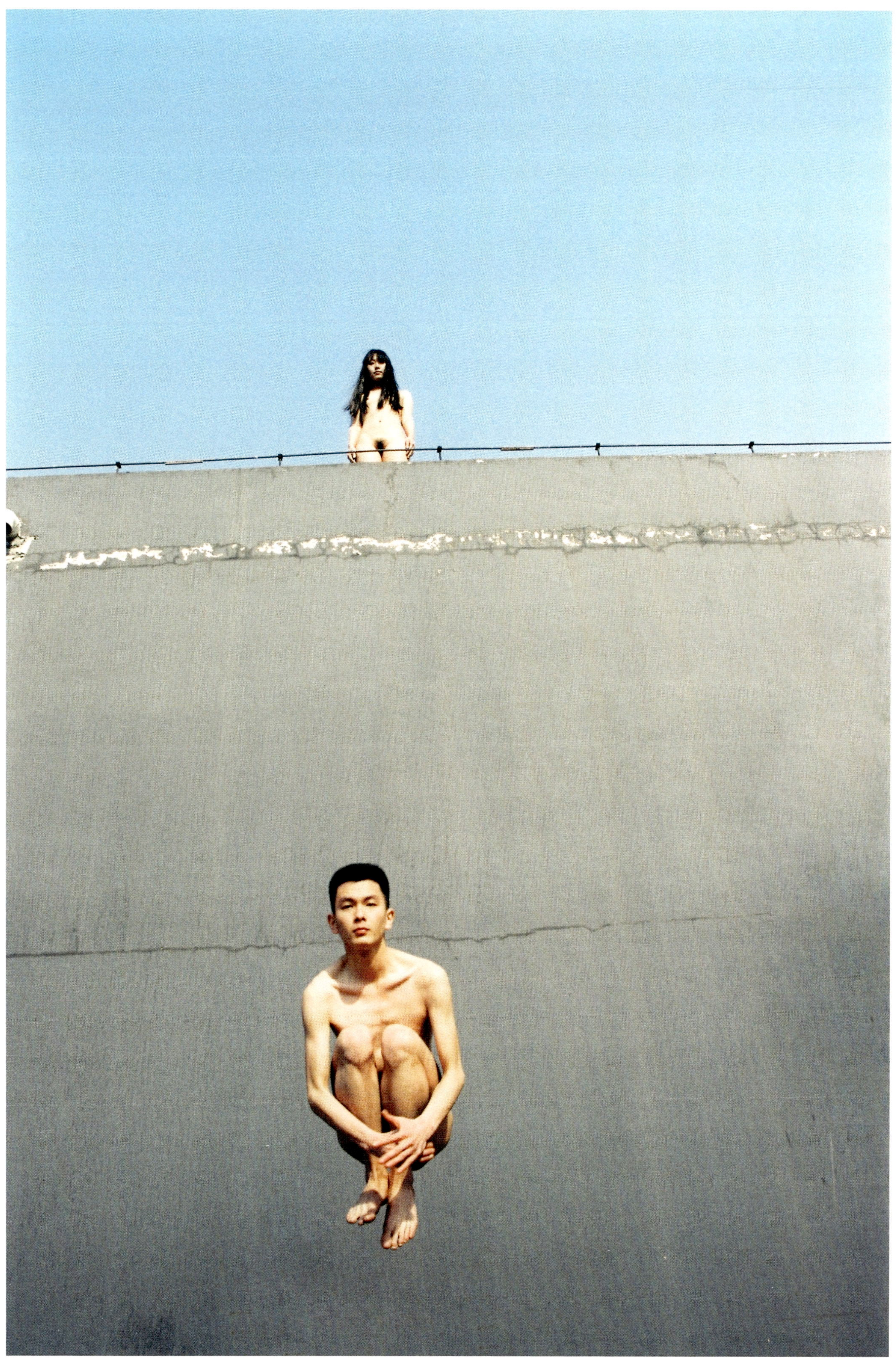

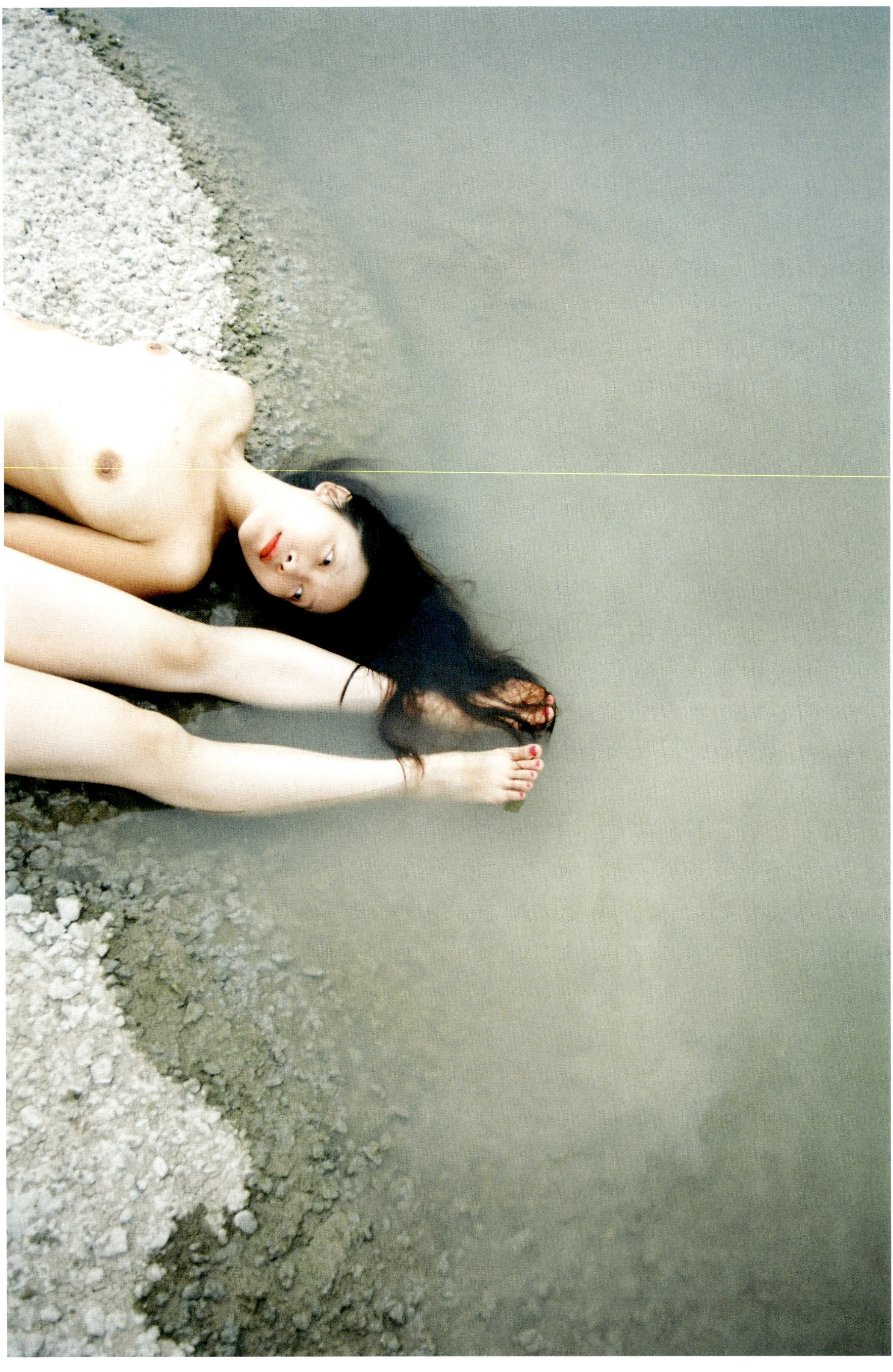

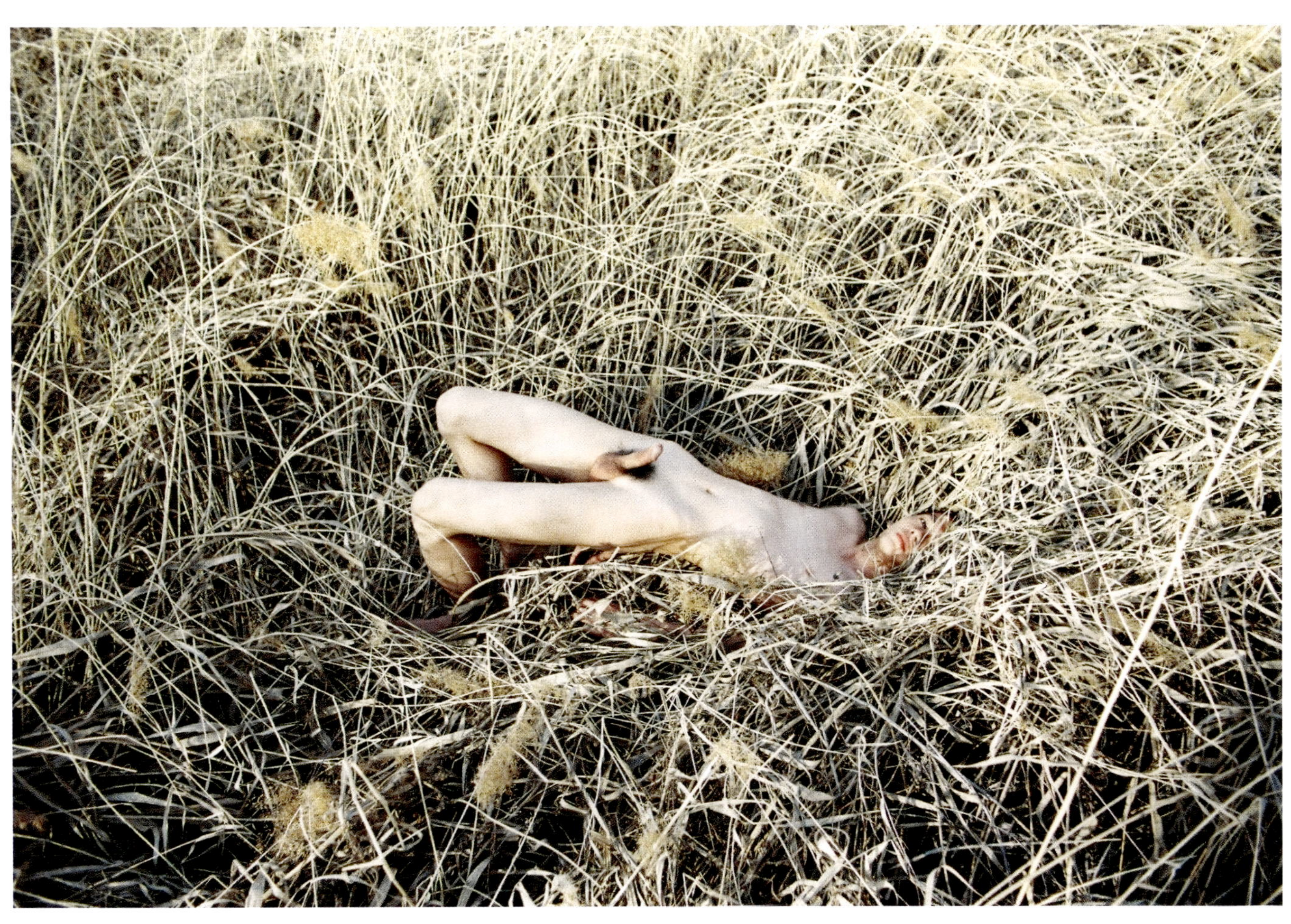

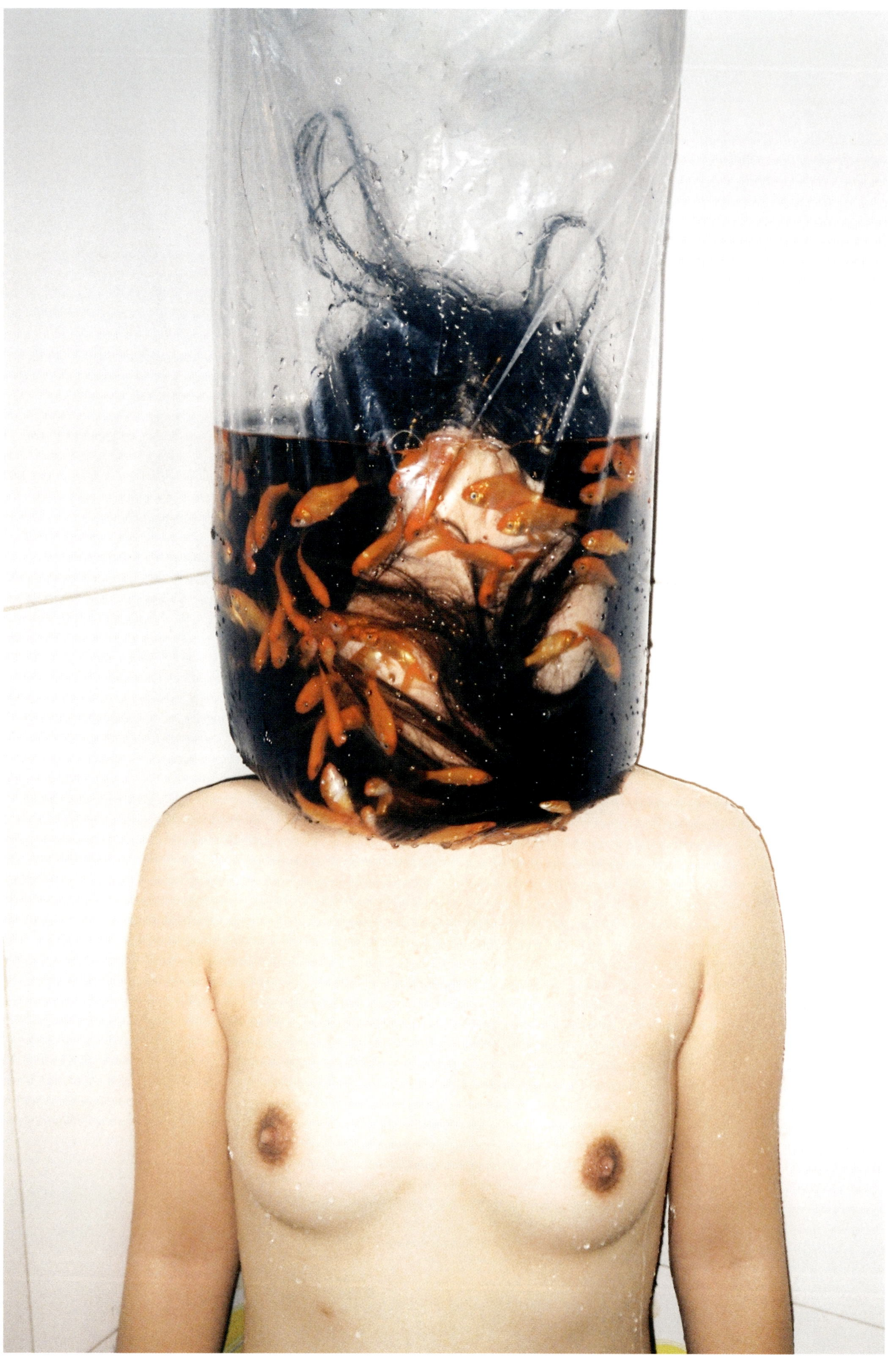

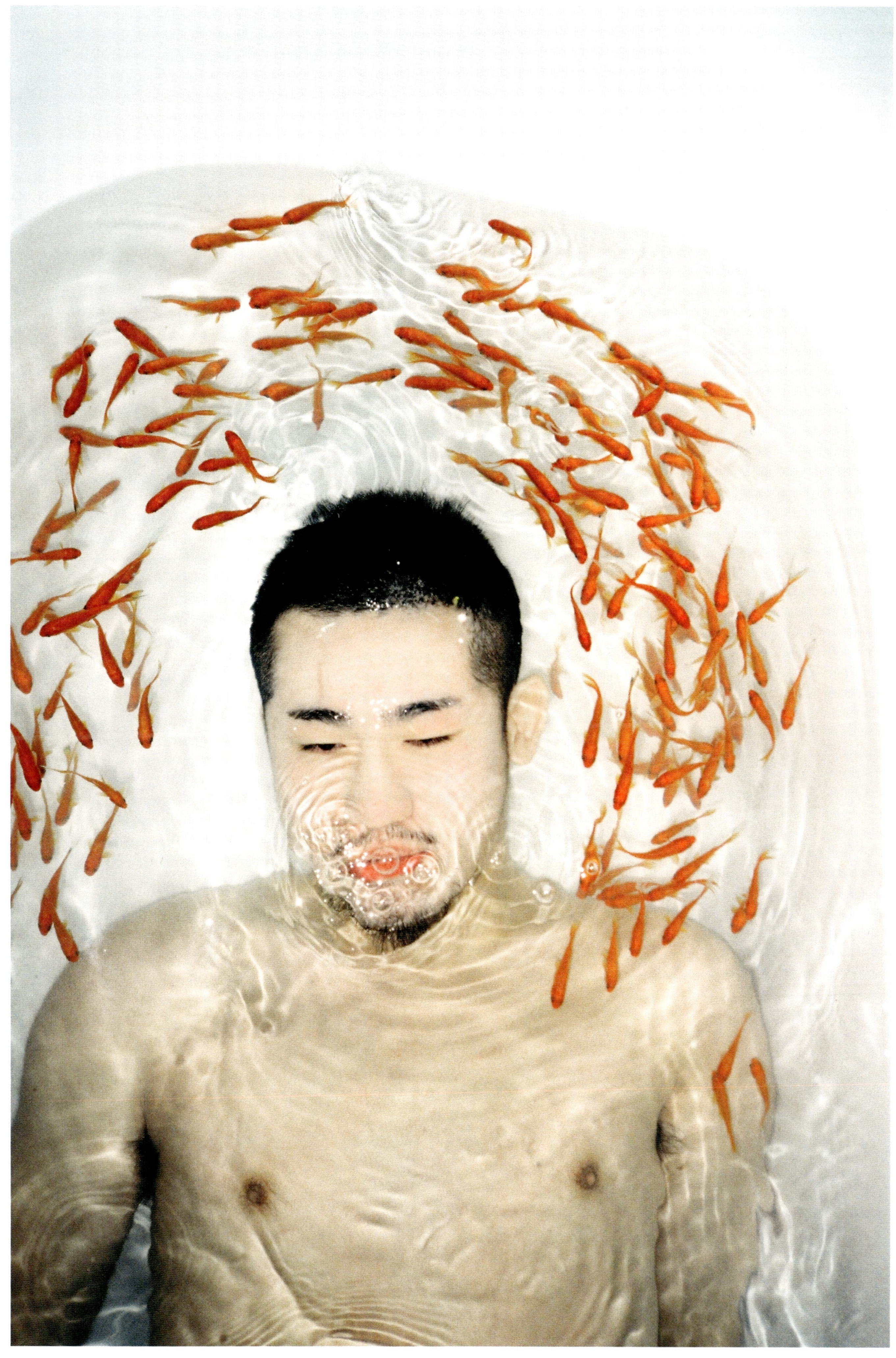

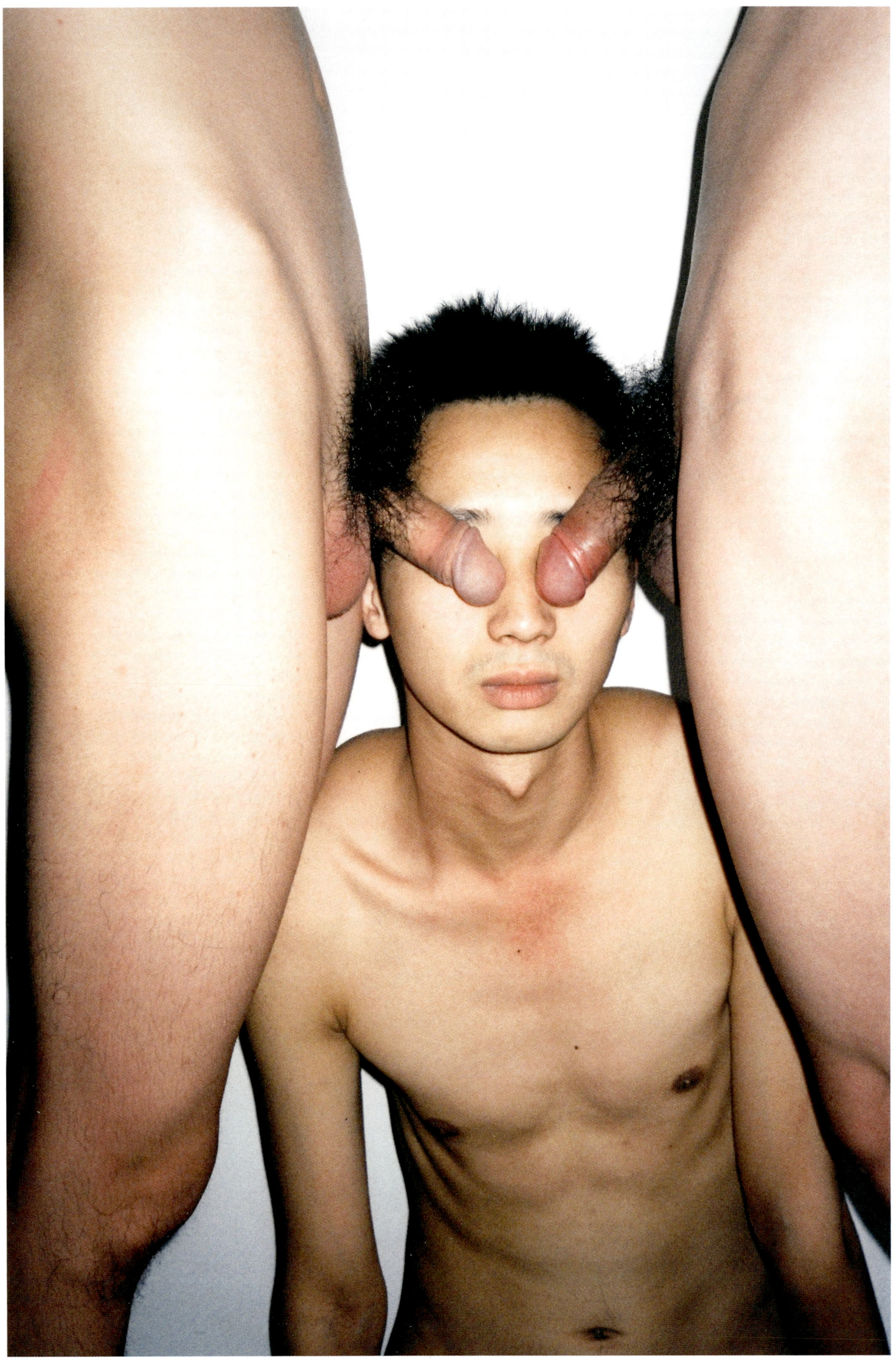

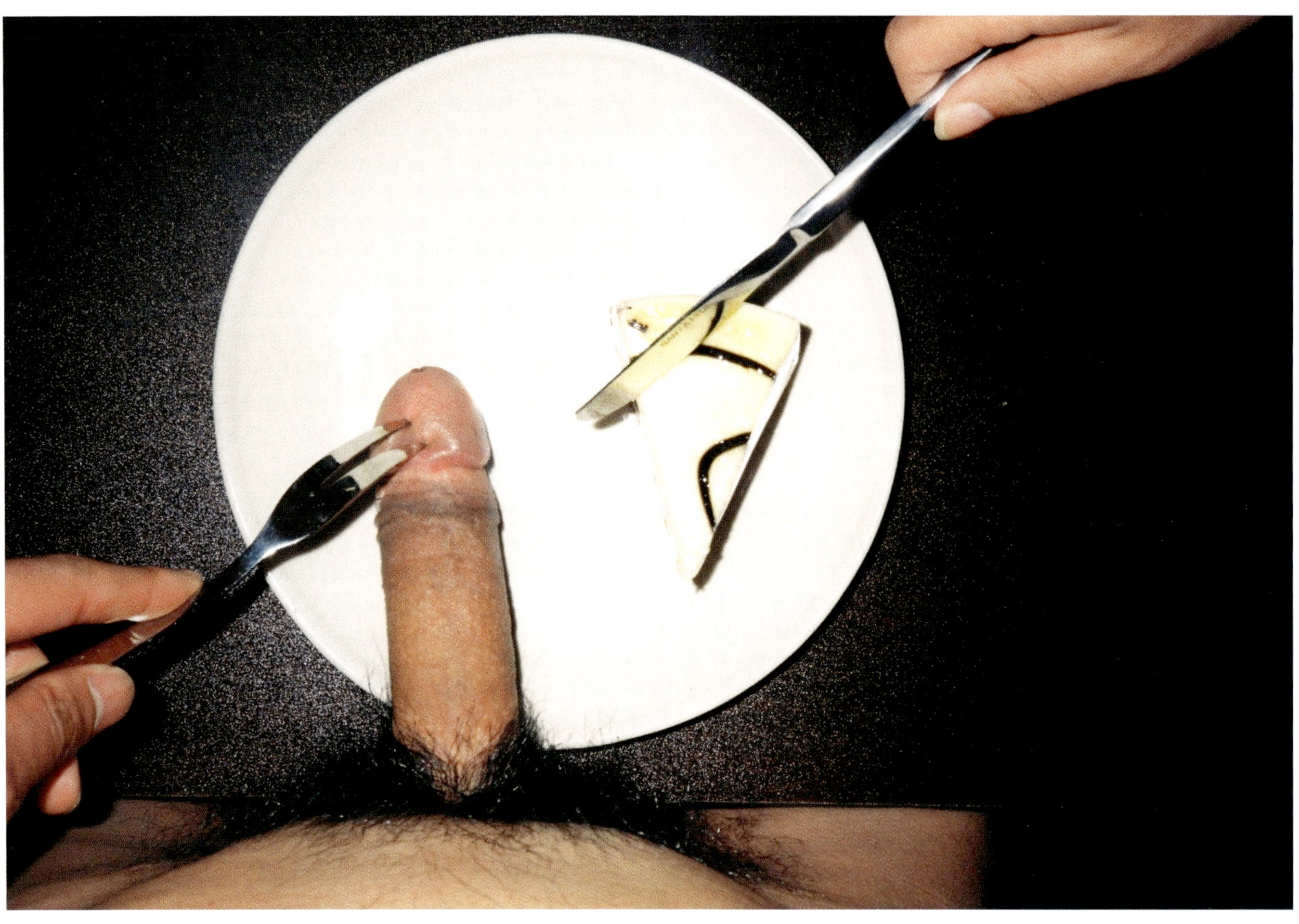

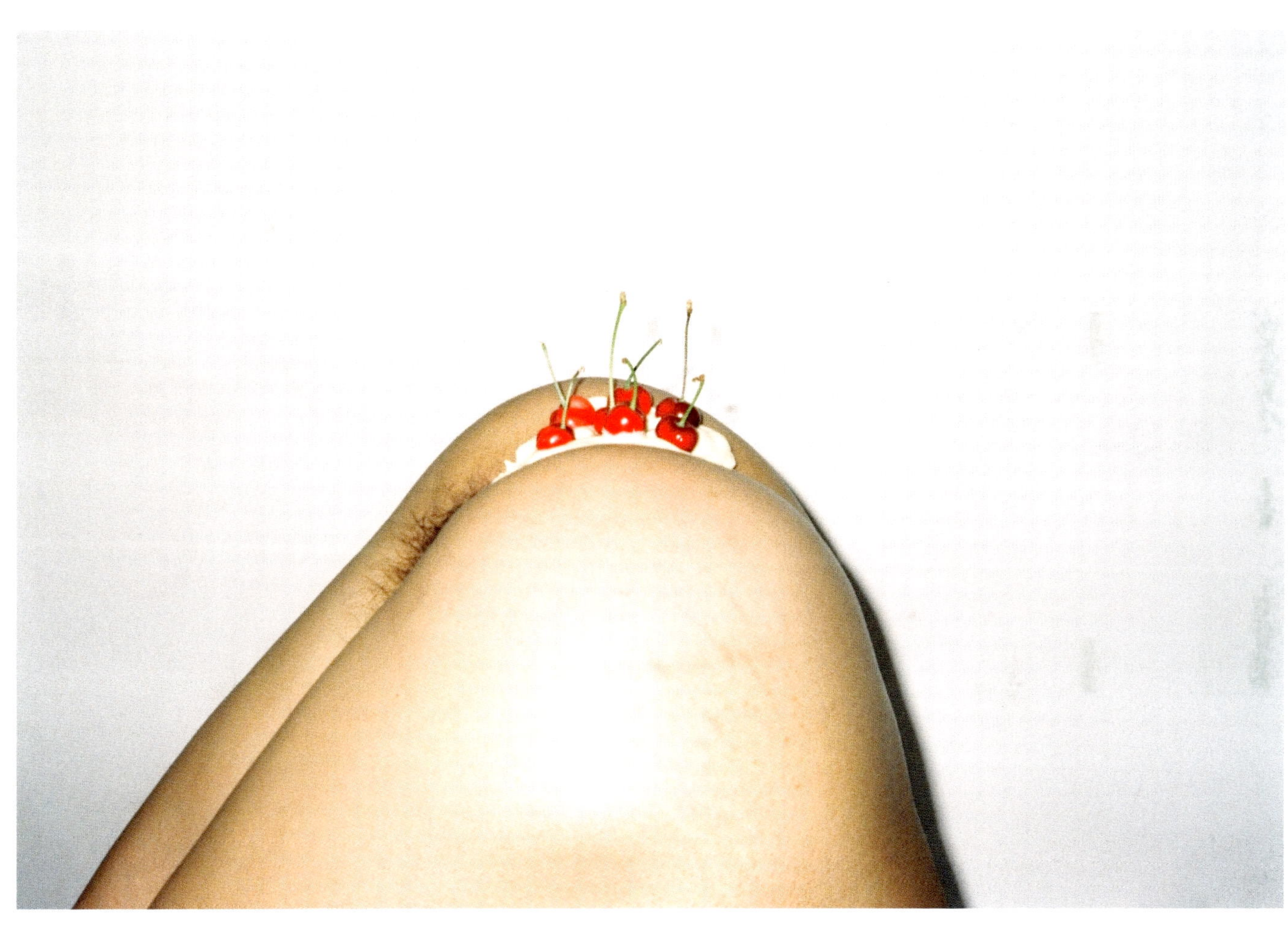

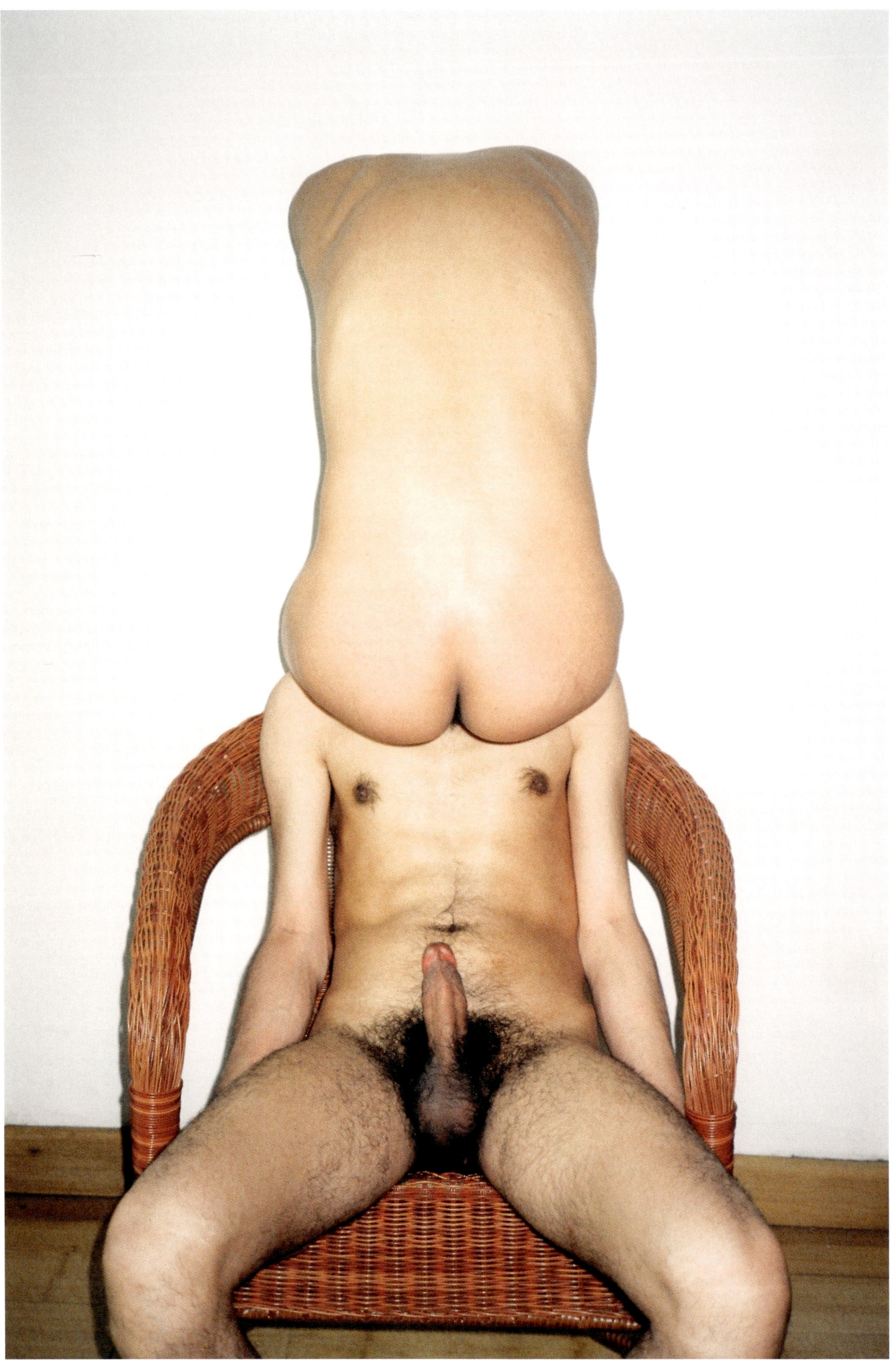

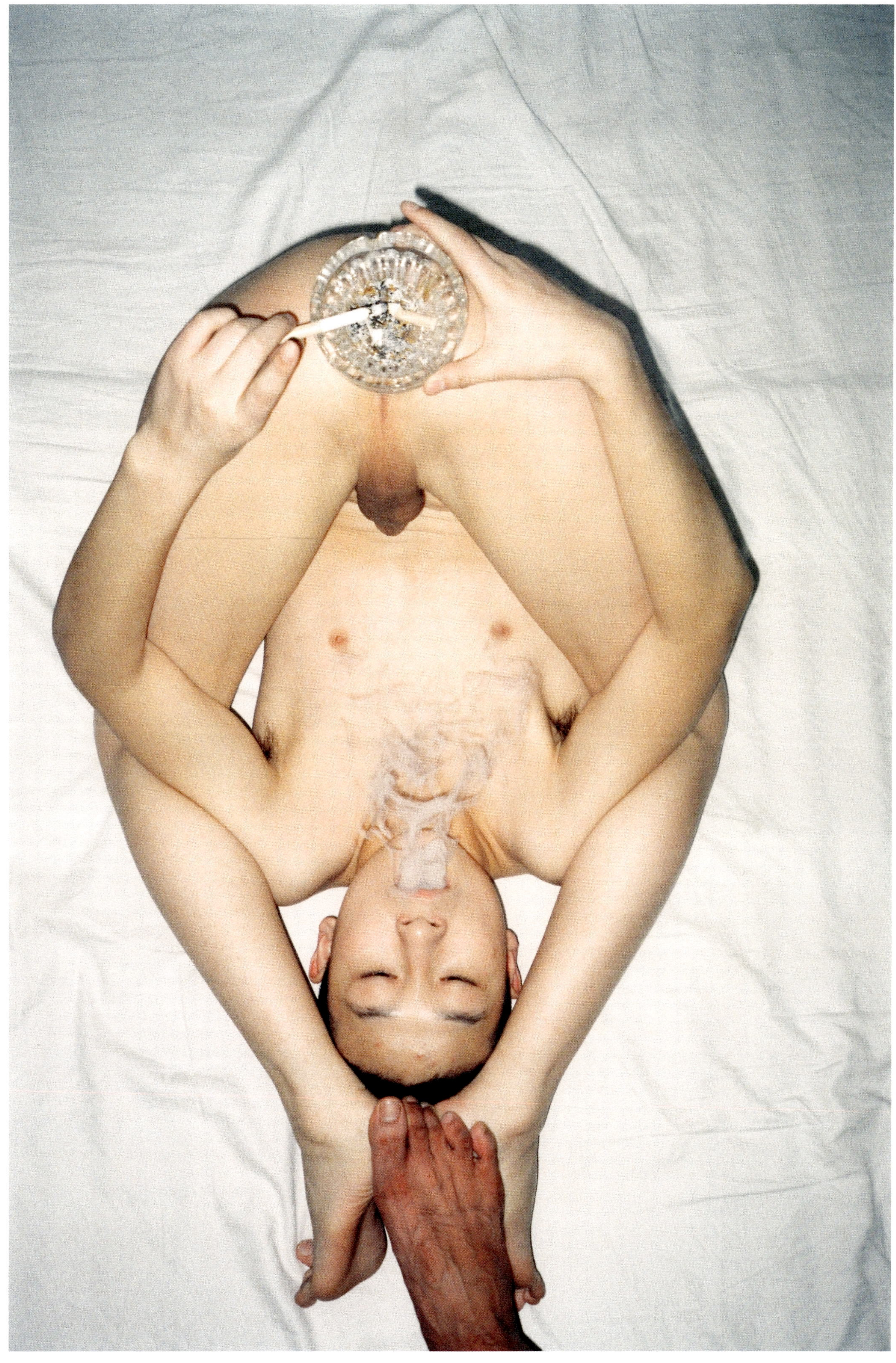

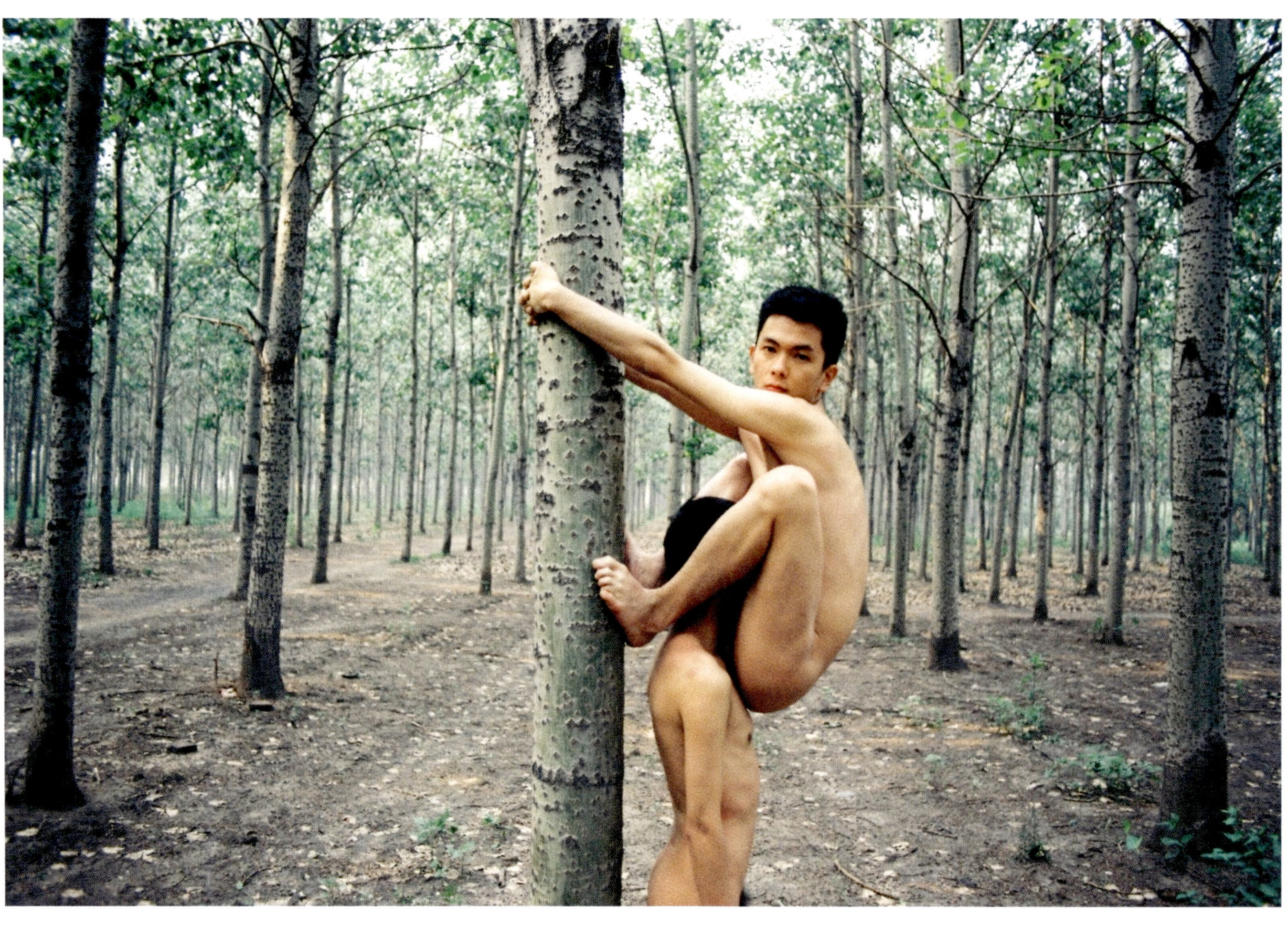

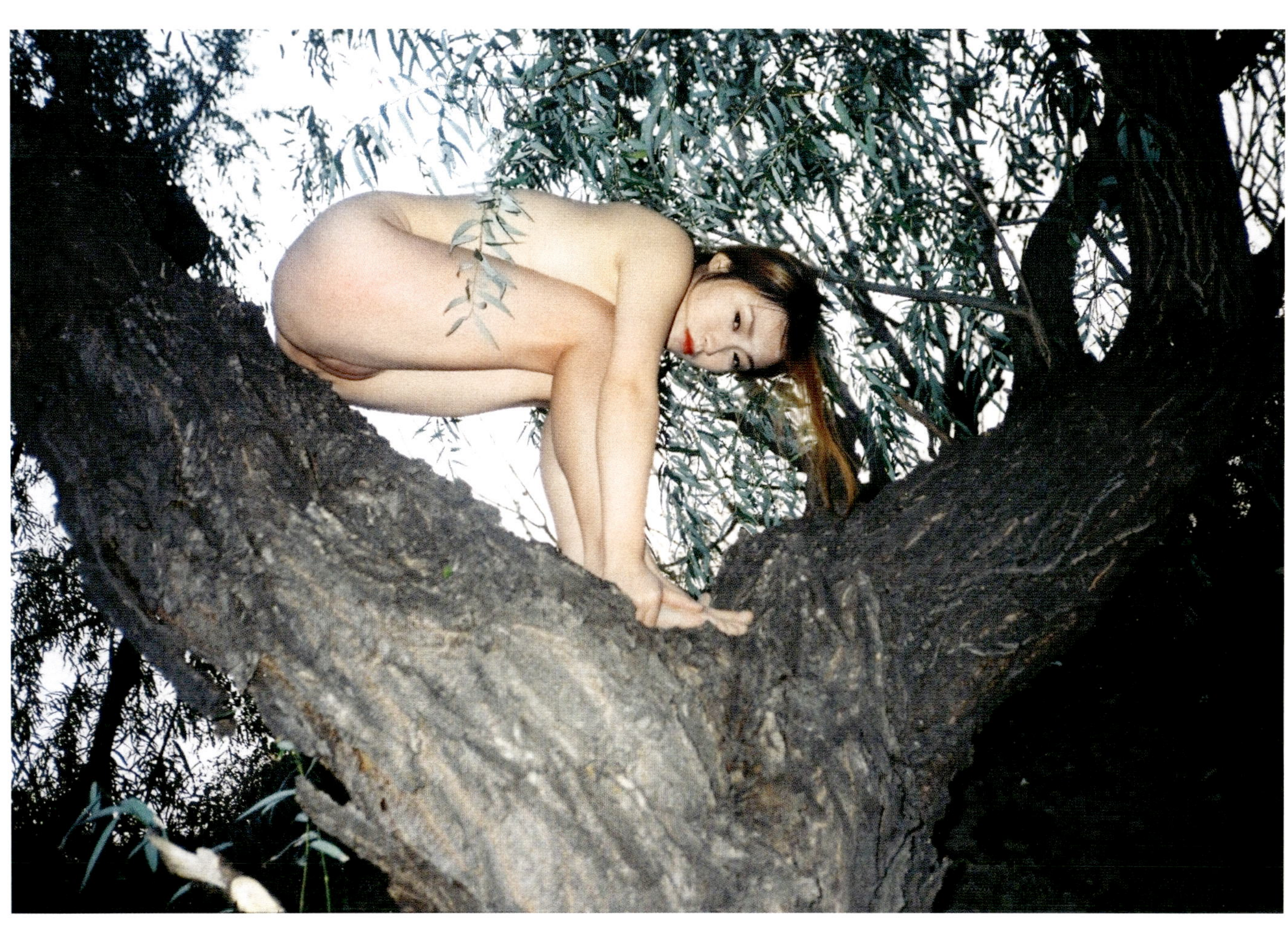

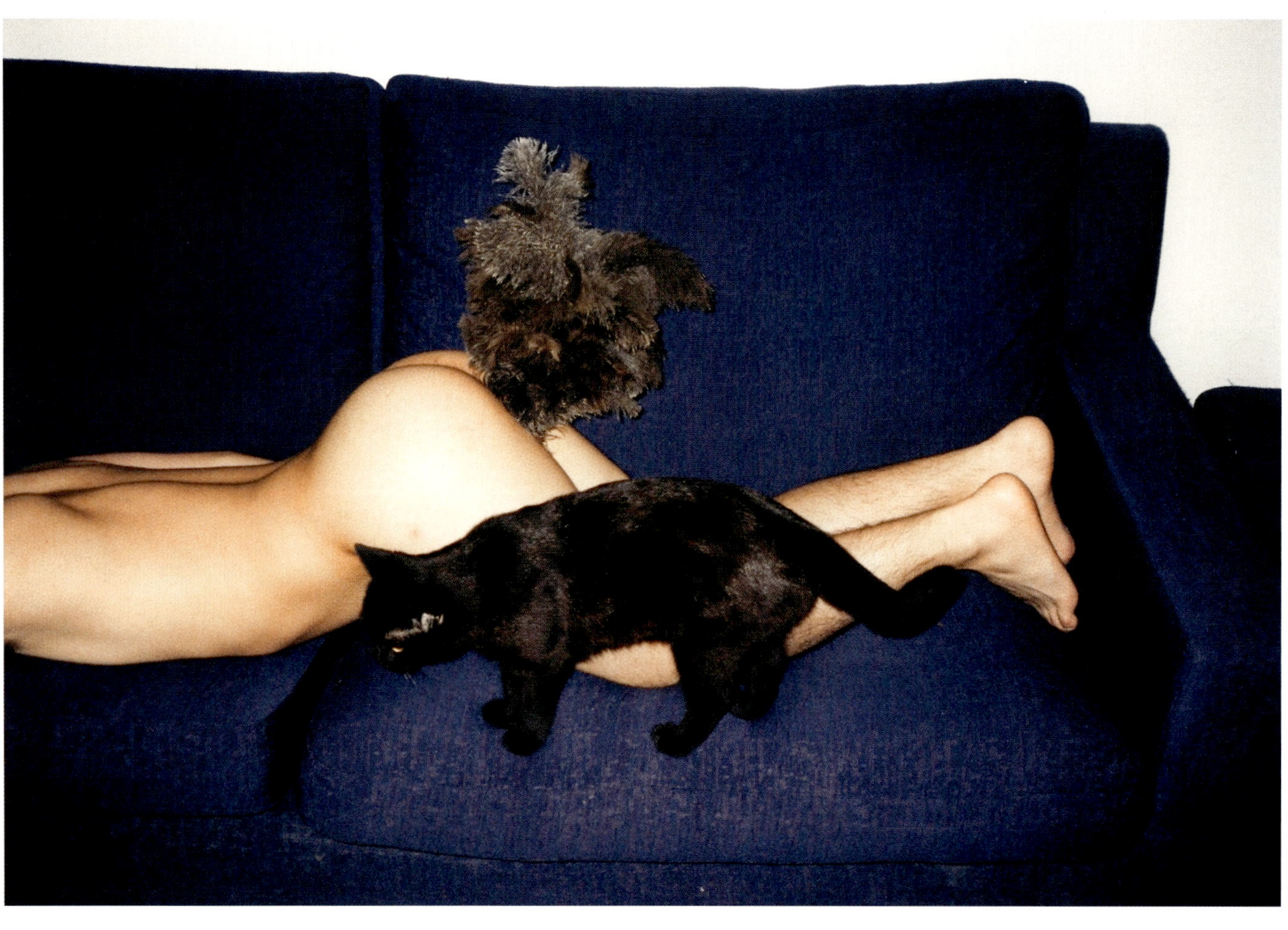

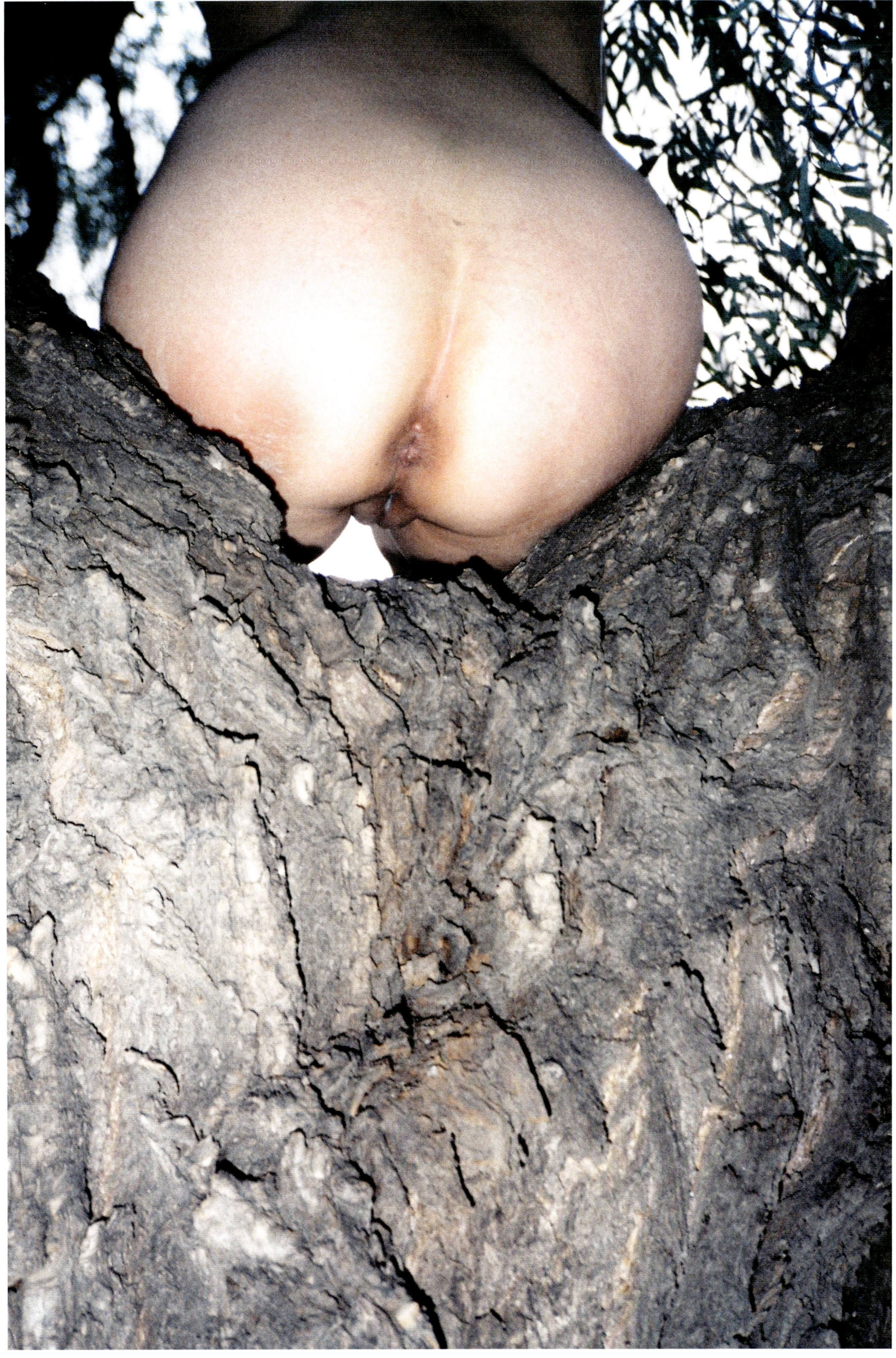

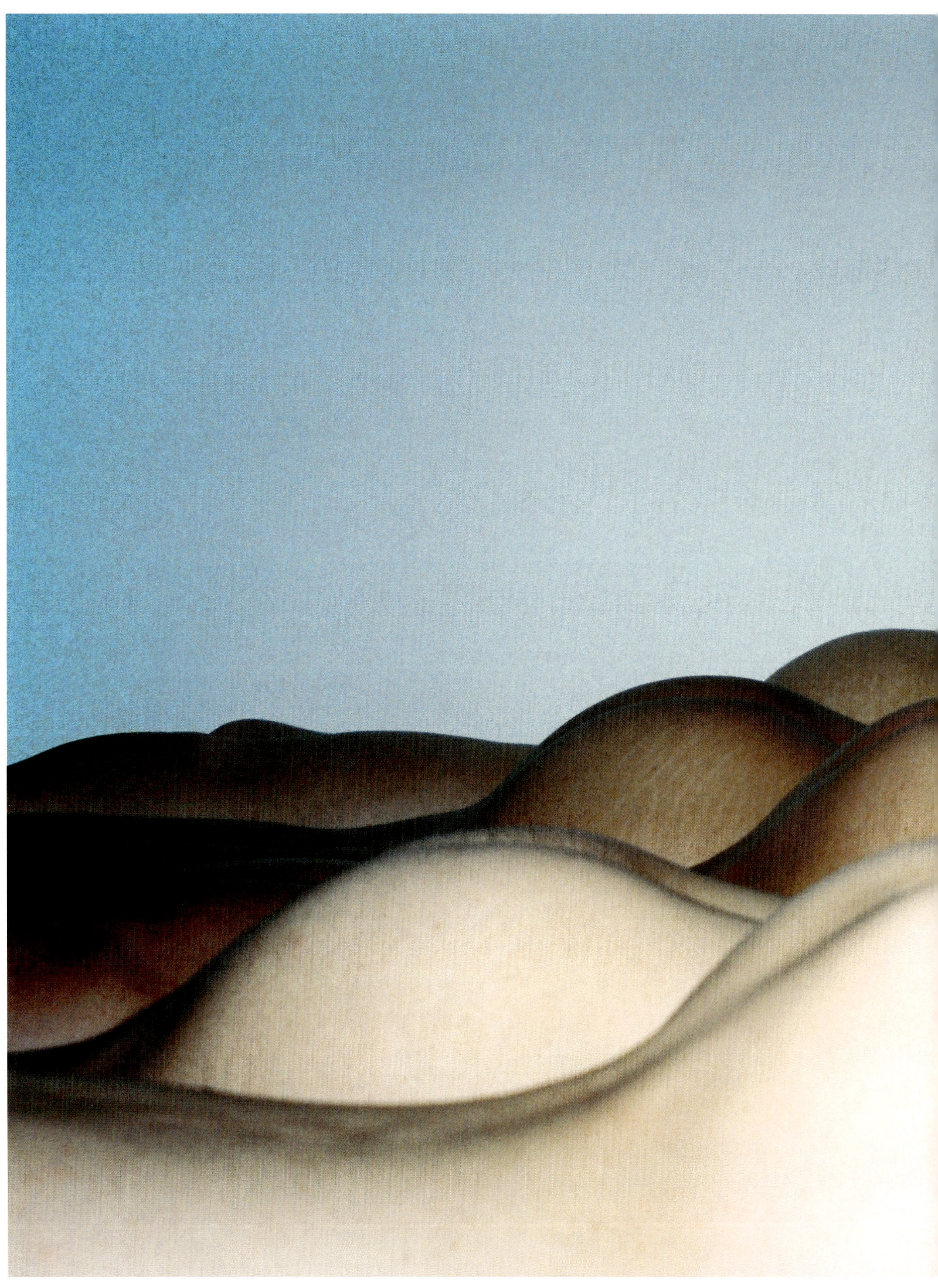

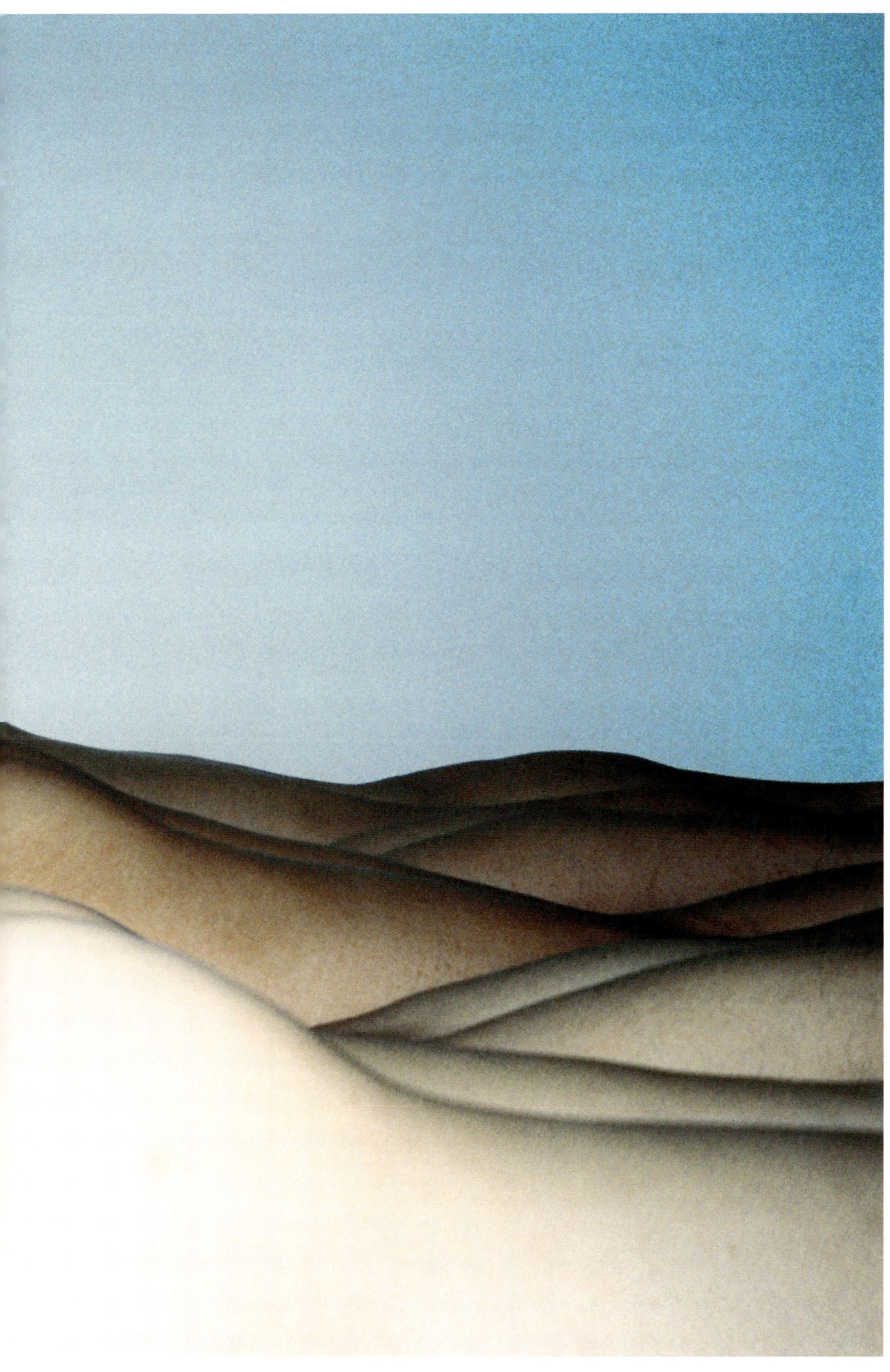

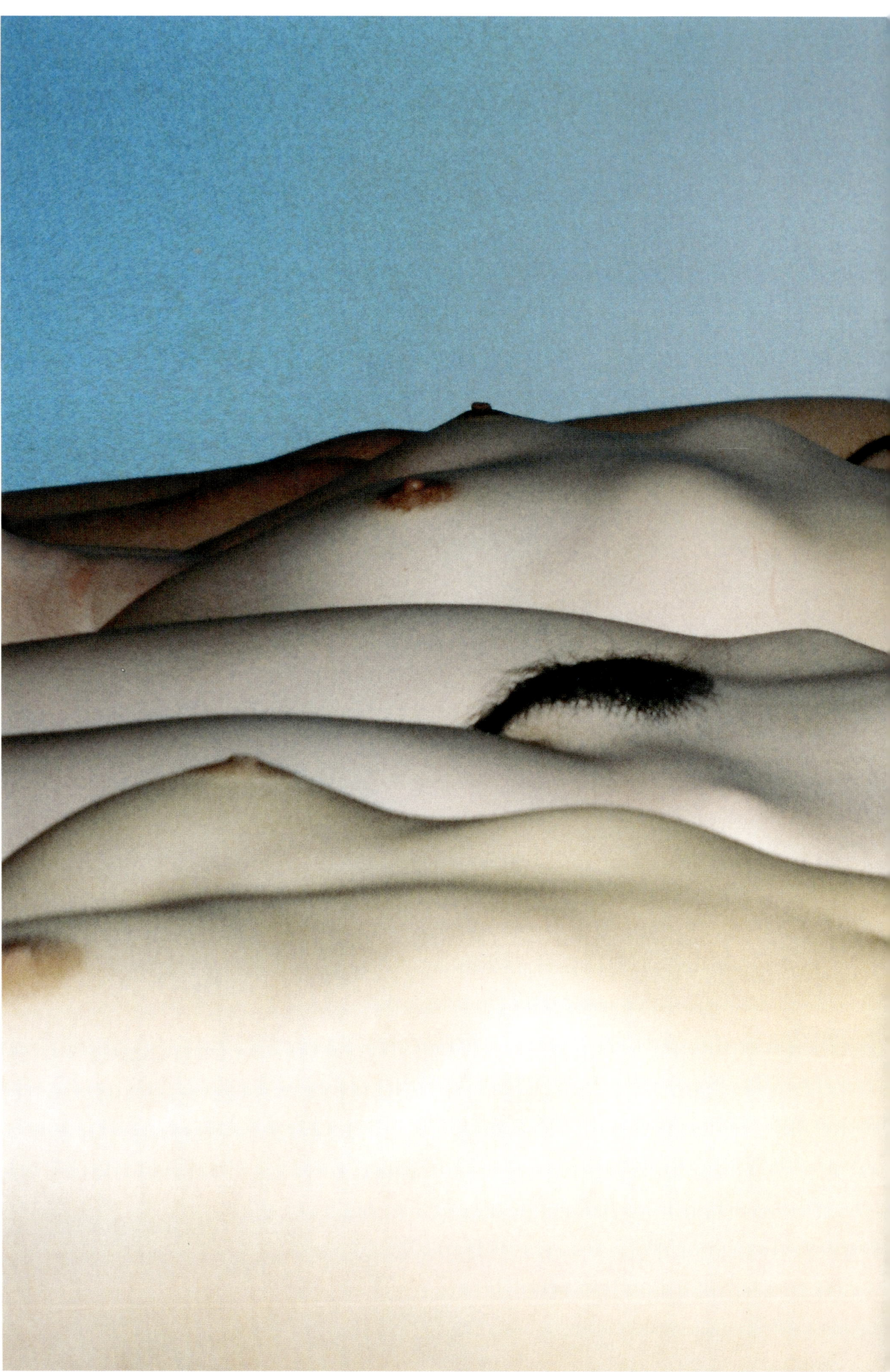

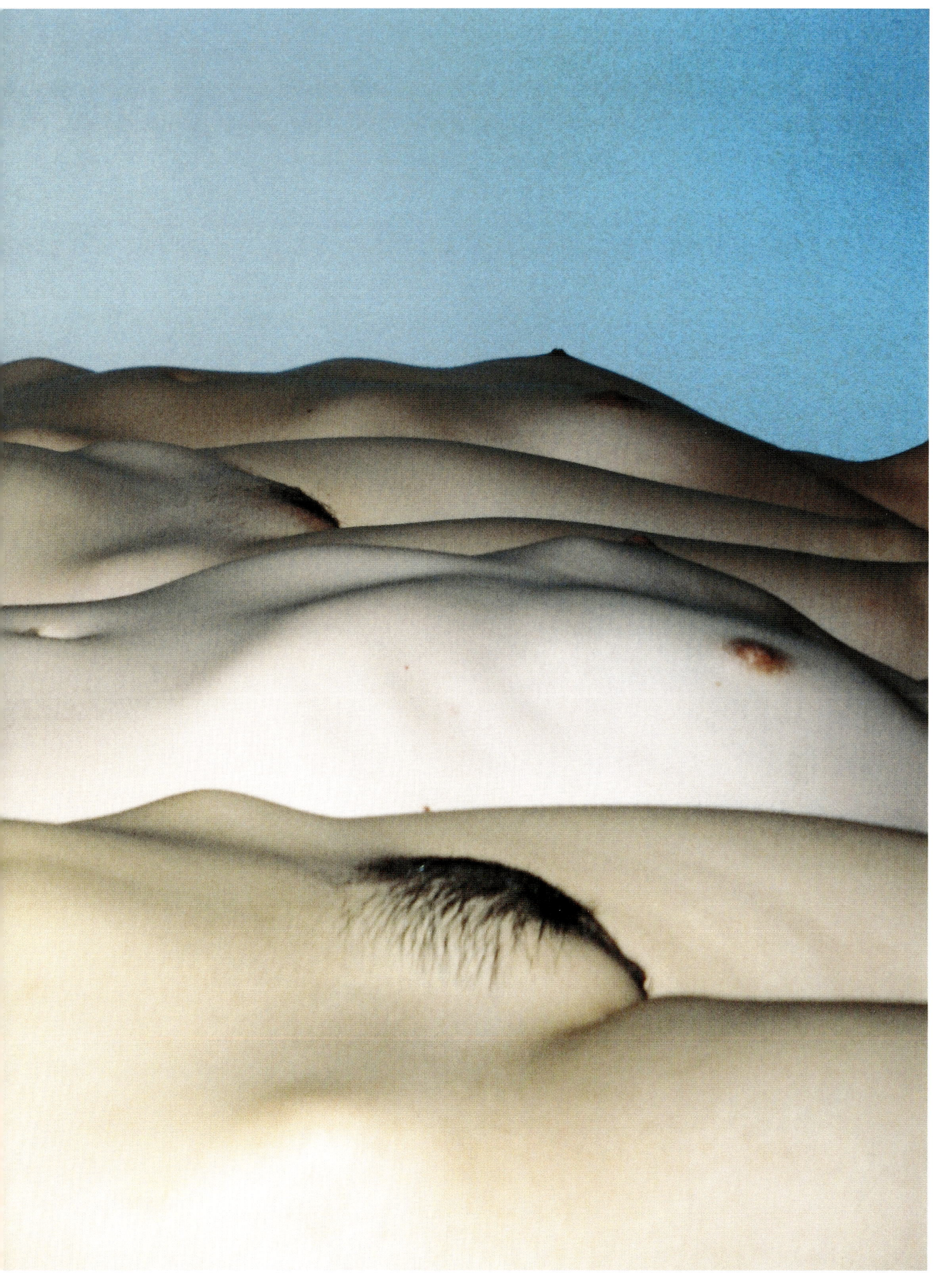

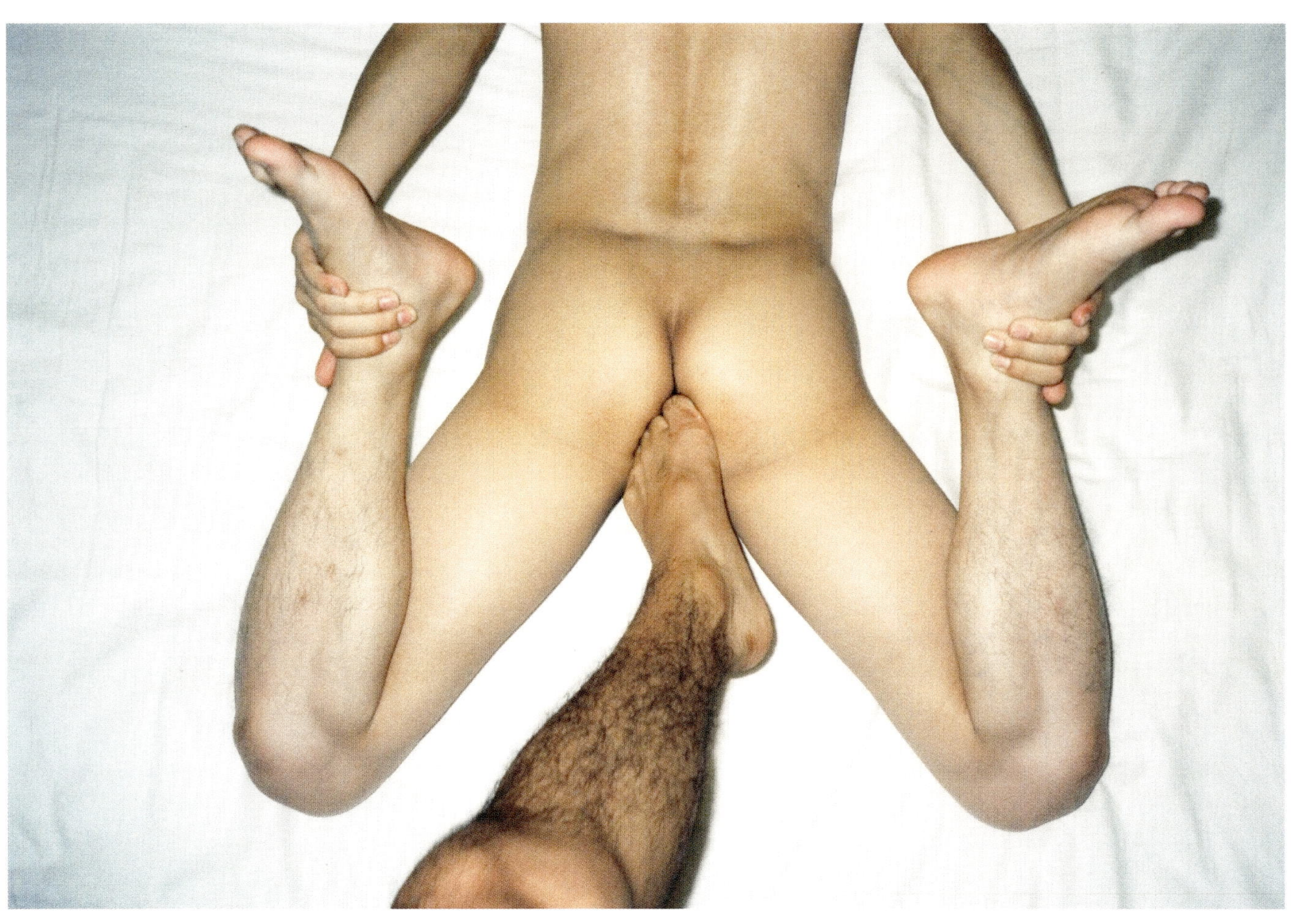

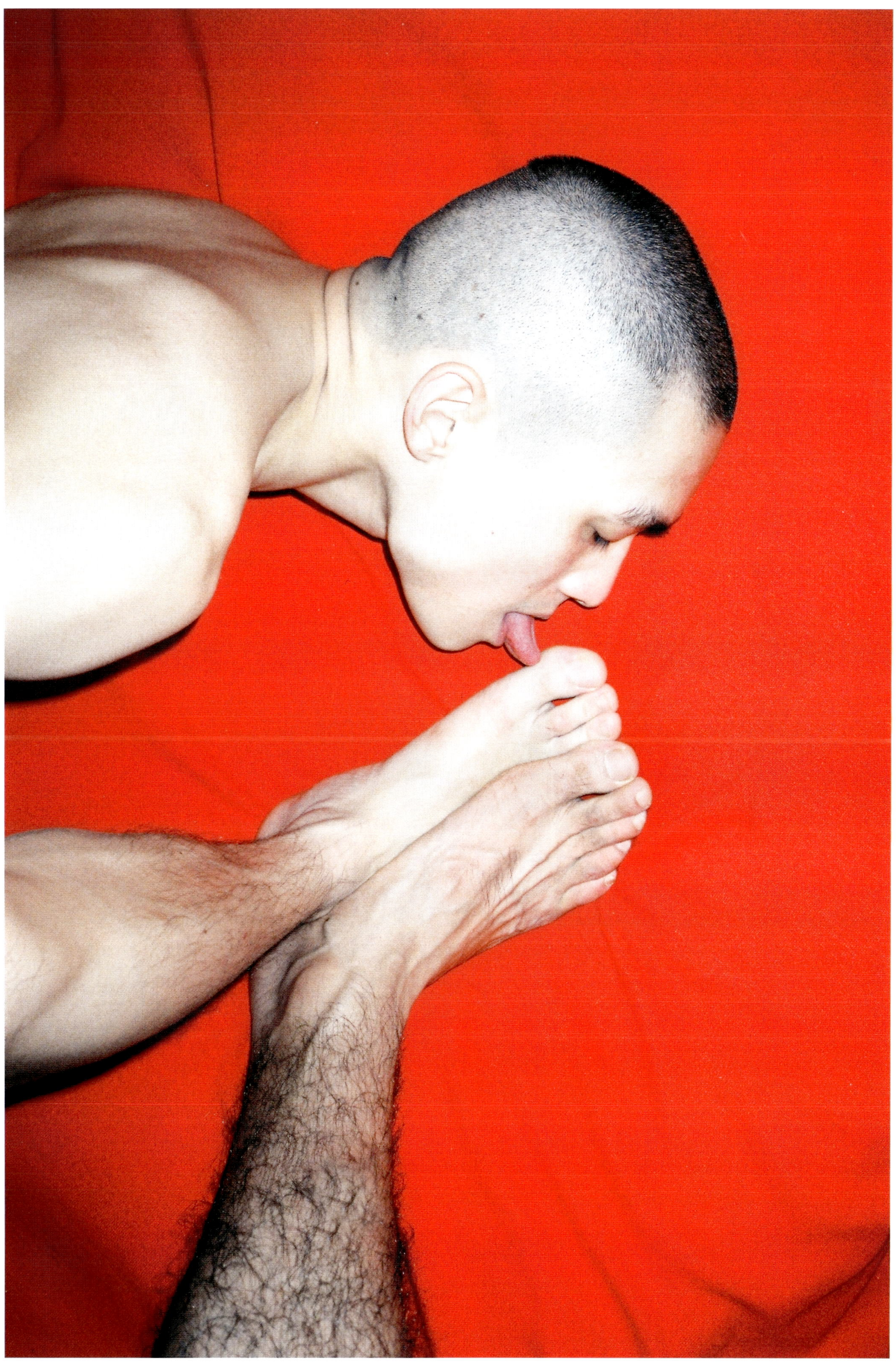

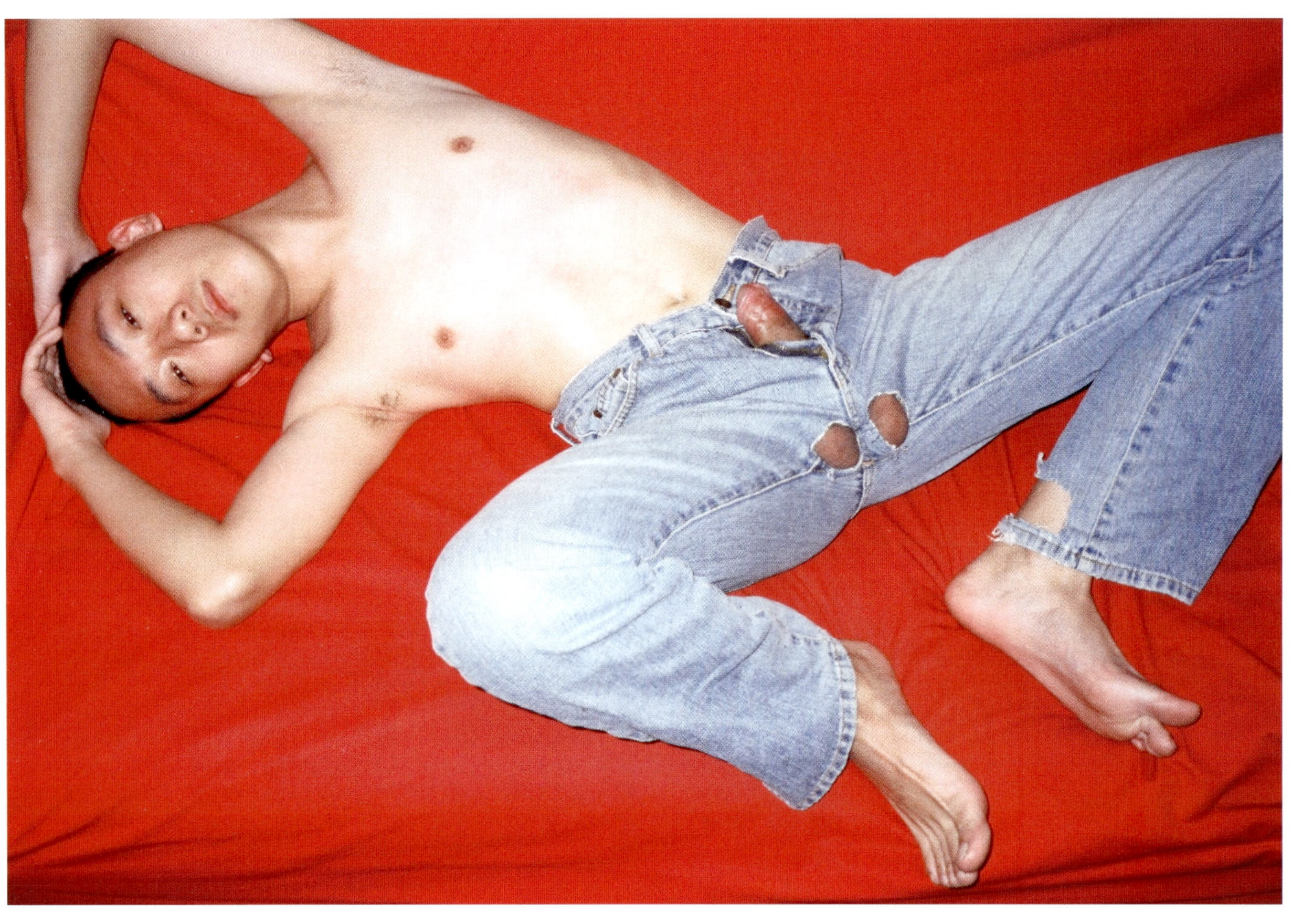

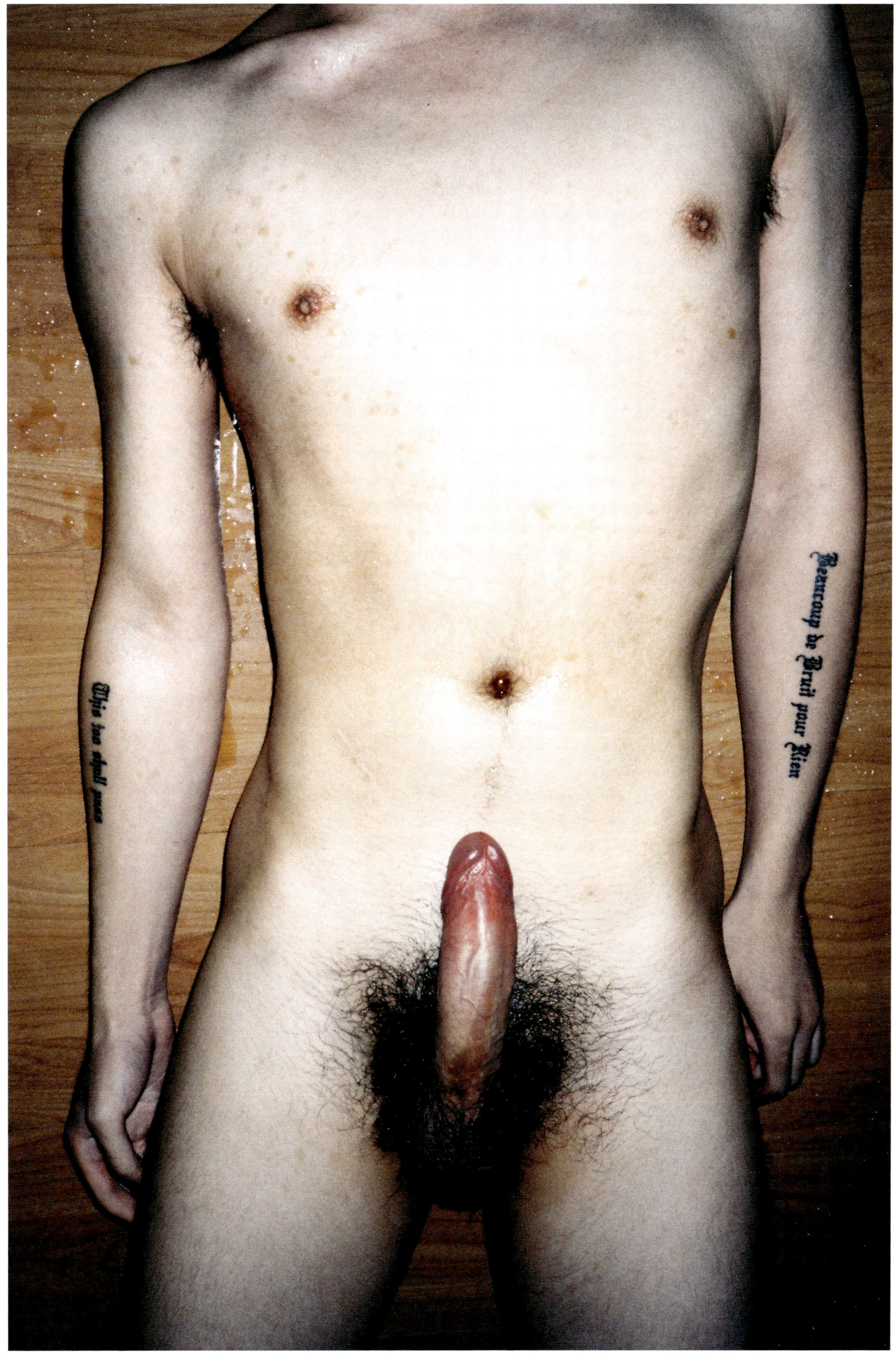
This too shall pass
Beaucoup de Bruit pour Rien

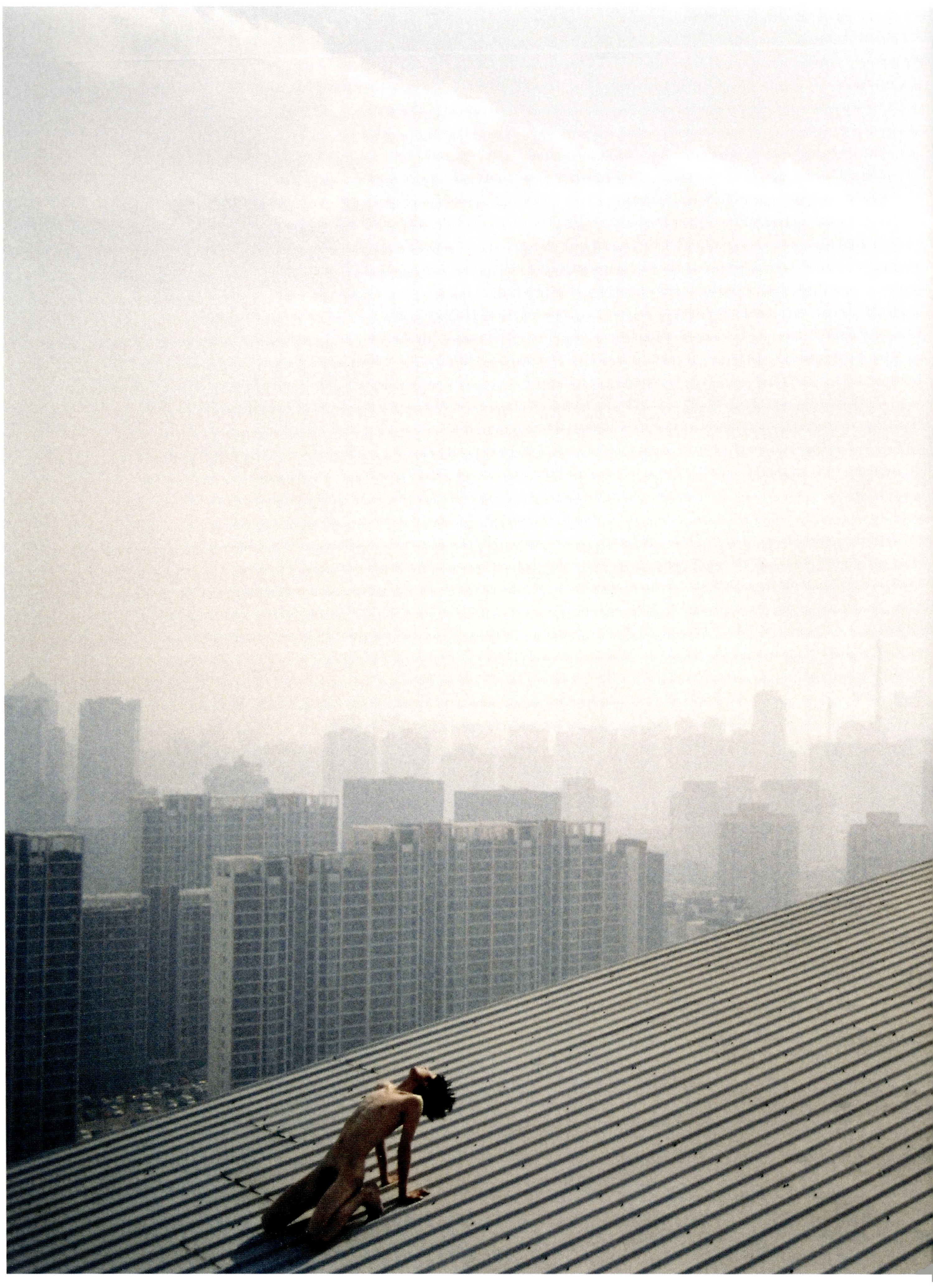

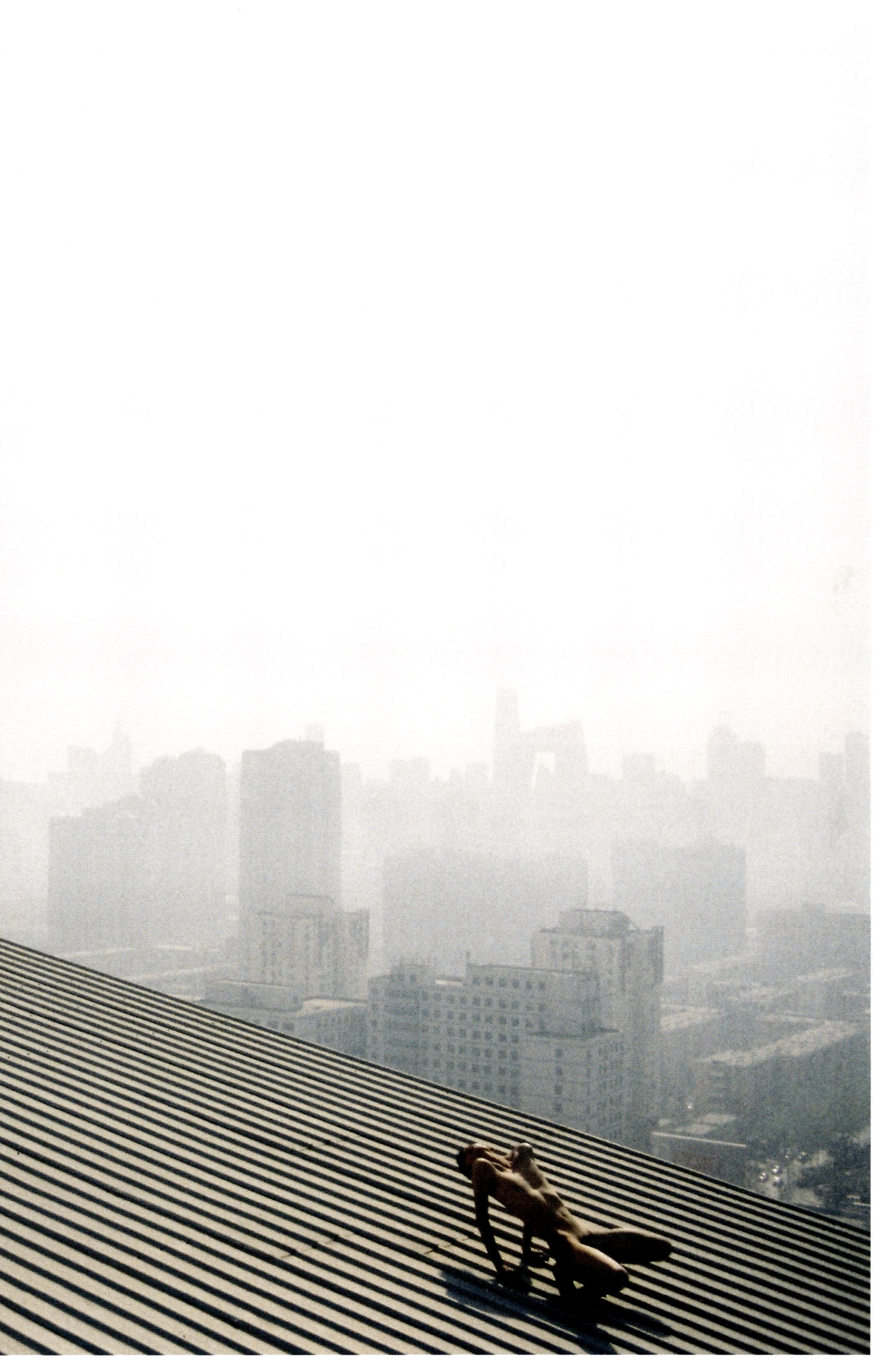

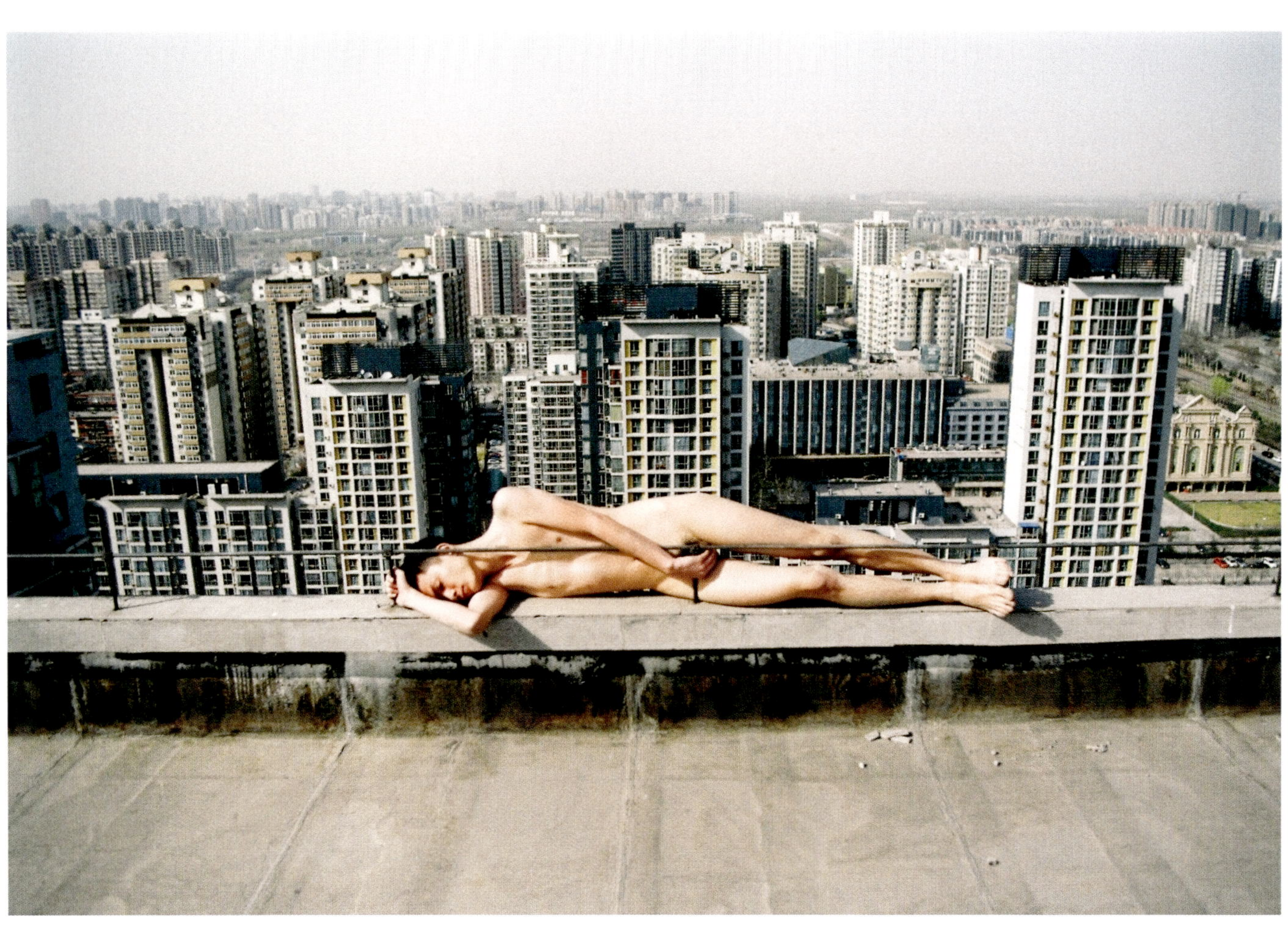

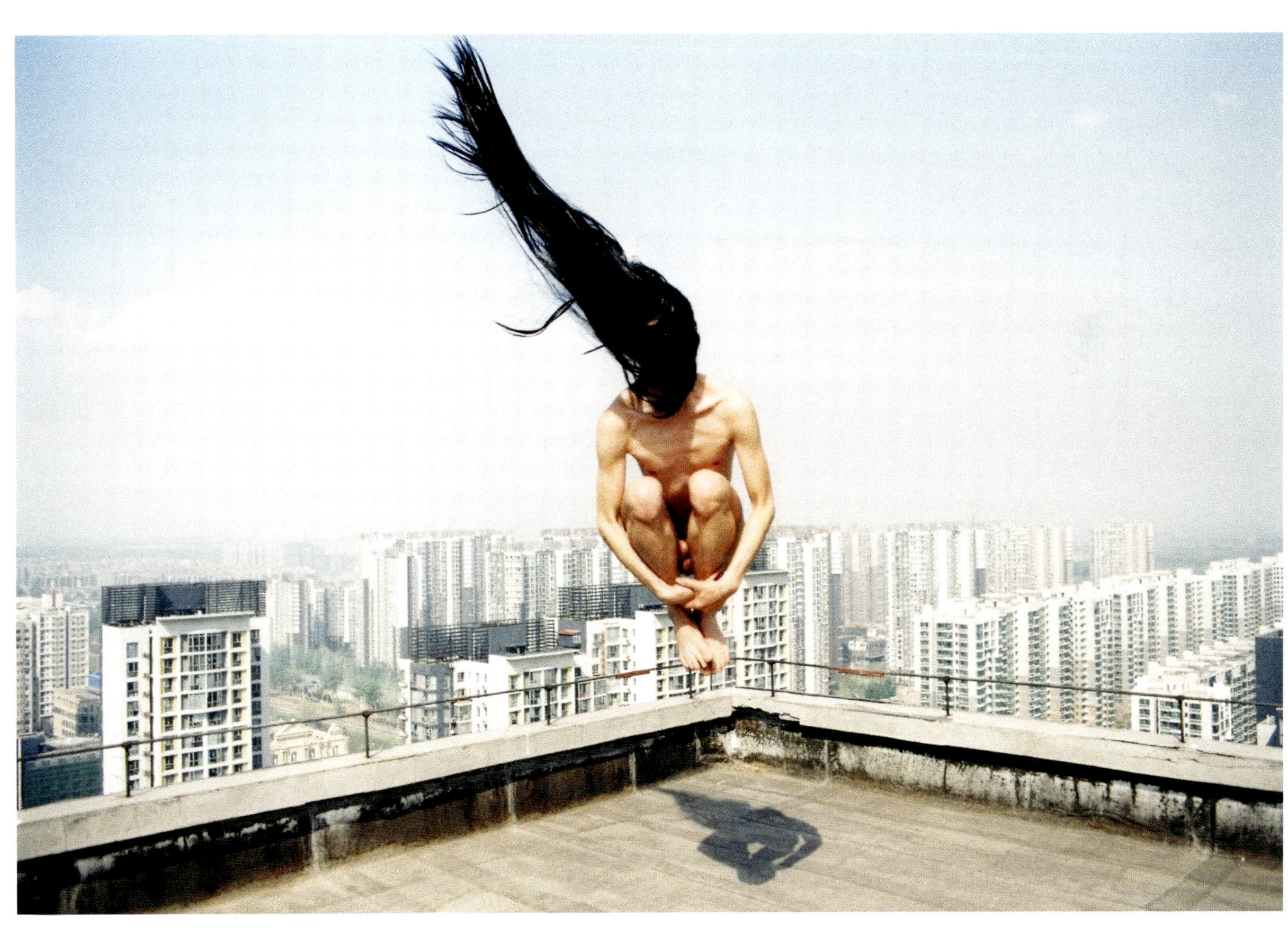

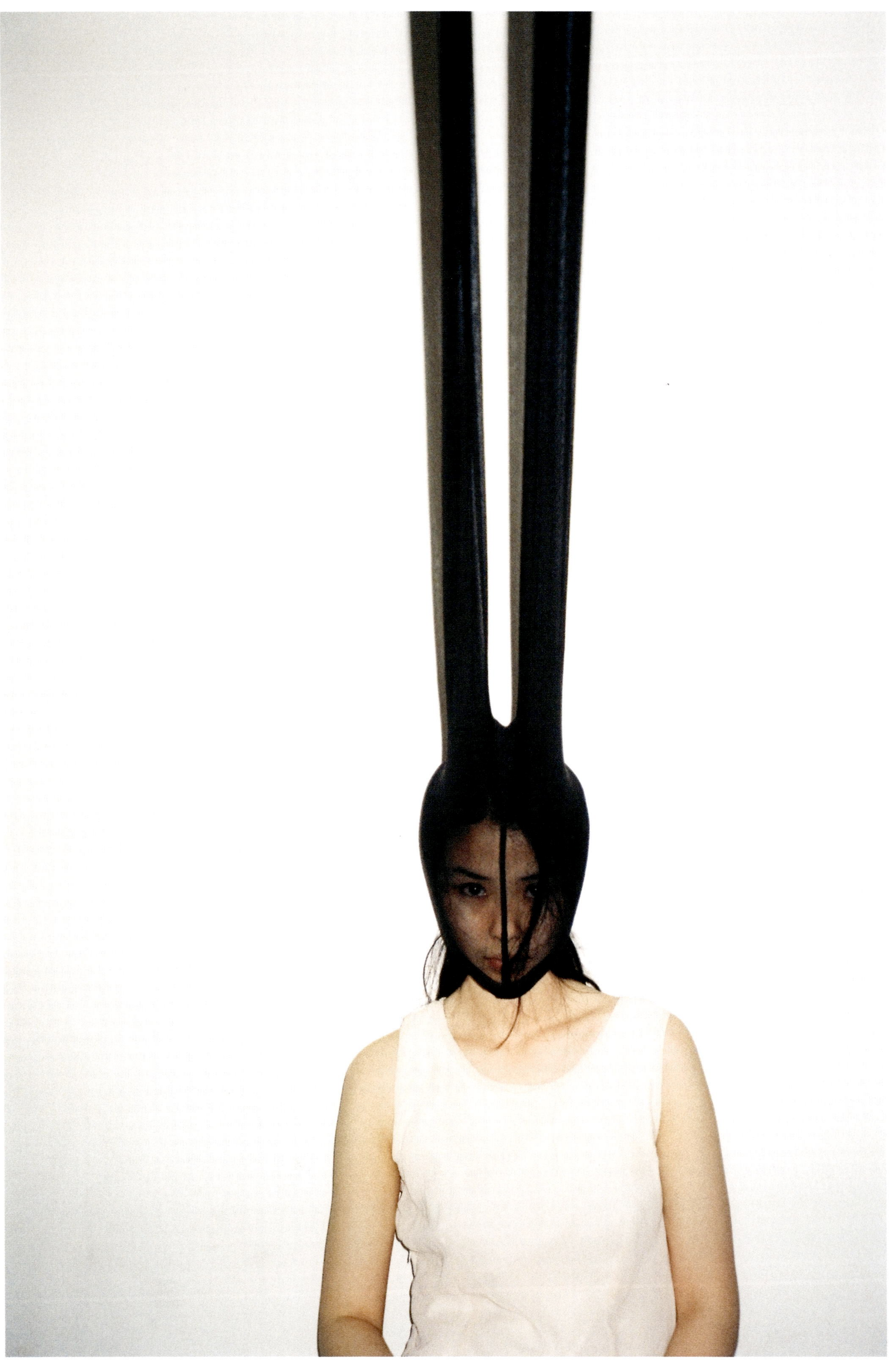

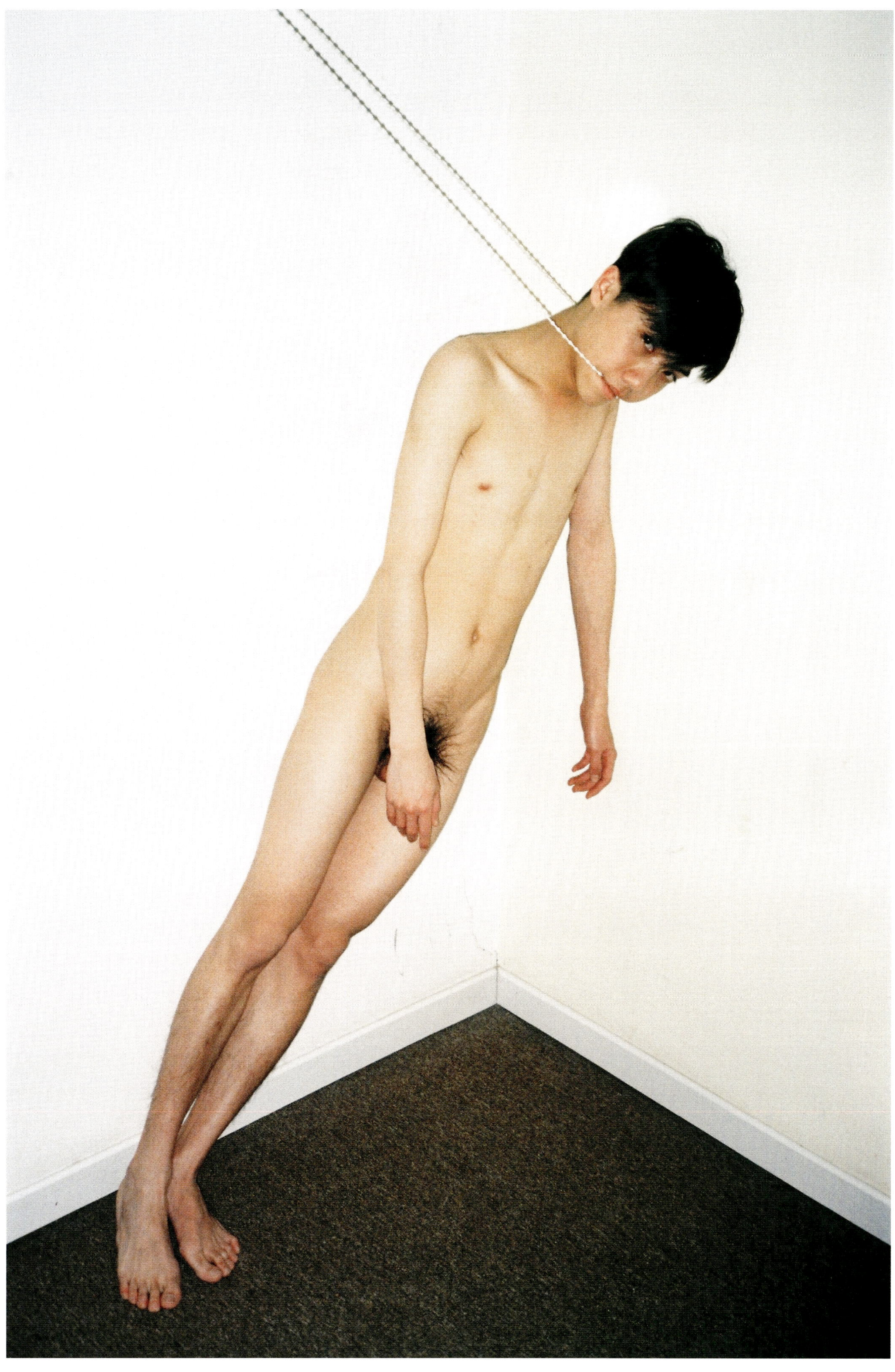

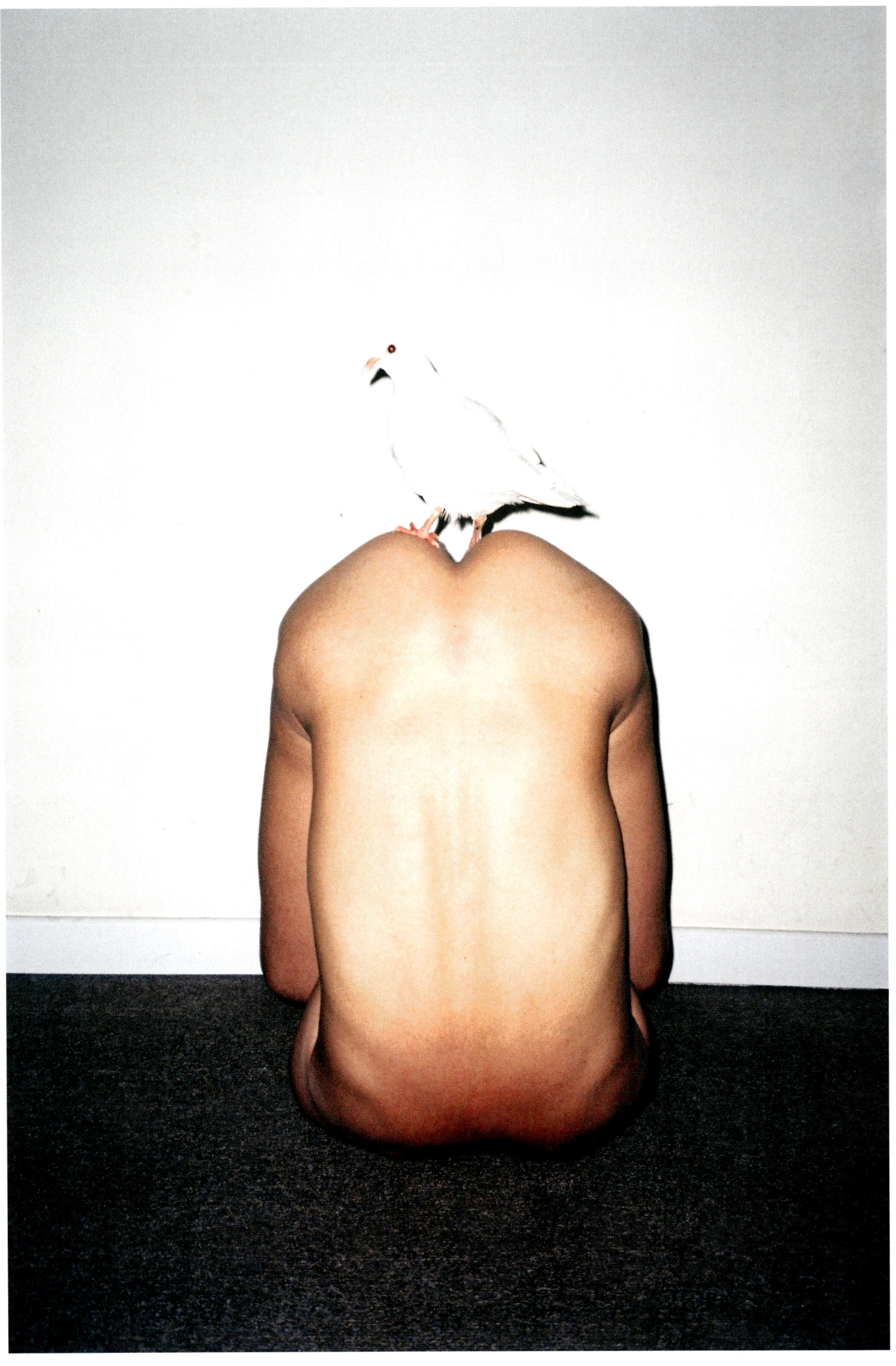

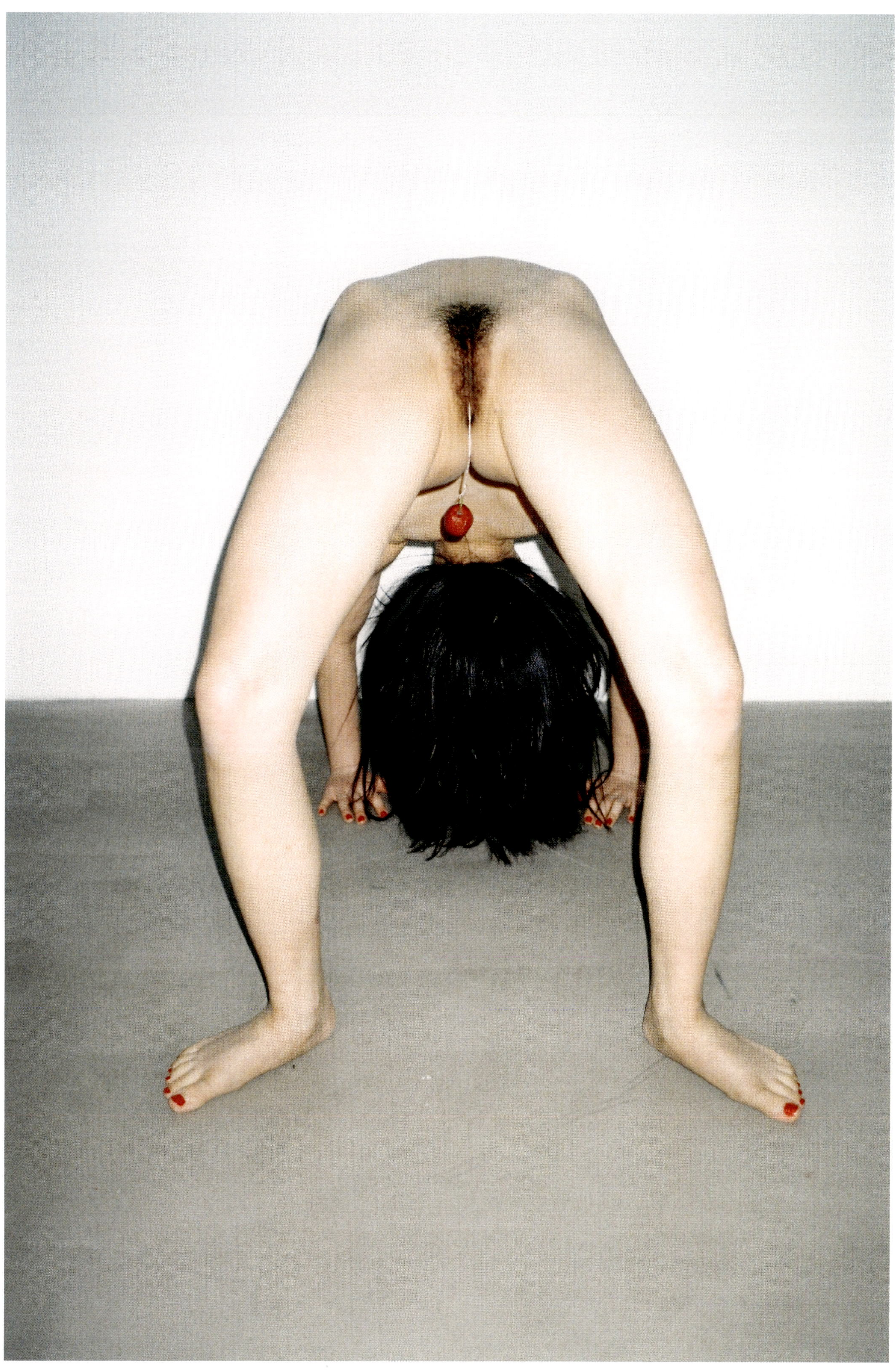

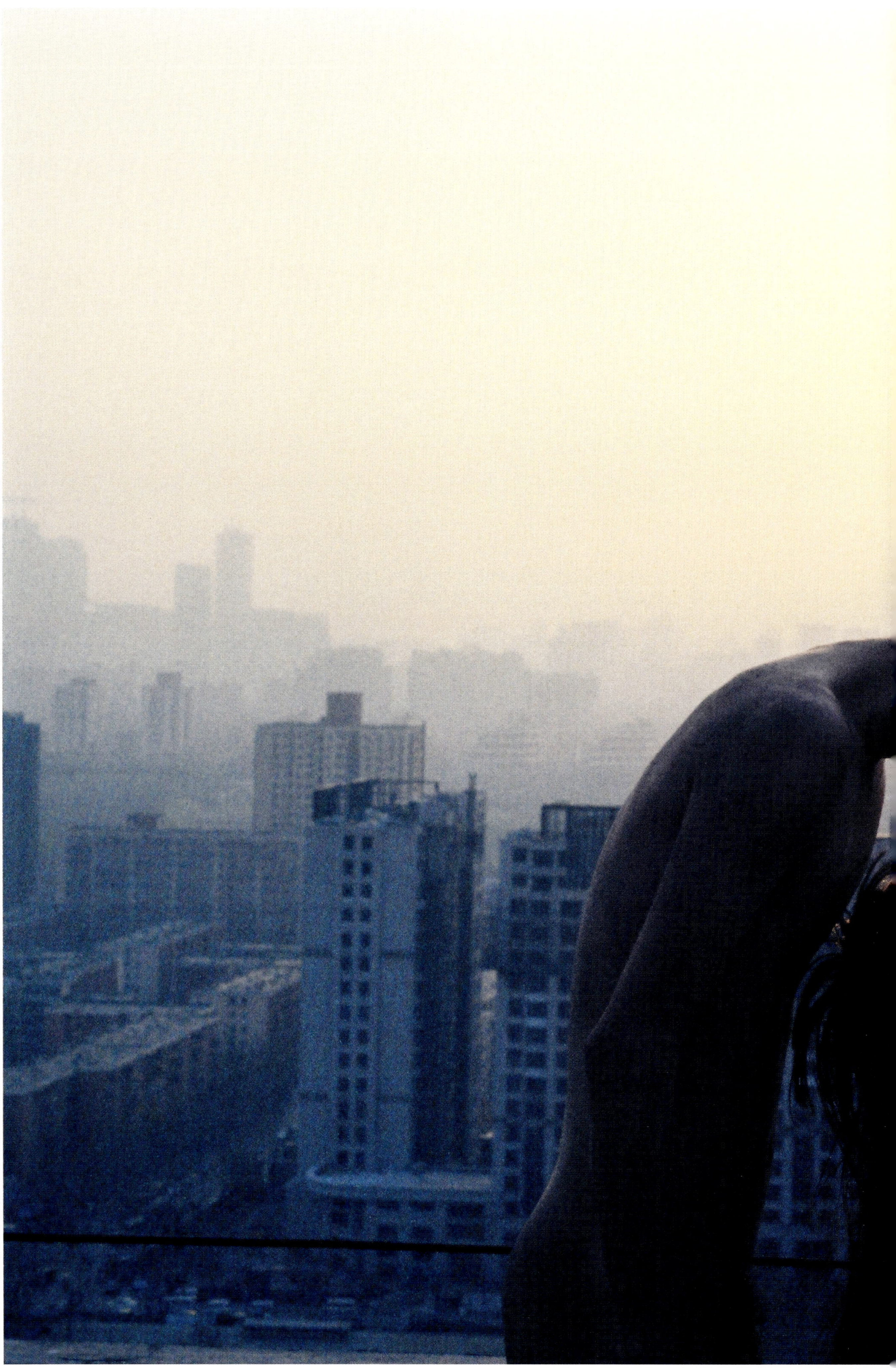

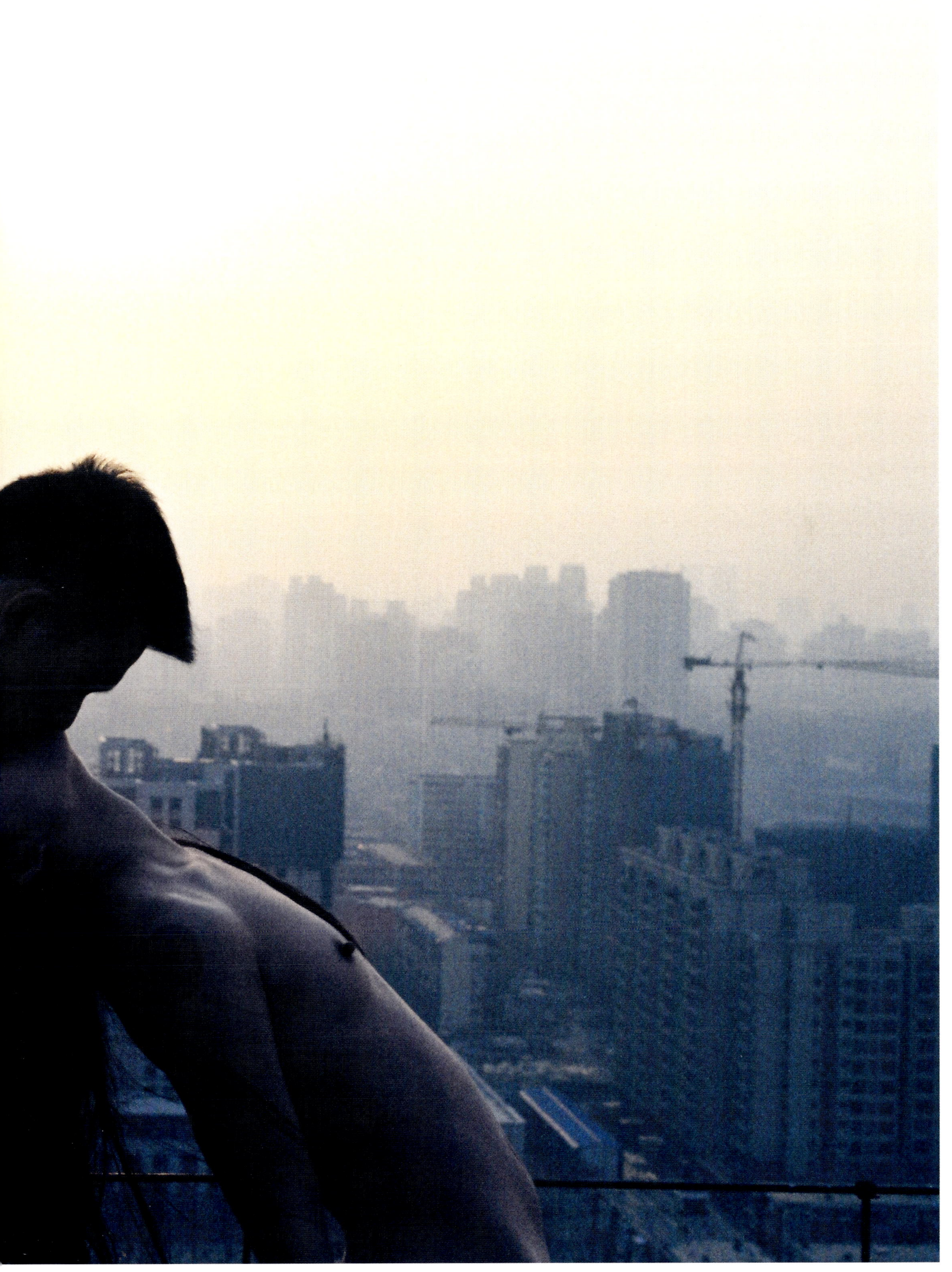

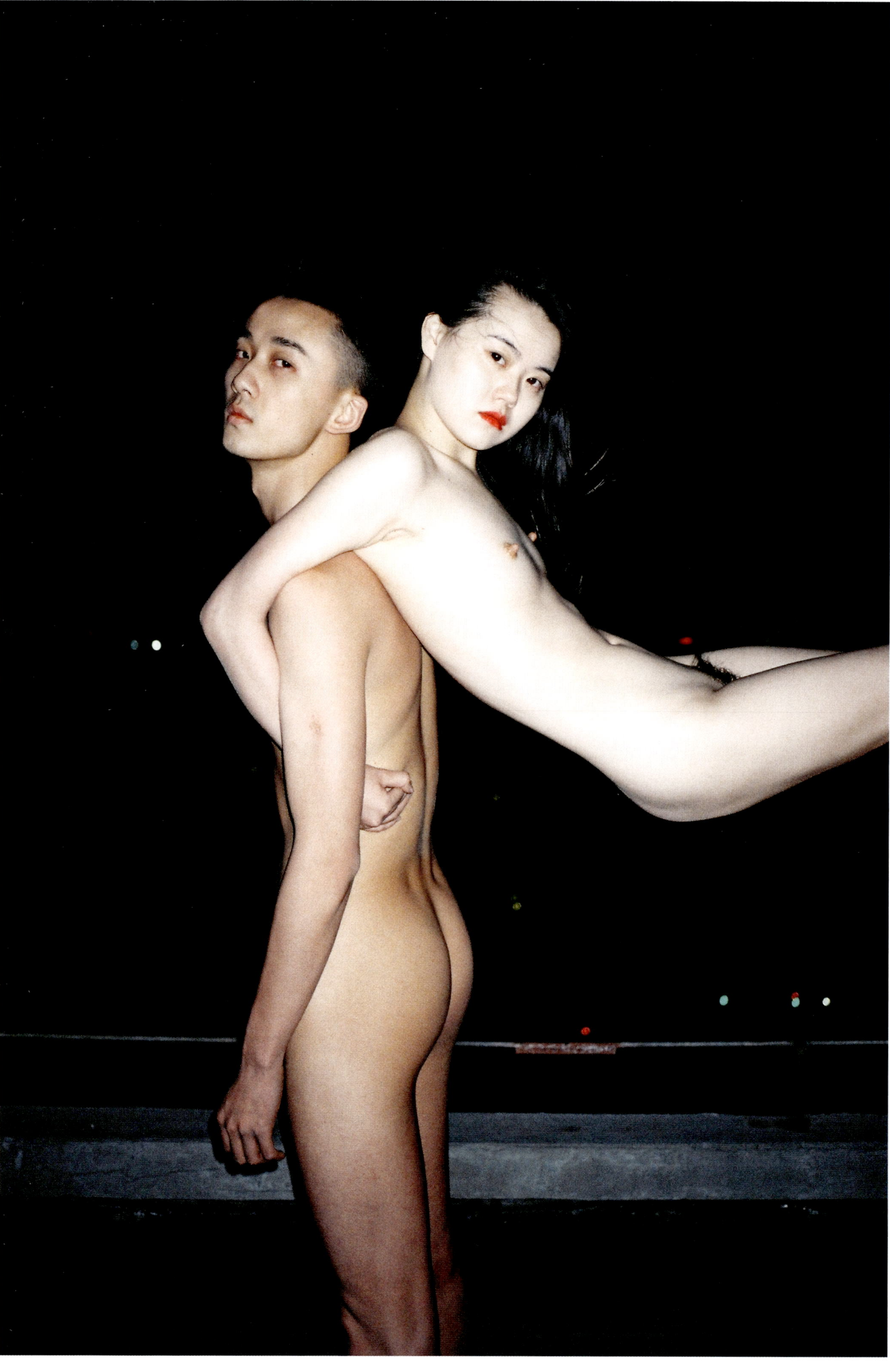

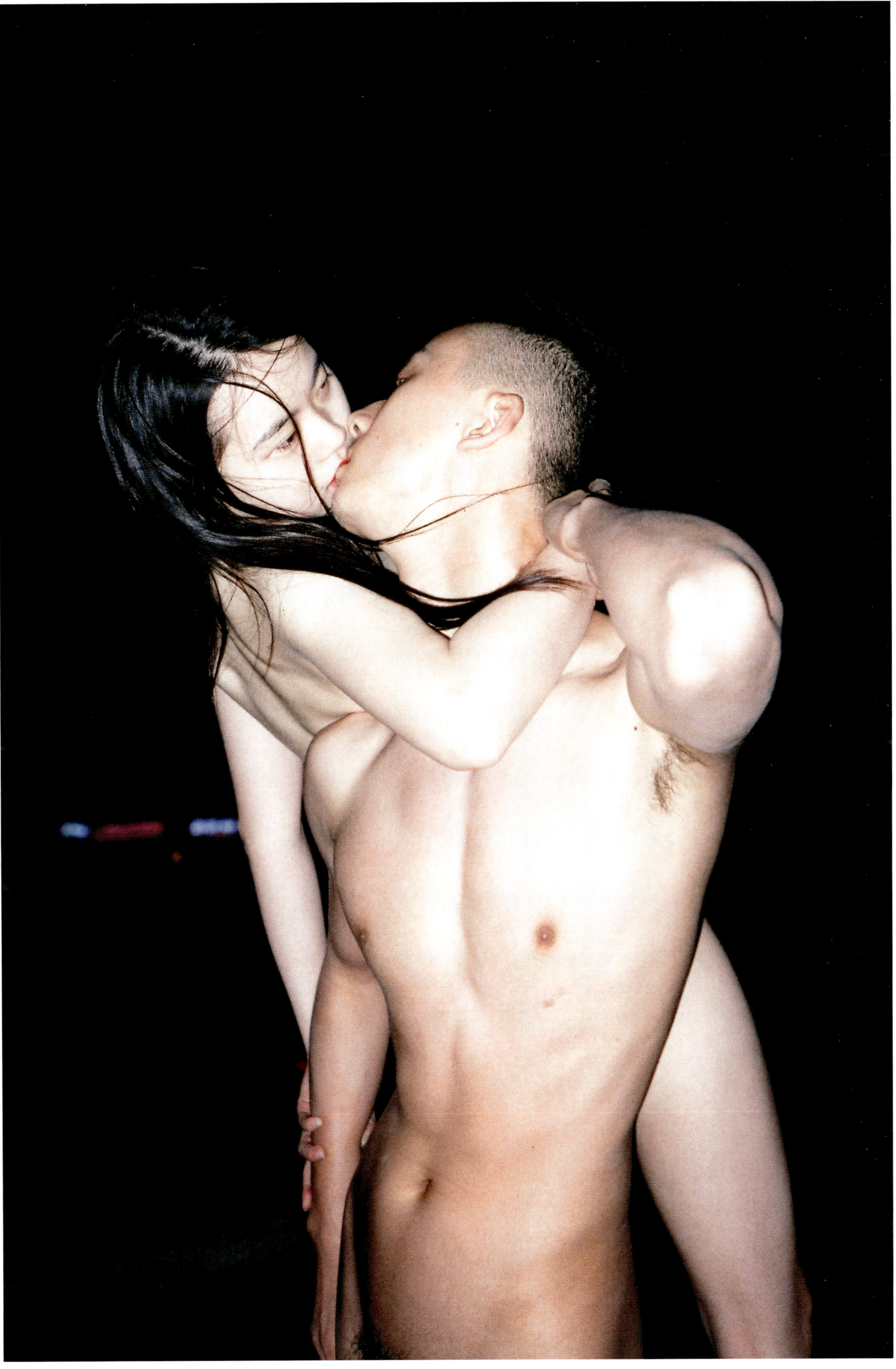

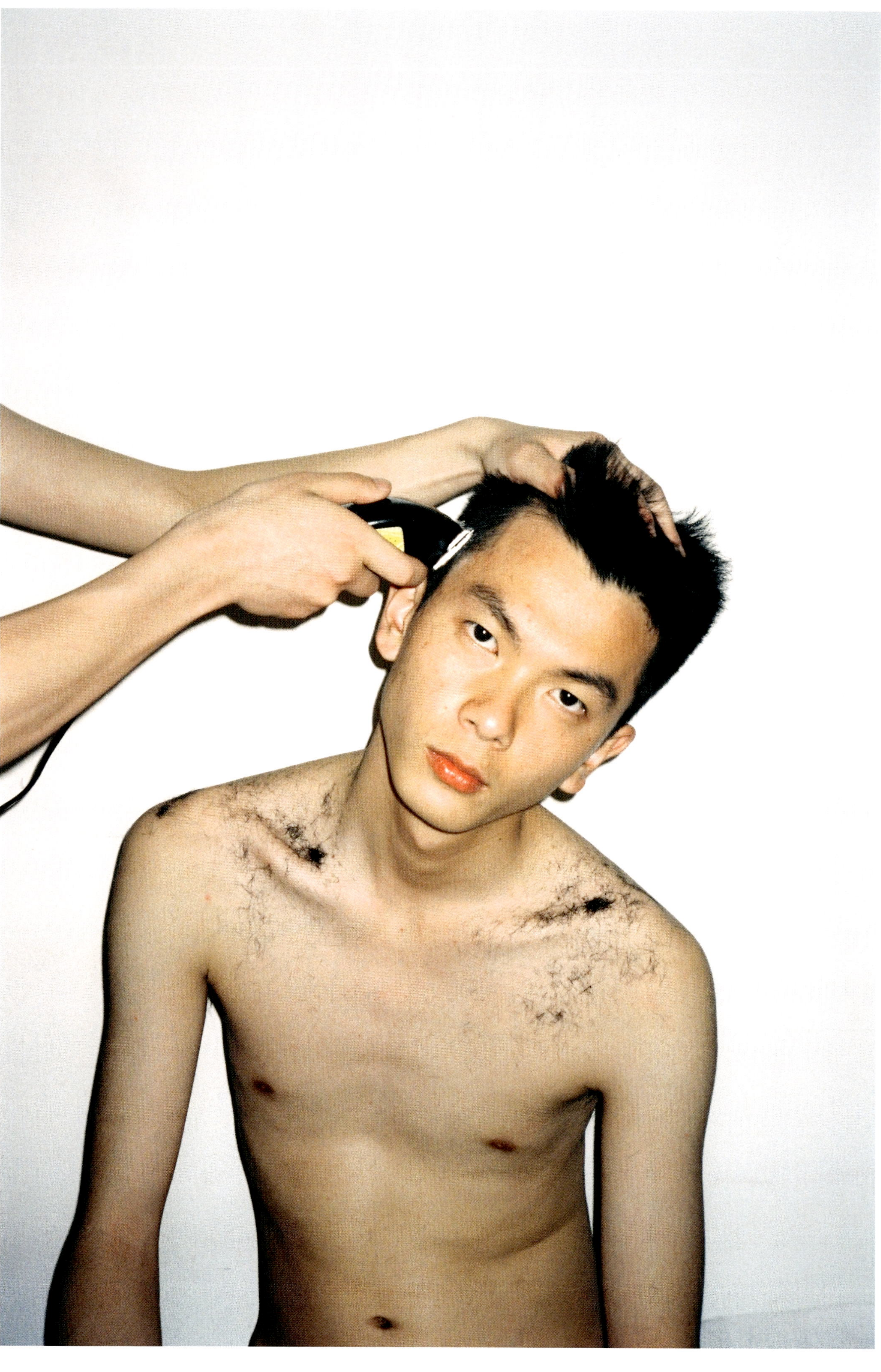

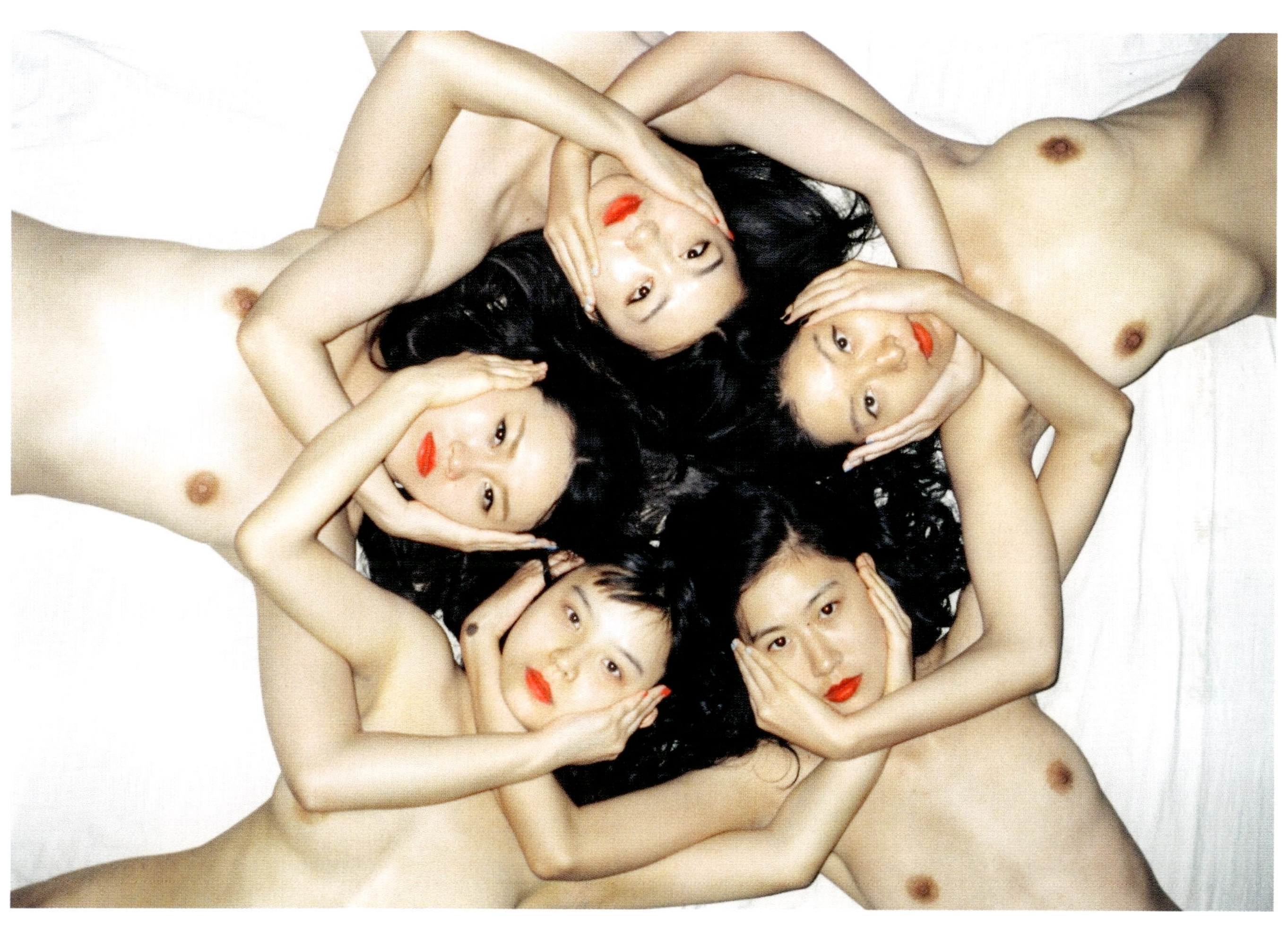

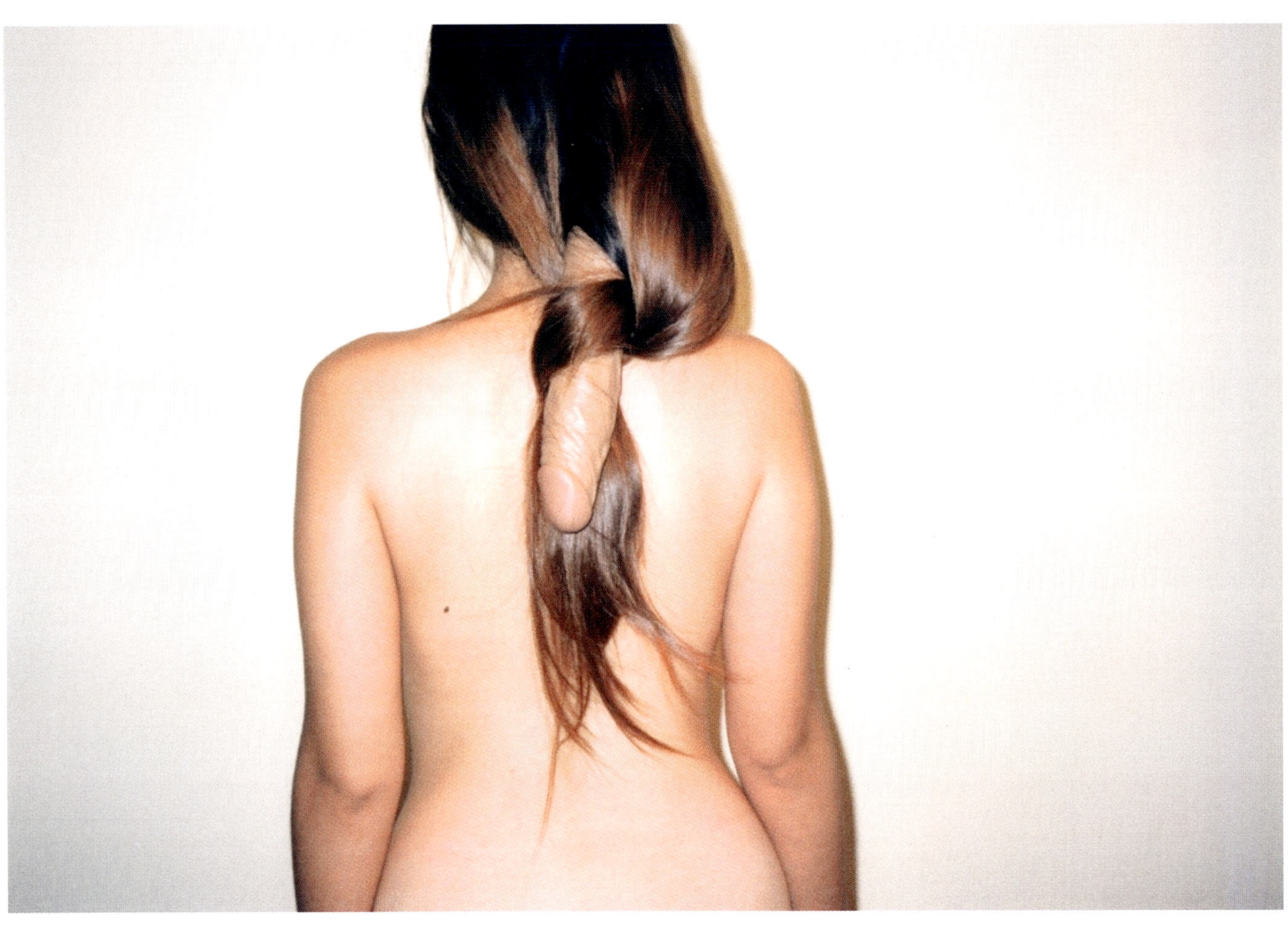

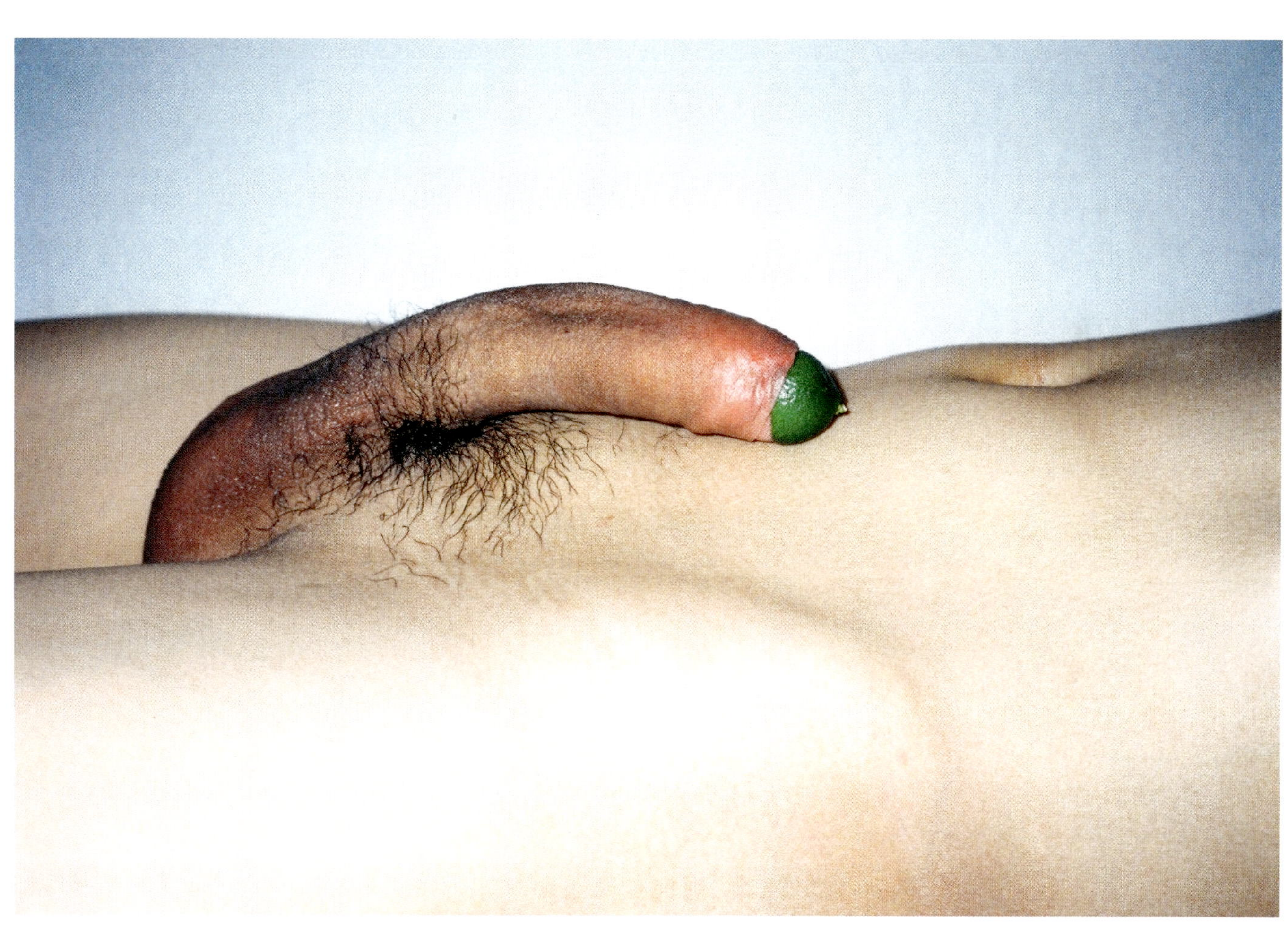

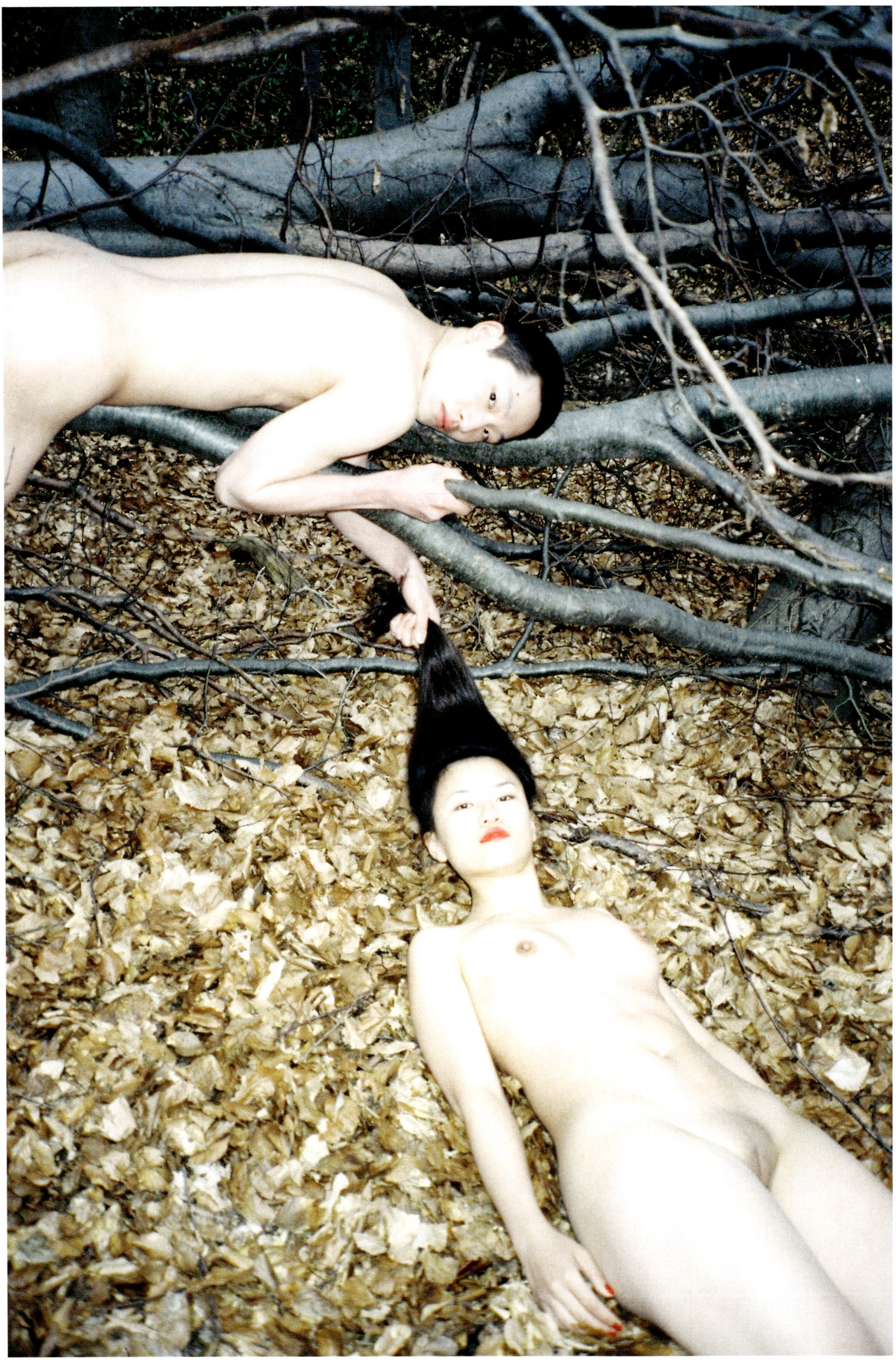

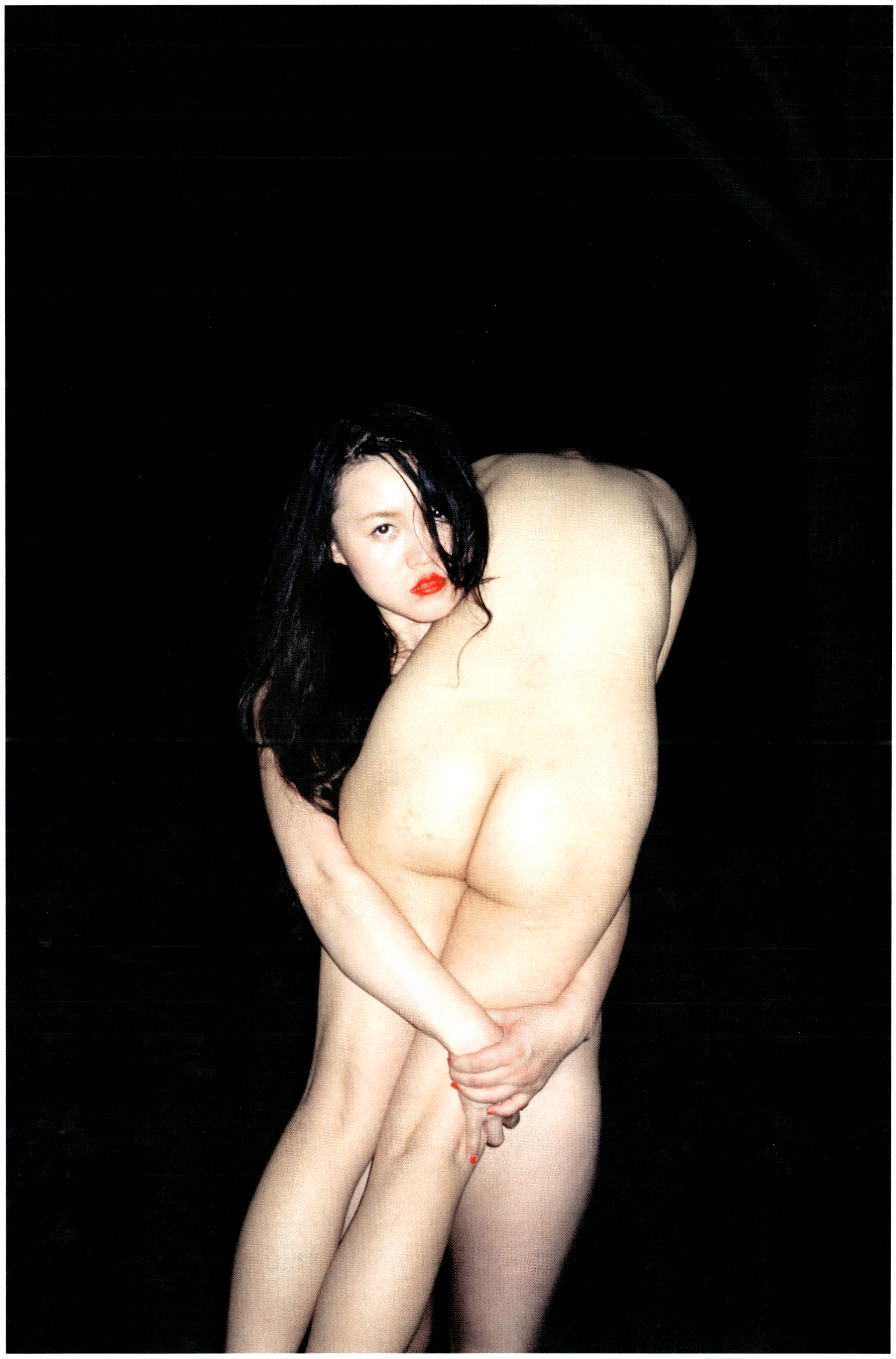

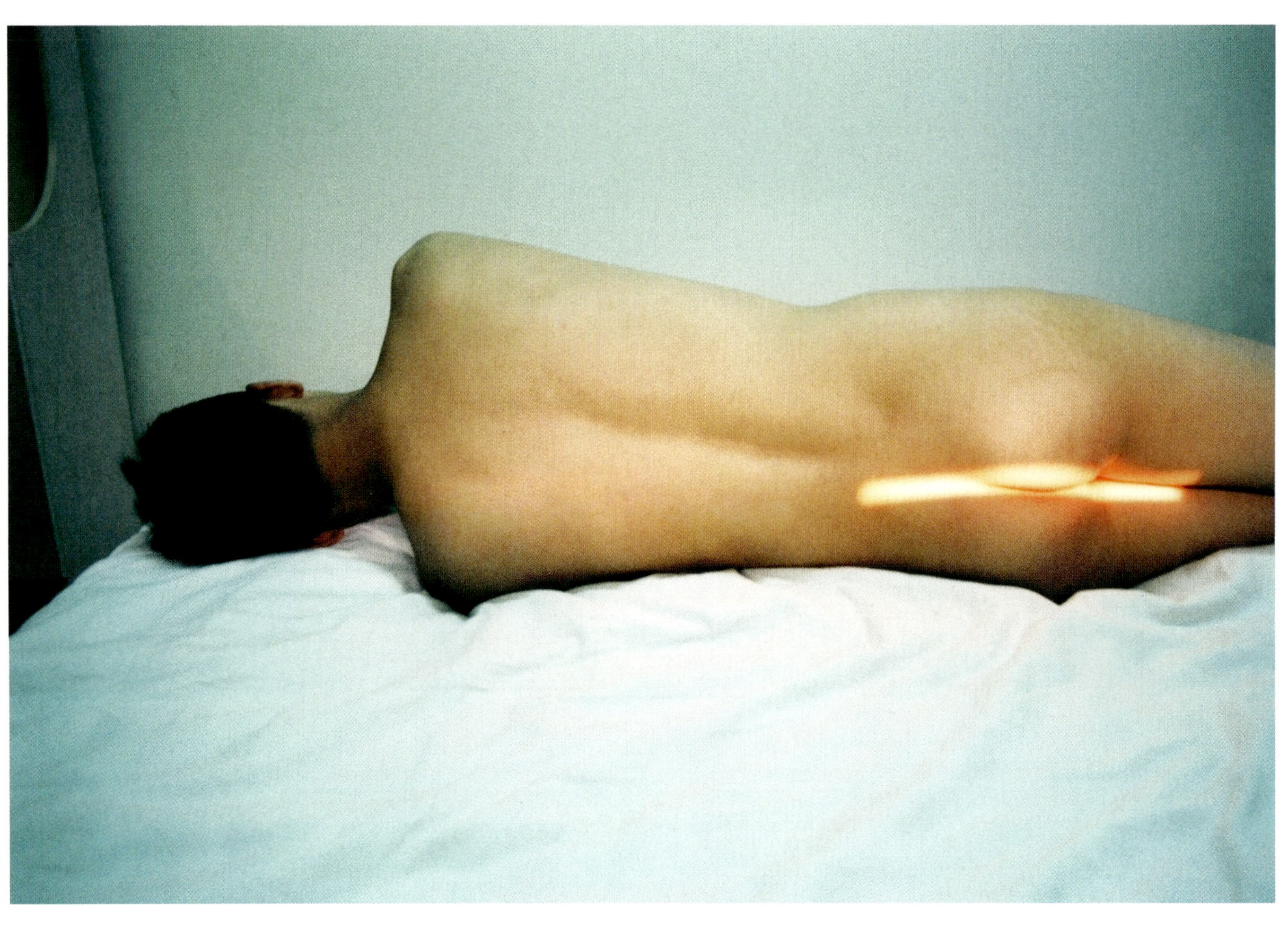

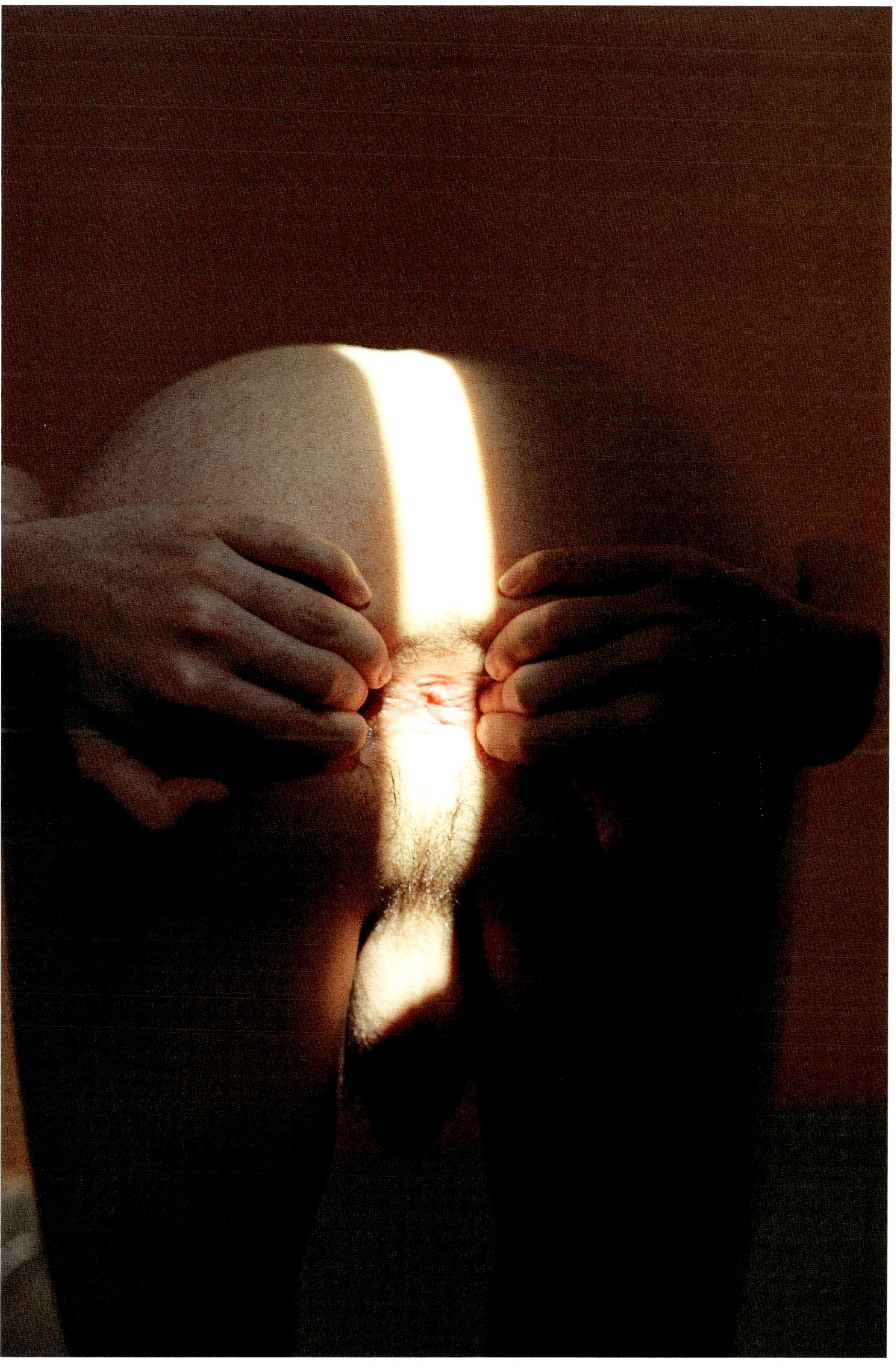

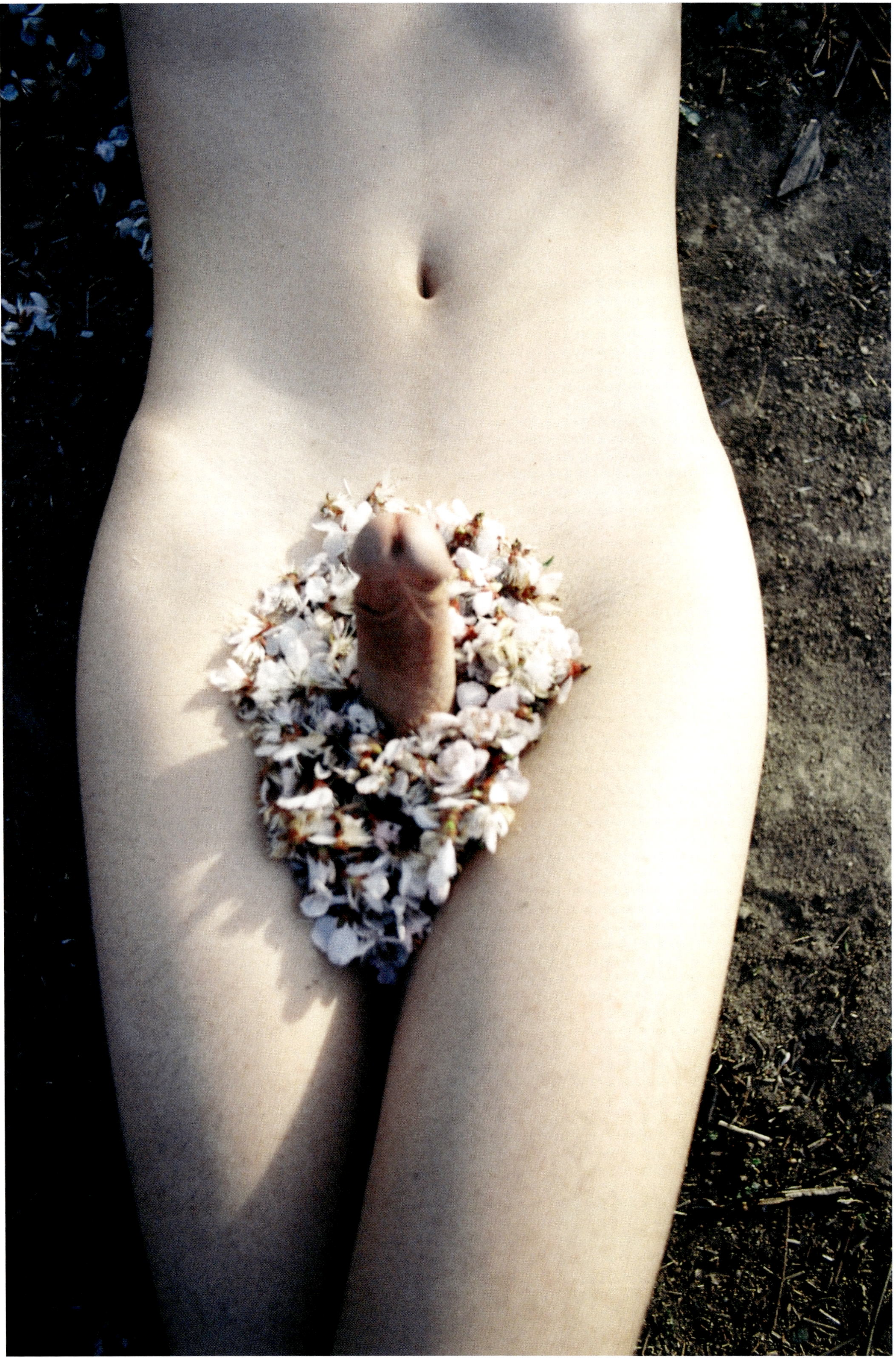

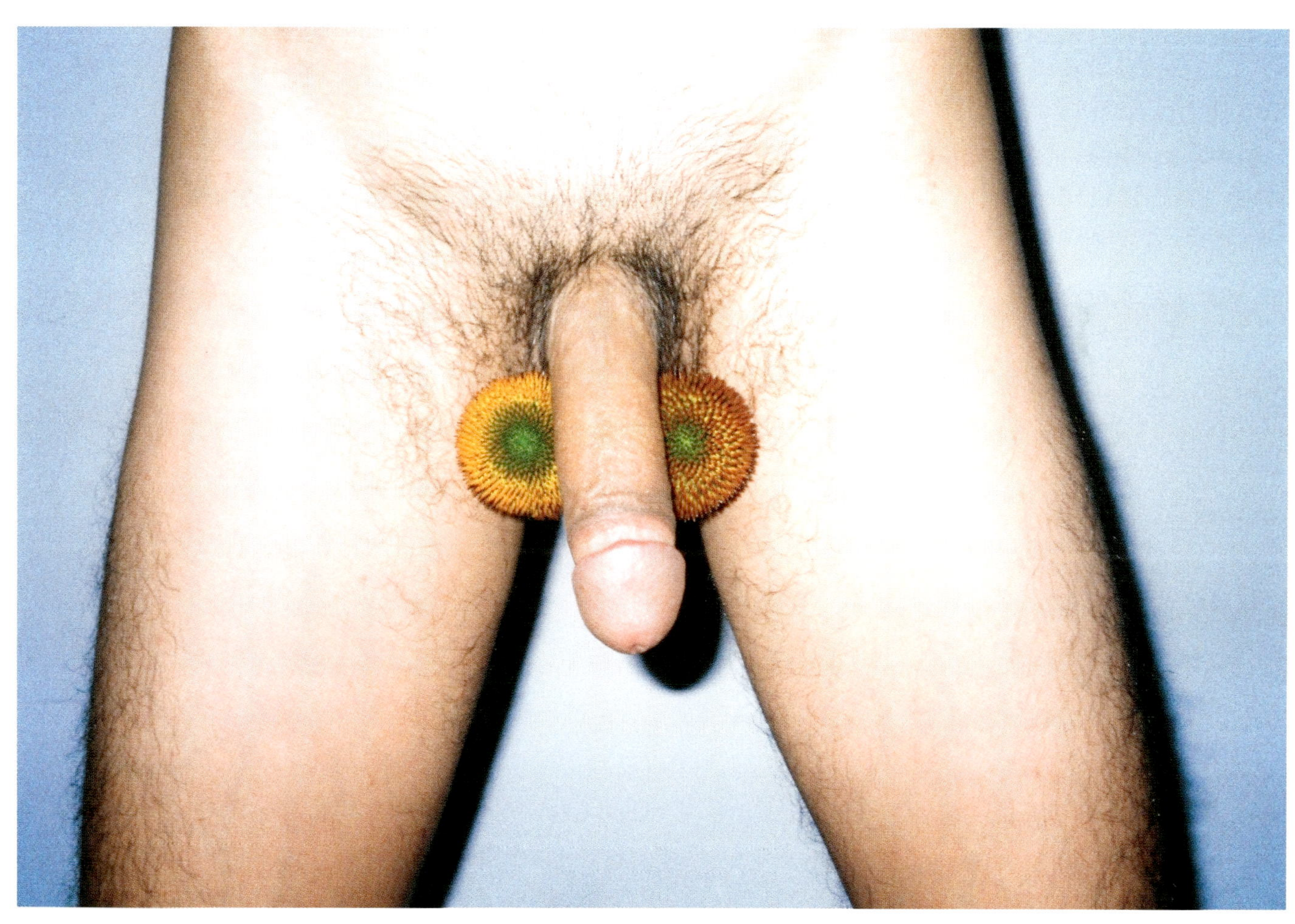

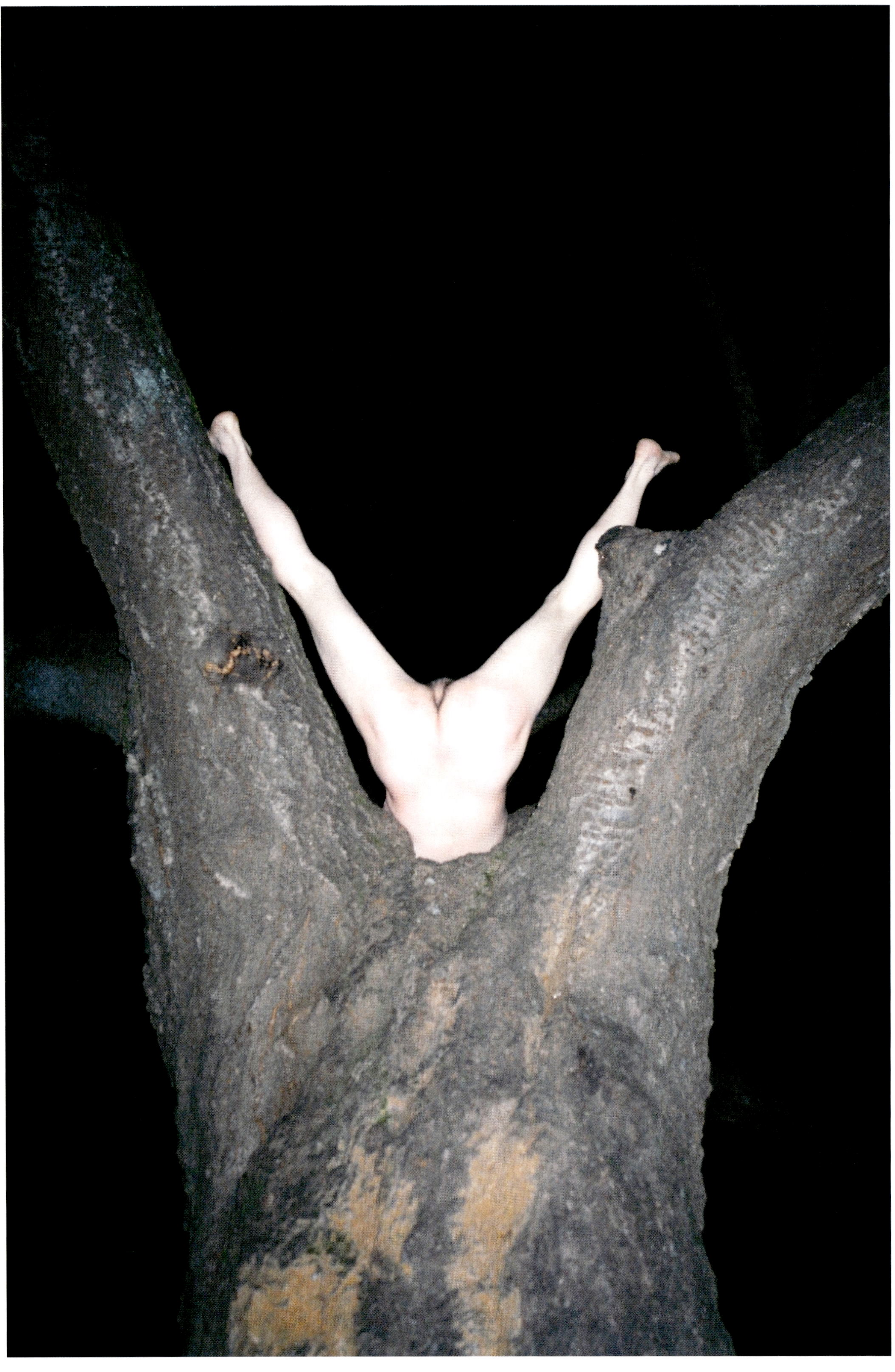

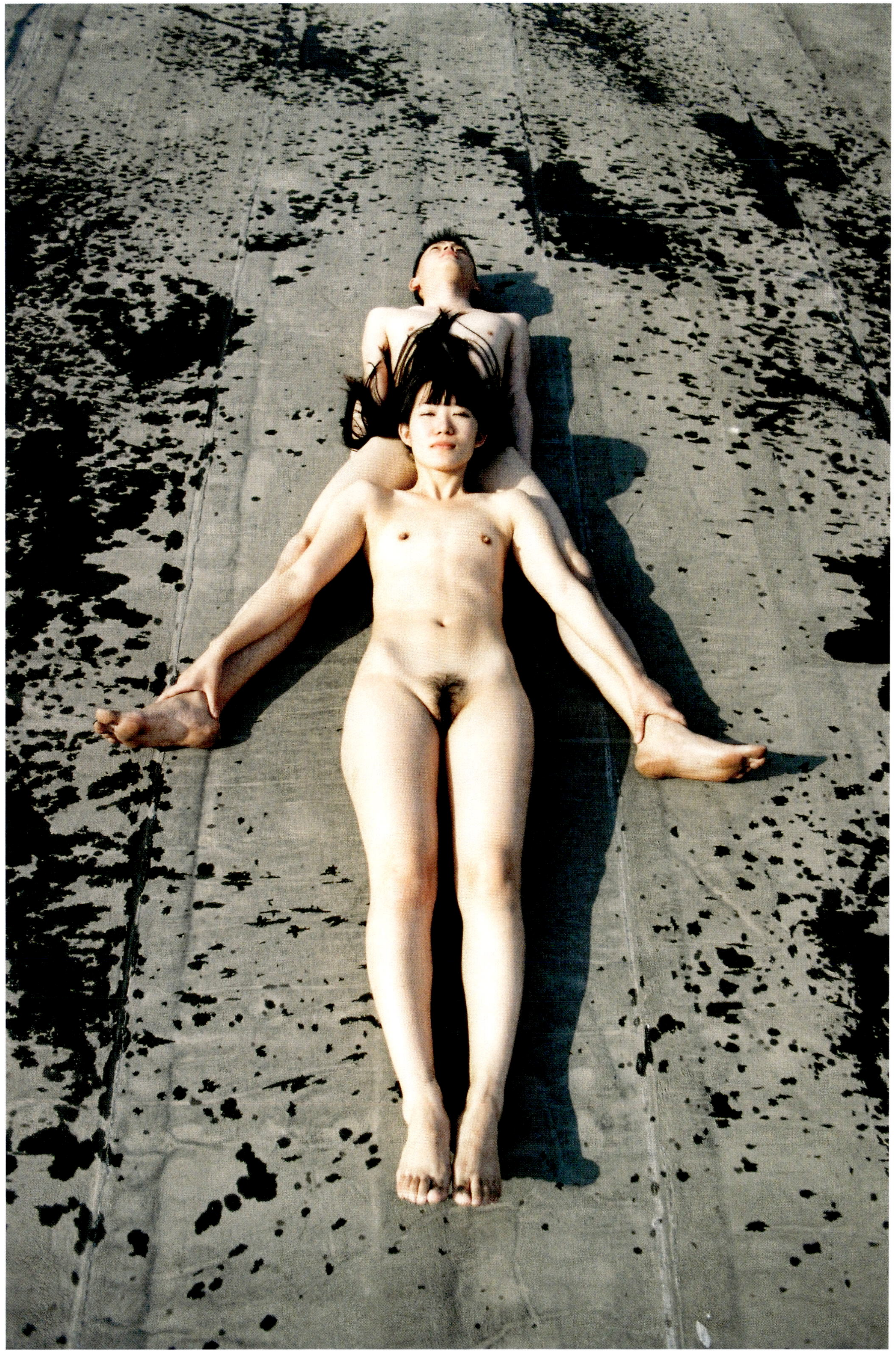

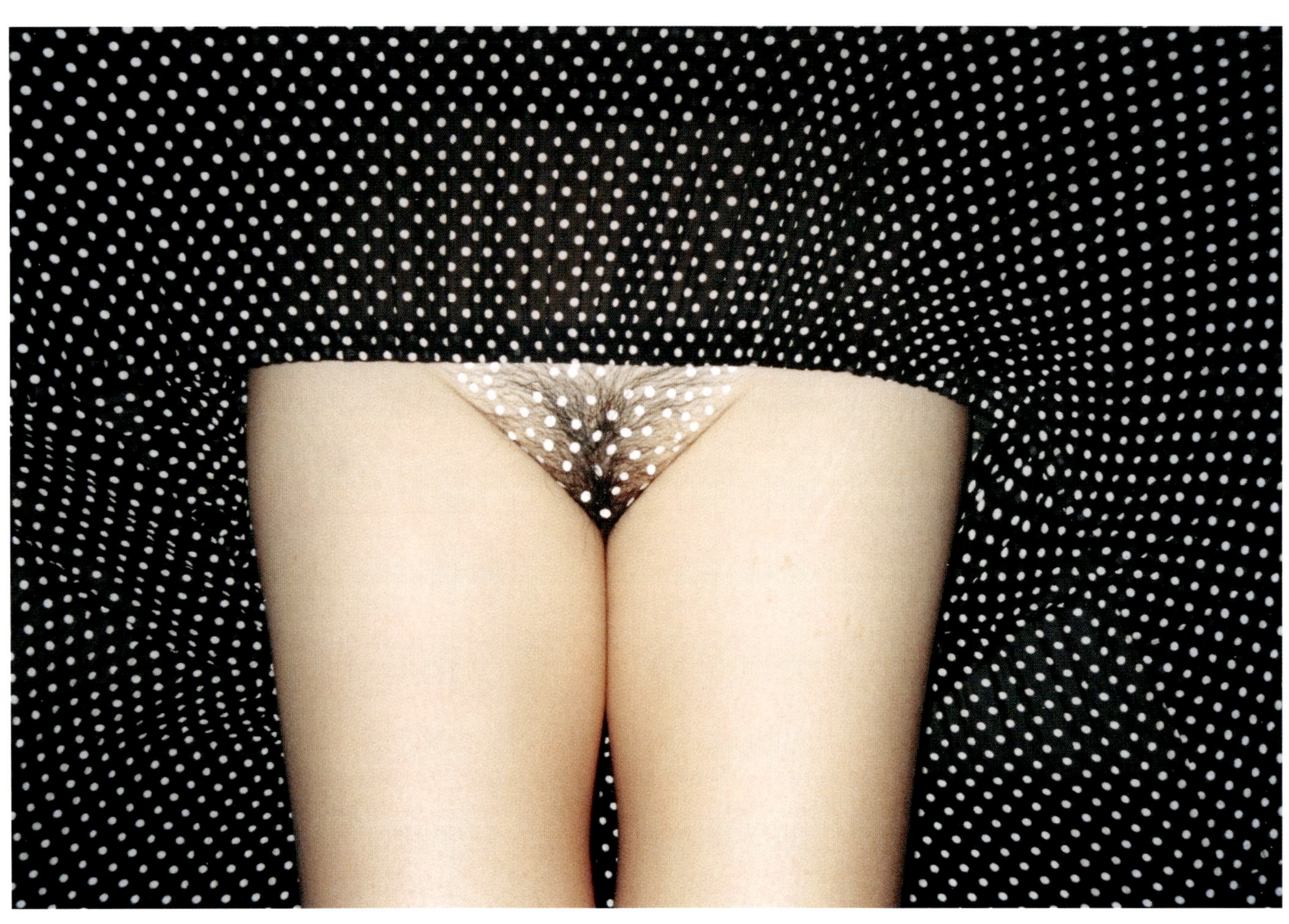

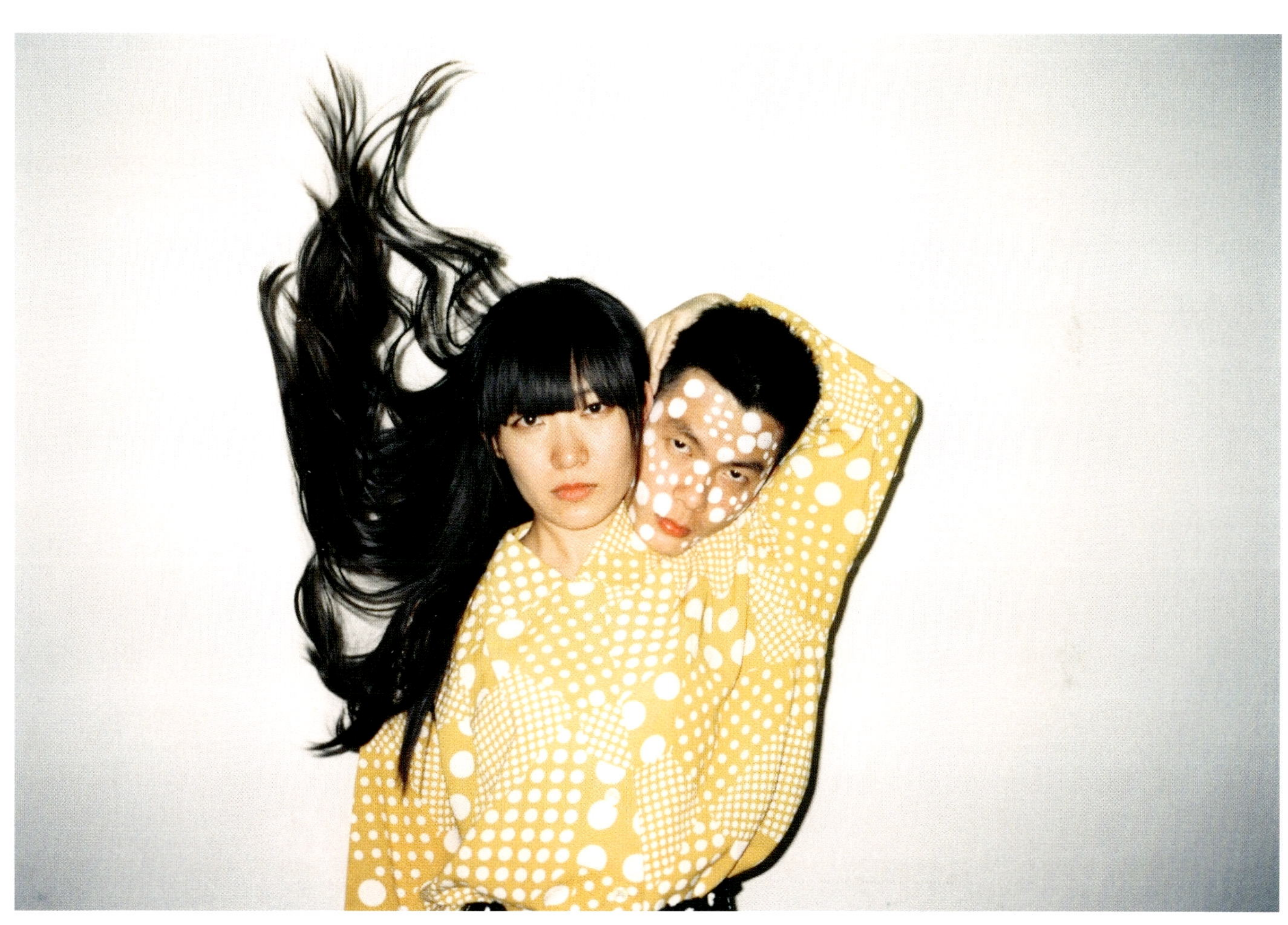

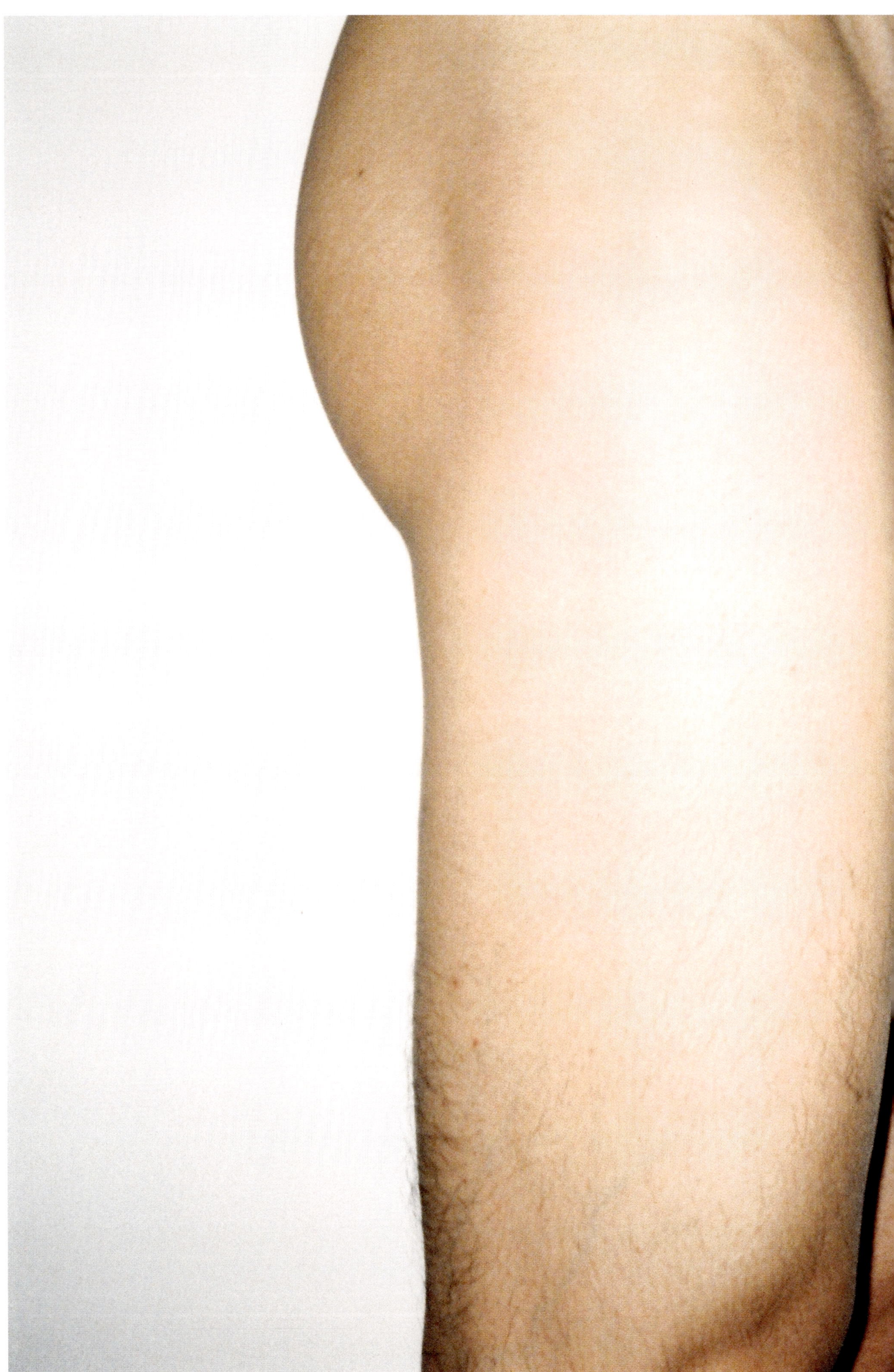

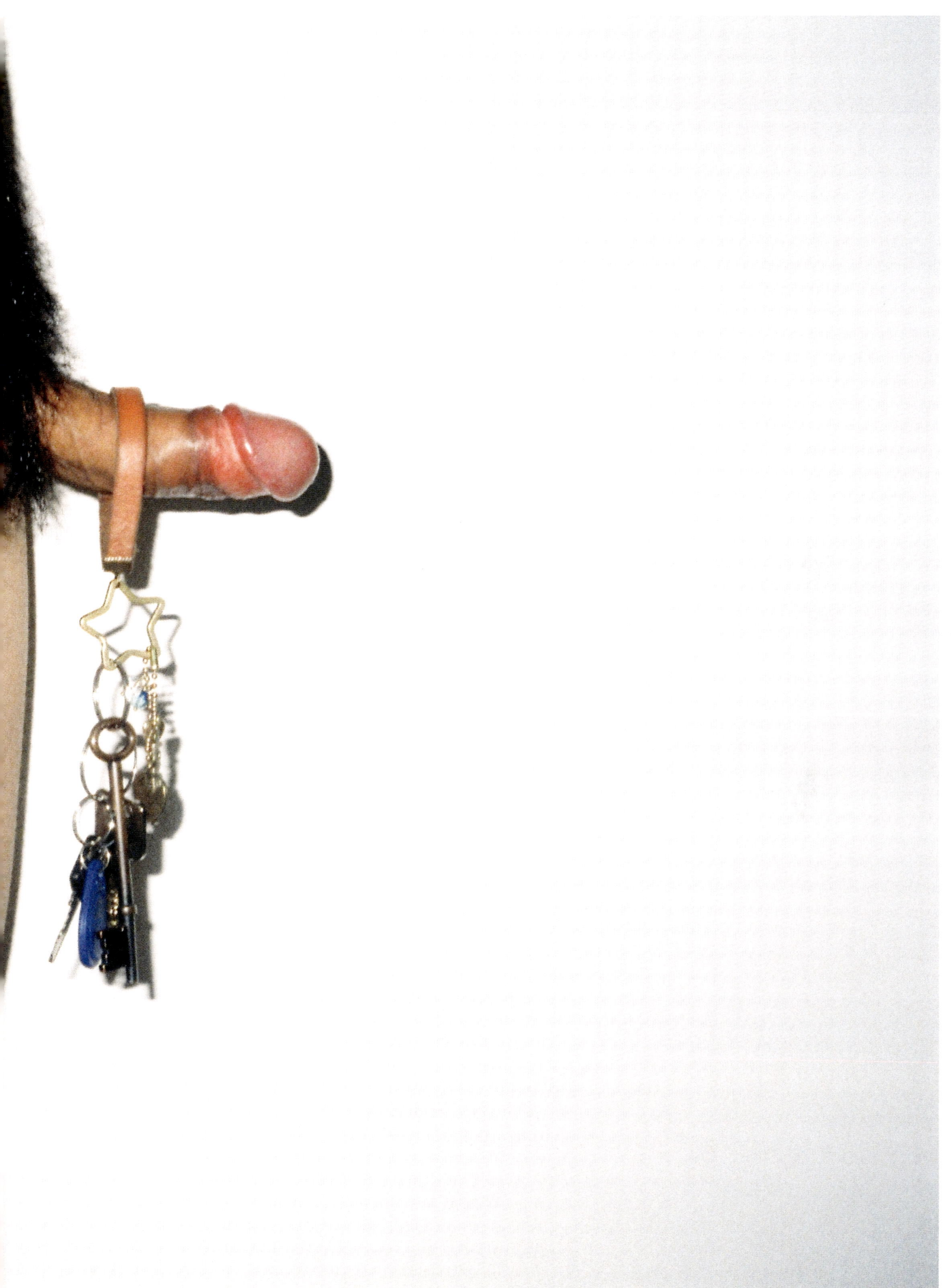

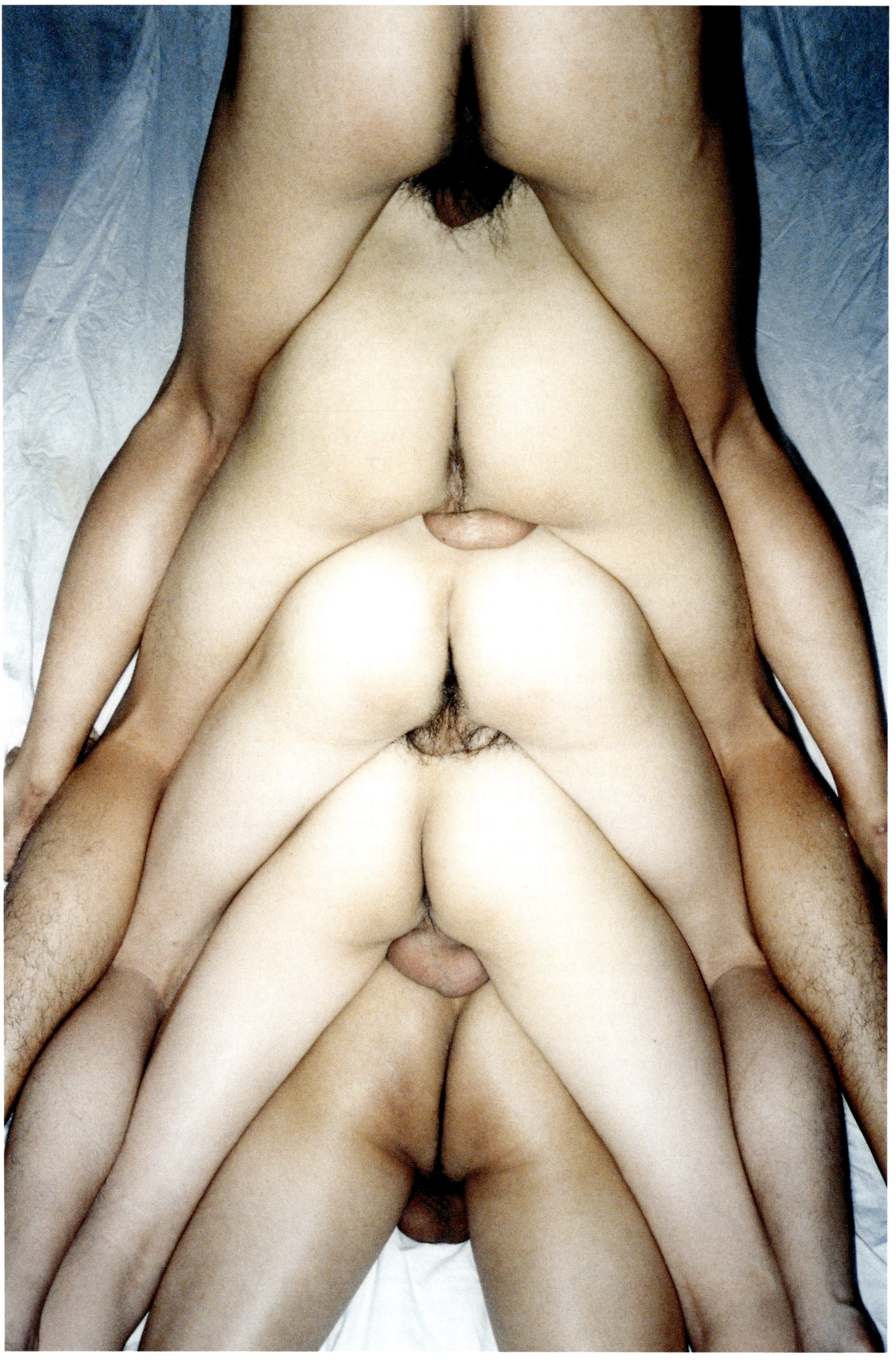

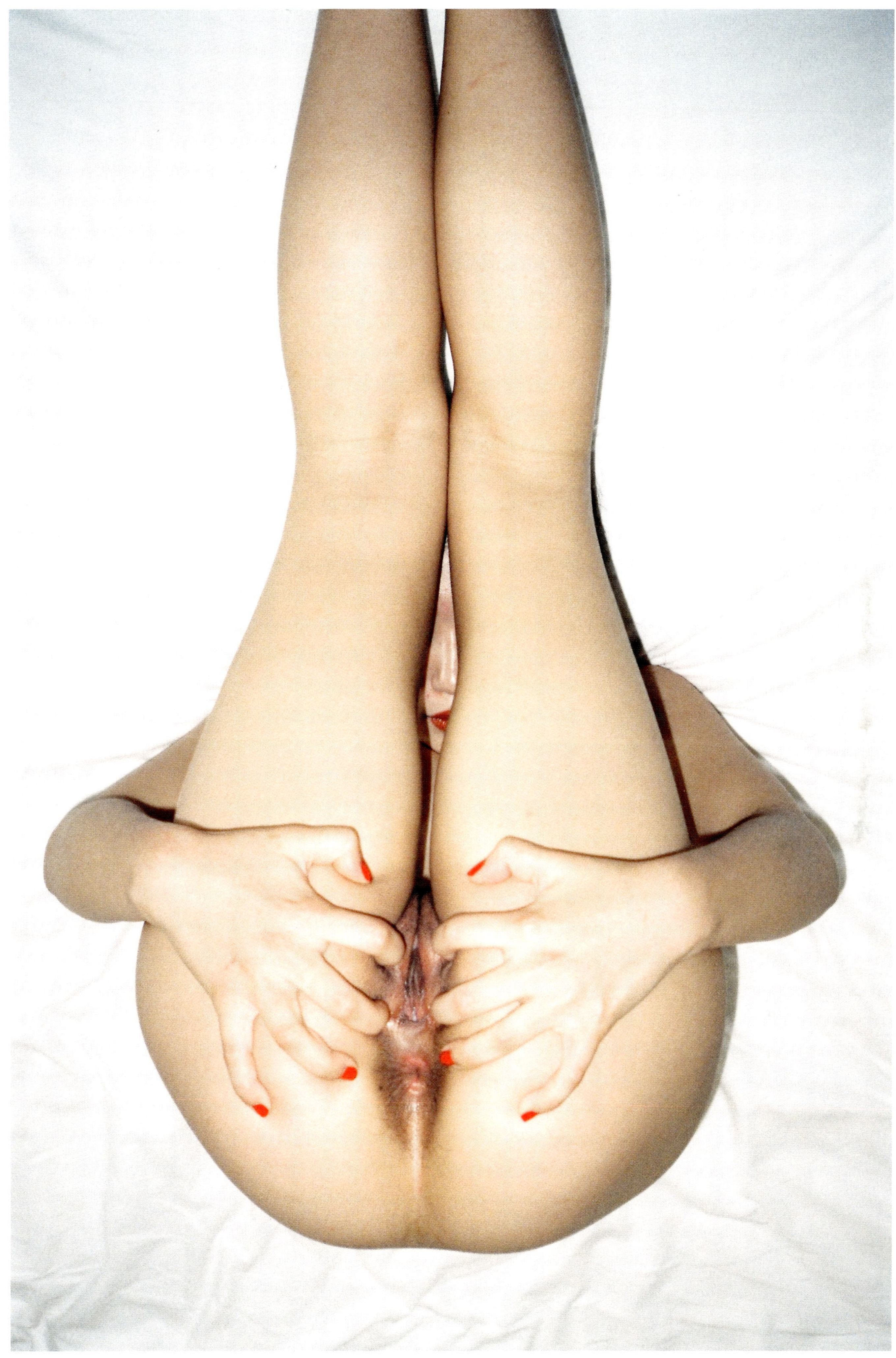

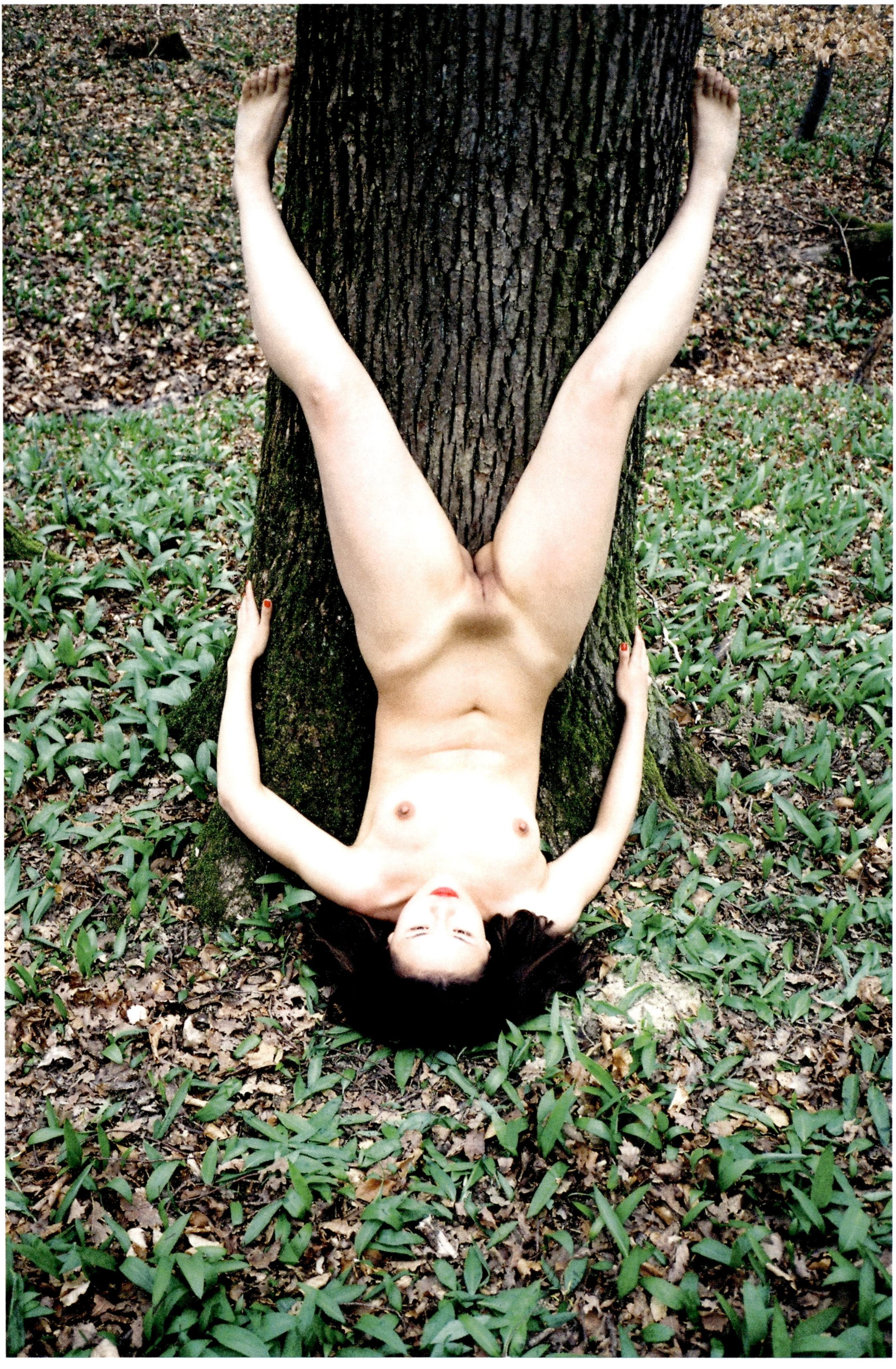

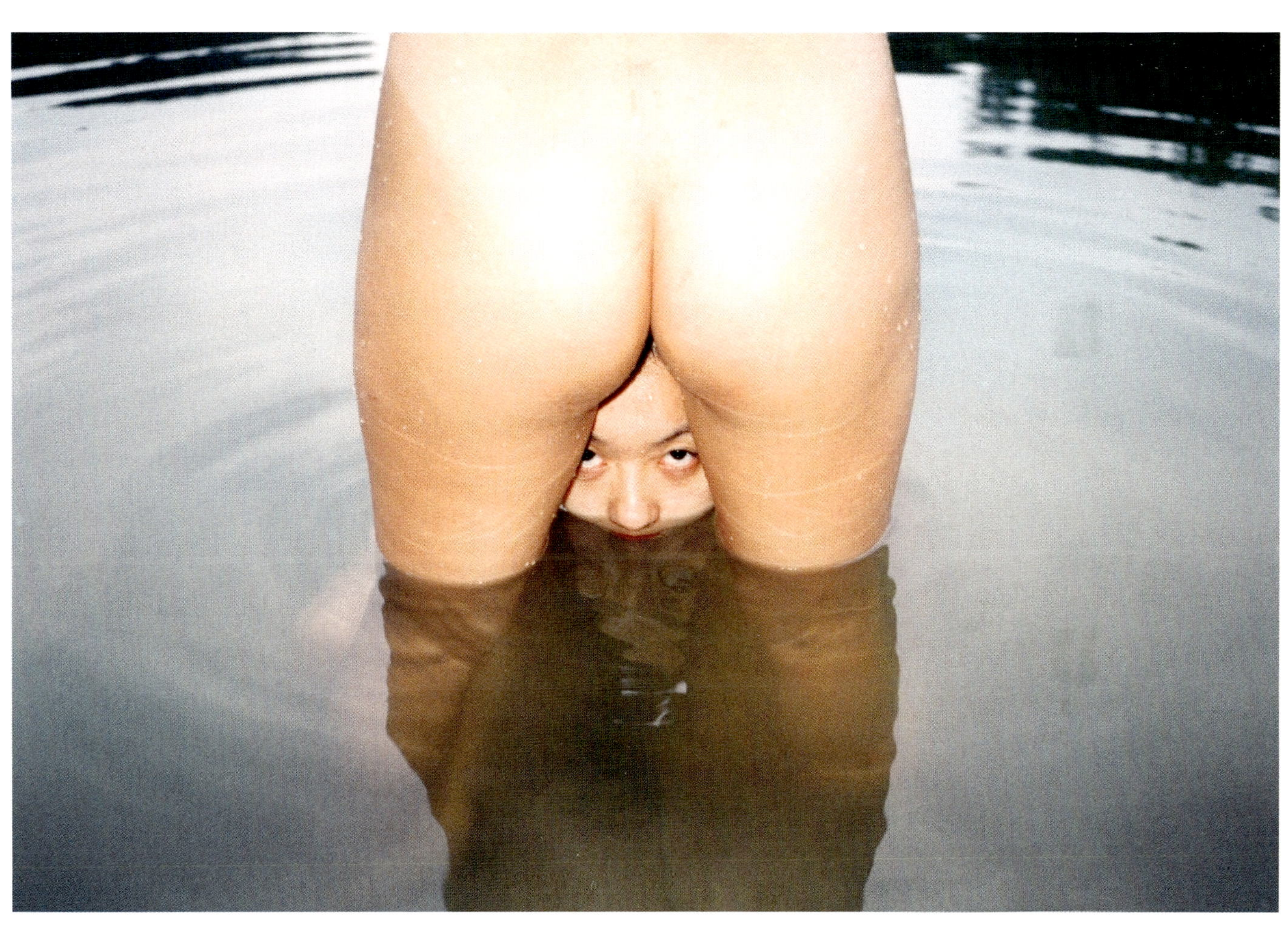

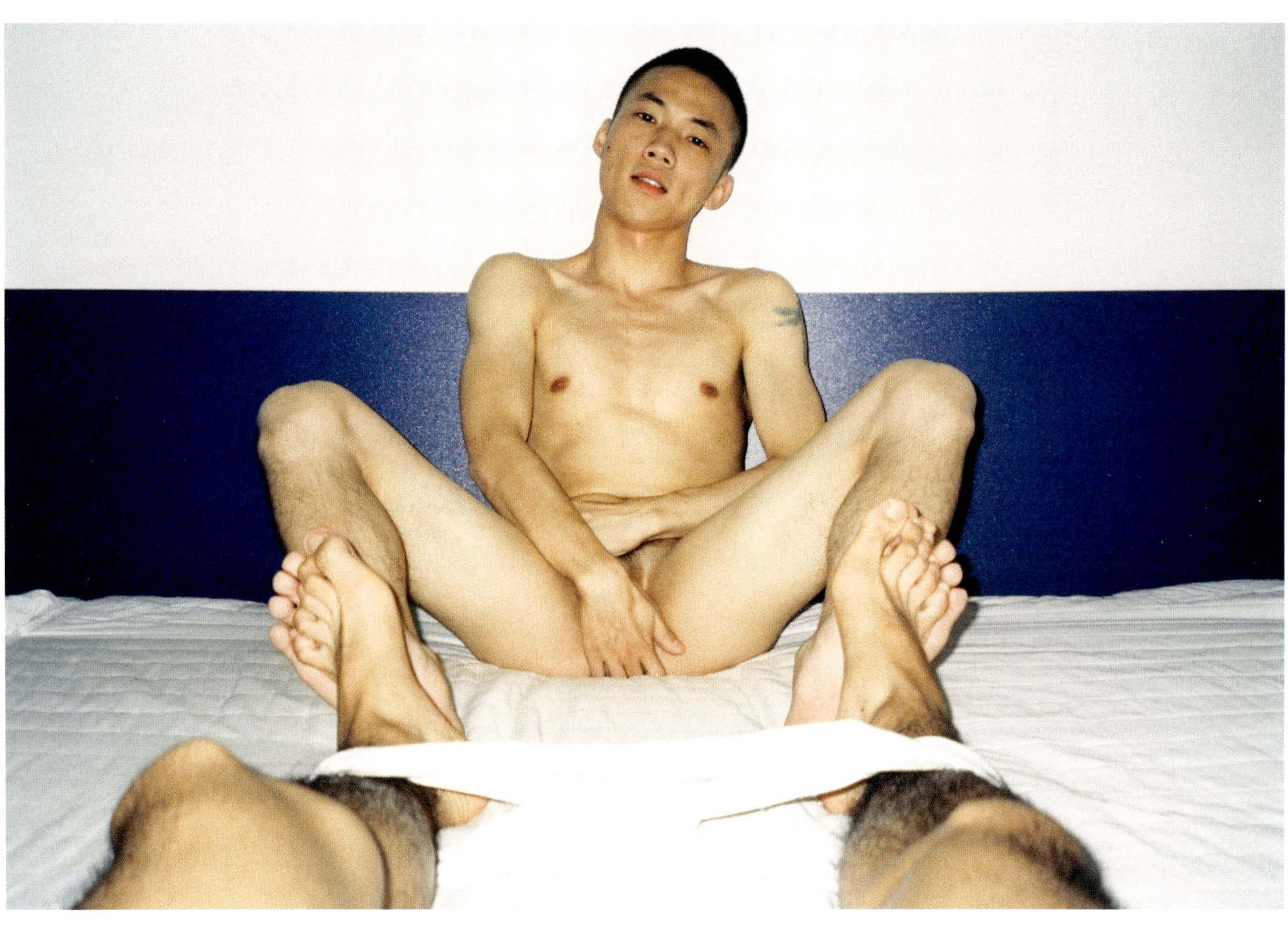

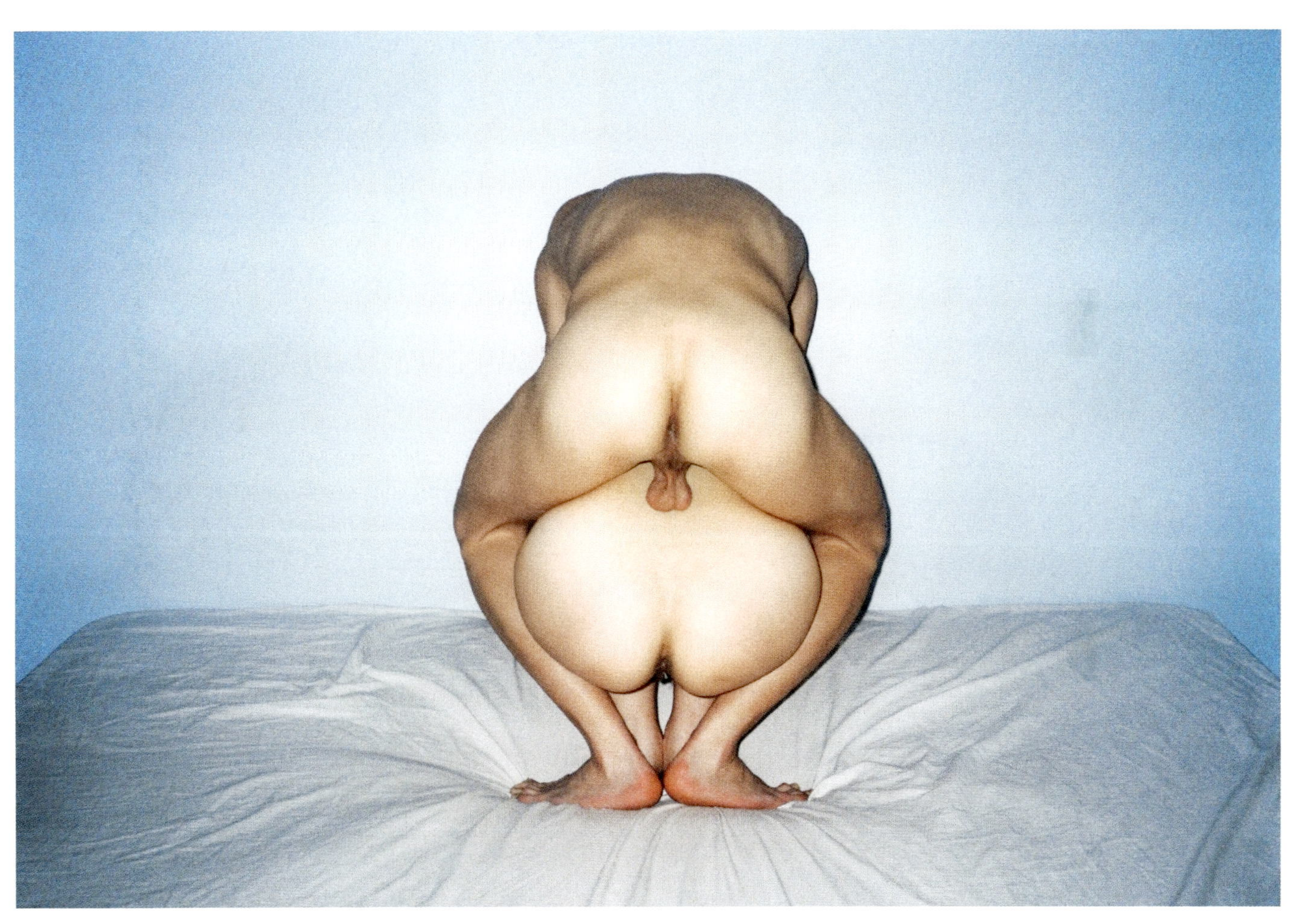

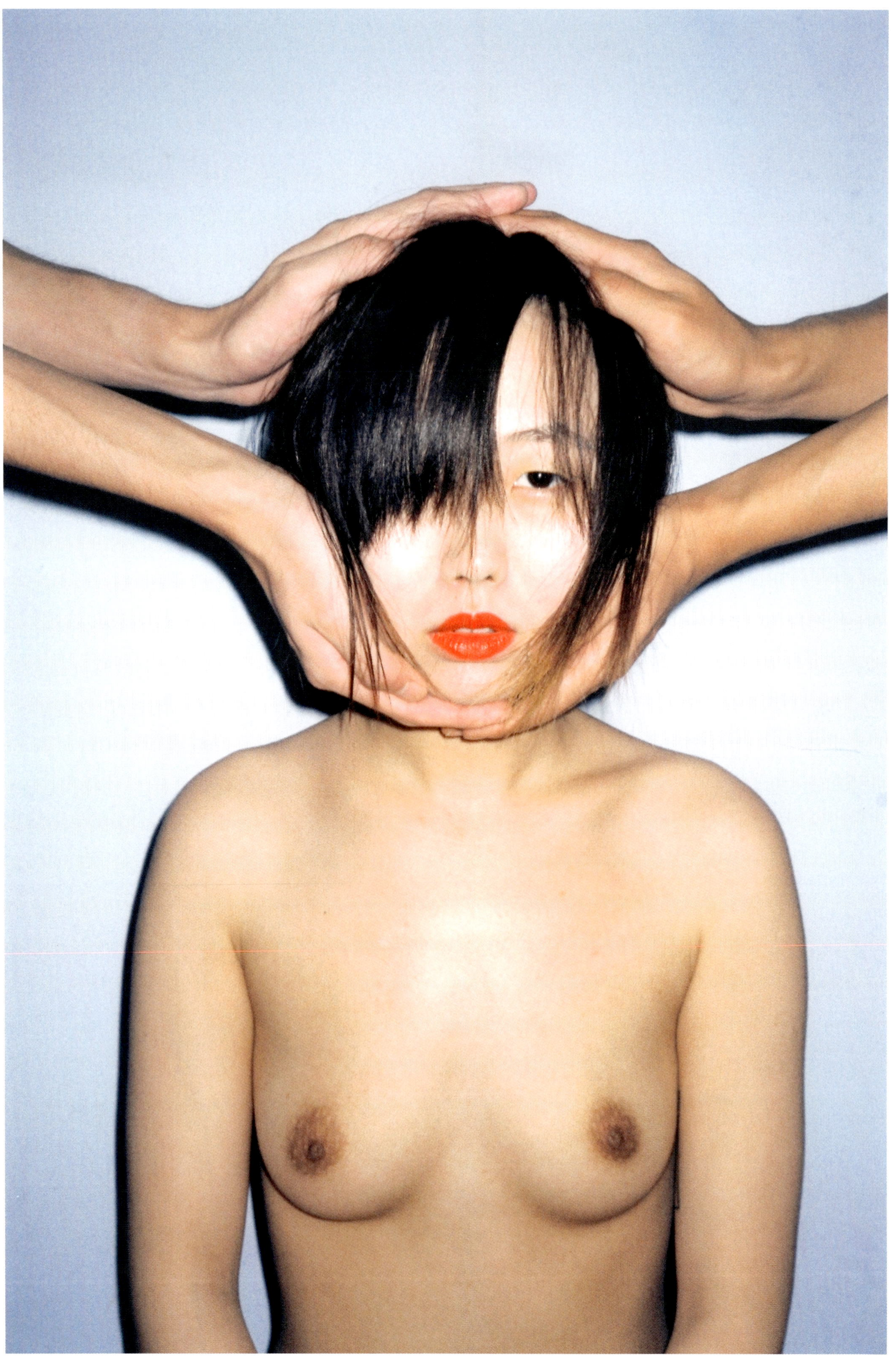

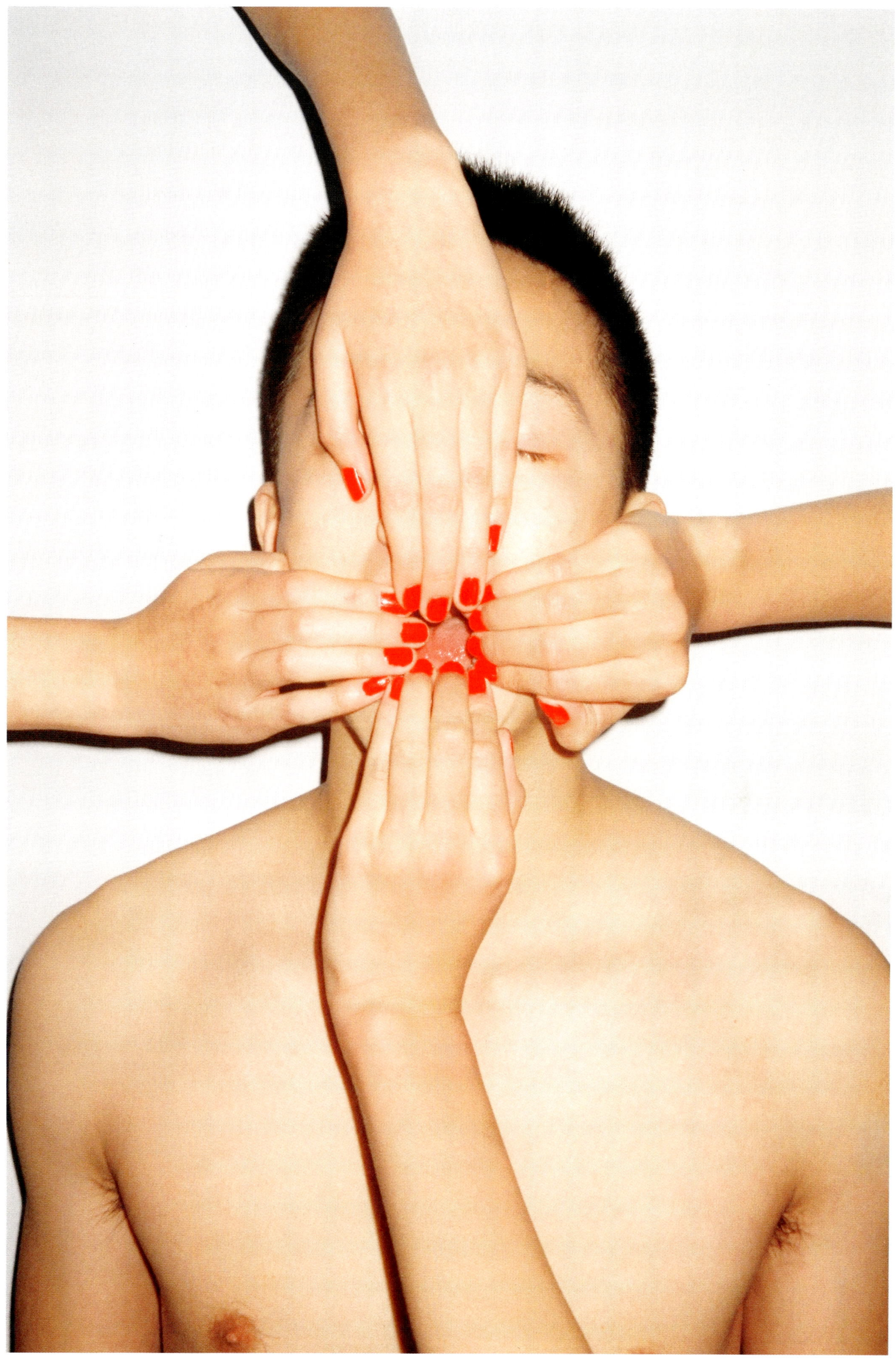

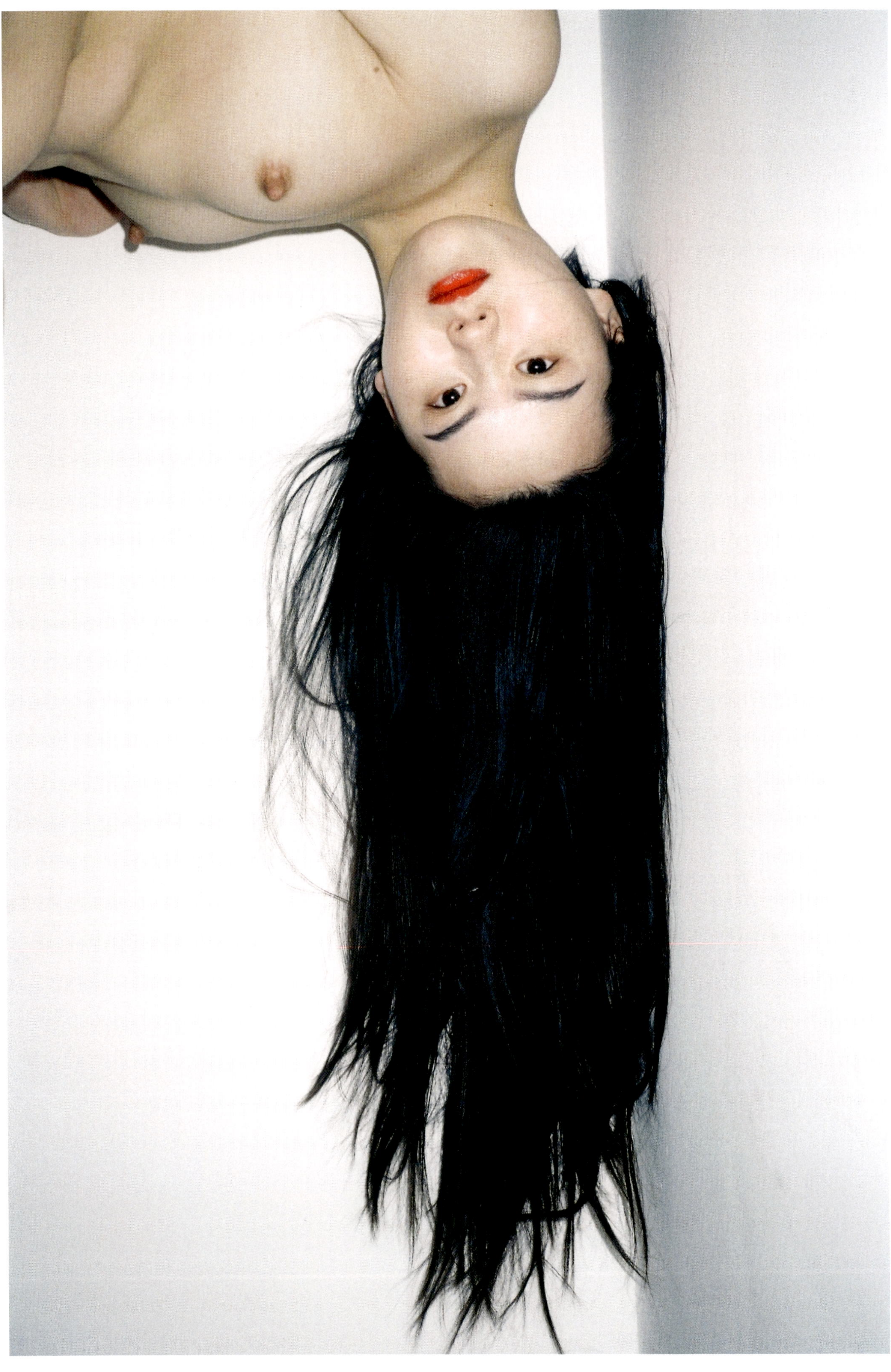

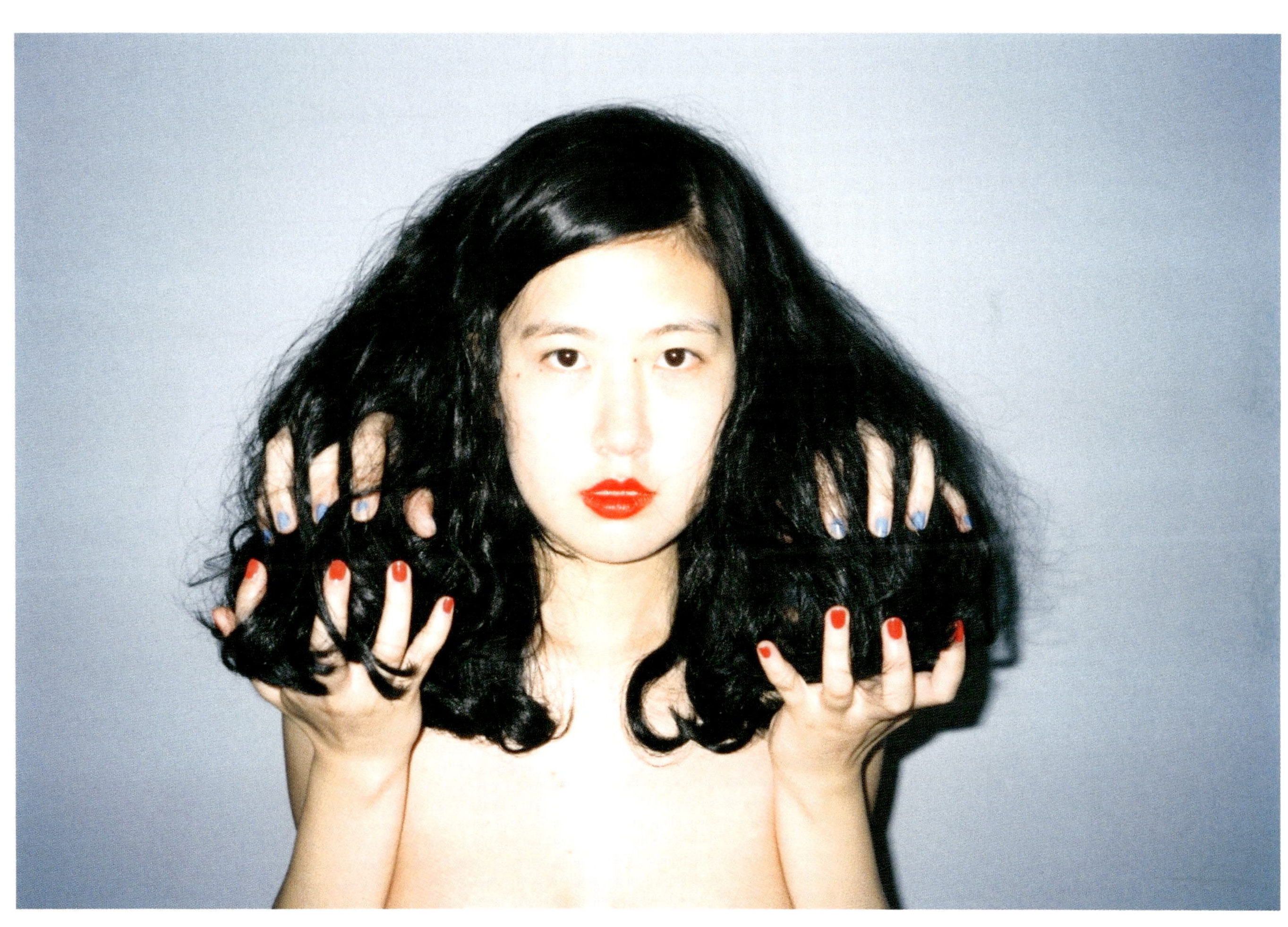

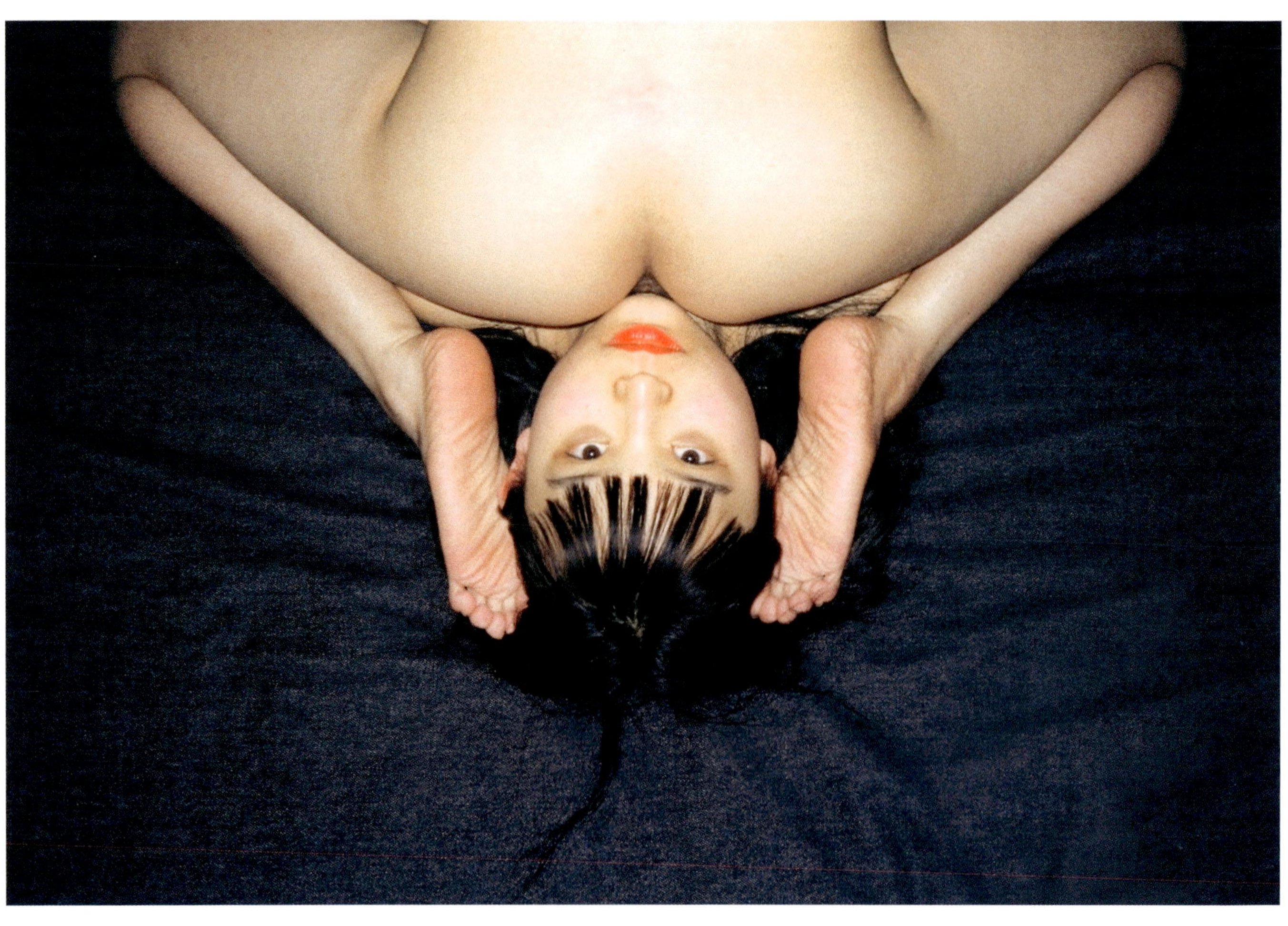

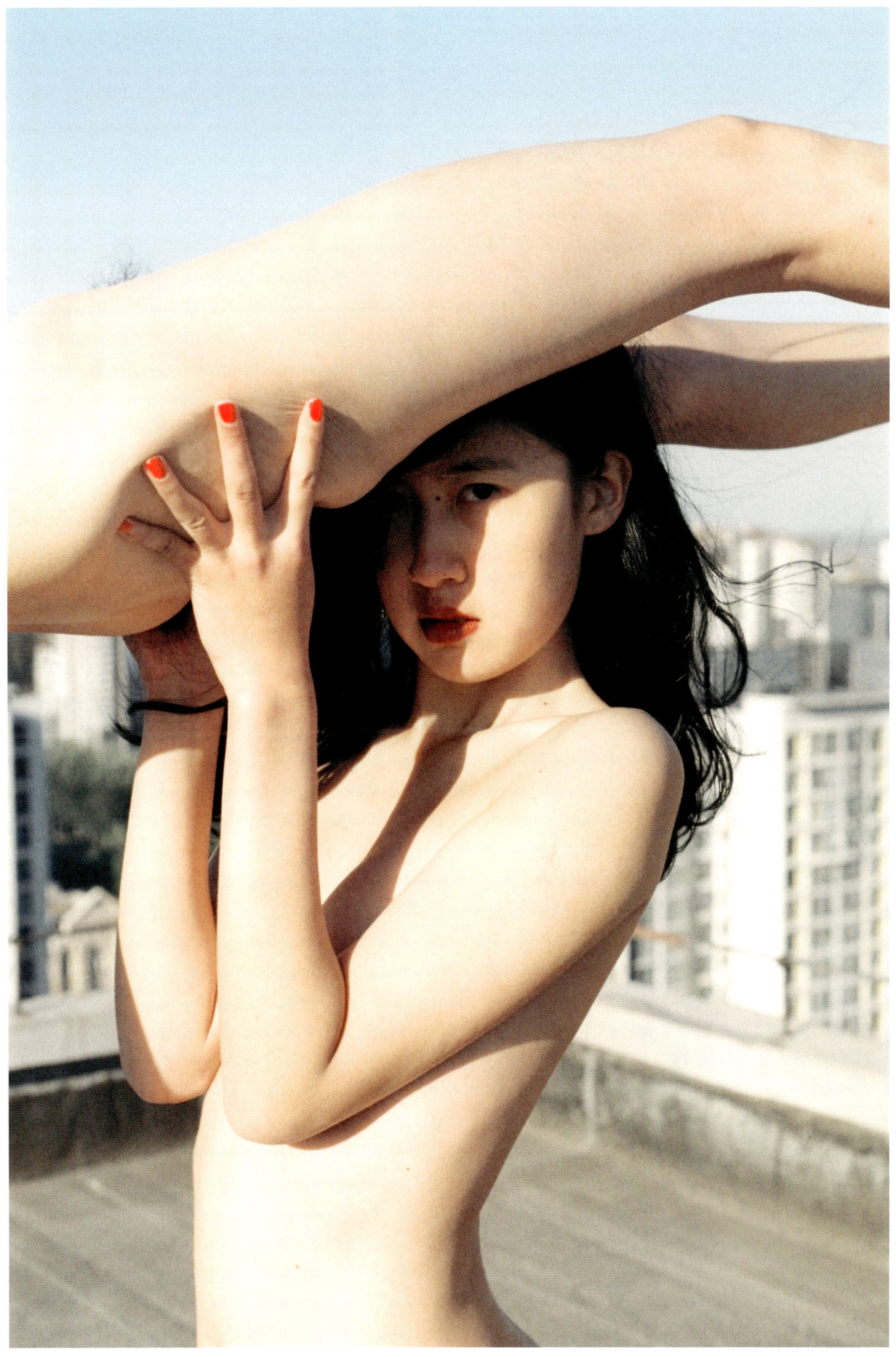

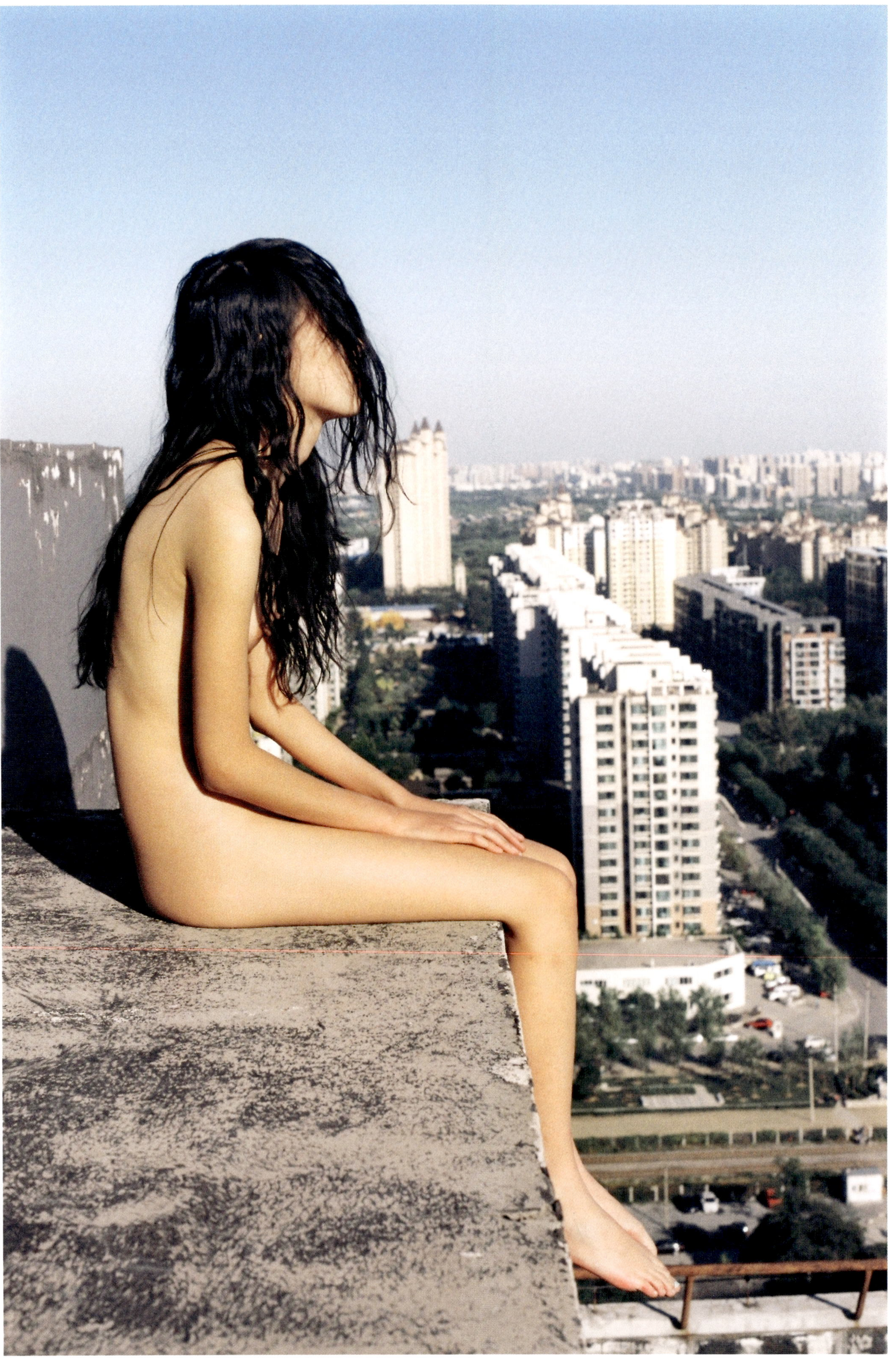

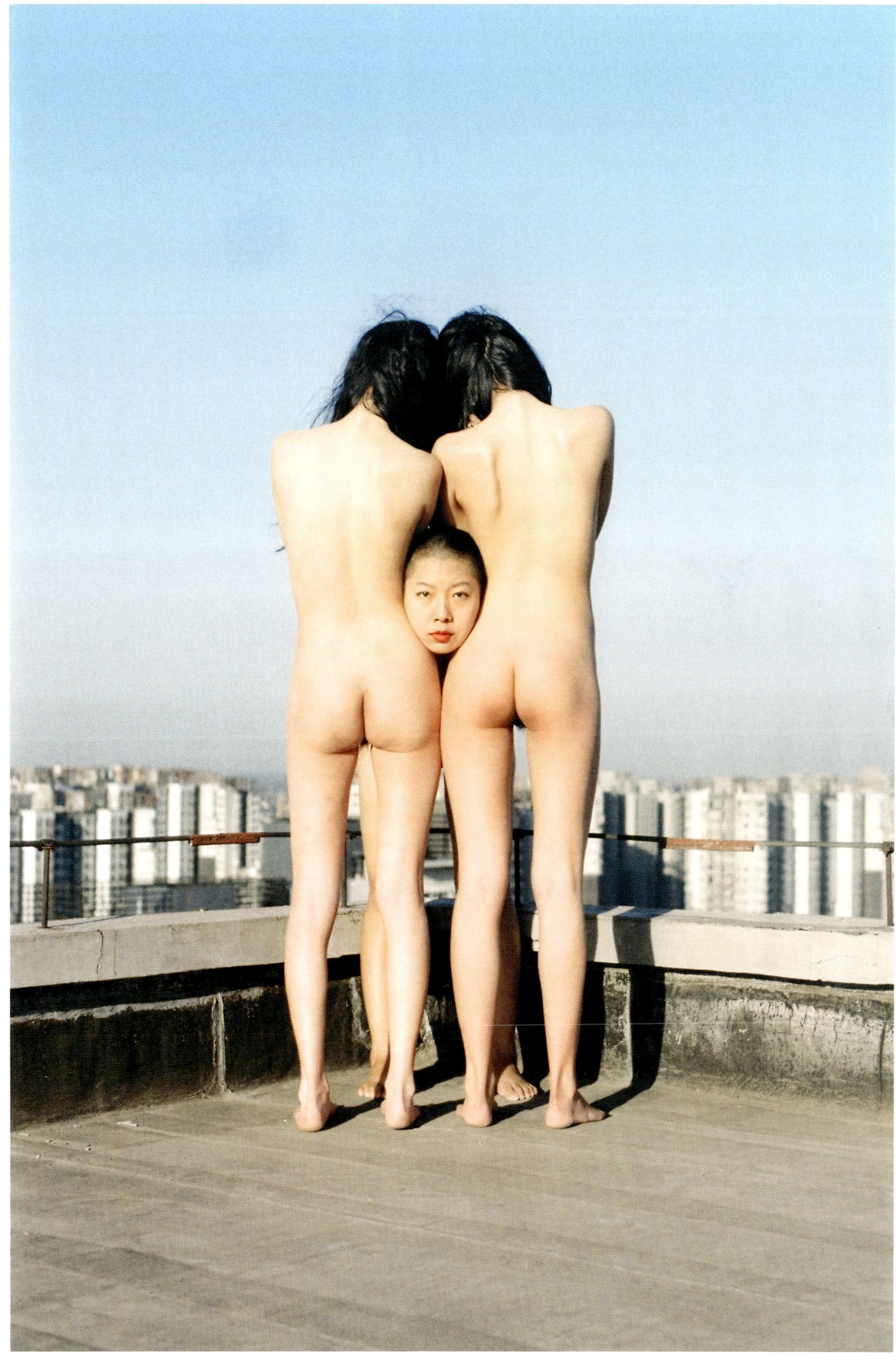

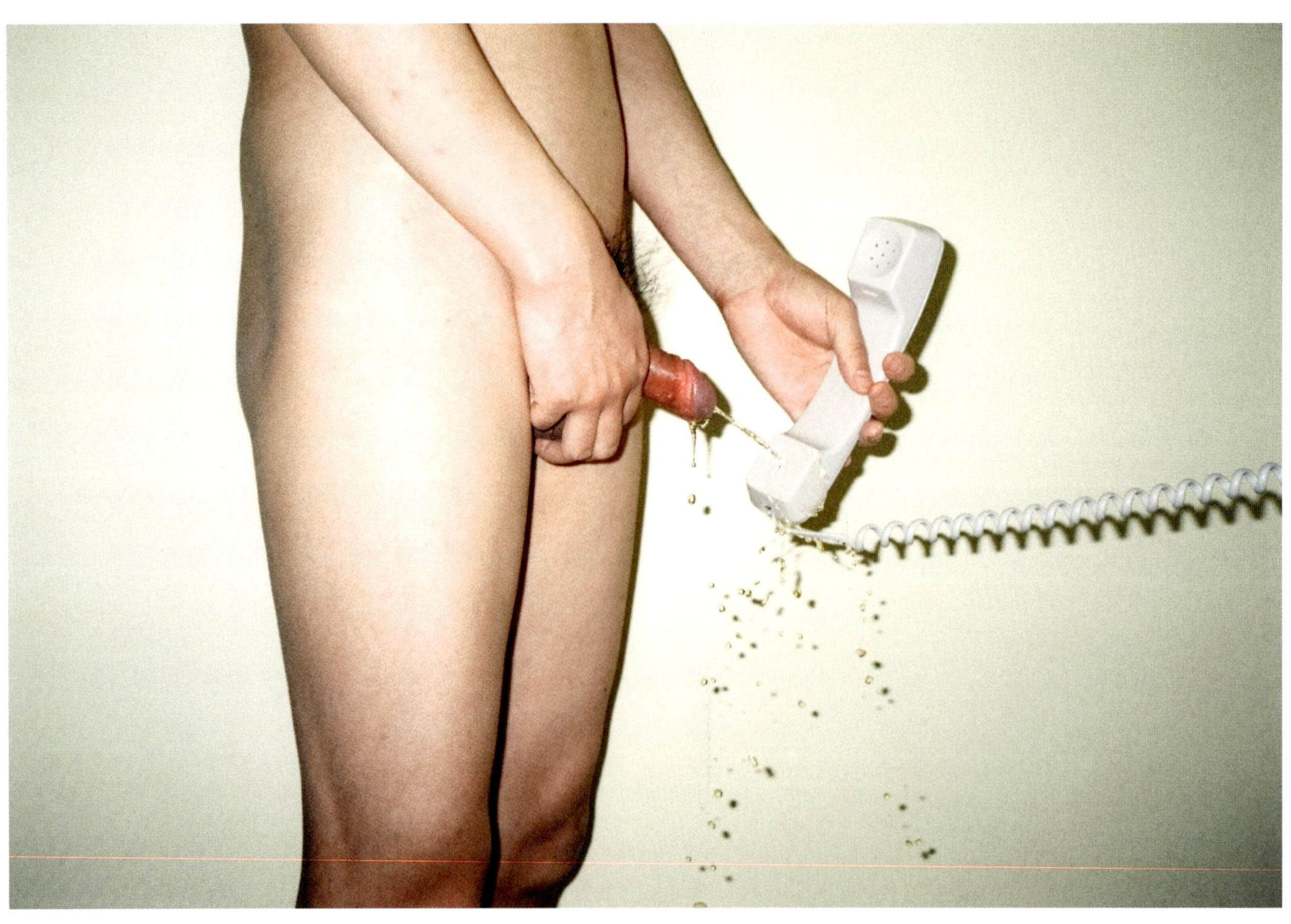

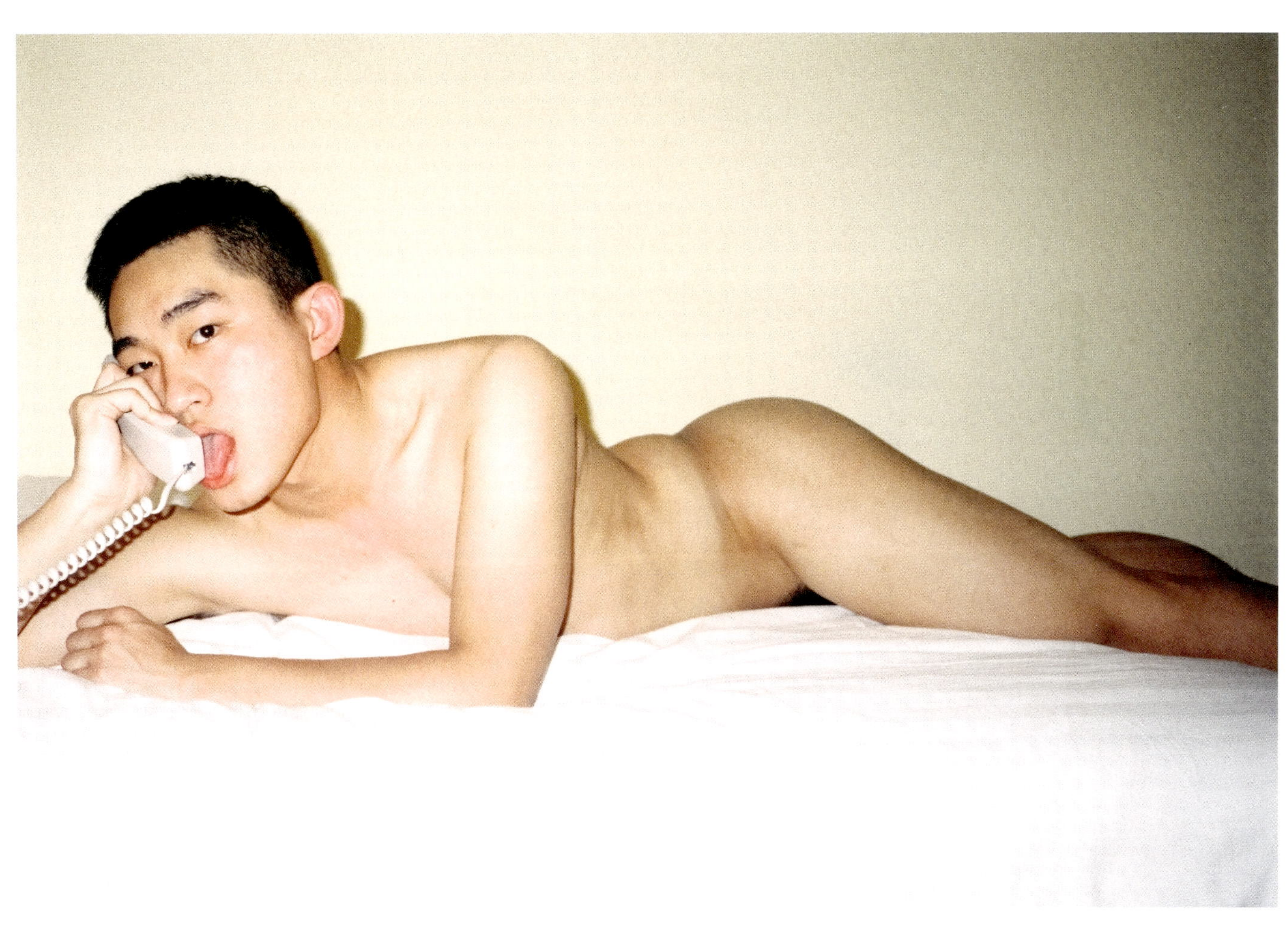

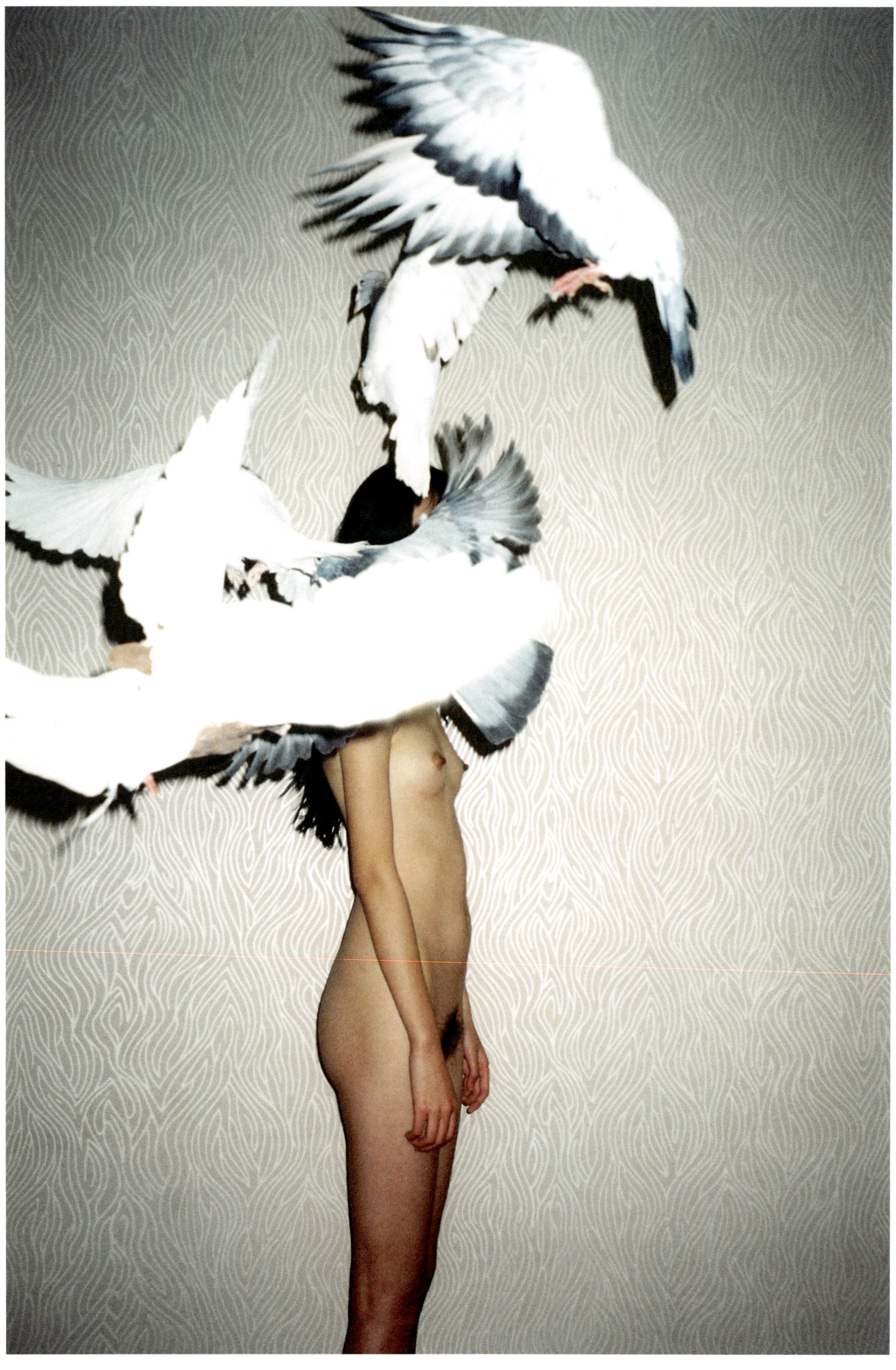

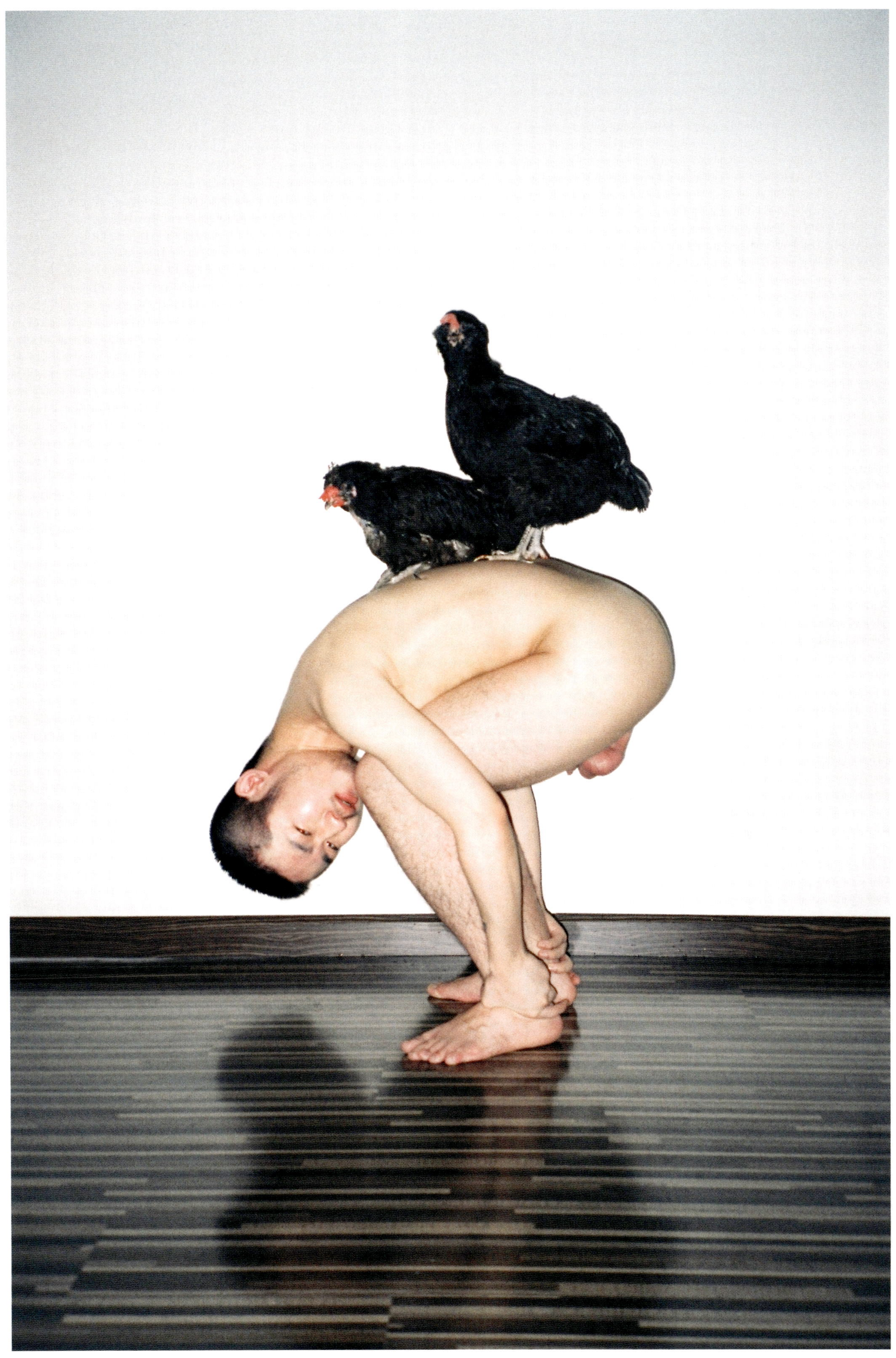

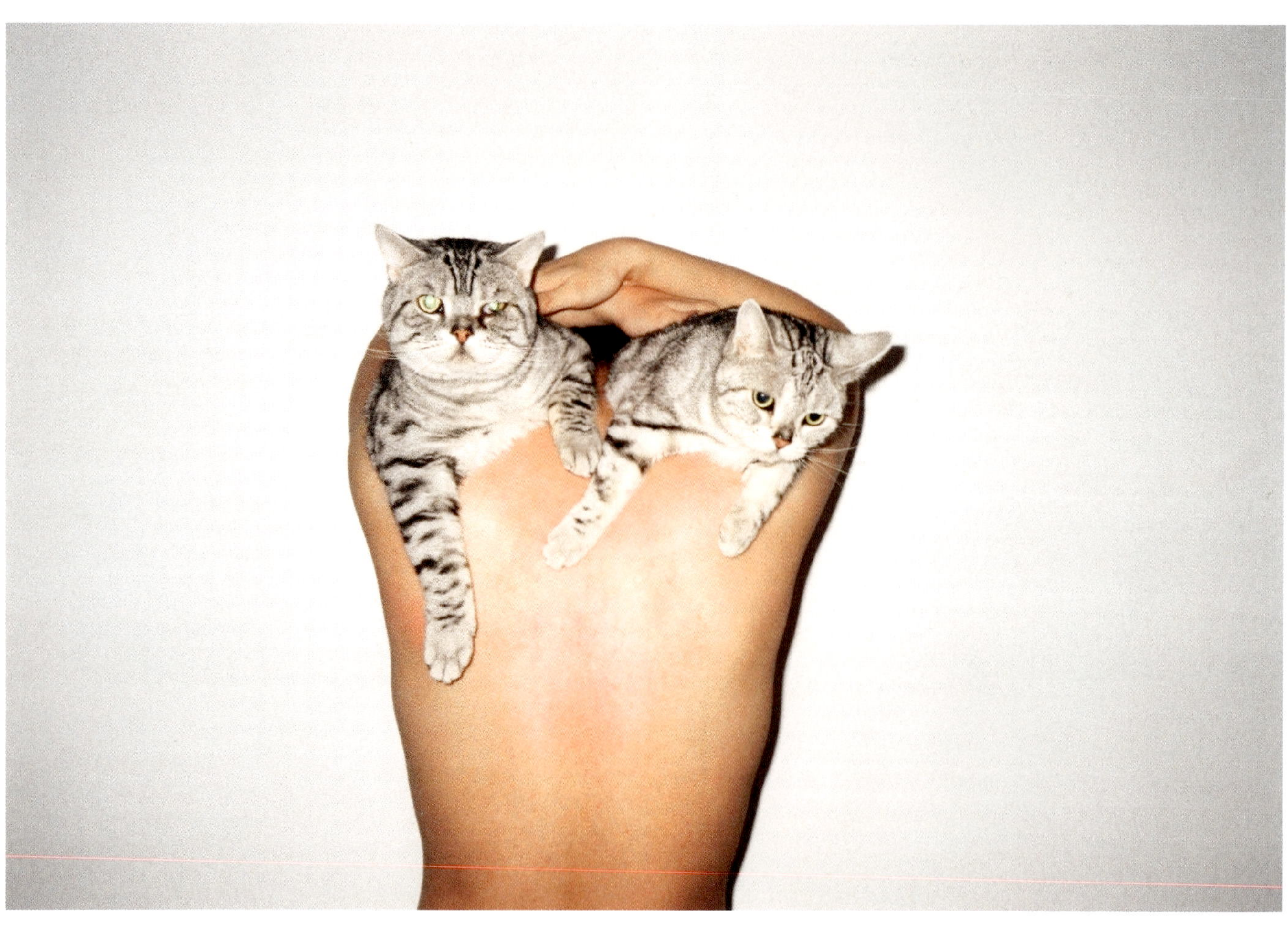

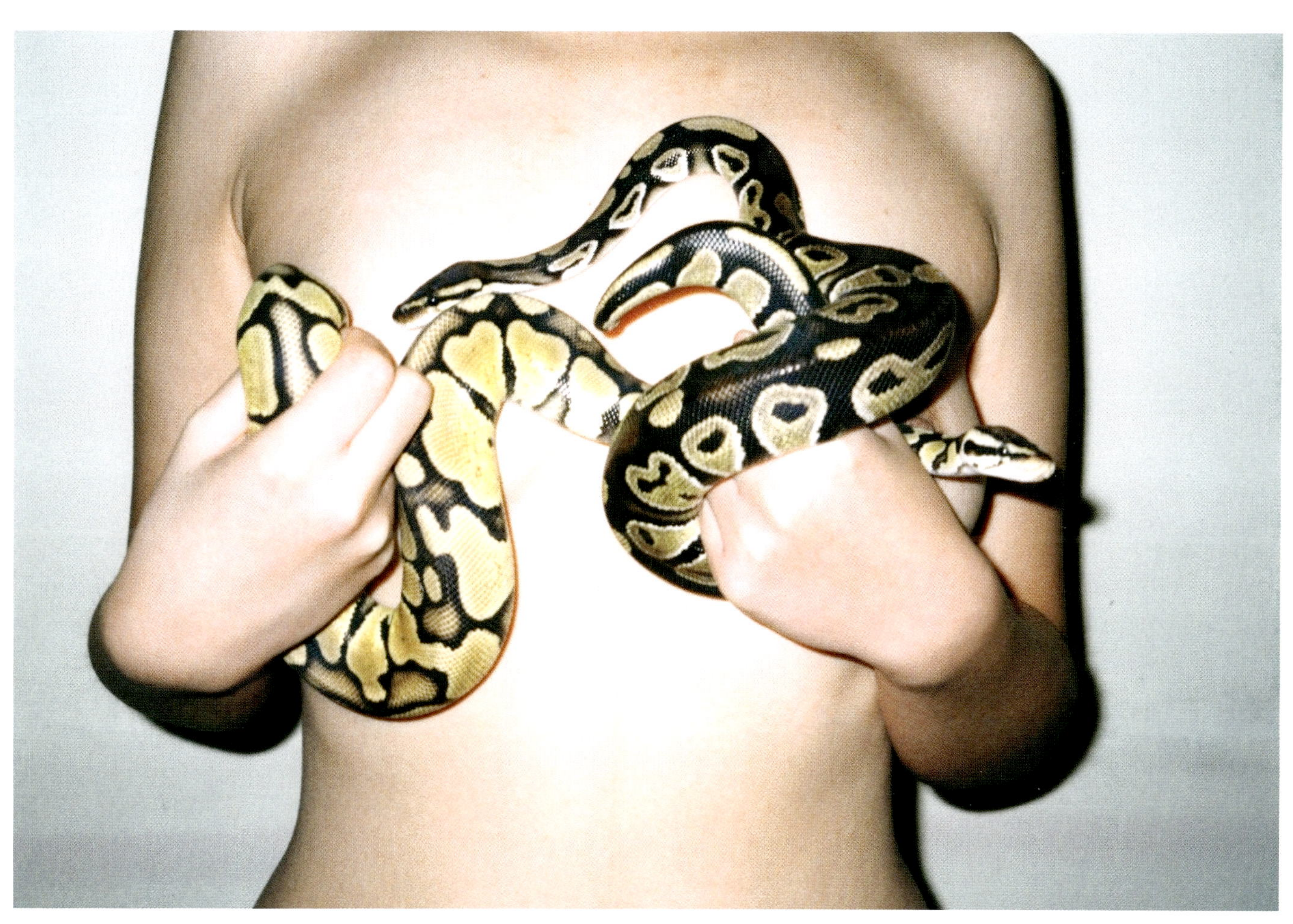

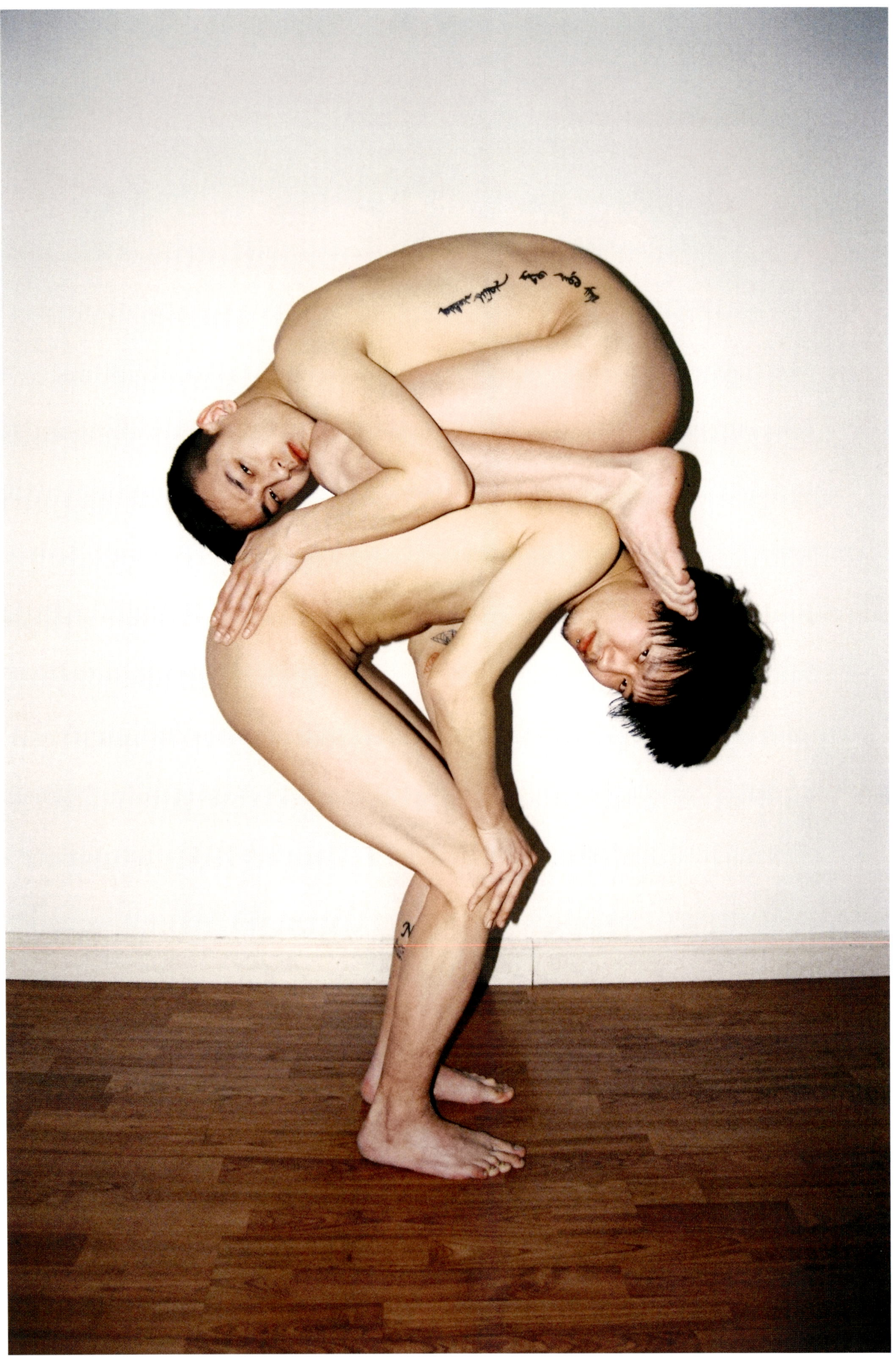

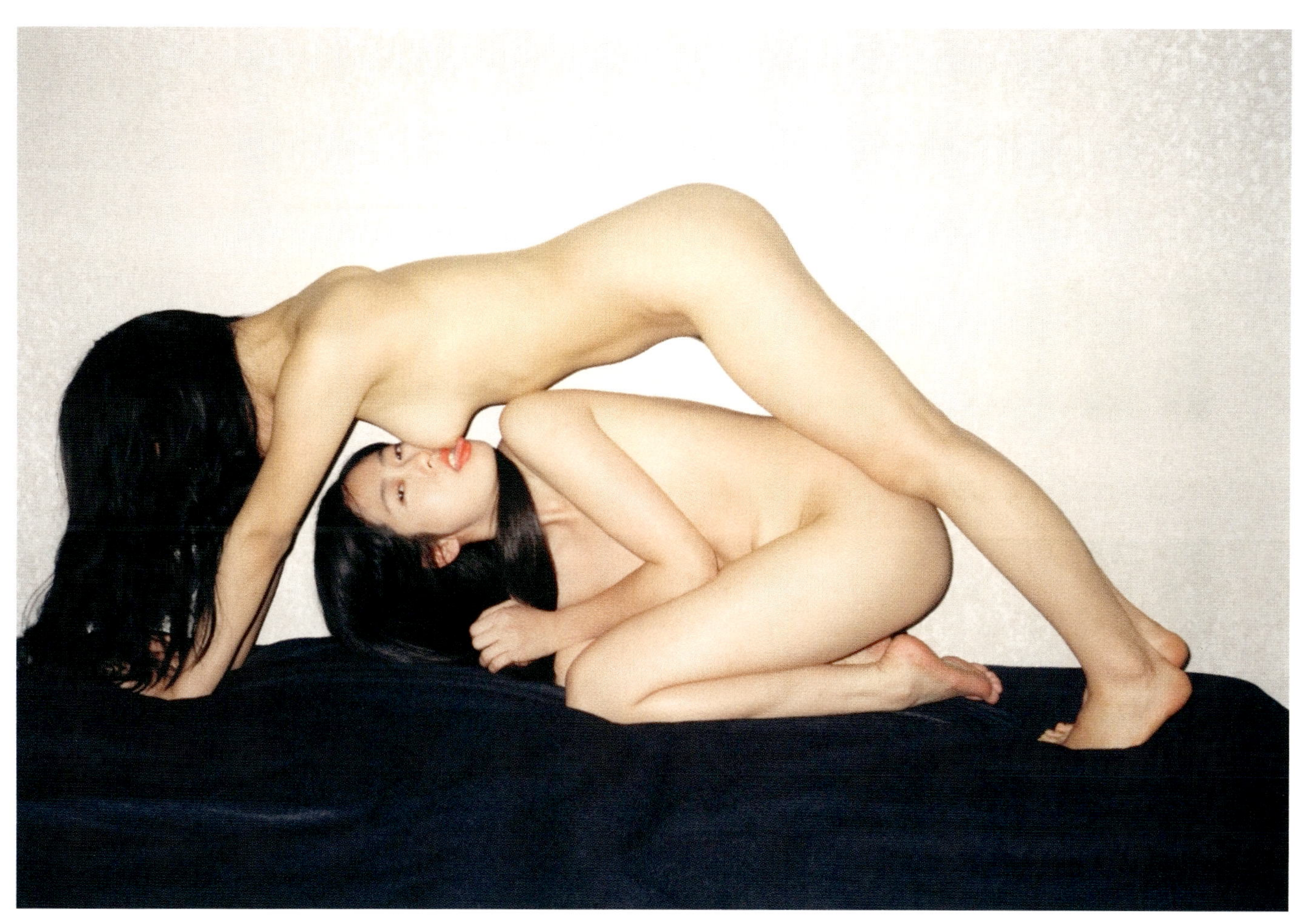

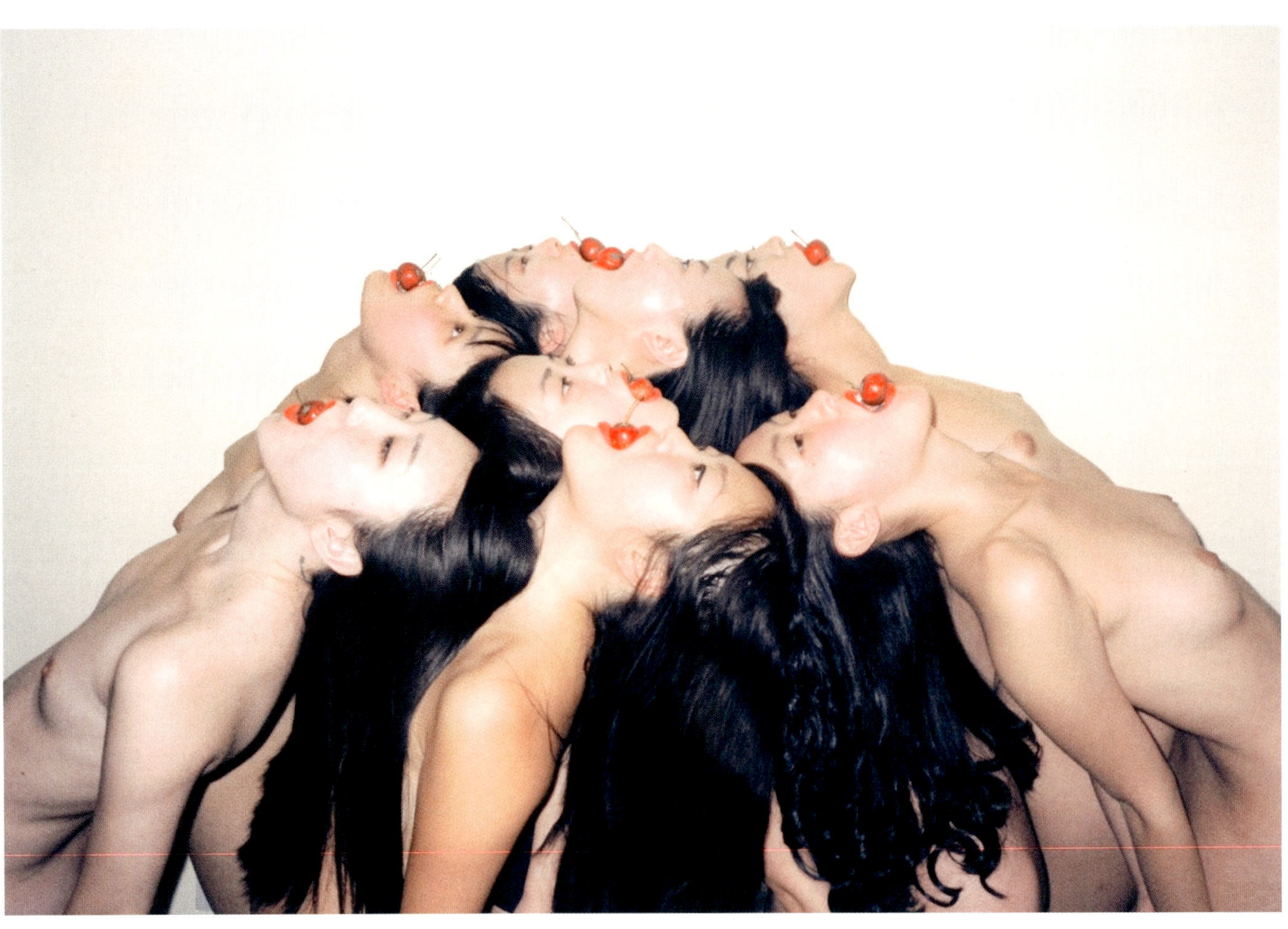

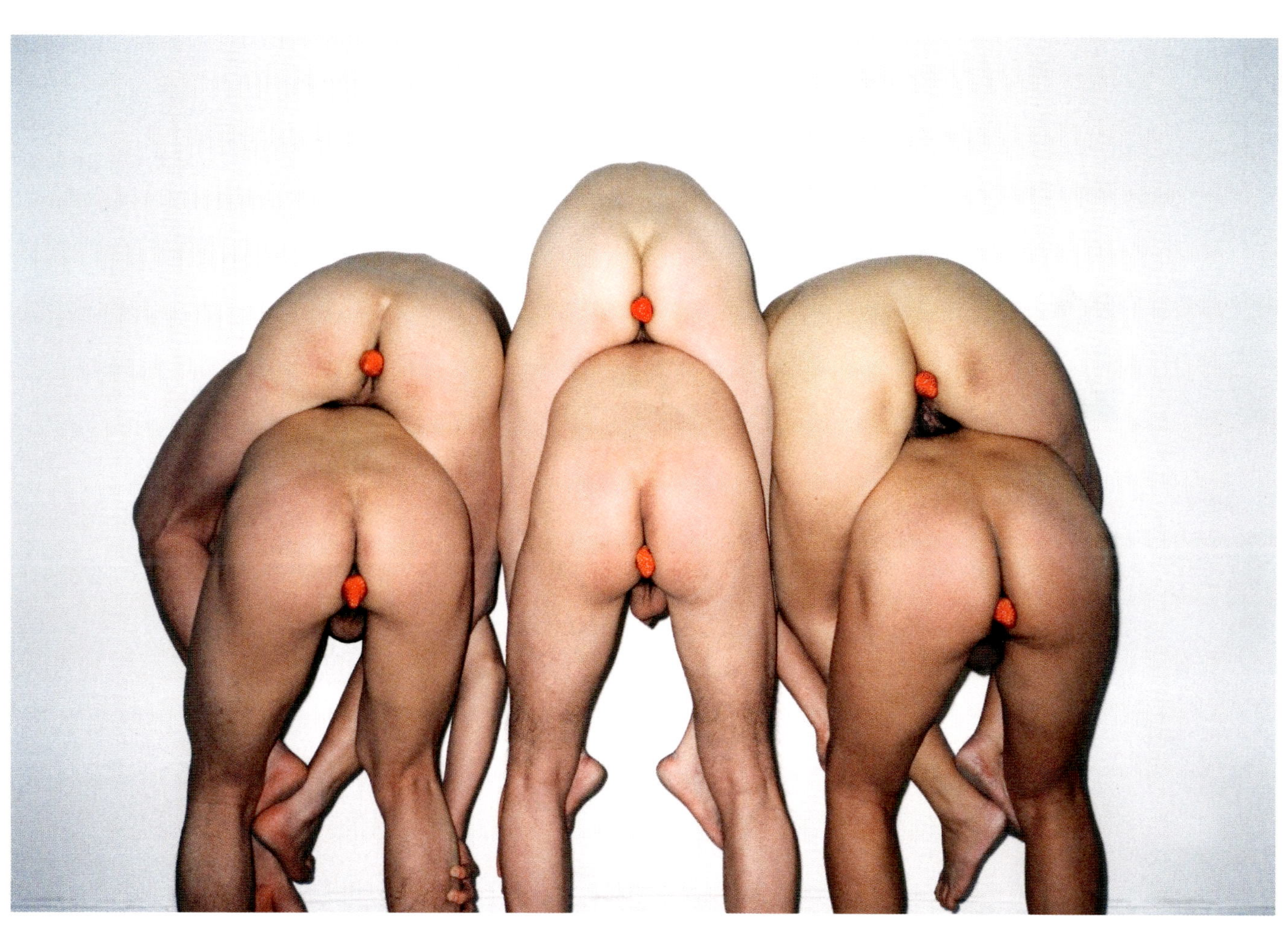

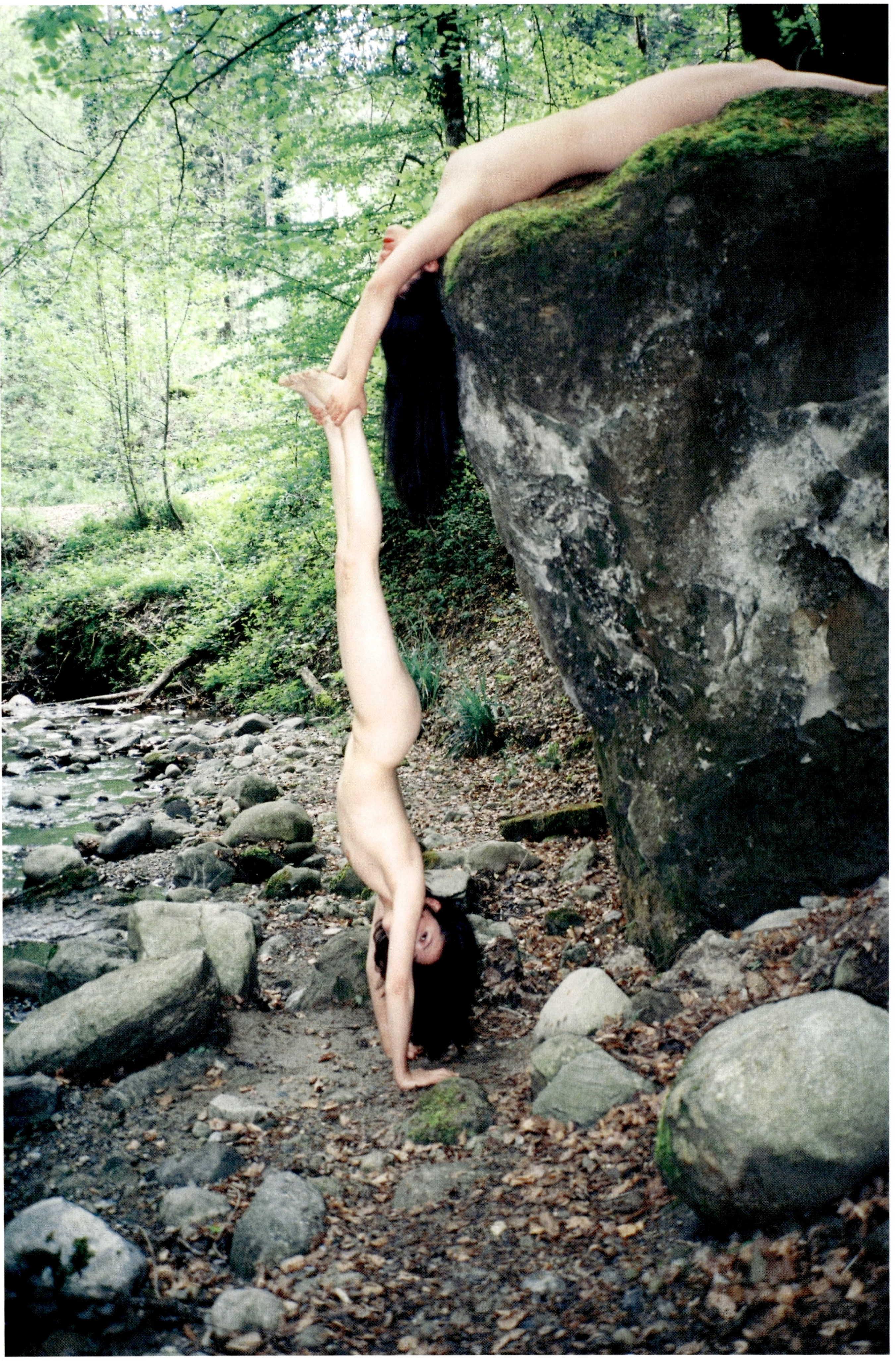

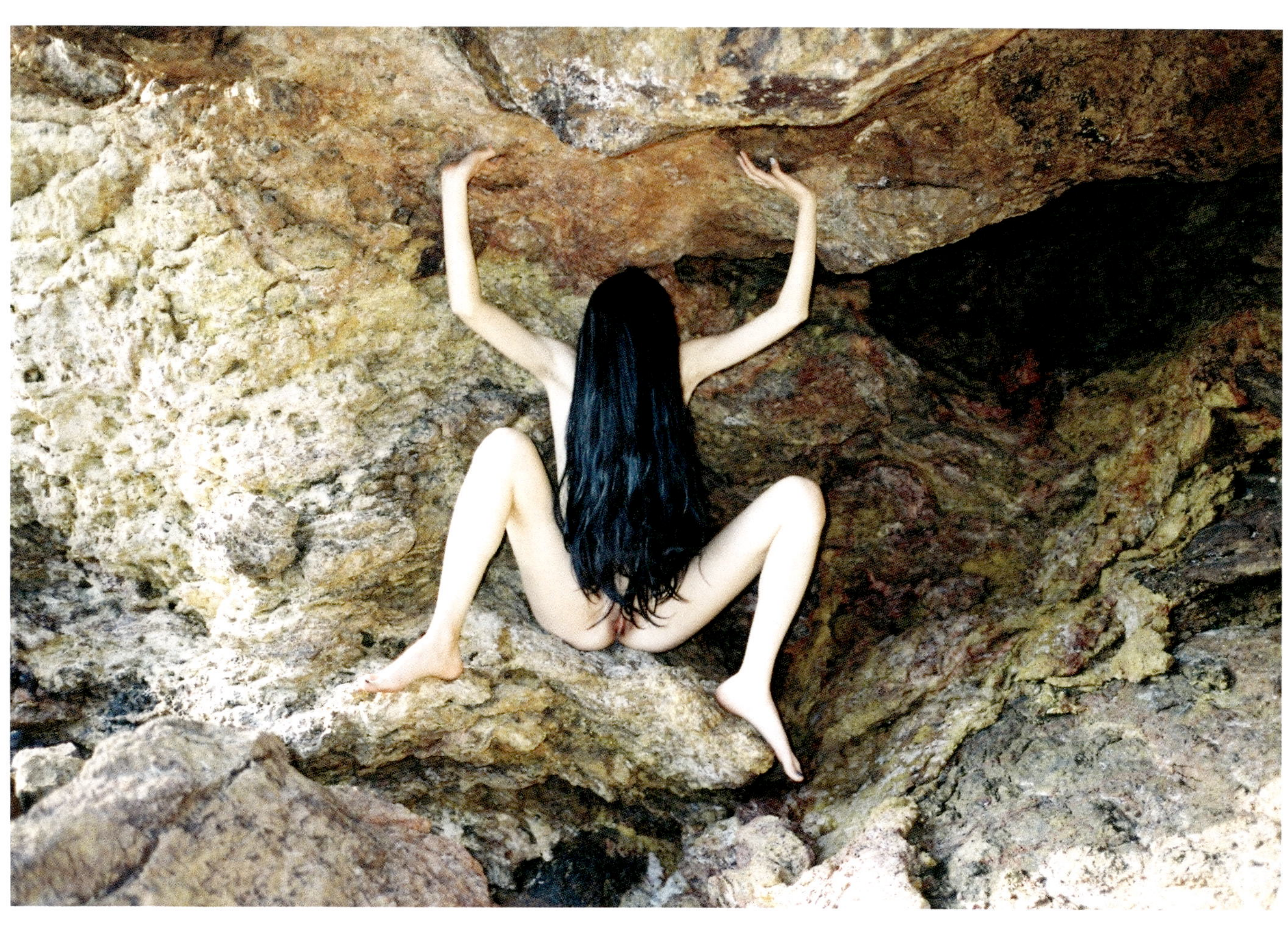

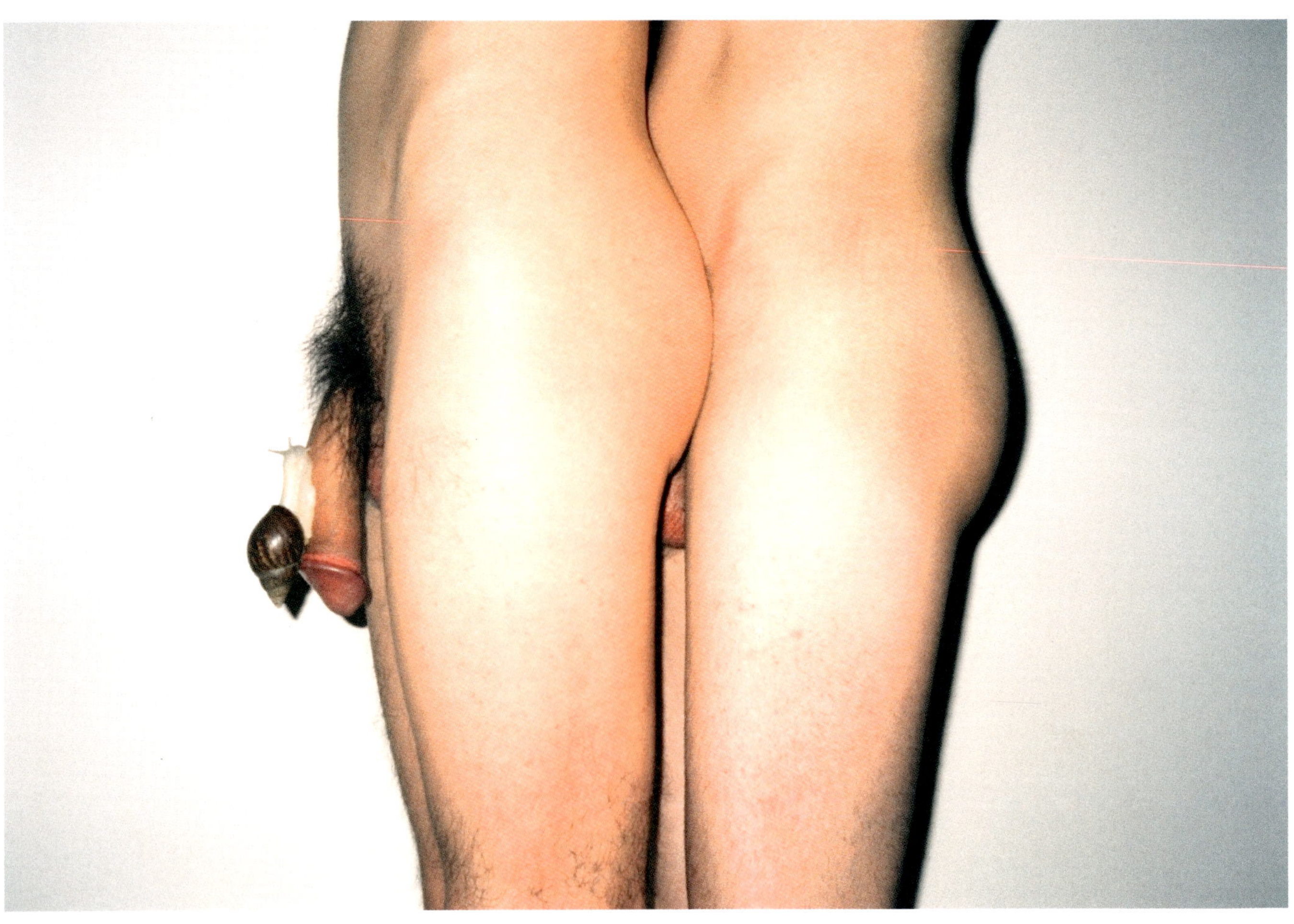

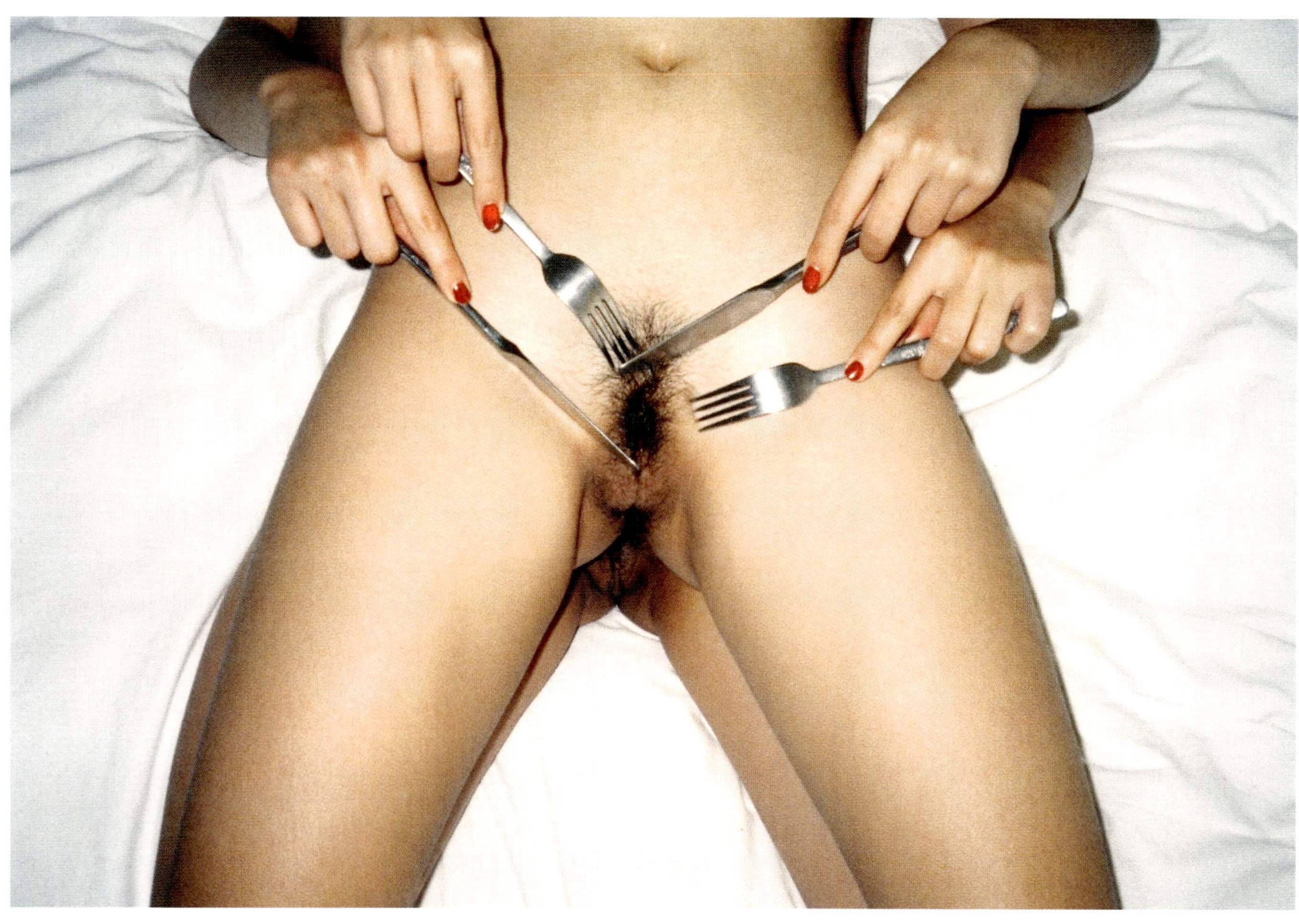

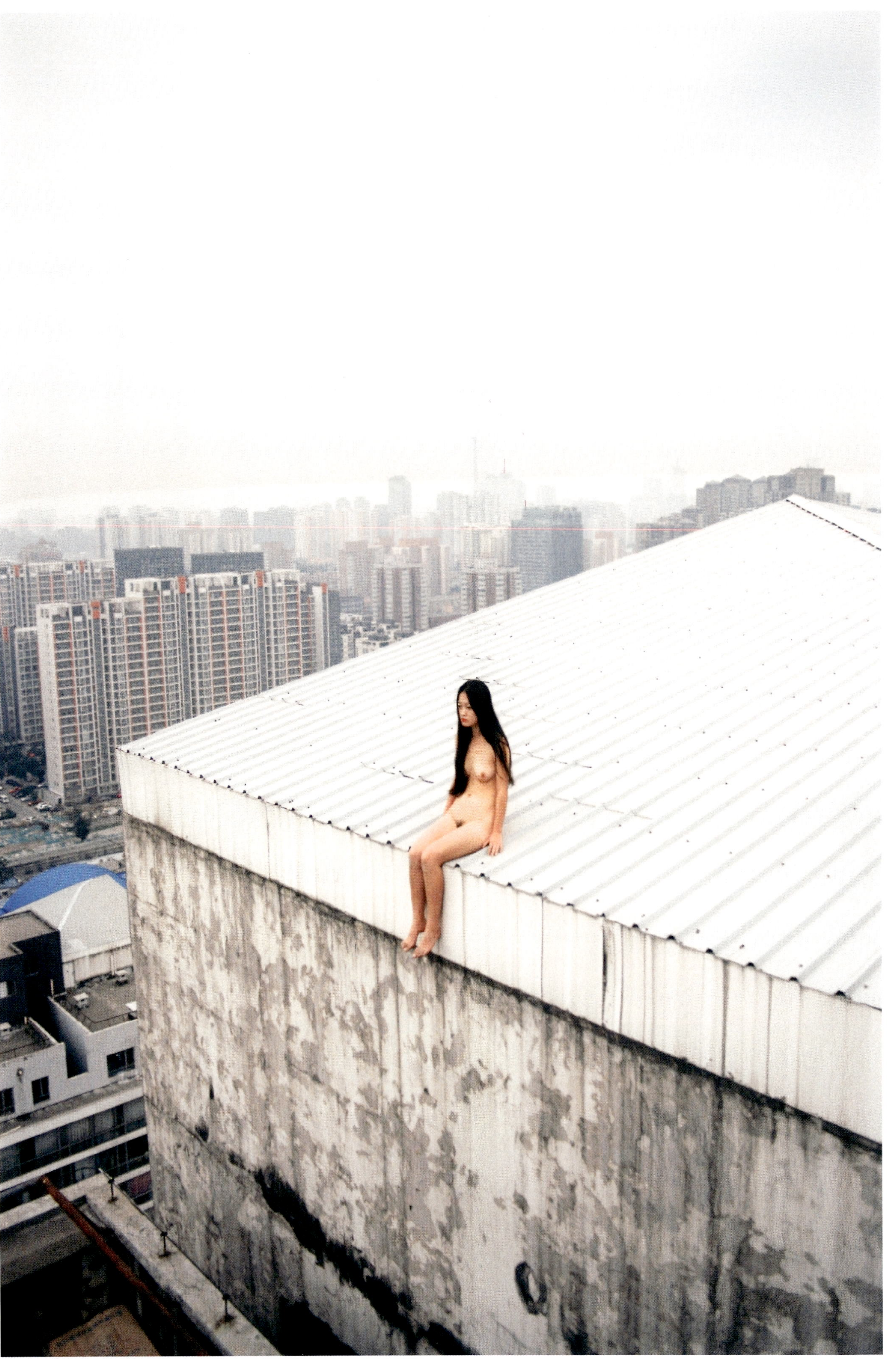

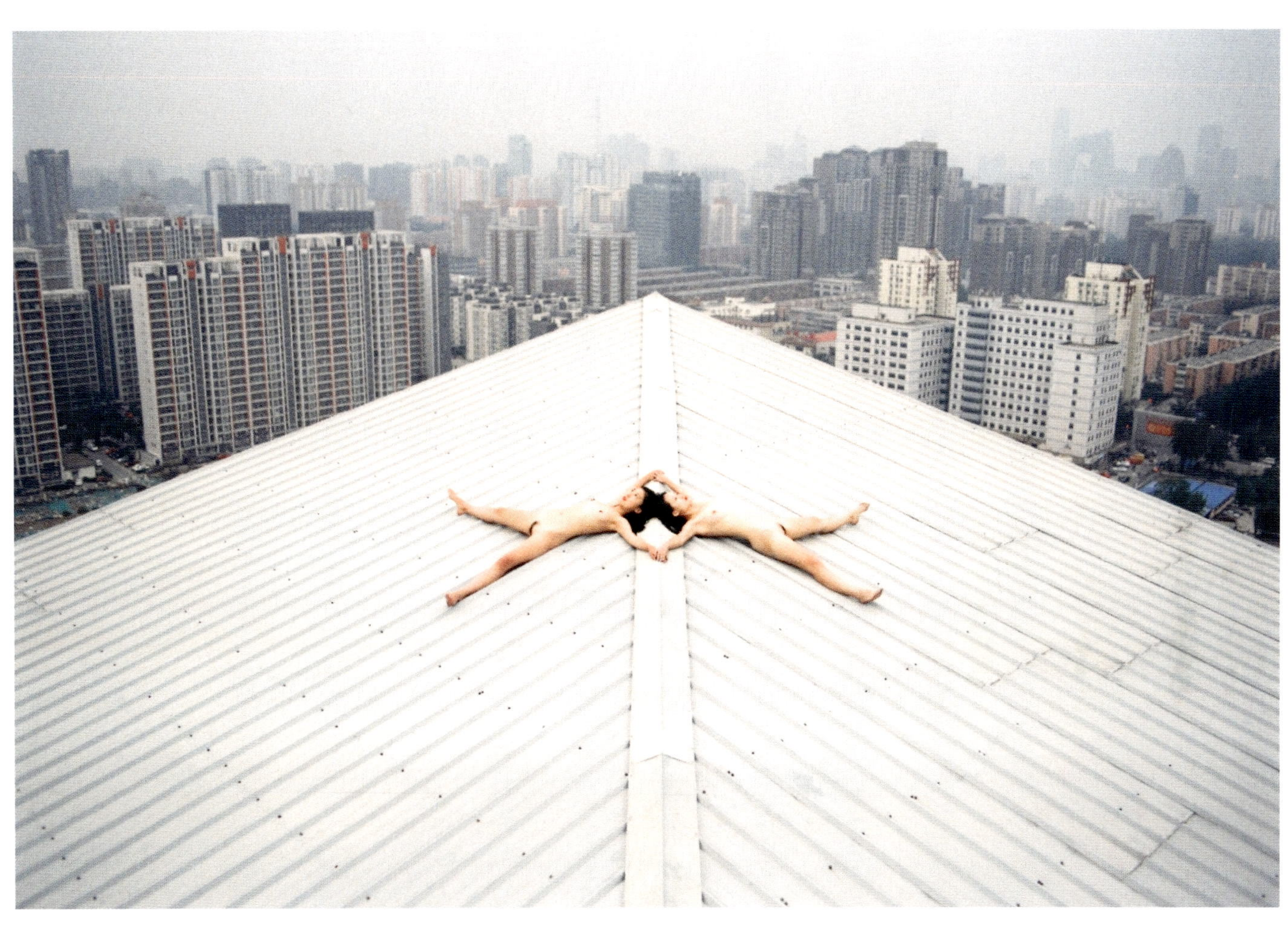

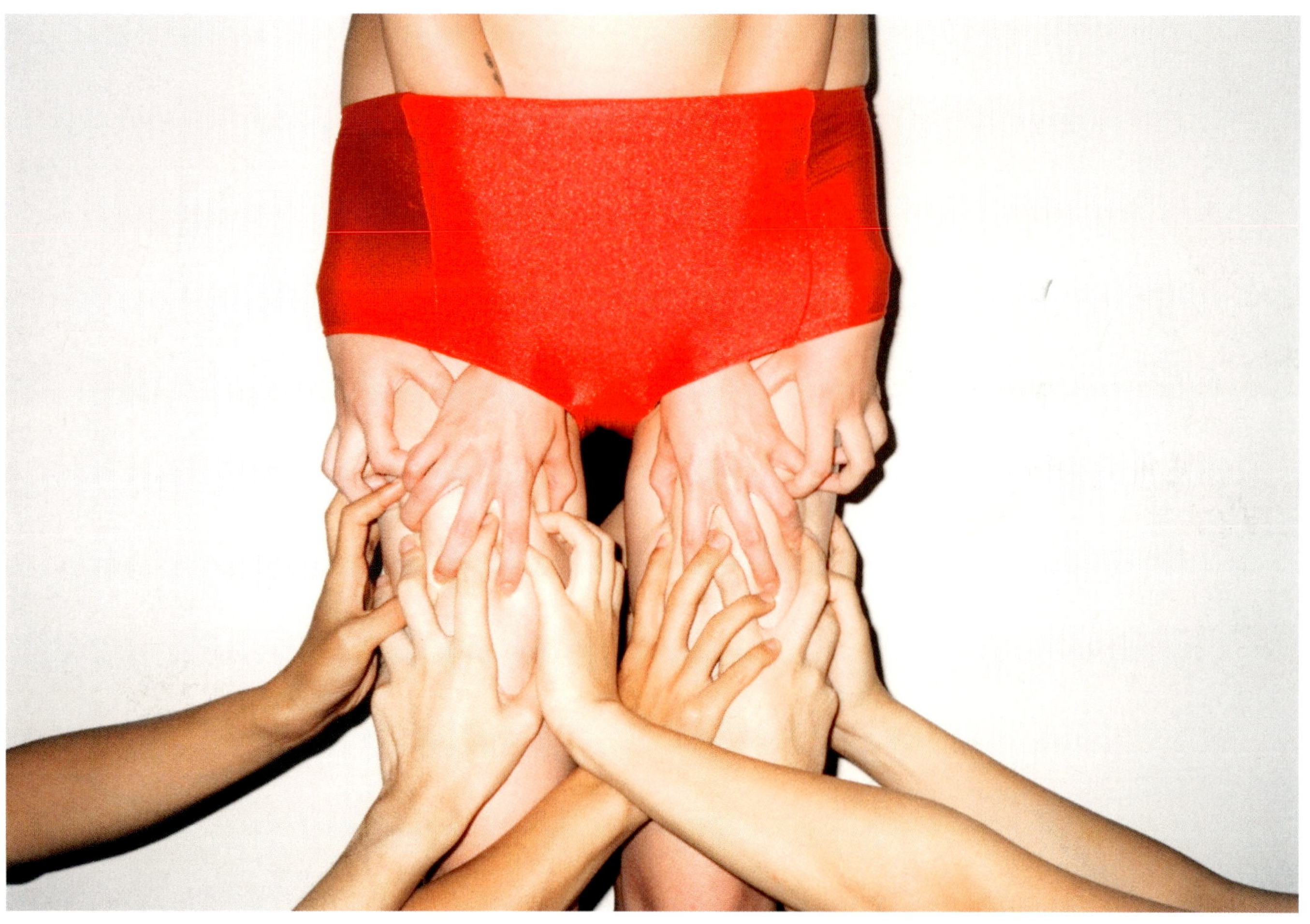

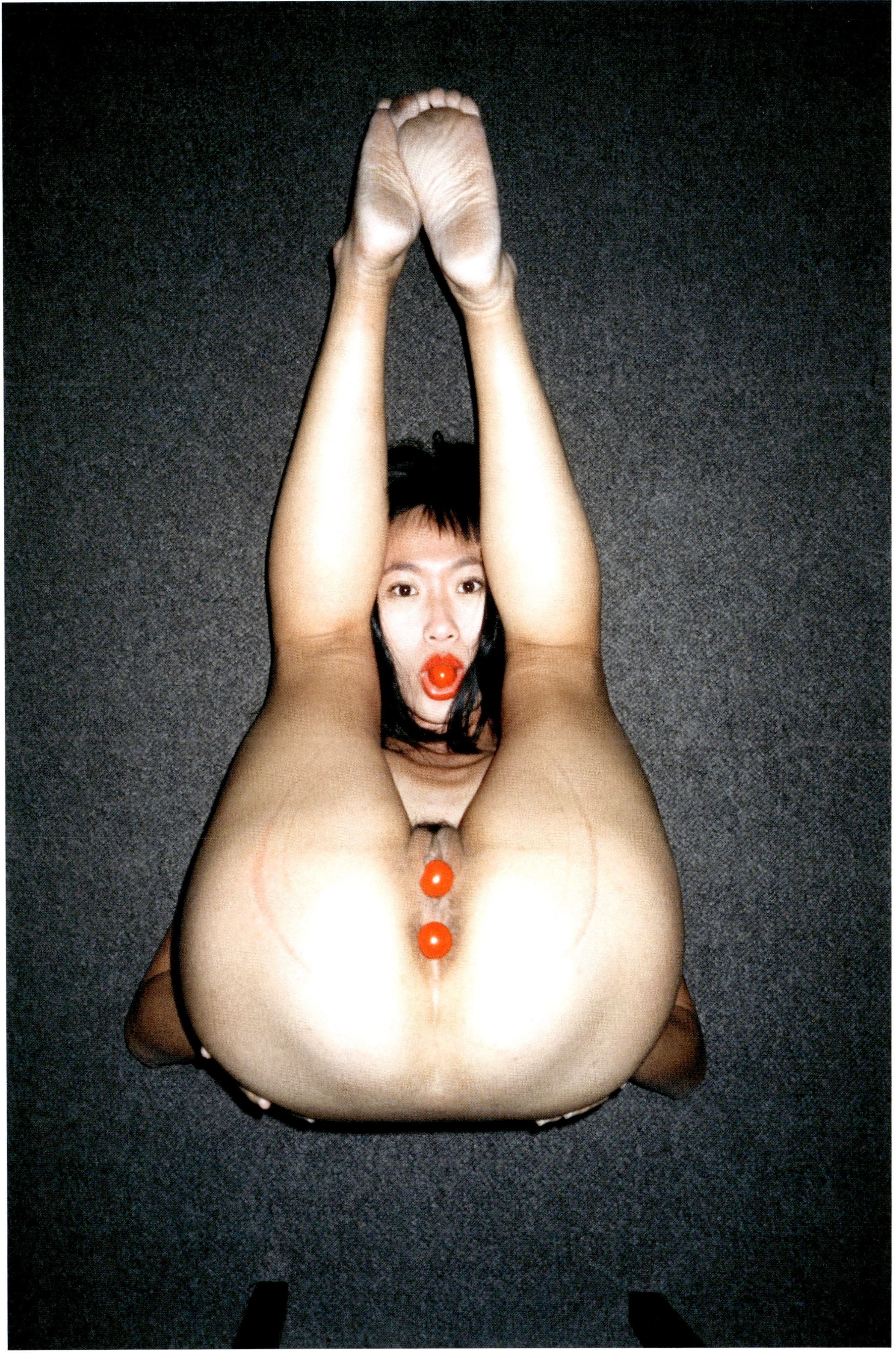

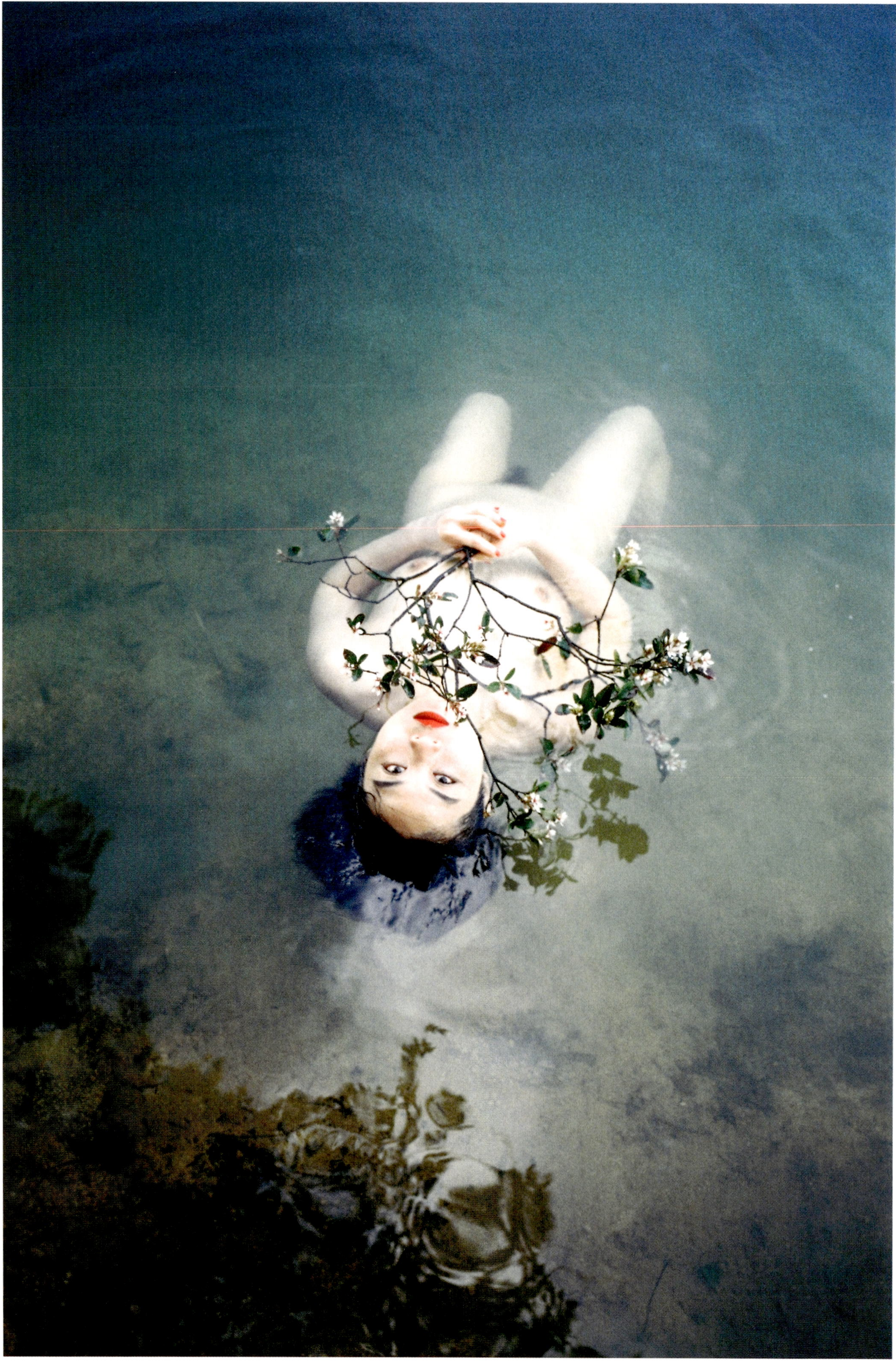

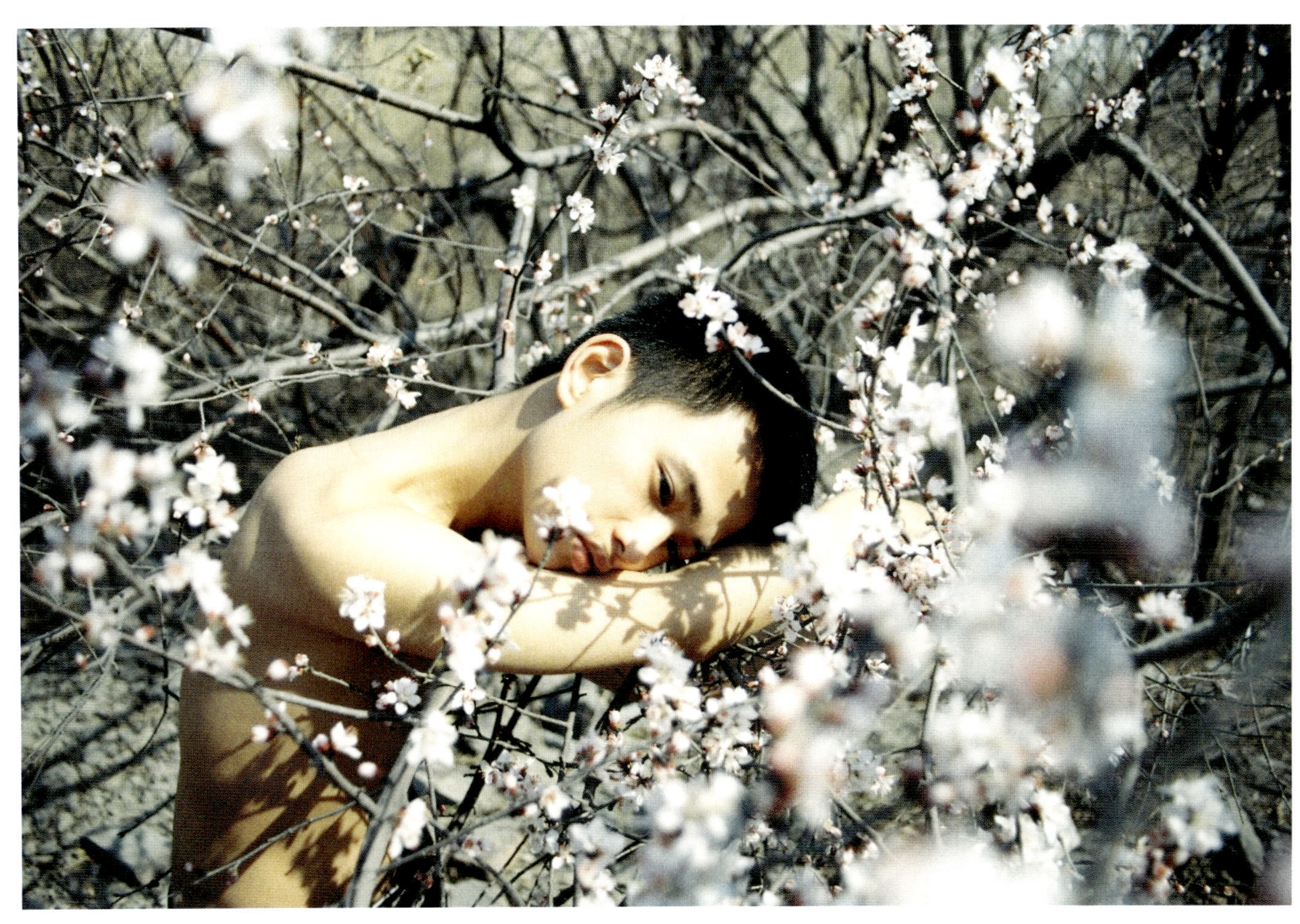

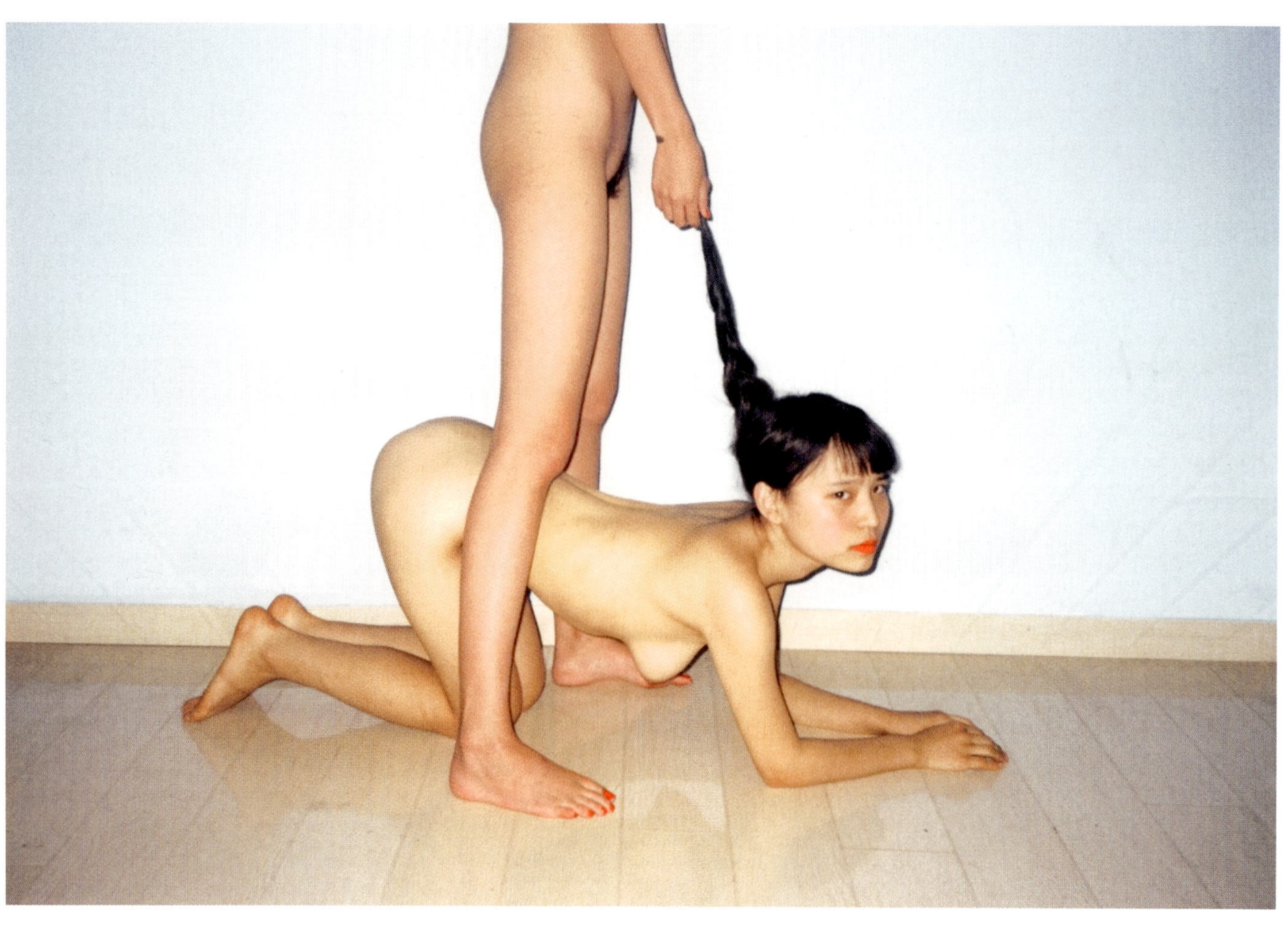

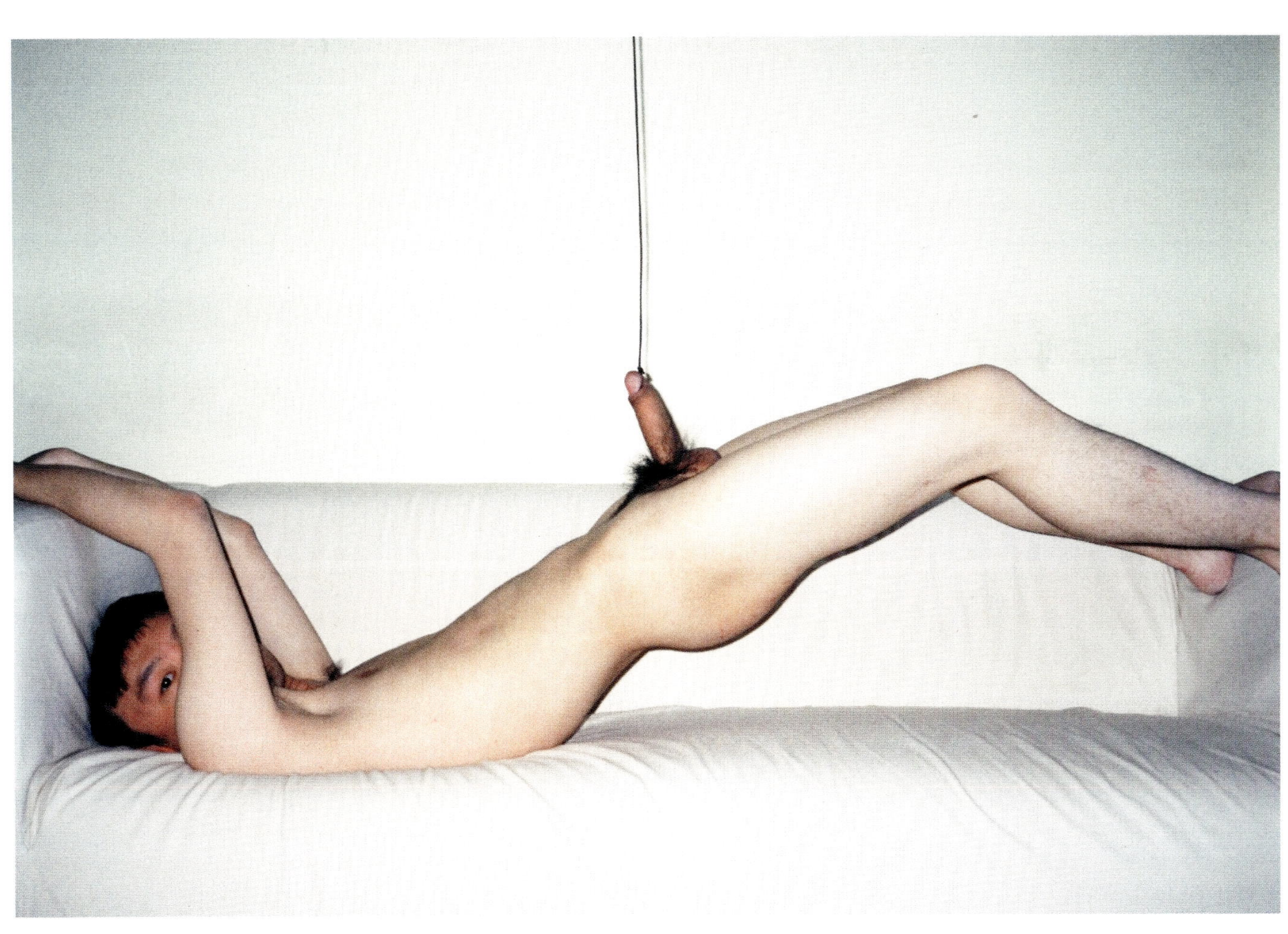

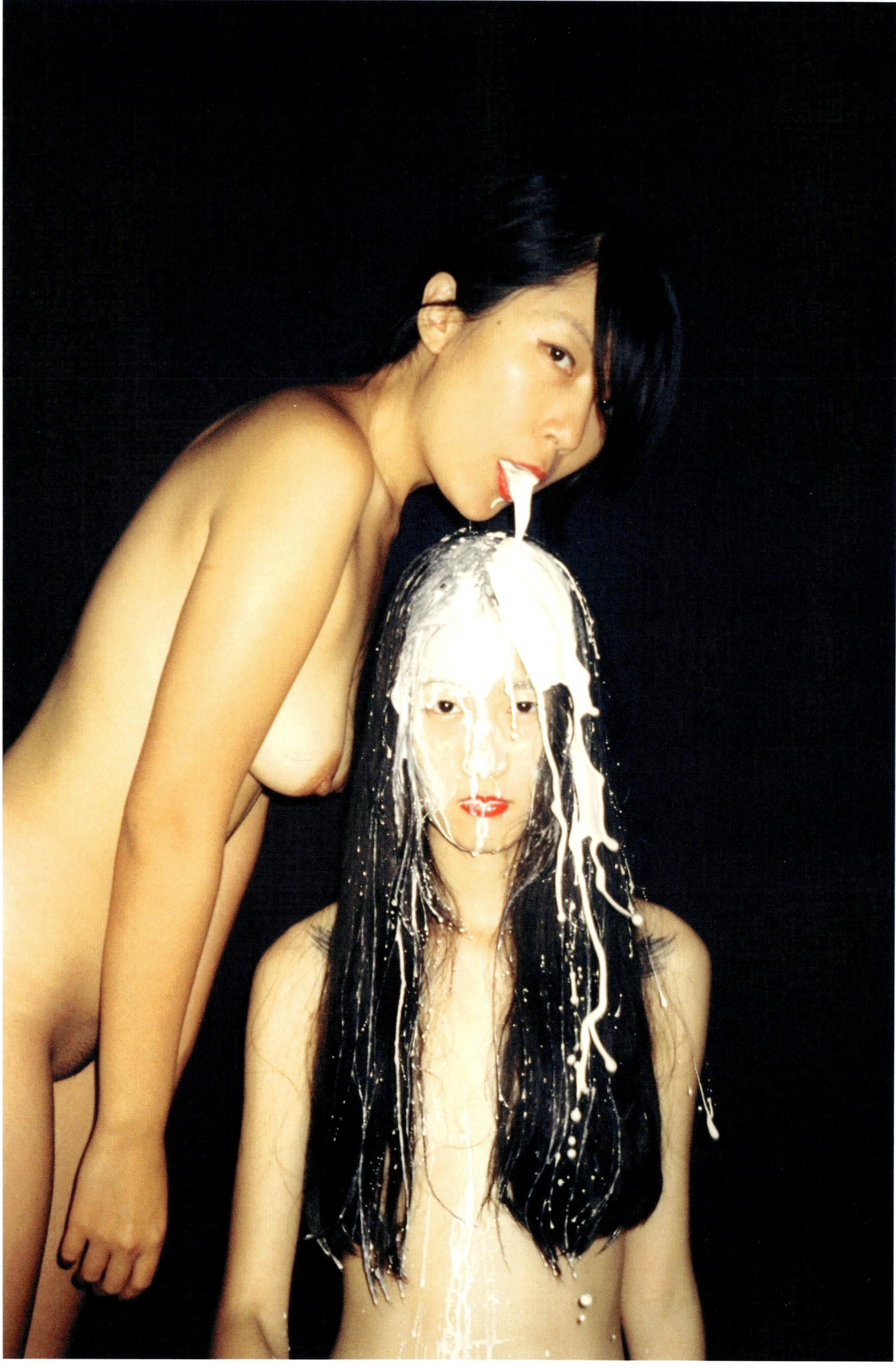

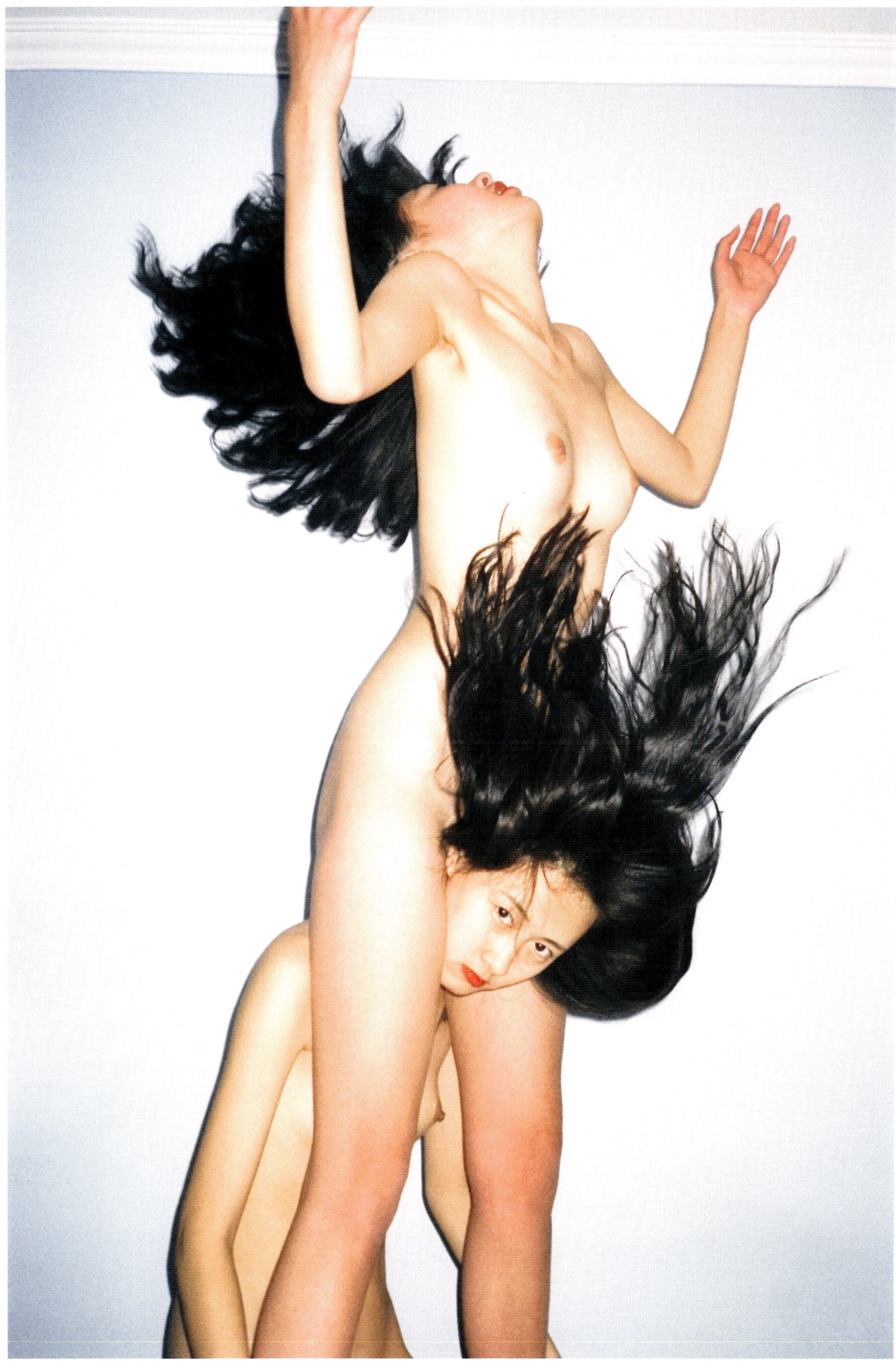

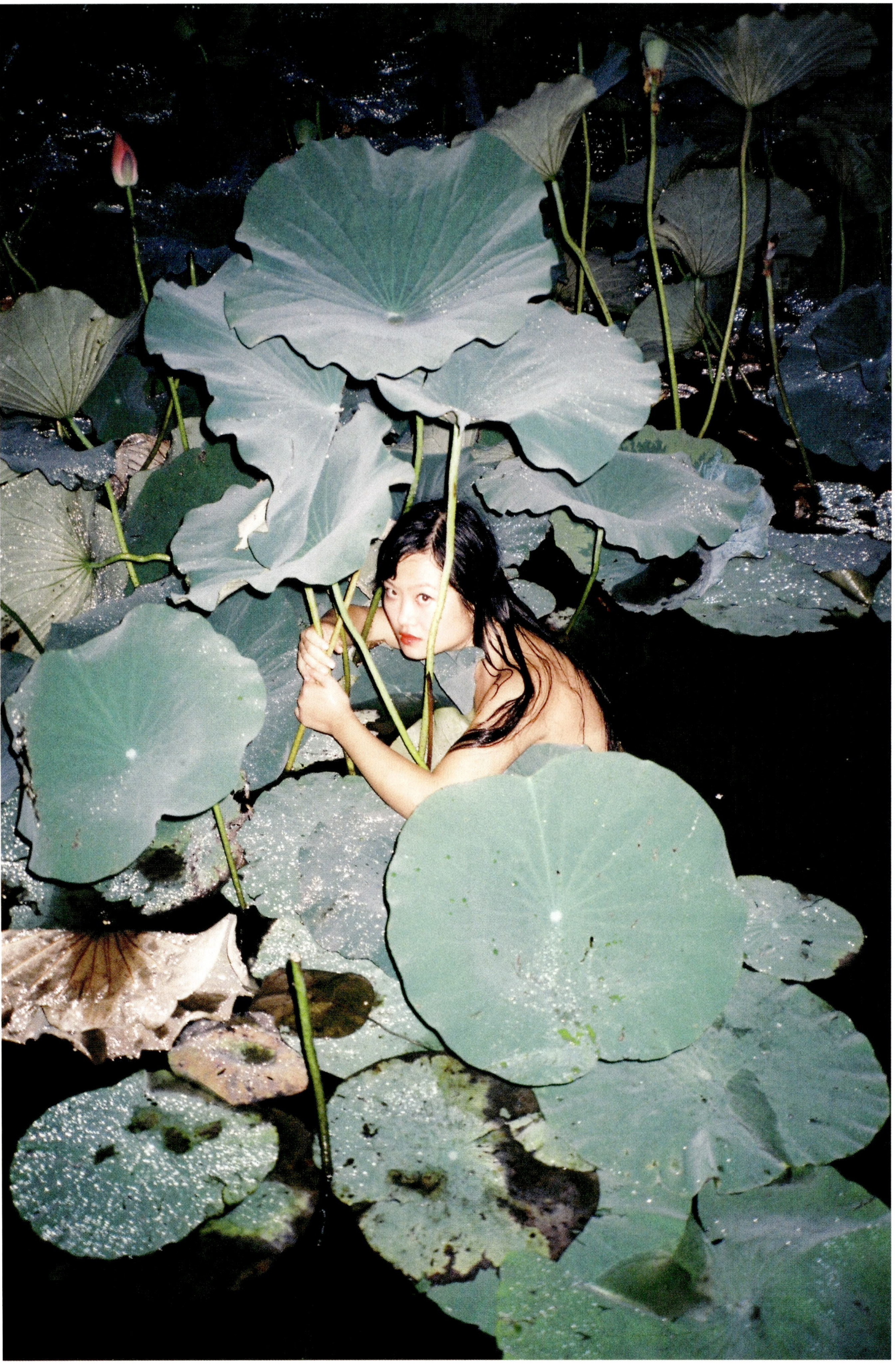

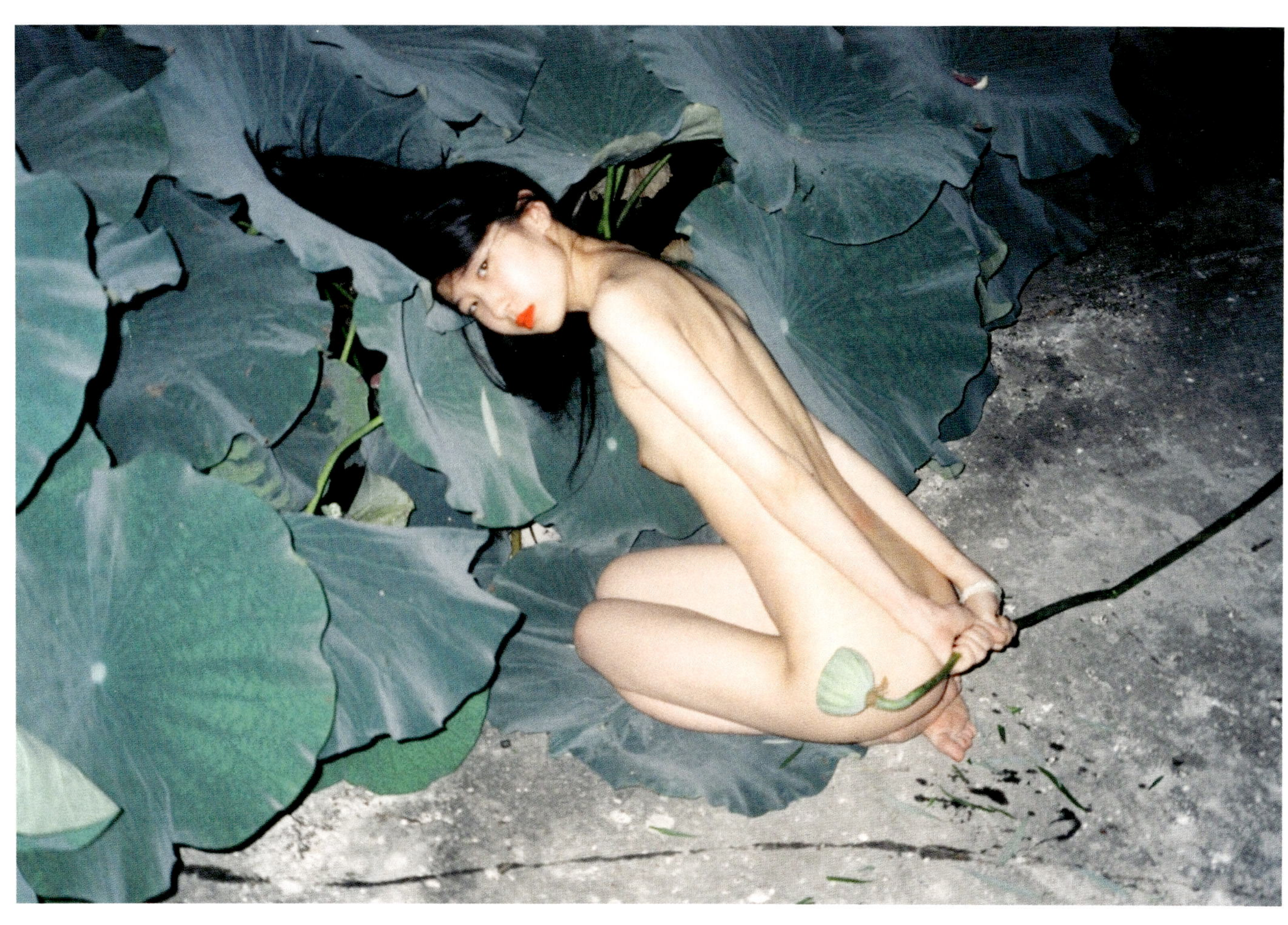

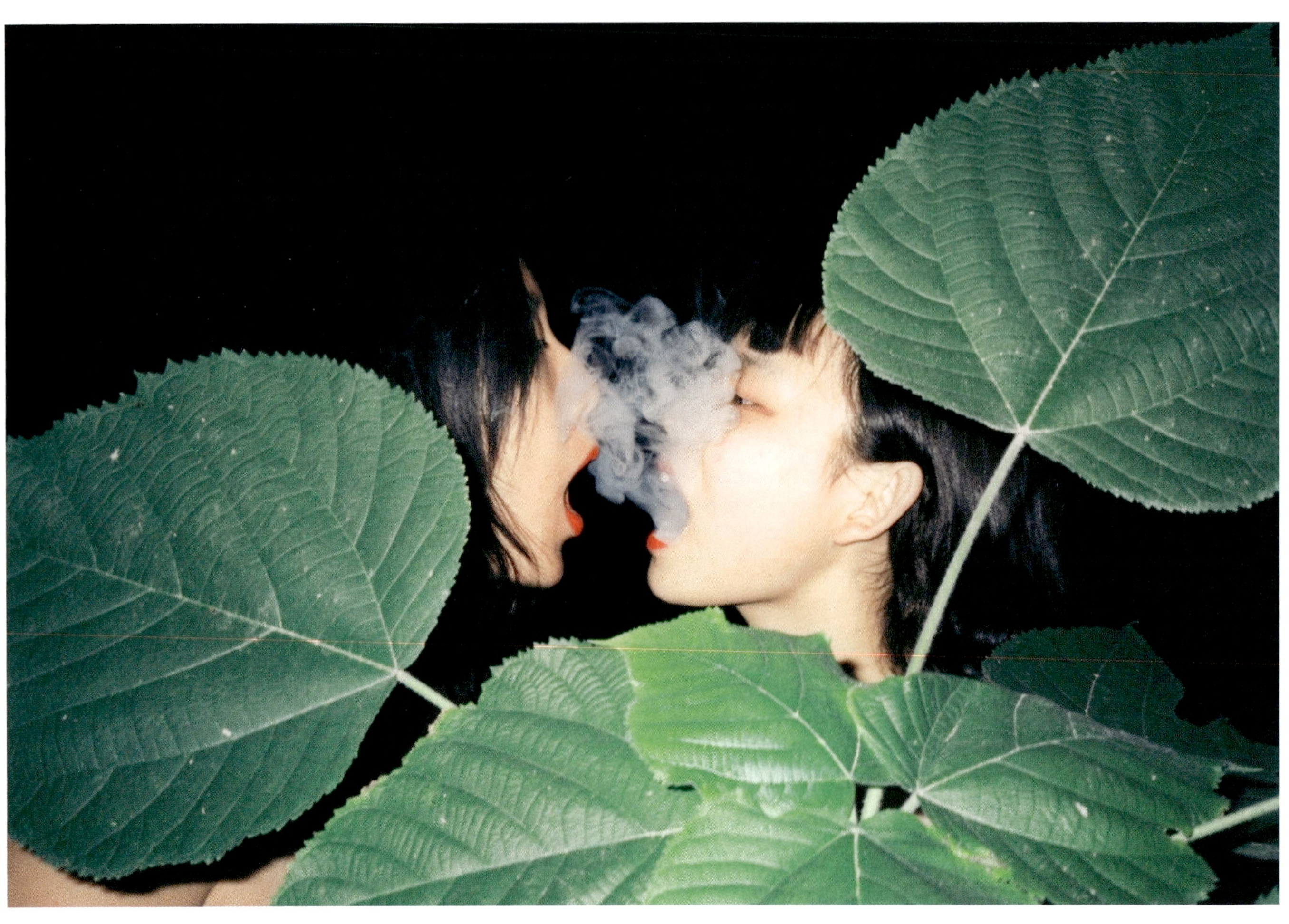

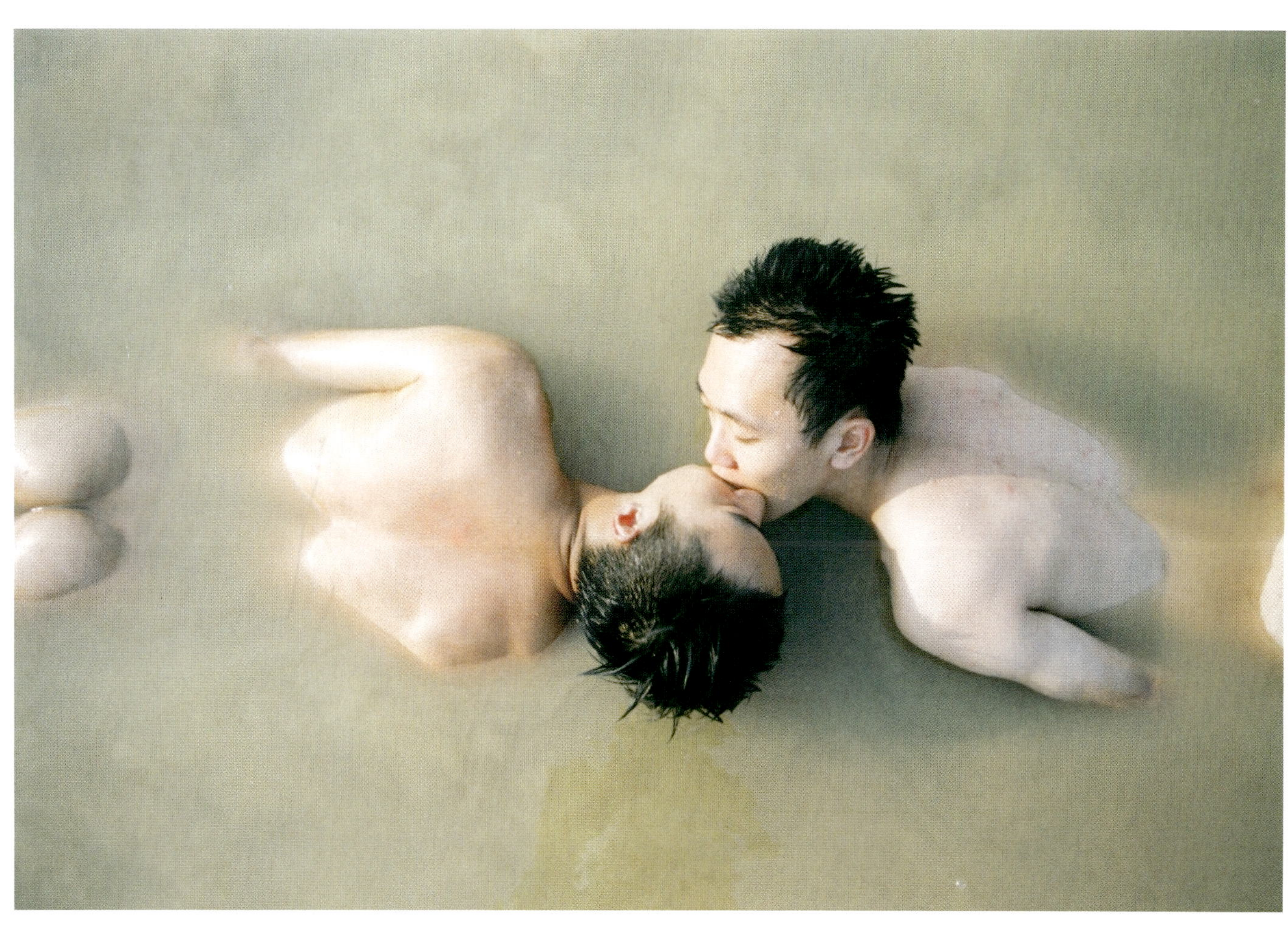

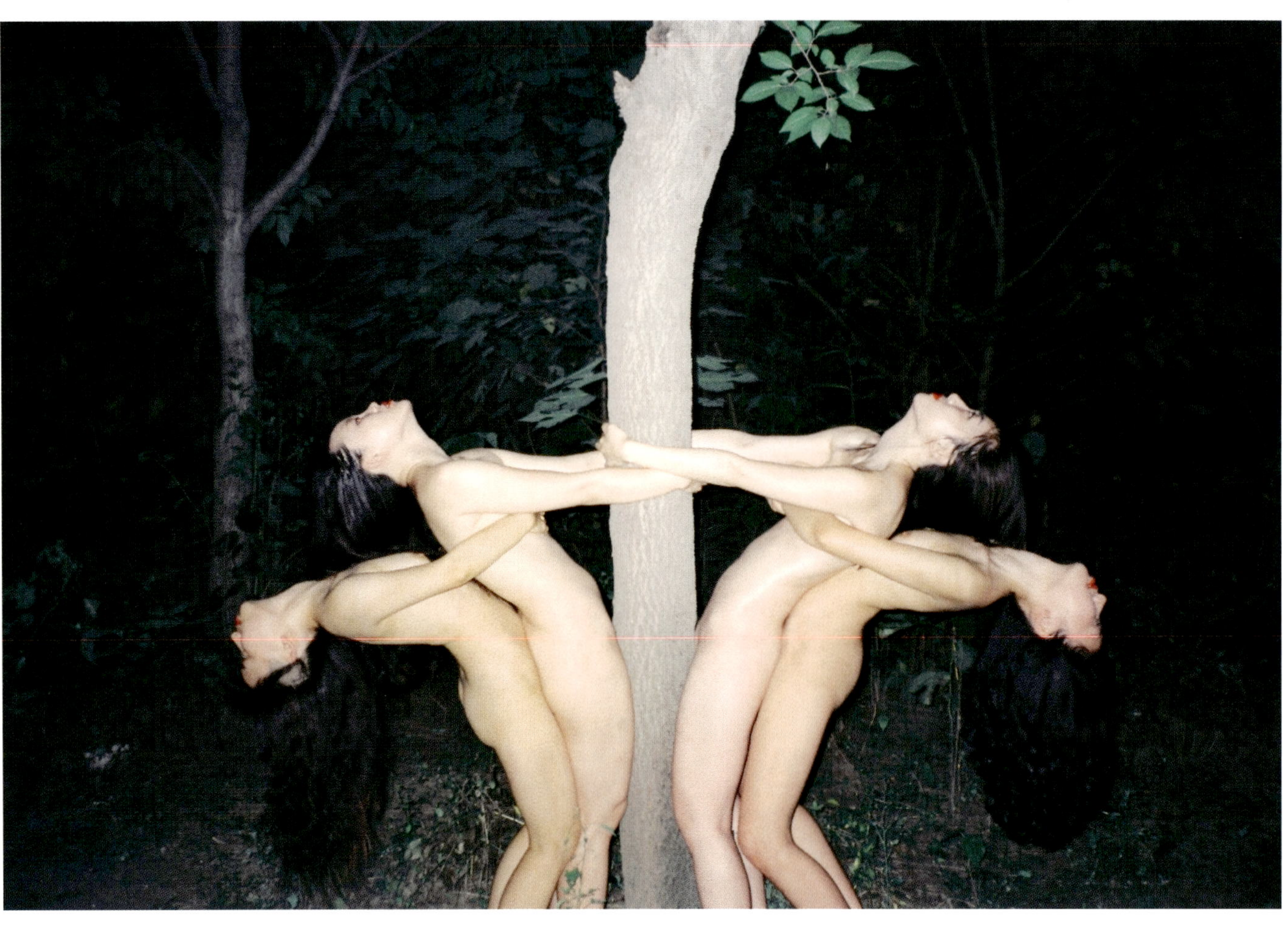

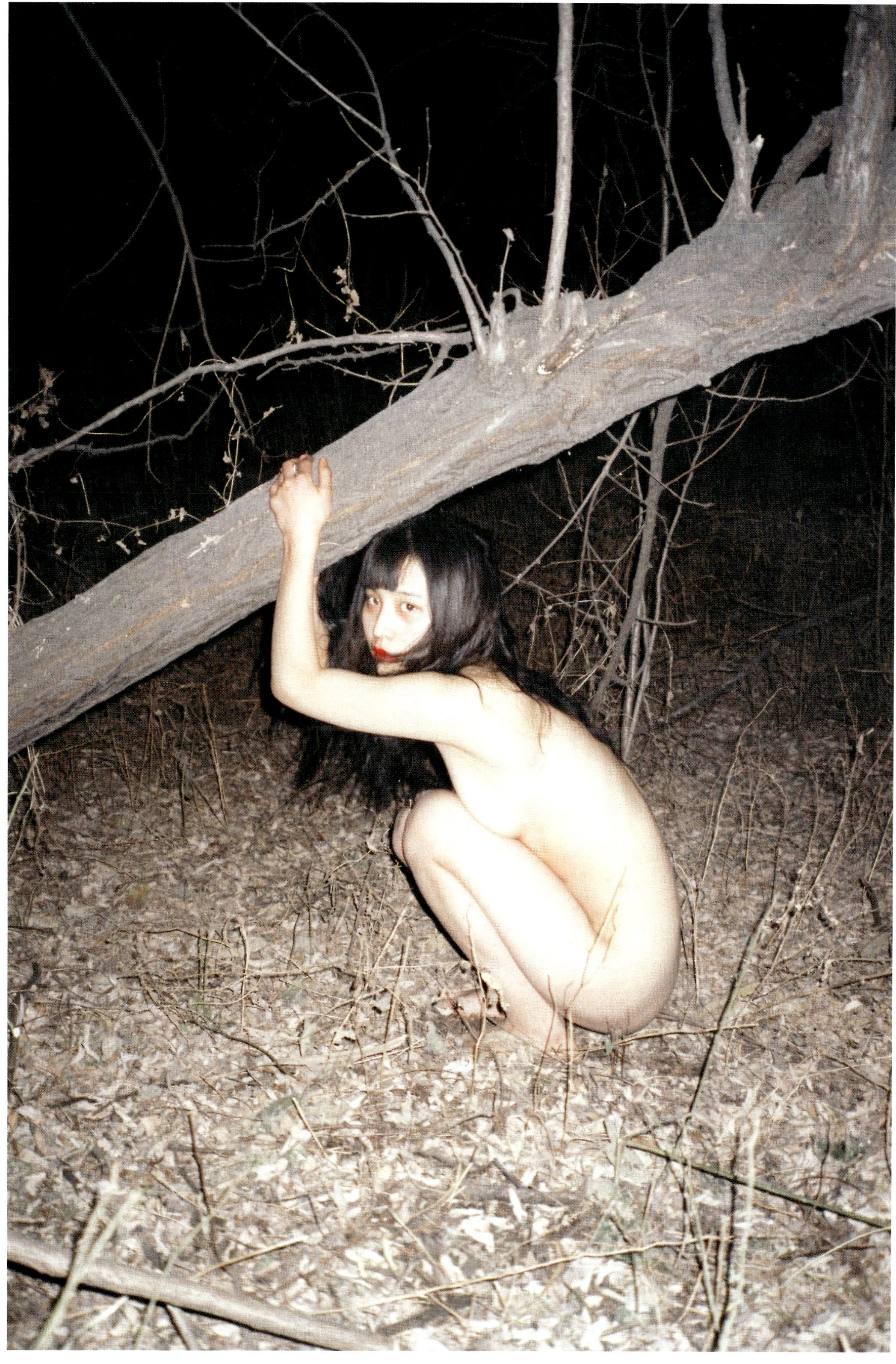

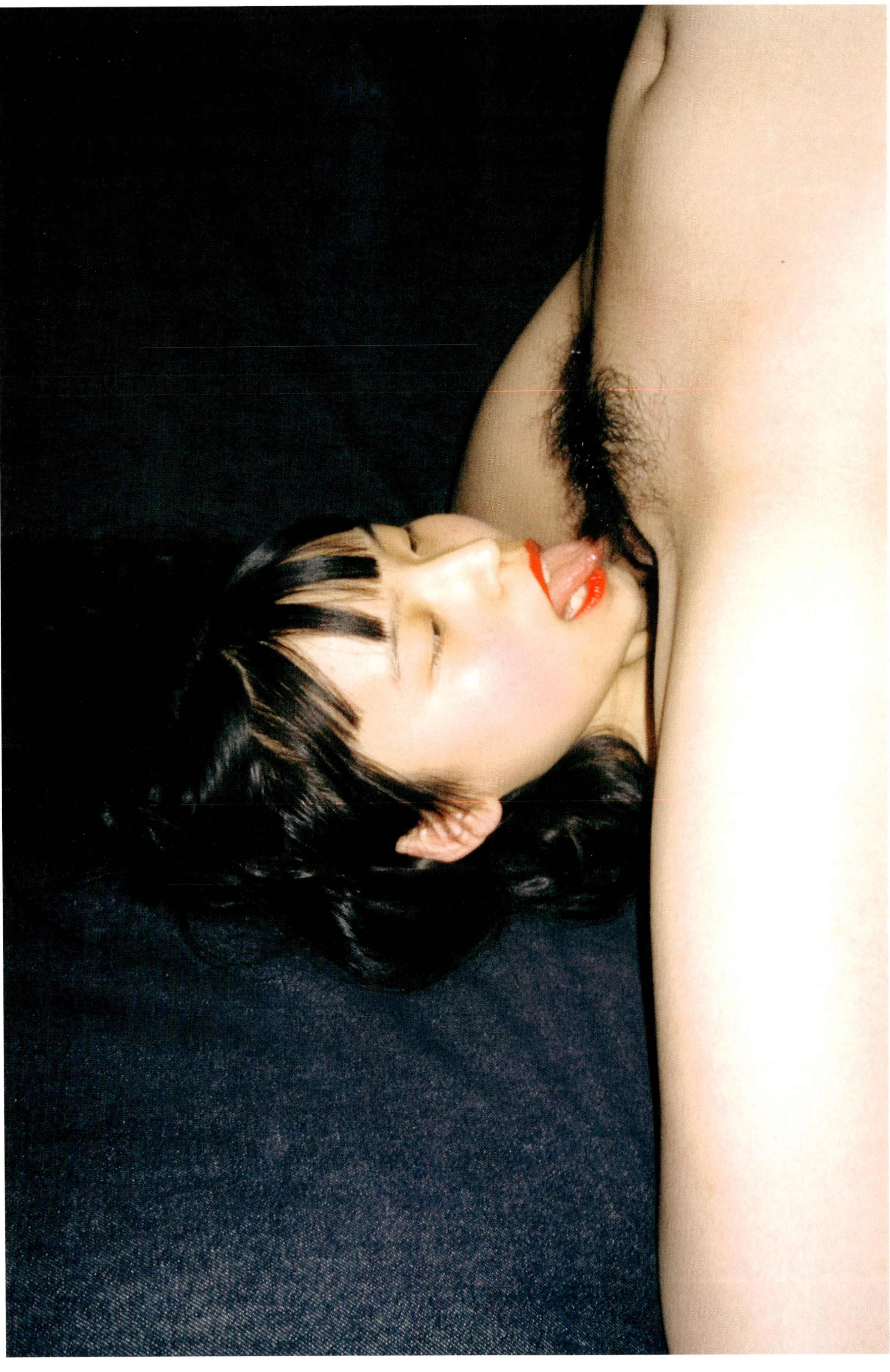

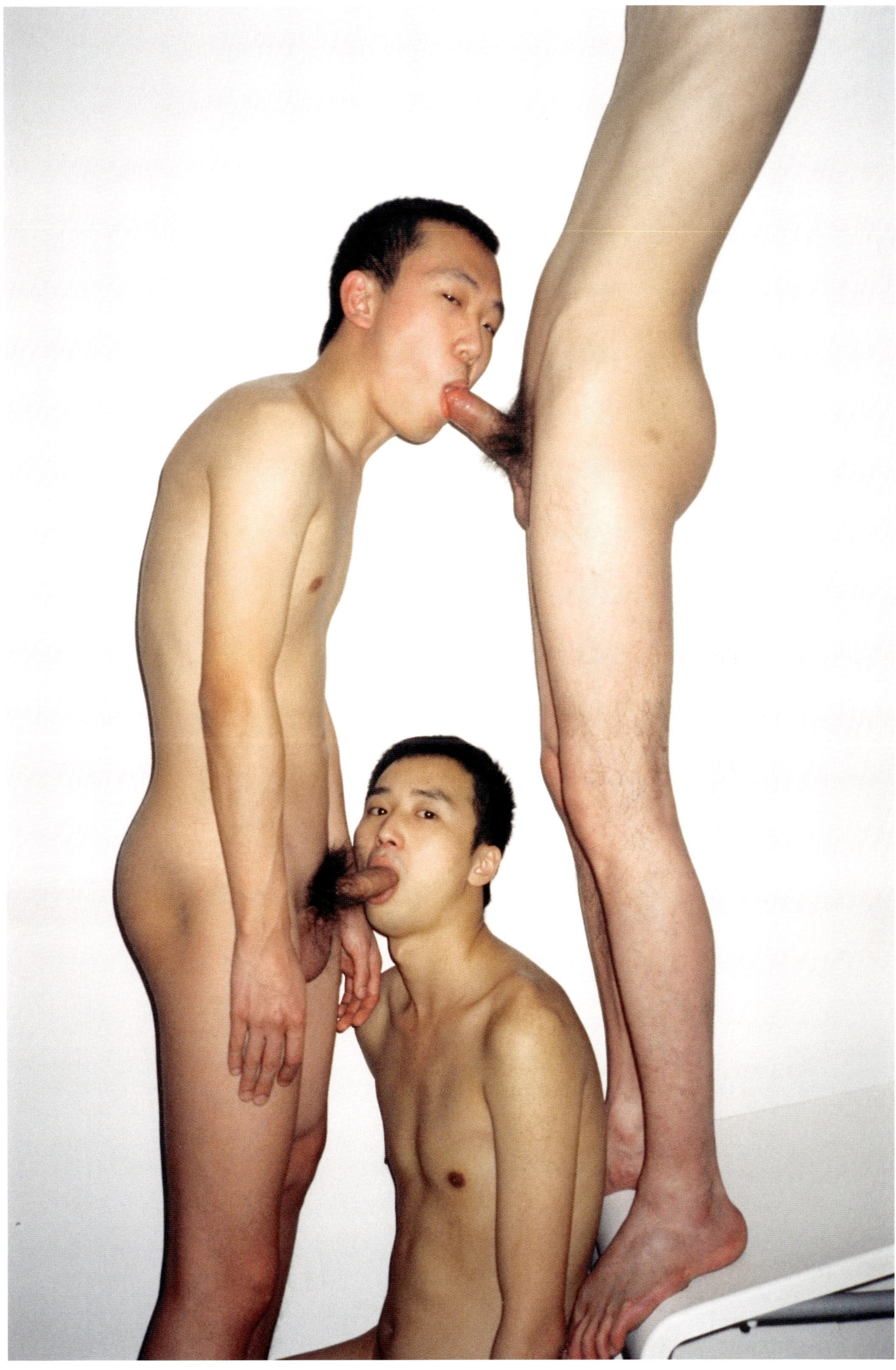

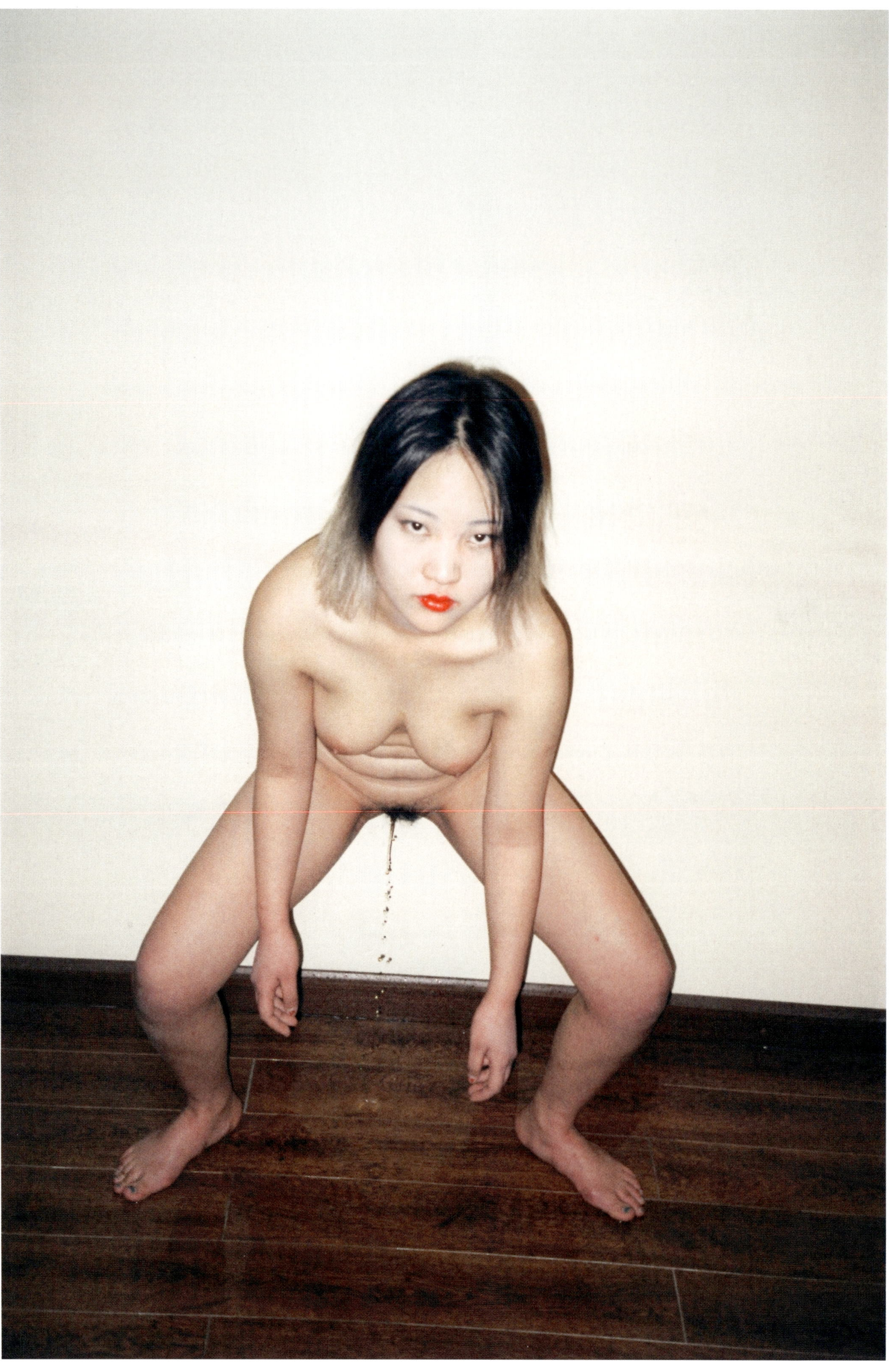

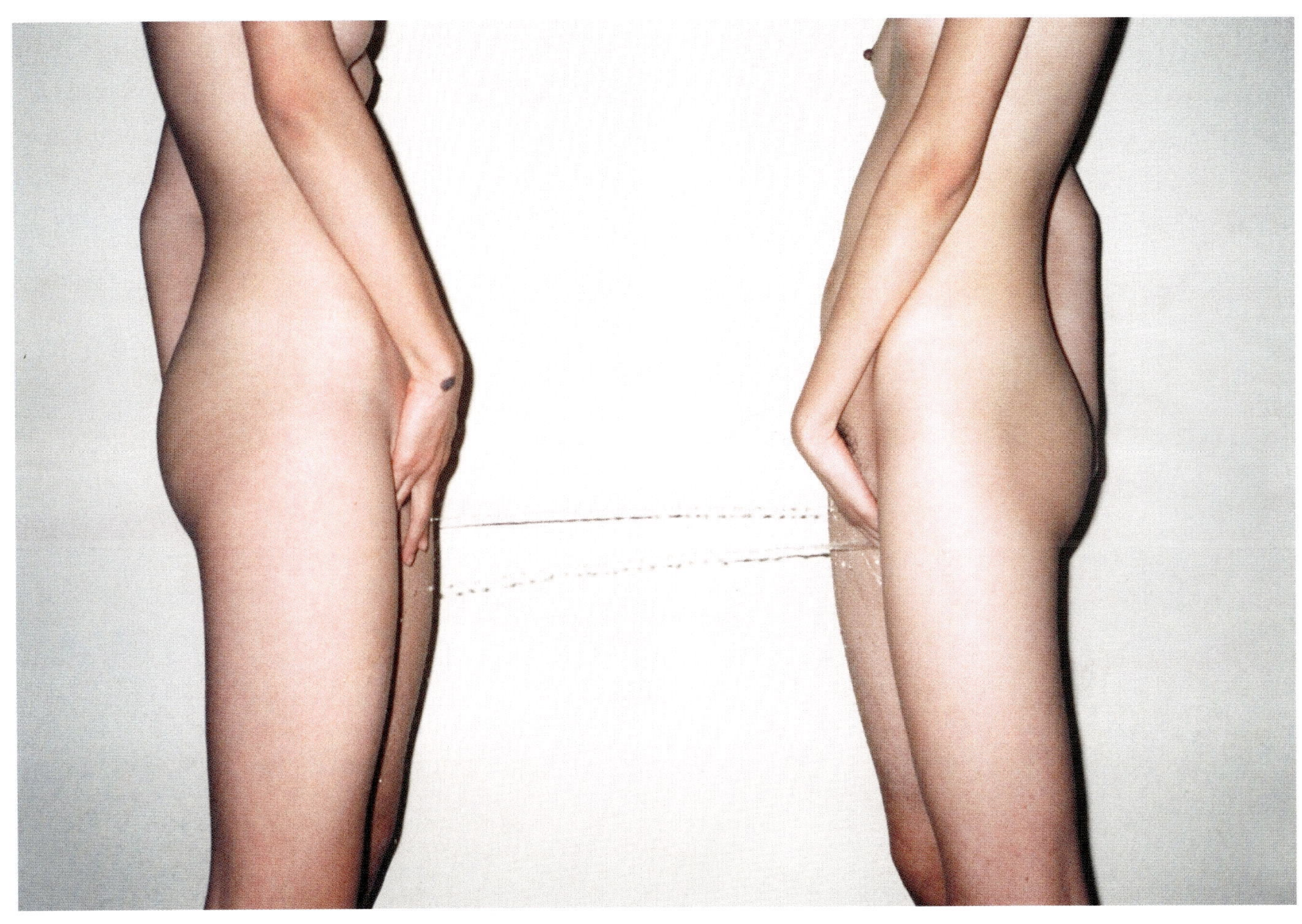

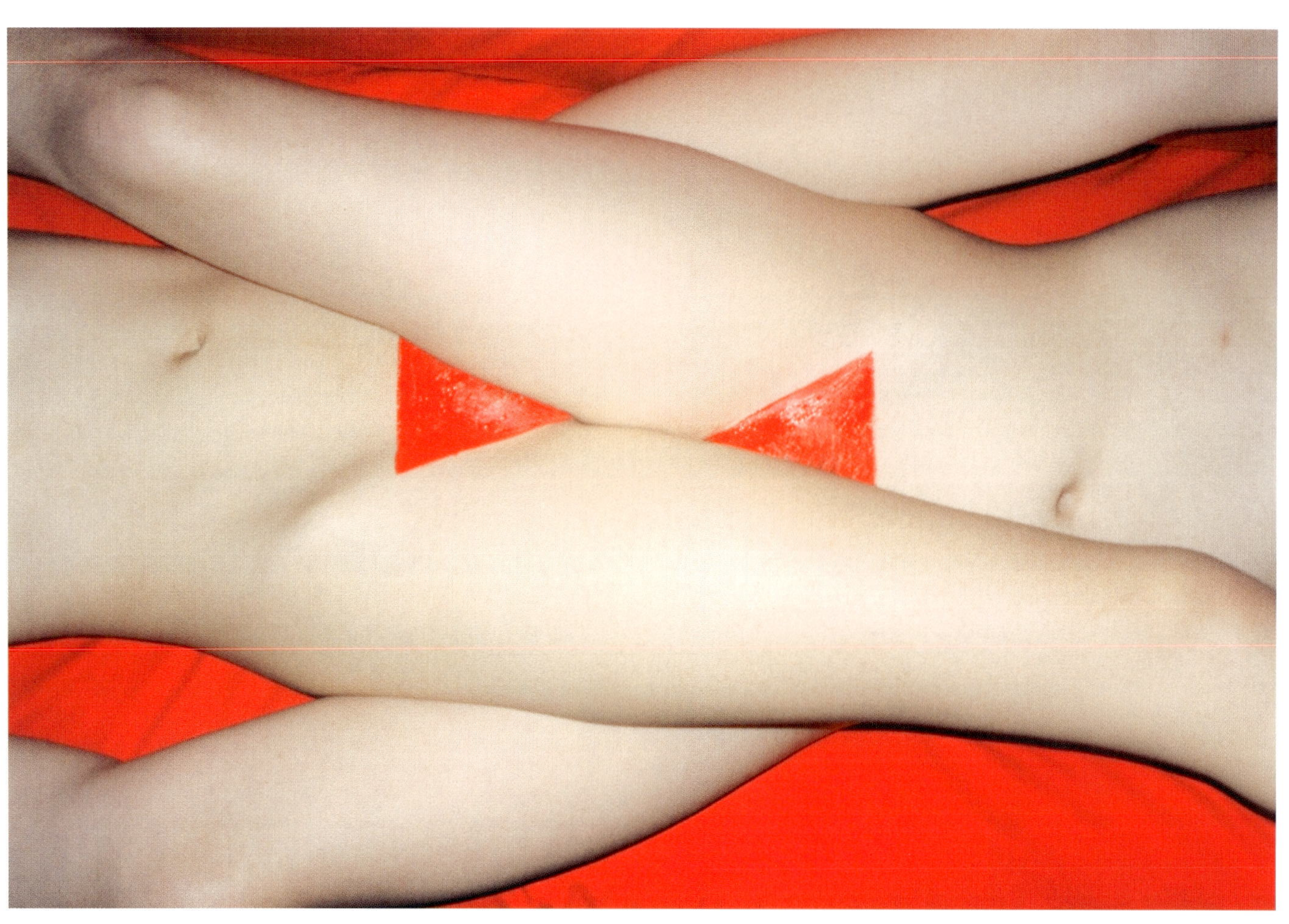

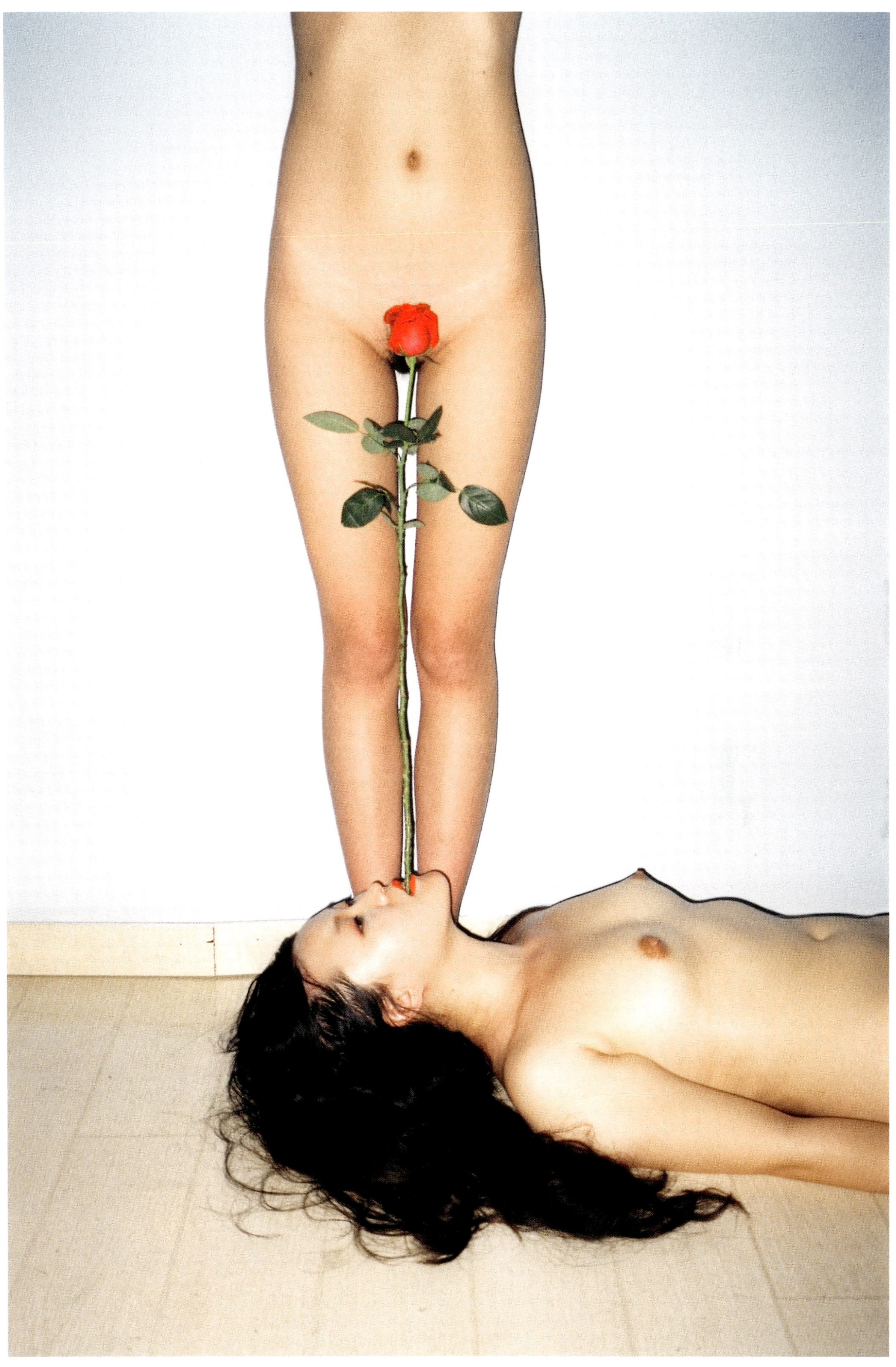

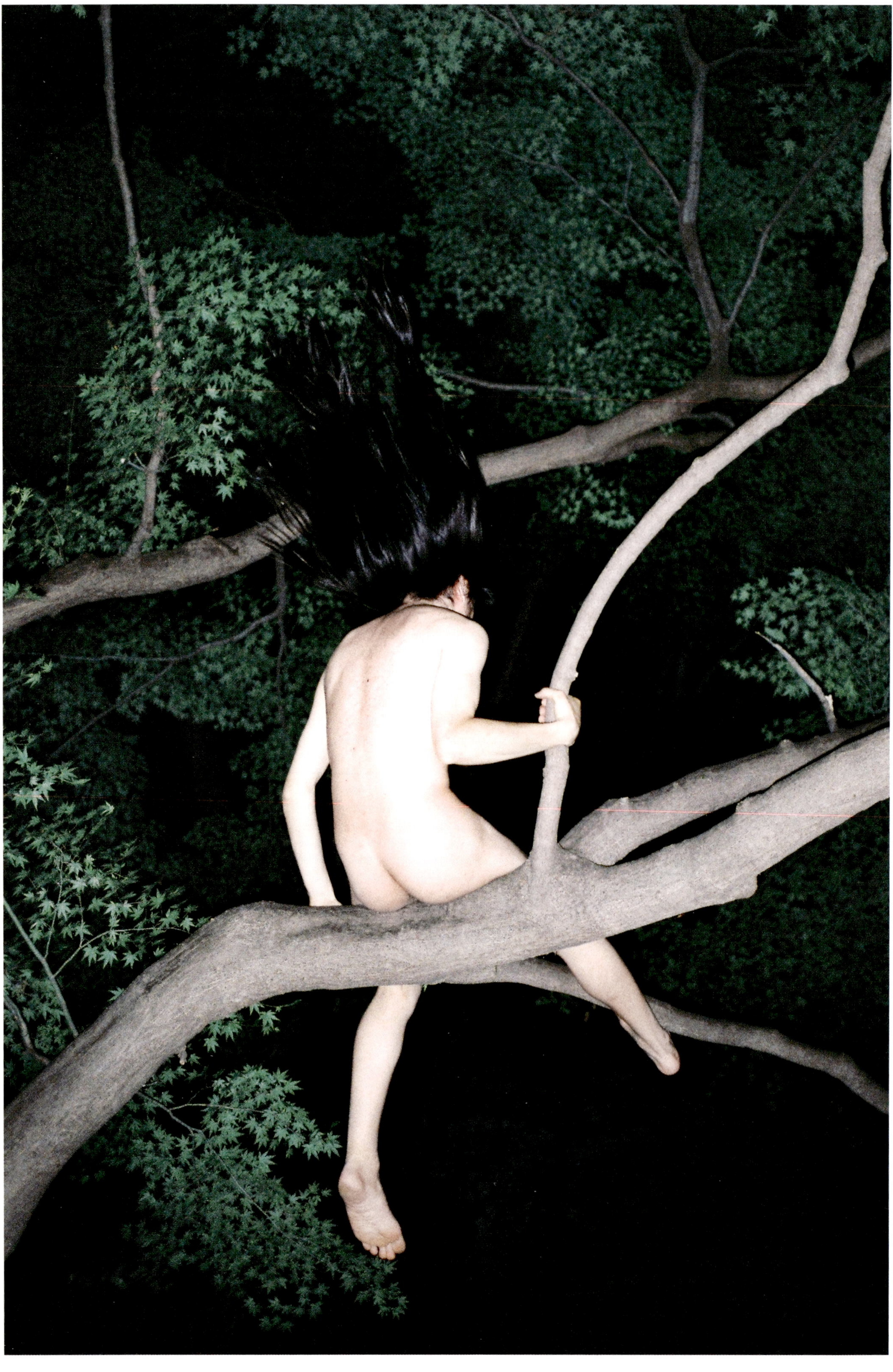

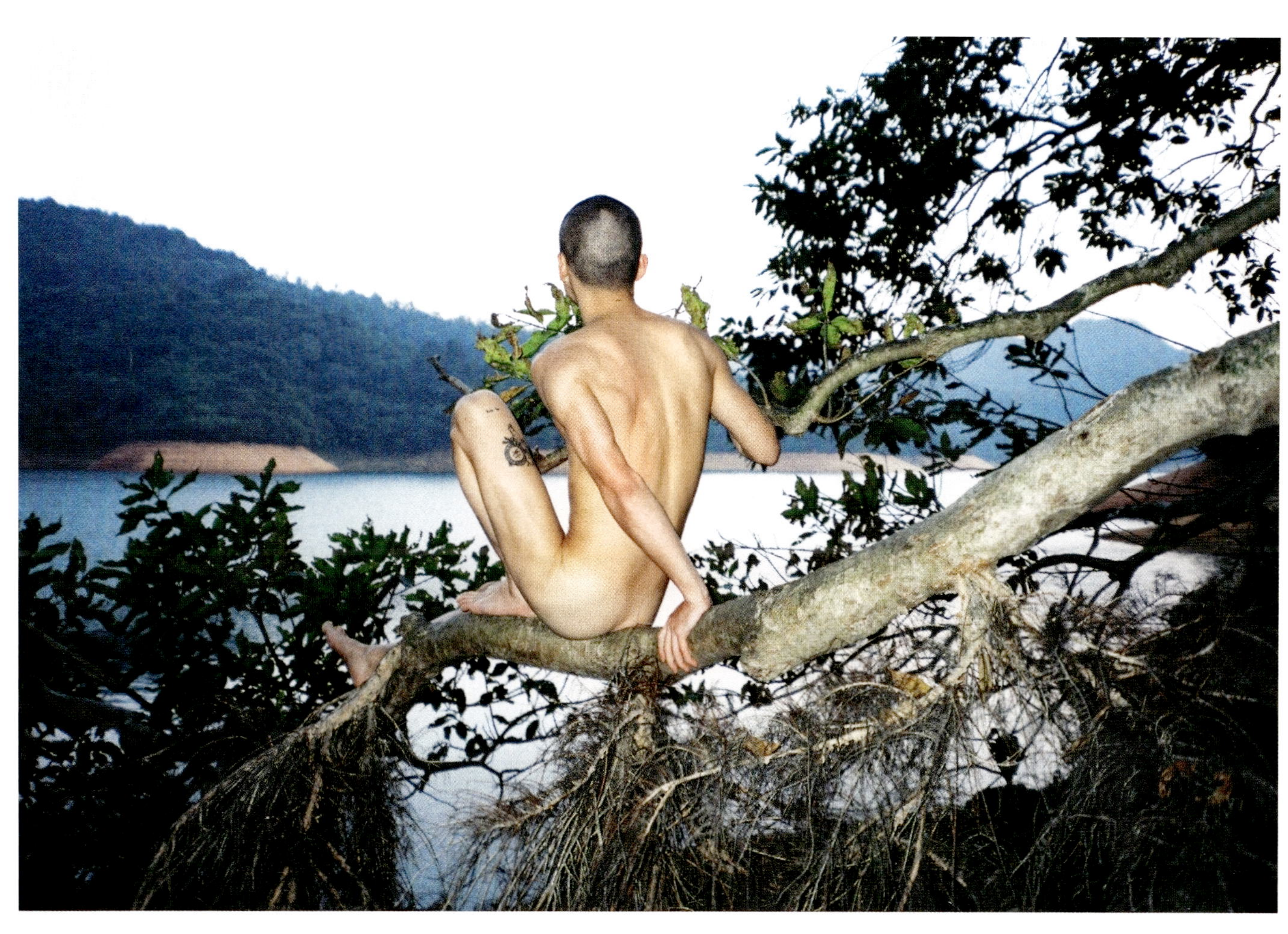

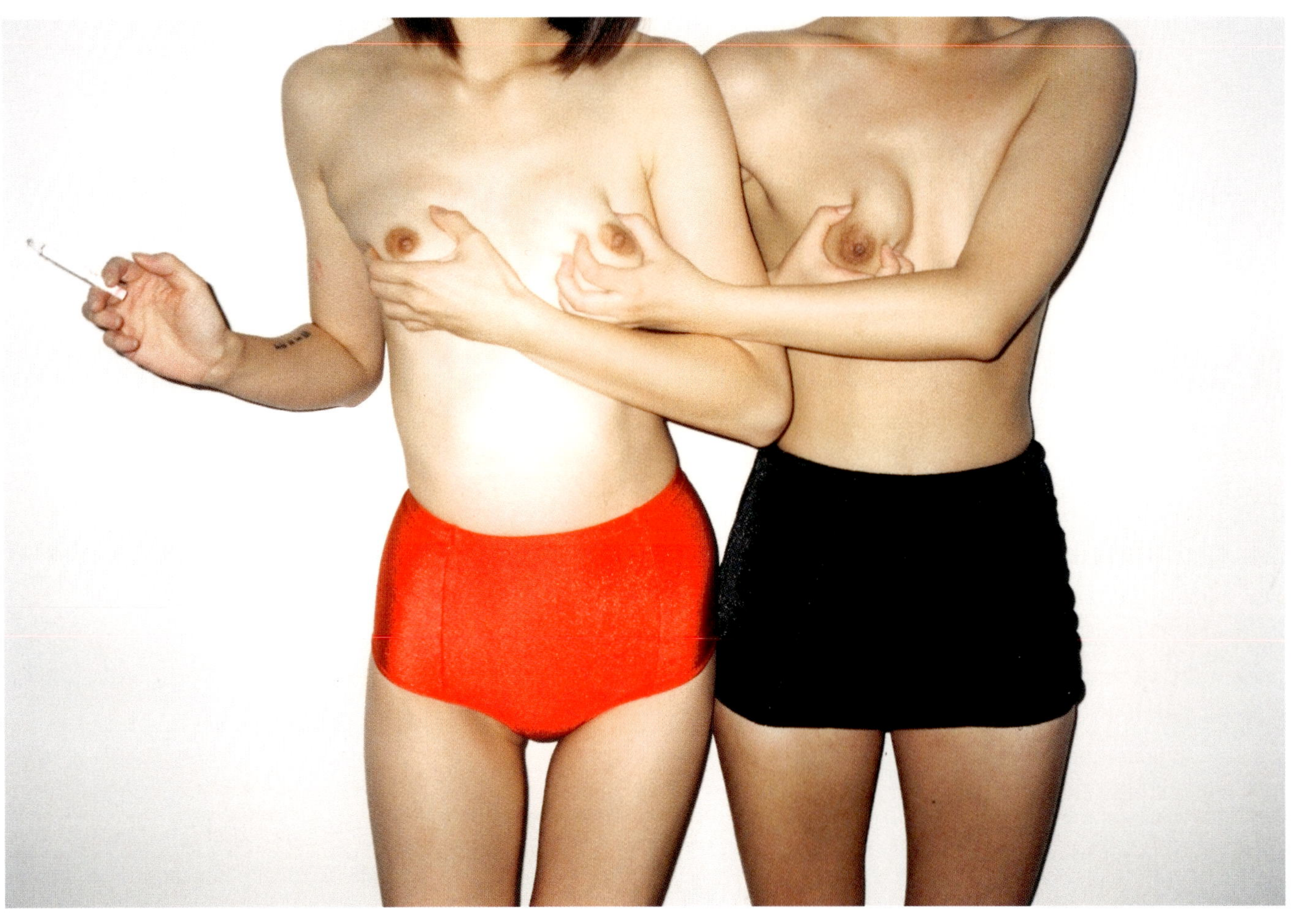

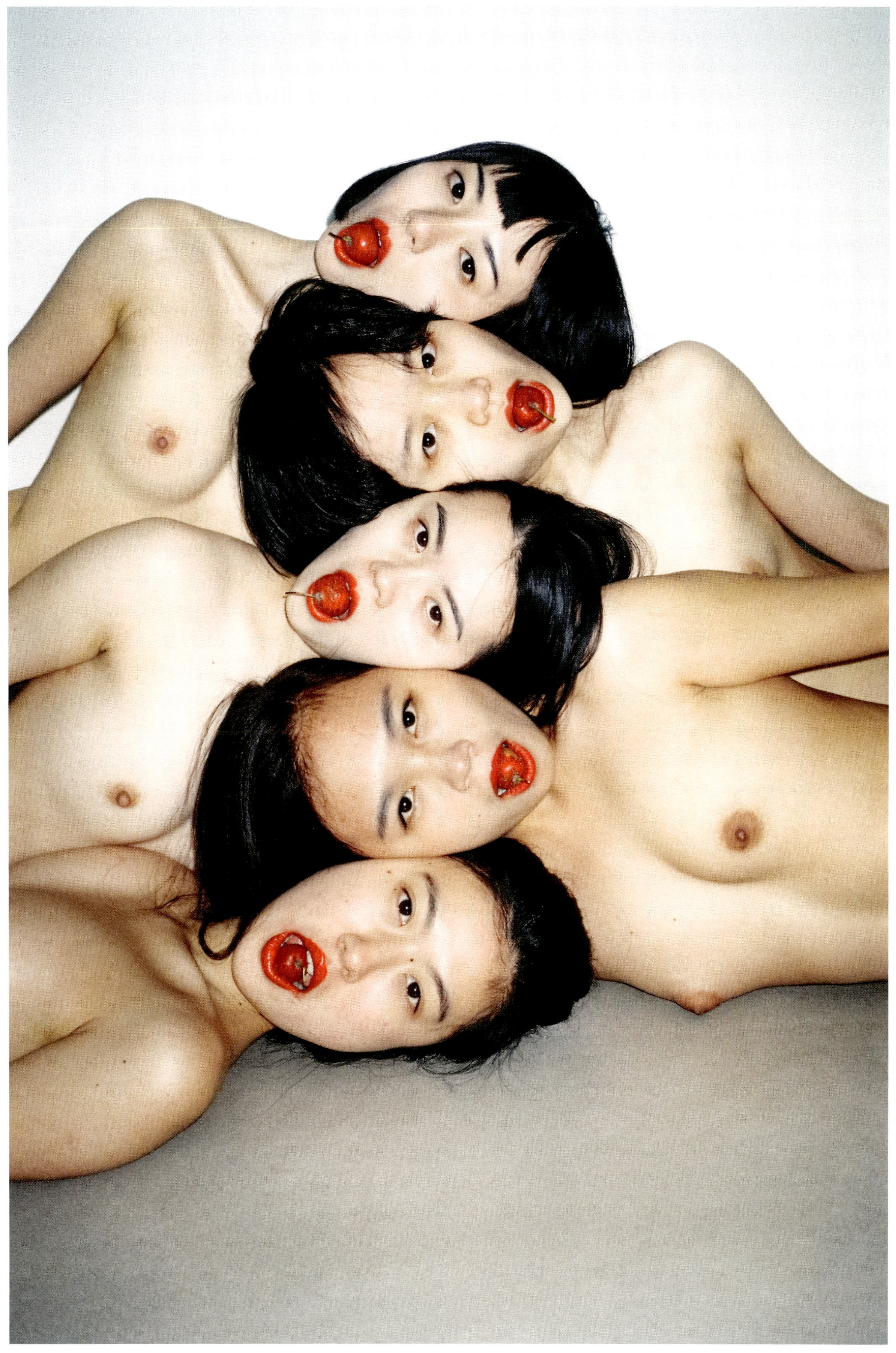

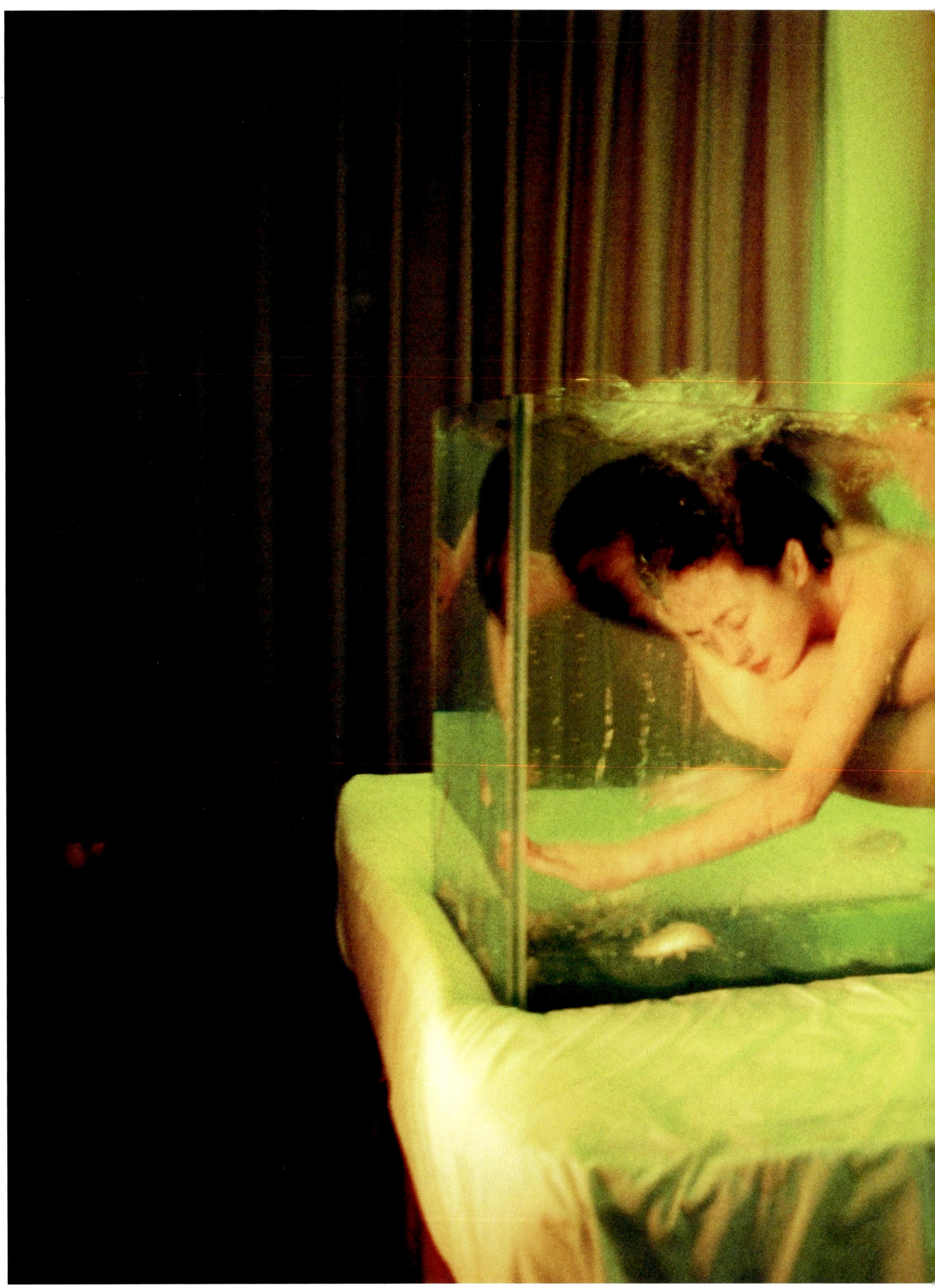

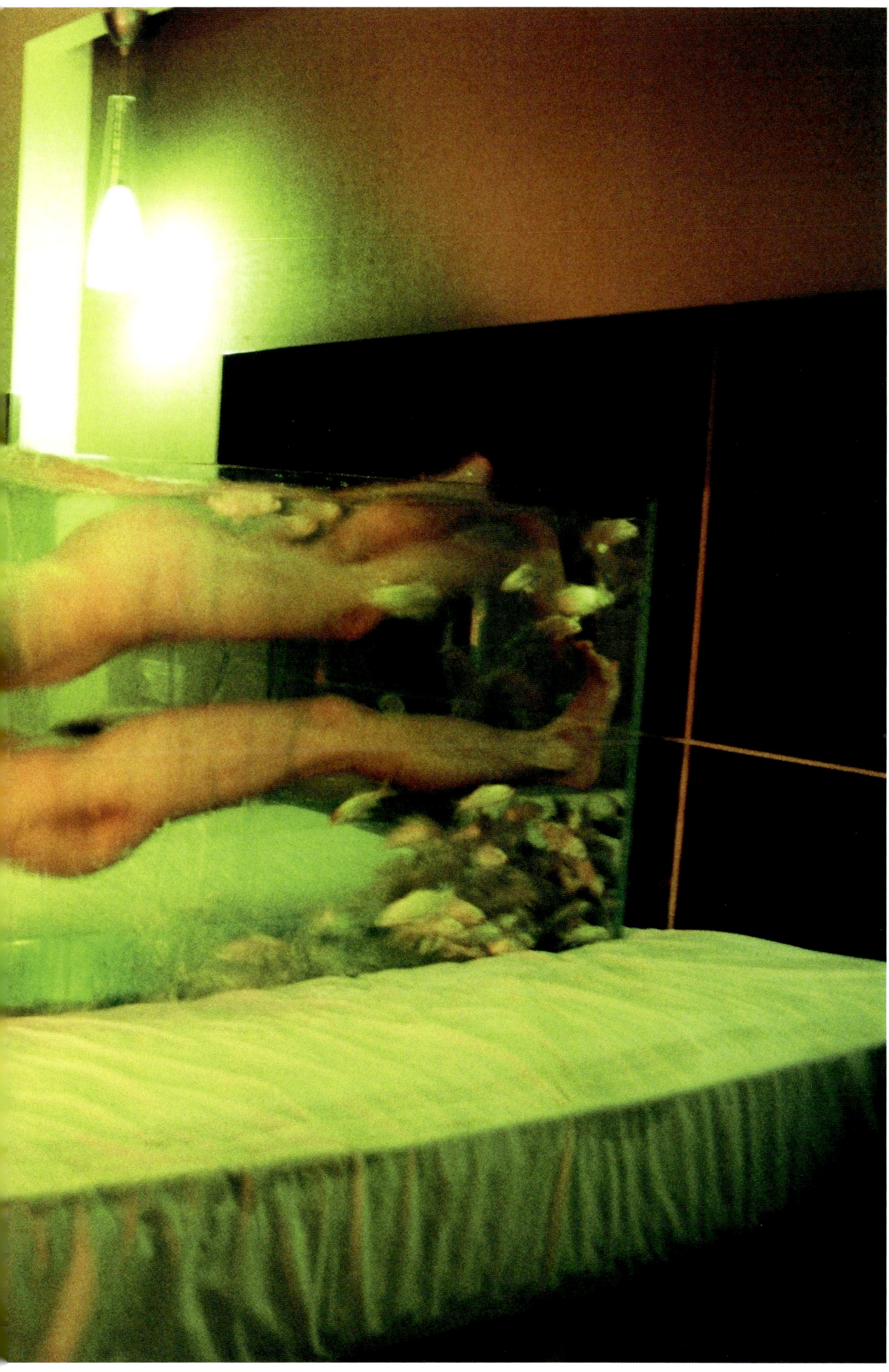

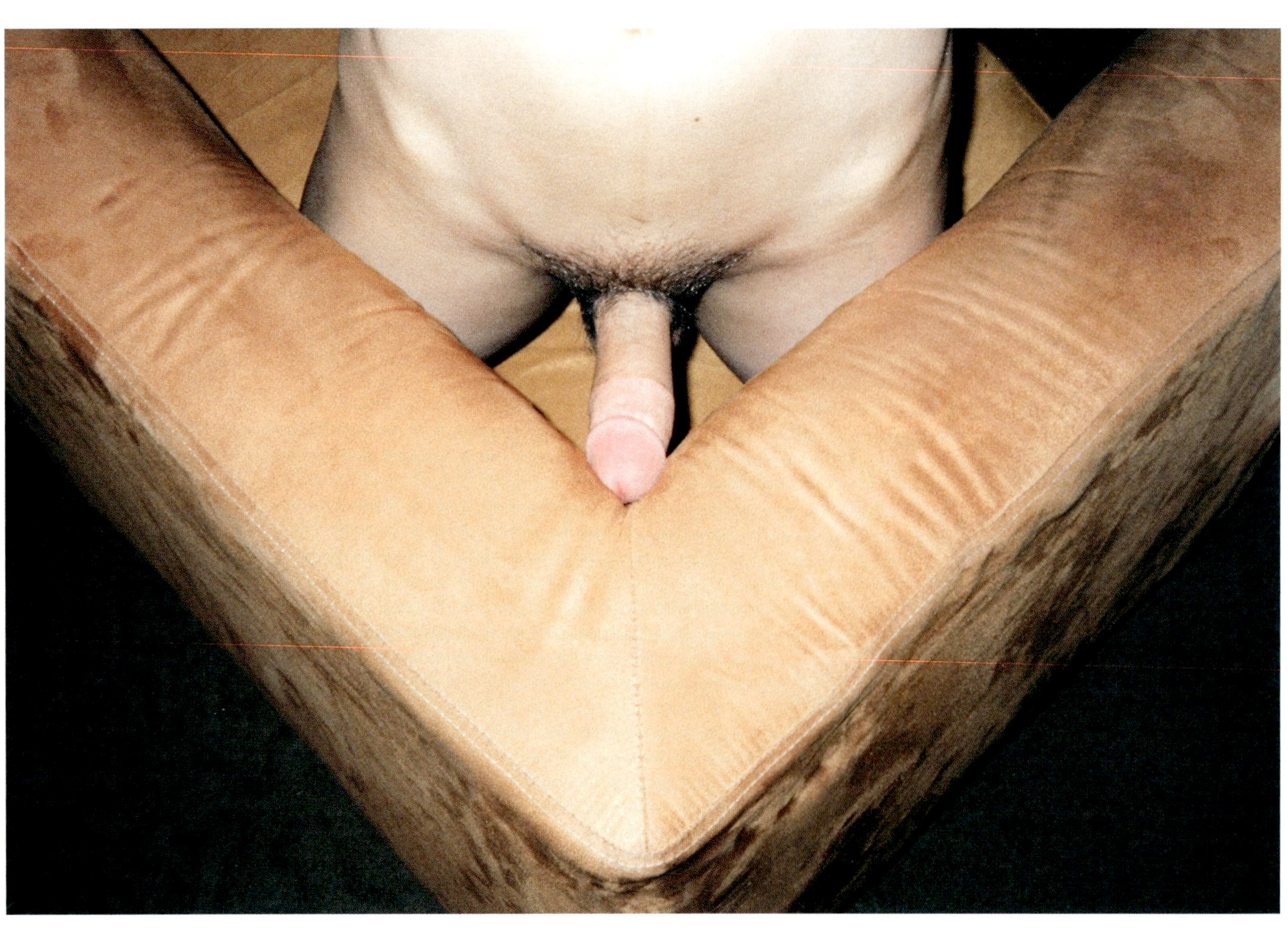

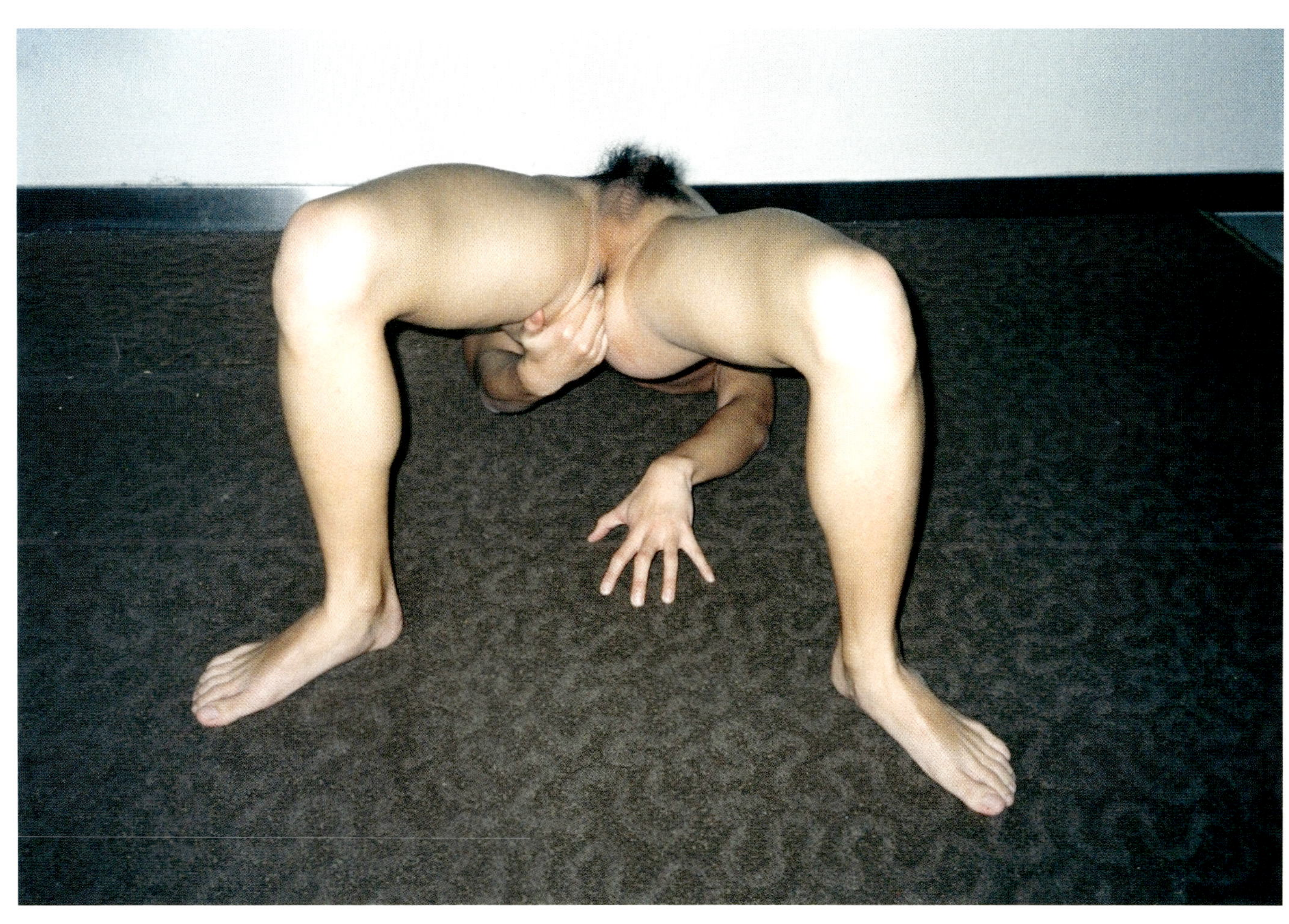

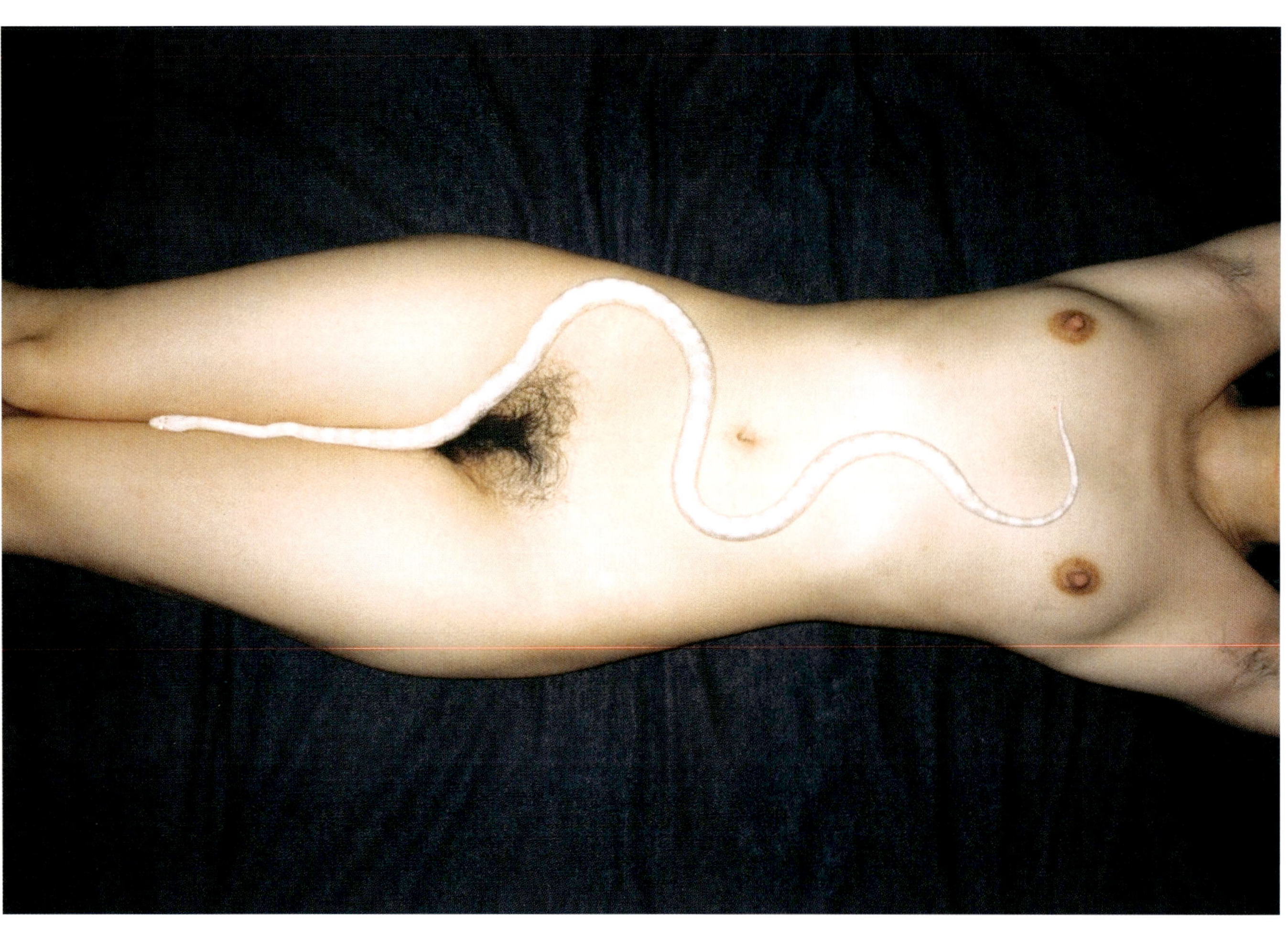

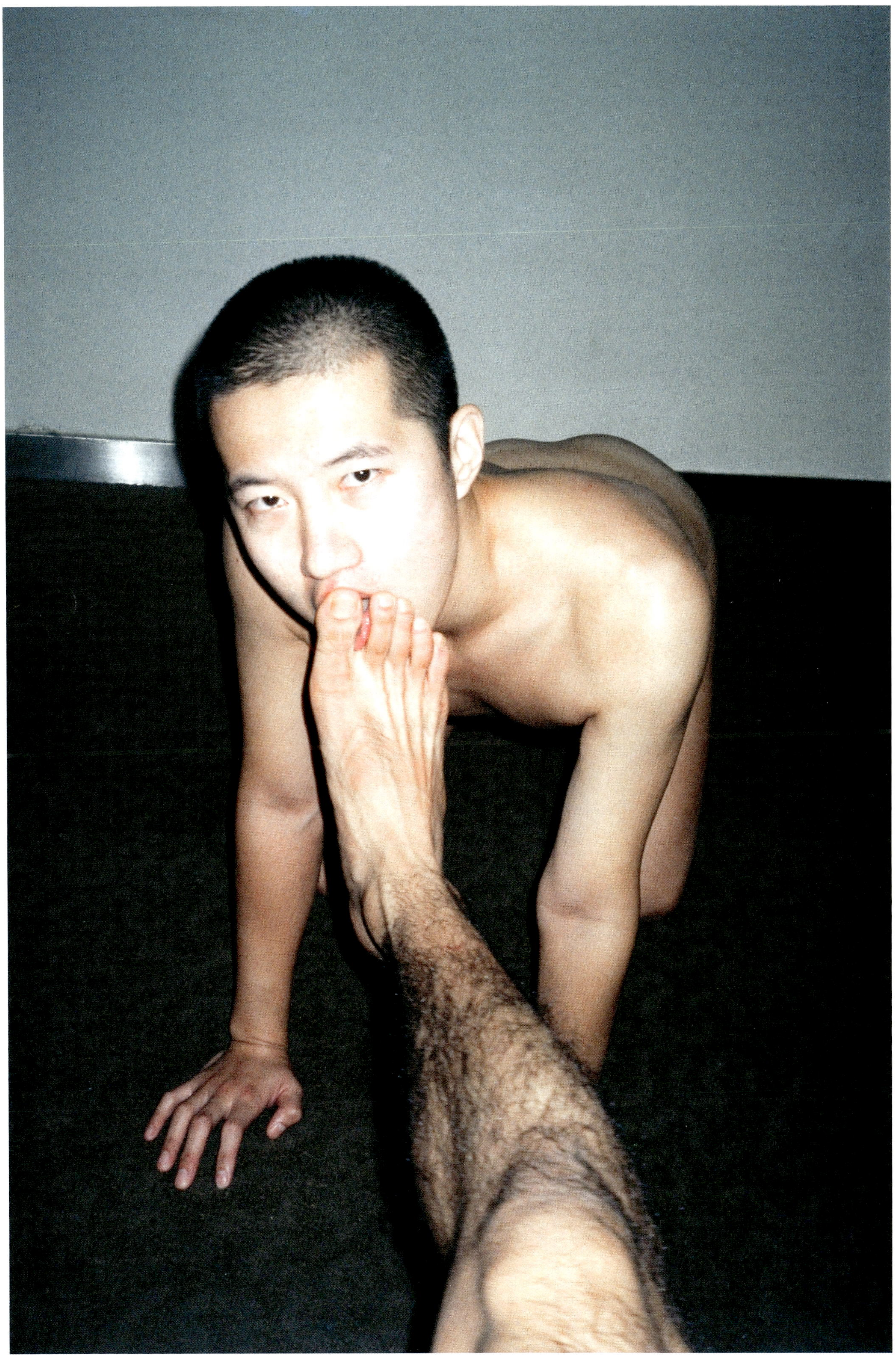

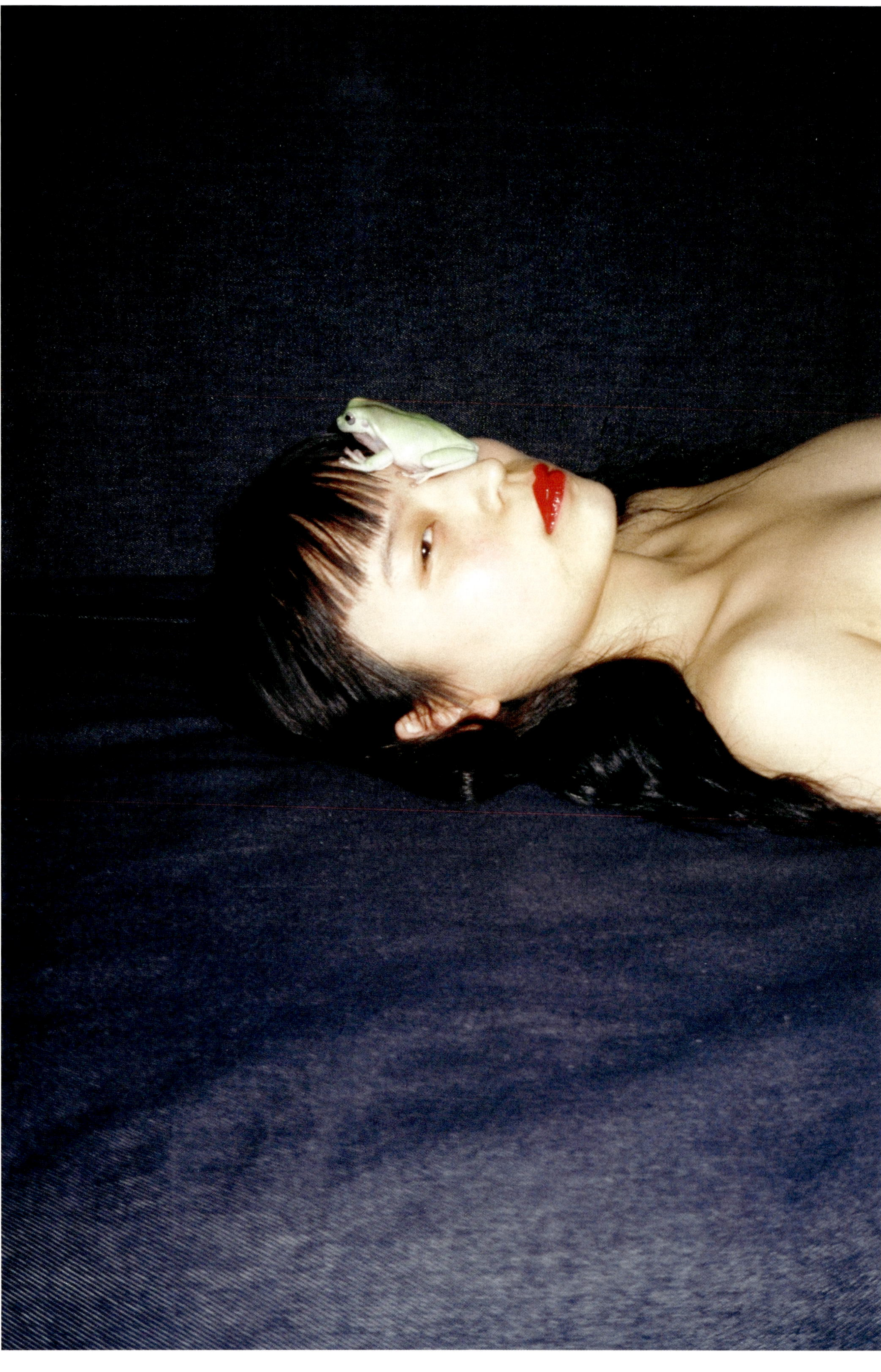

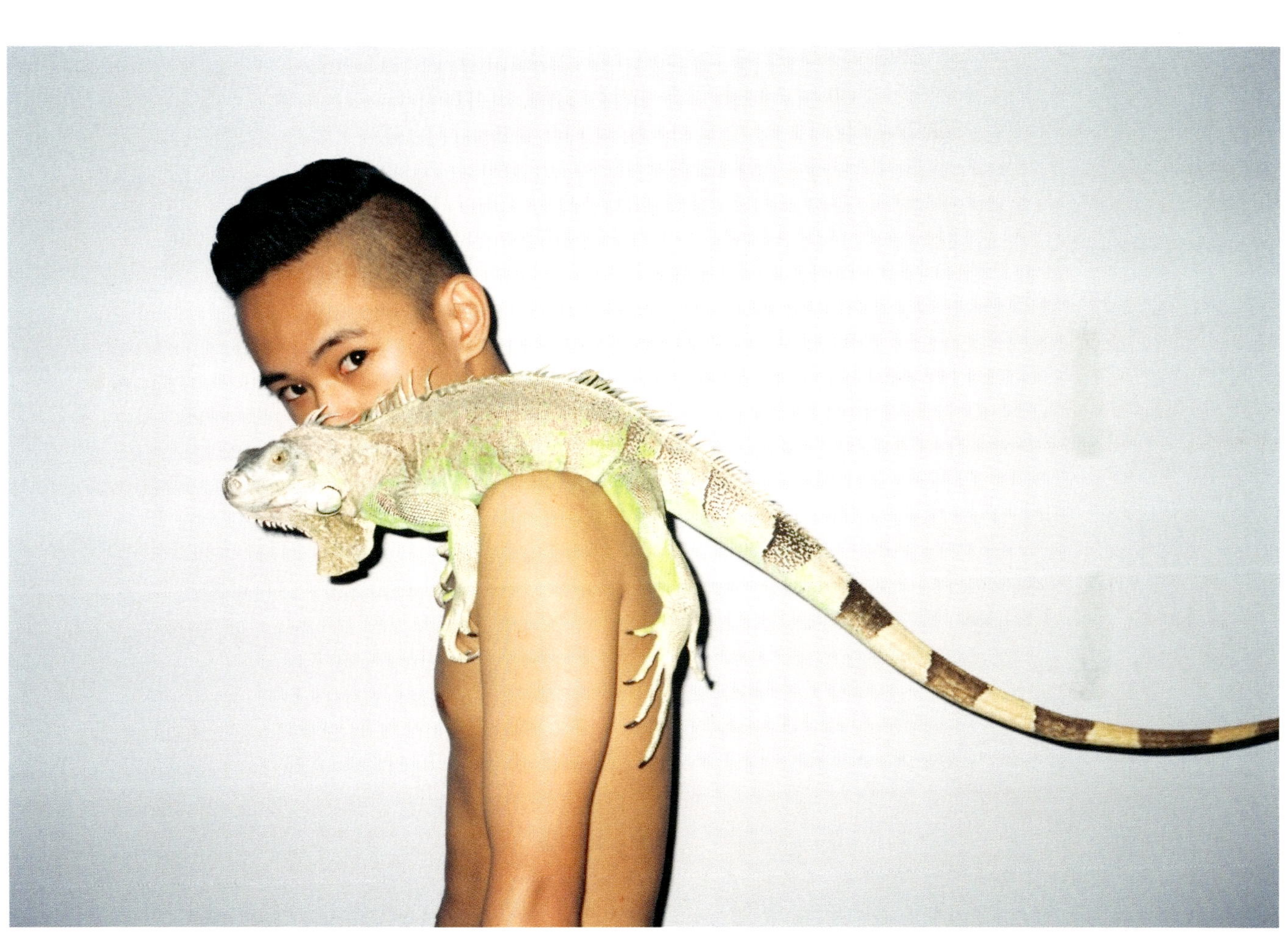

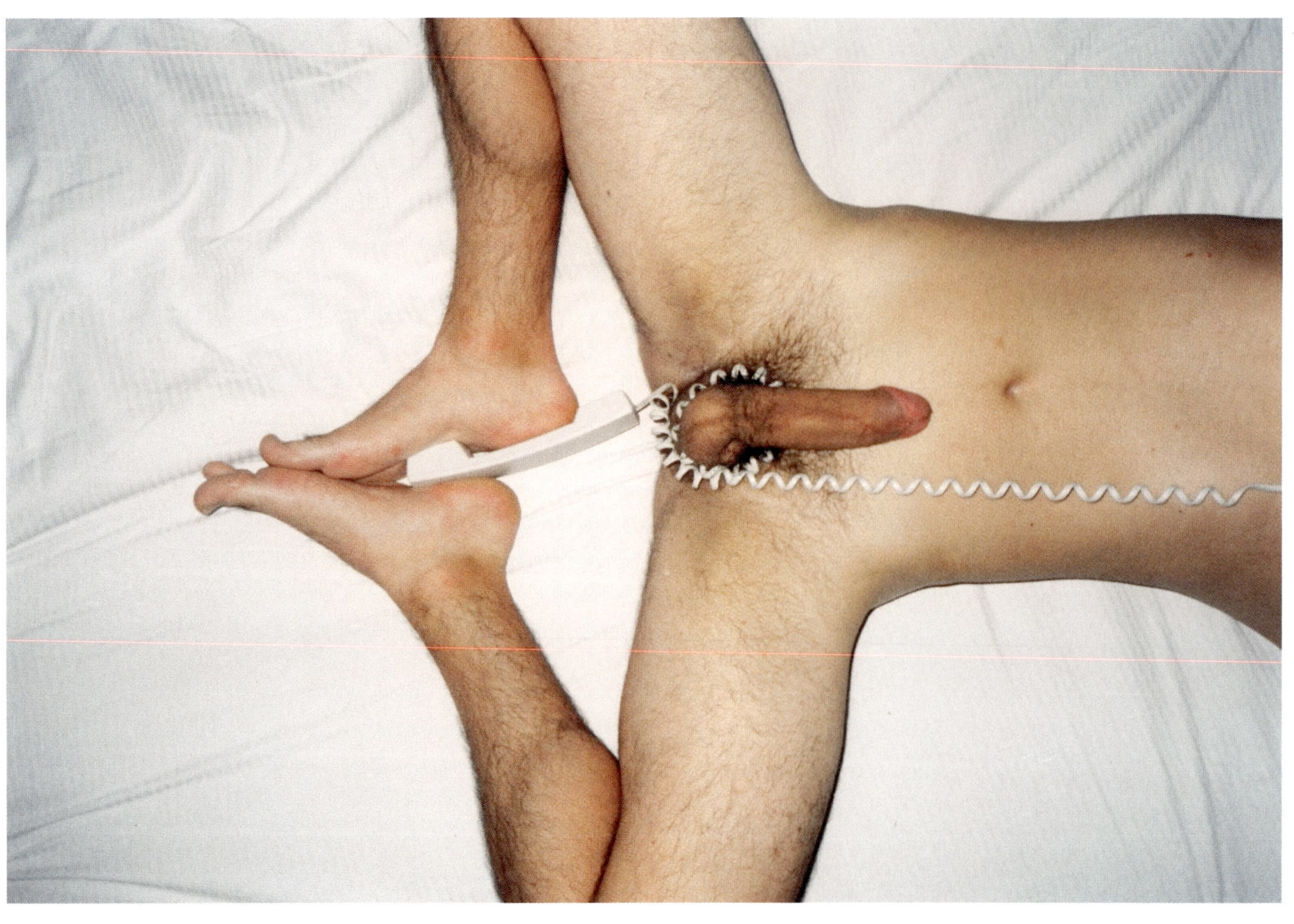

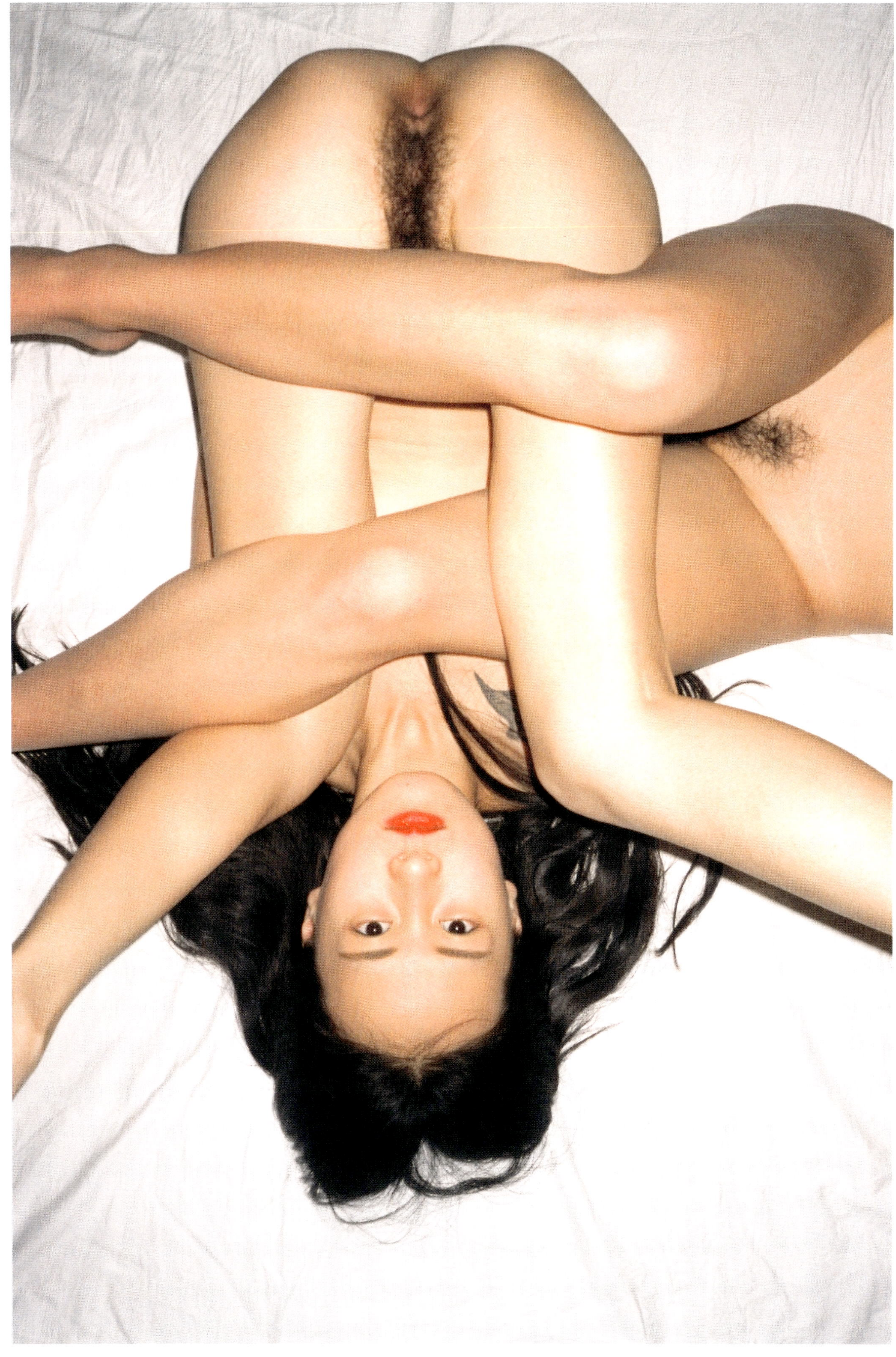

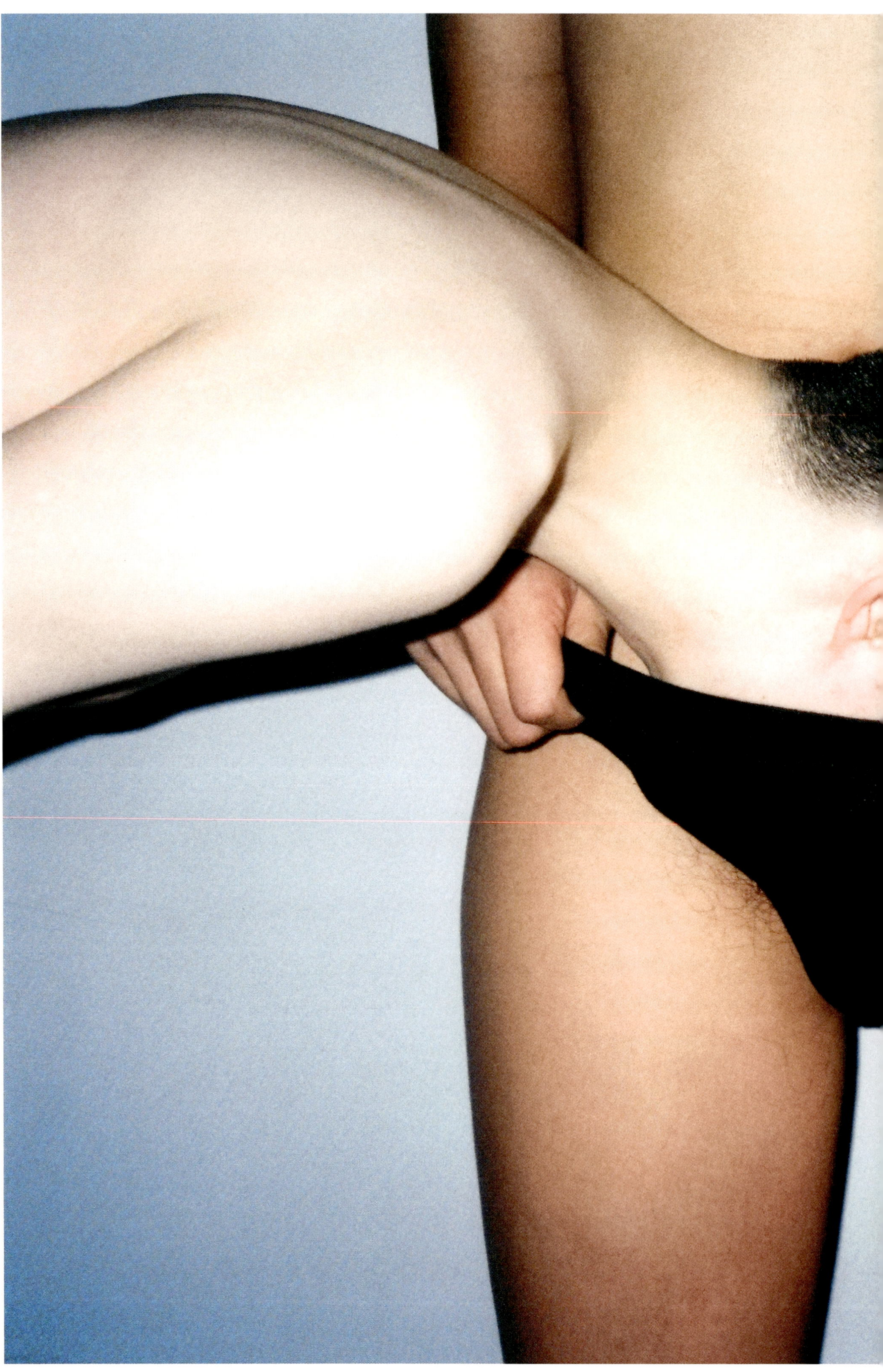

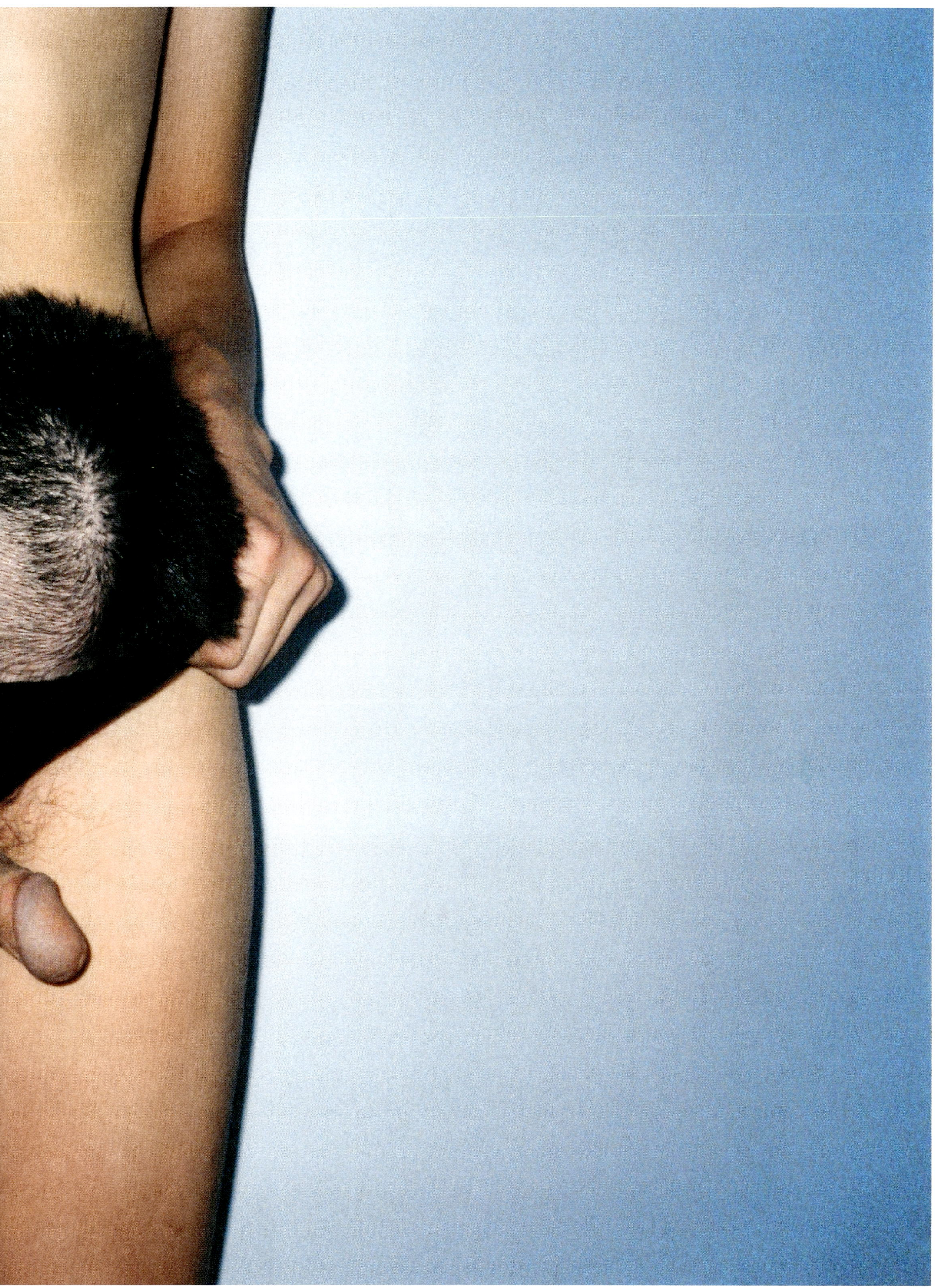

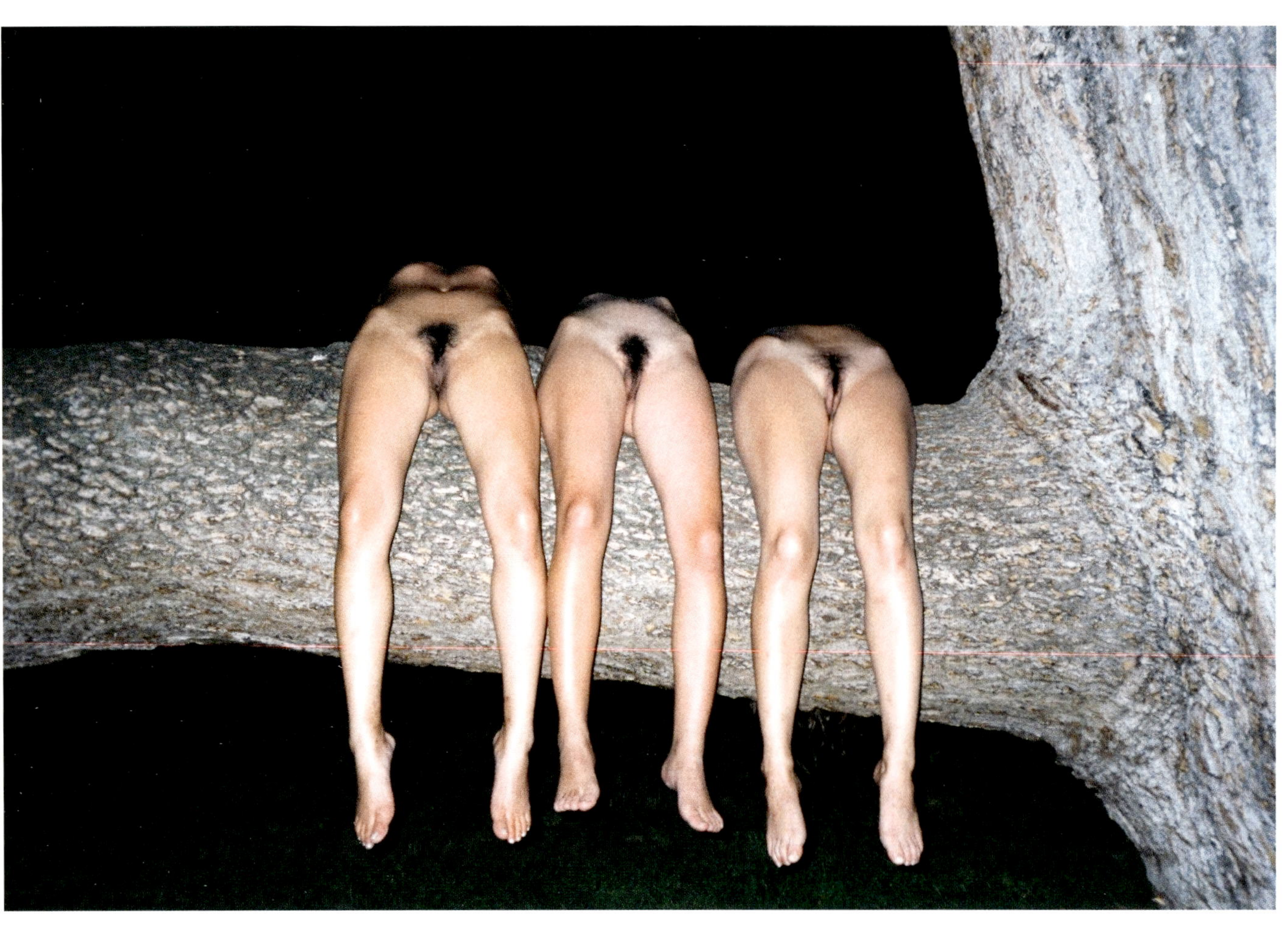

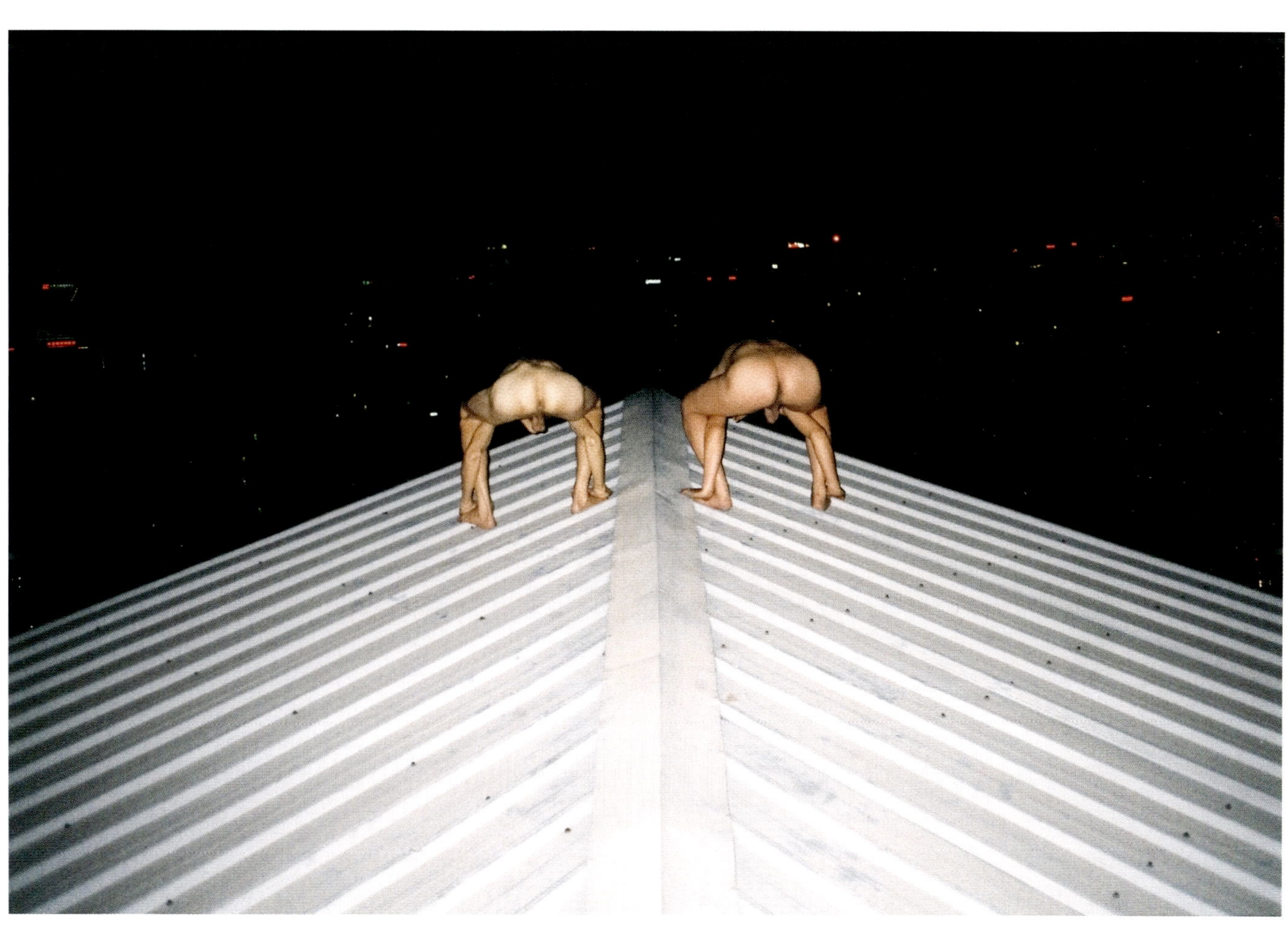

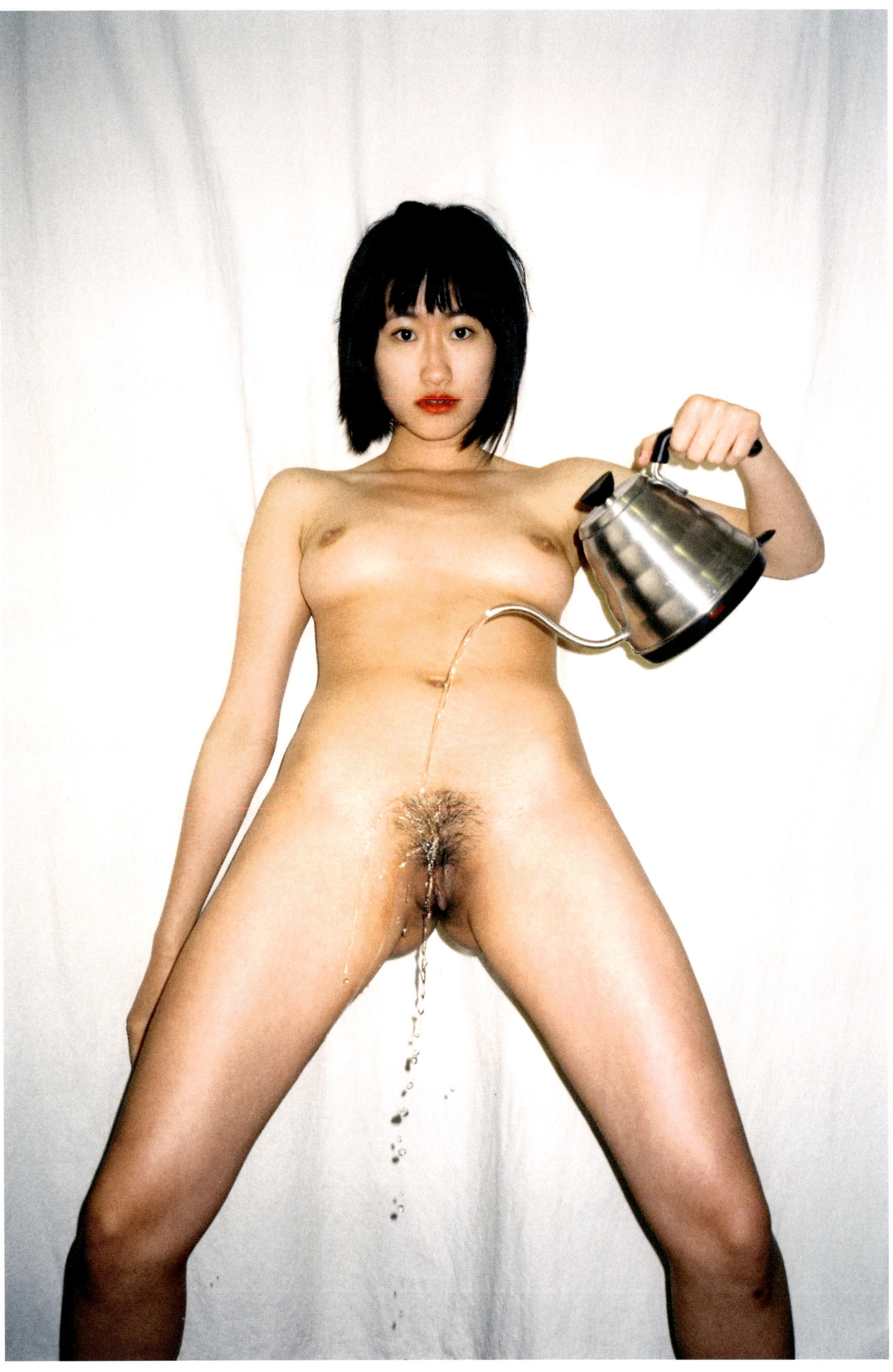

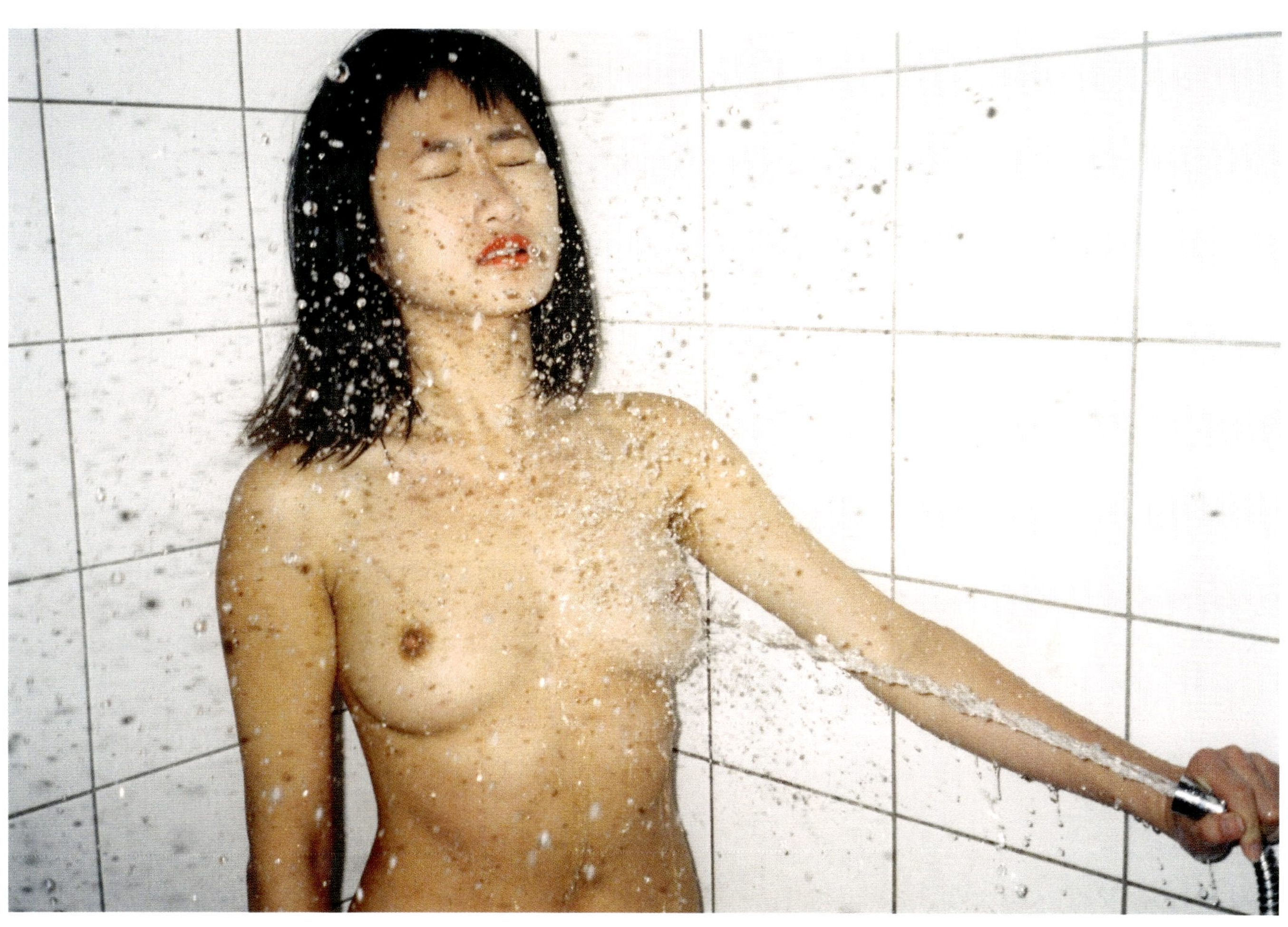

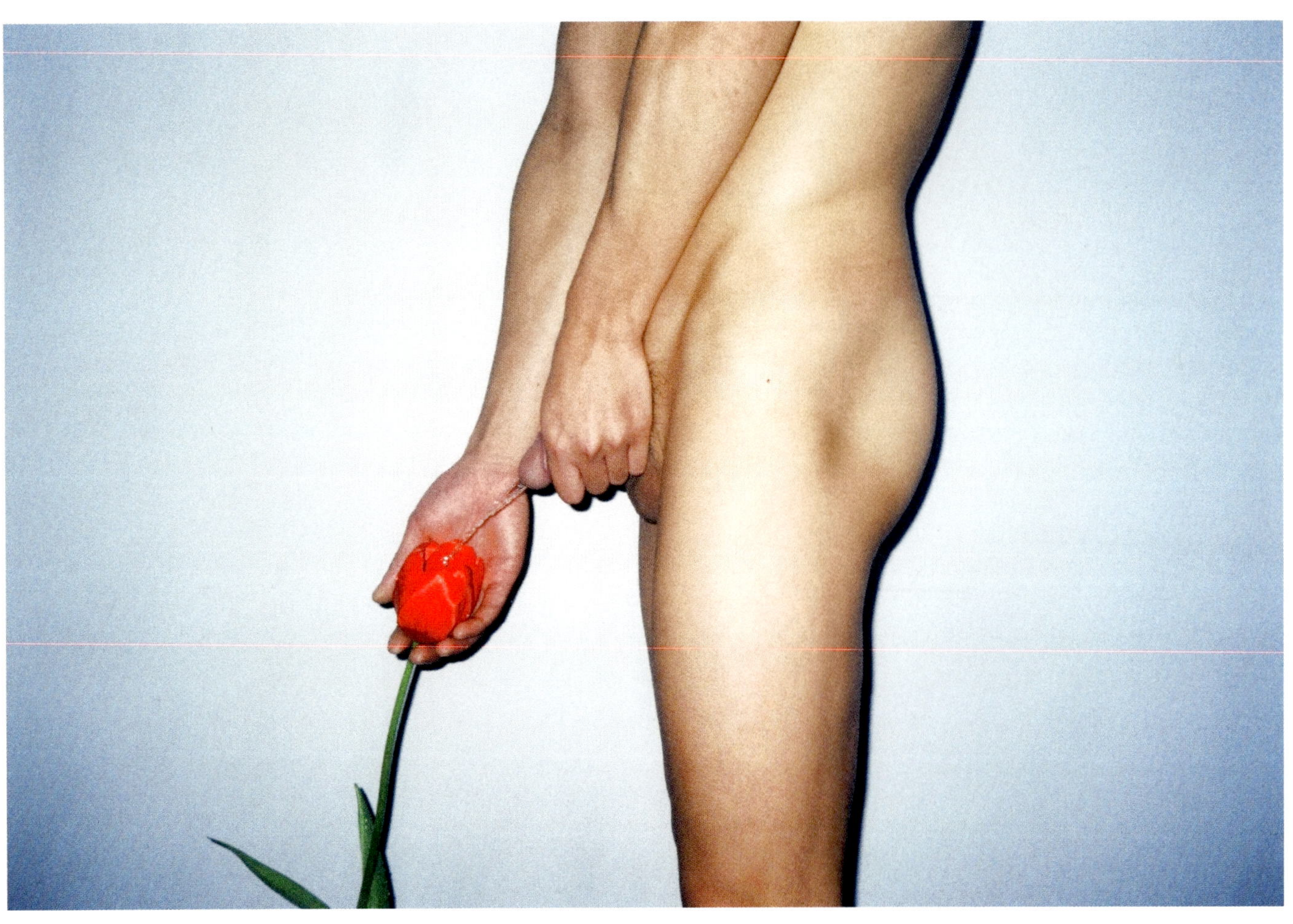

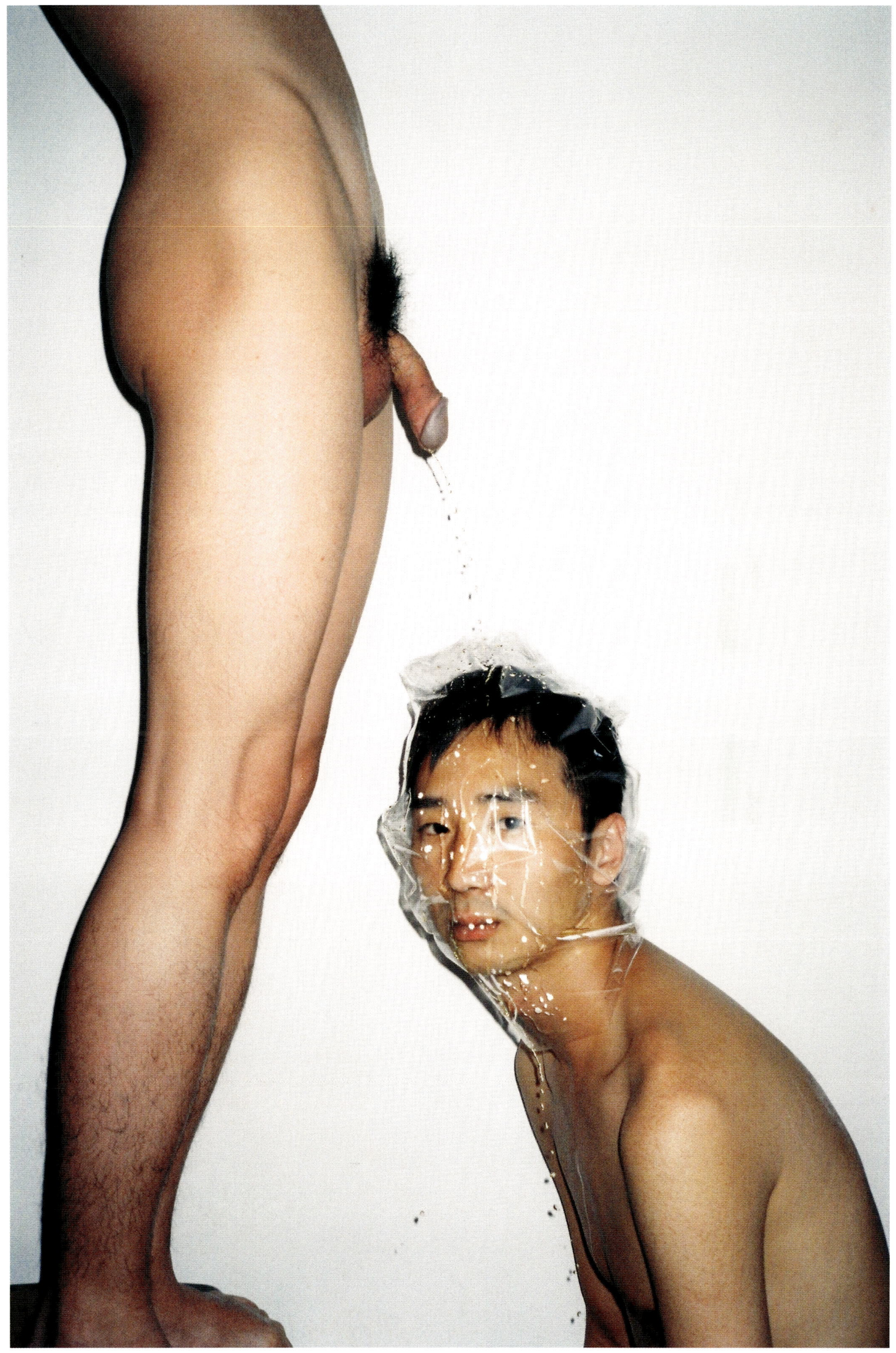

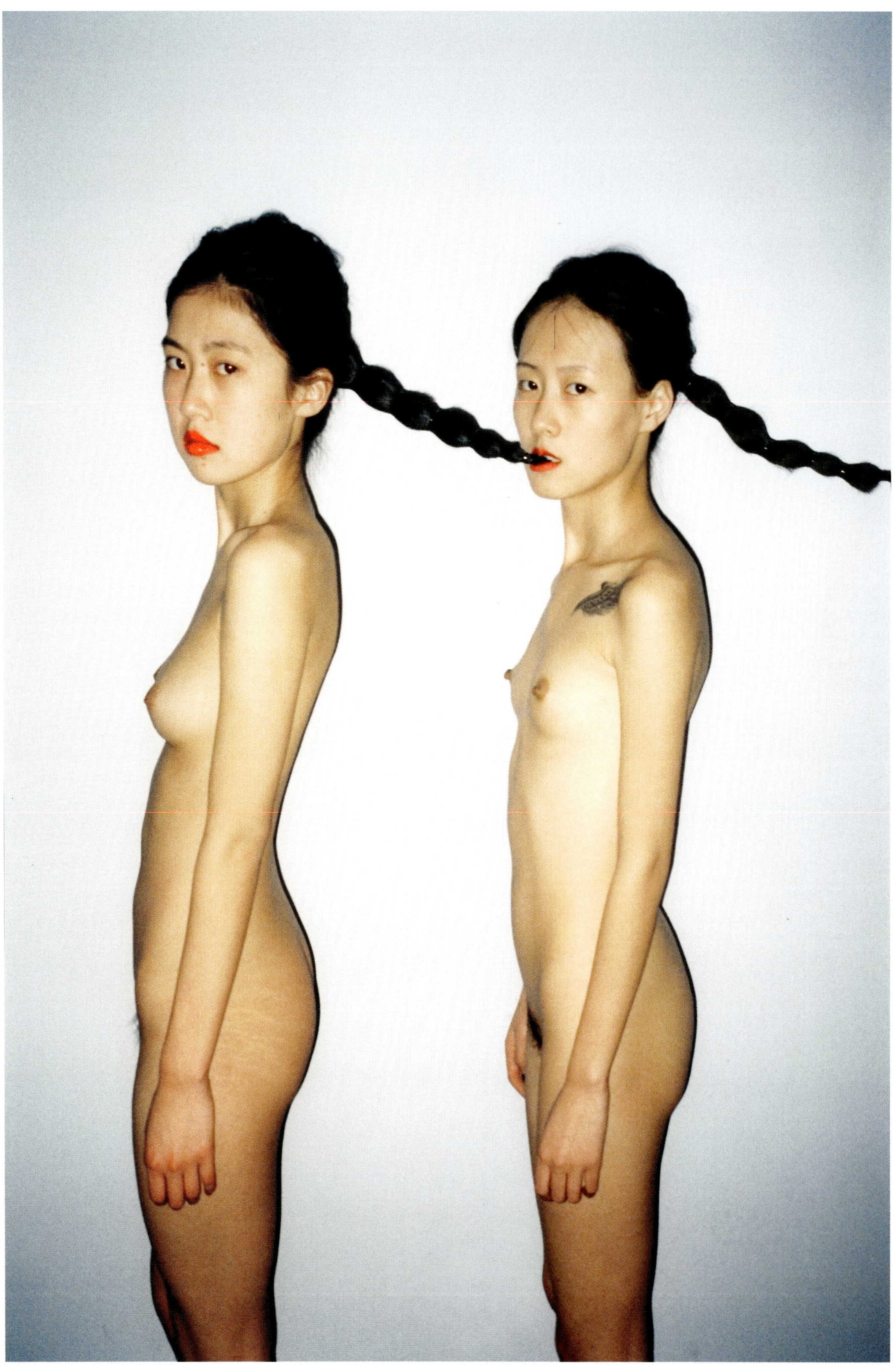

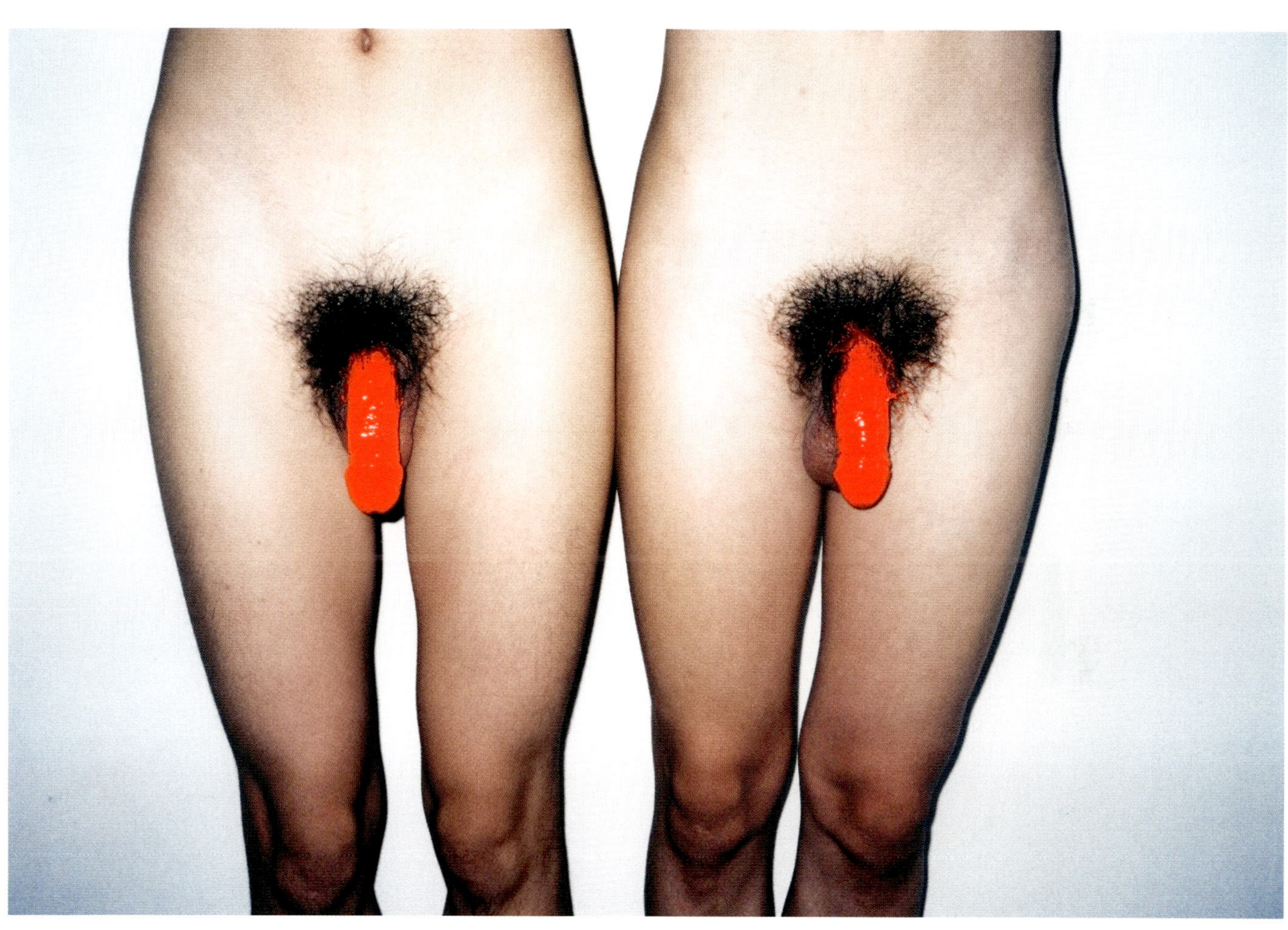

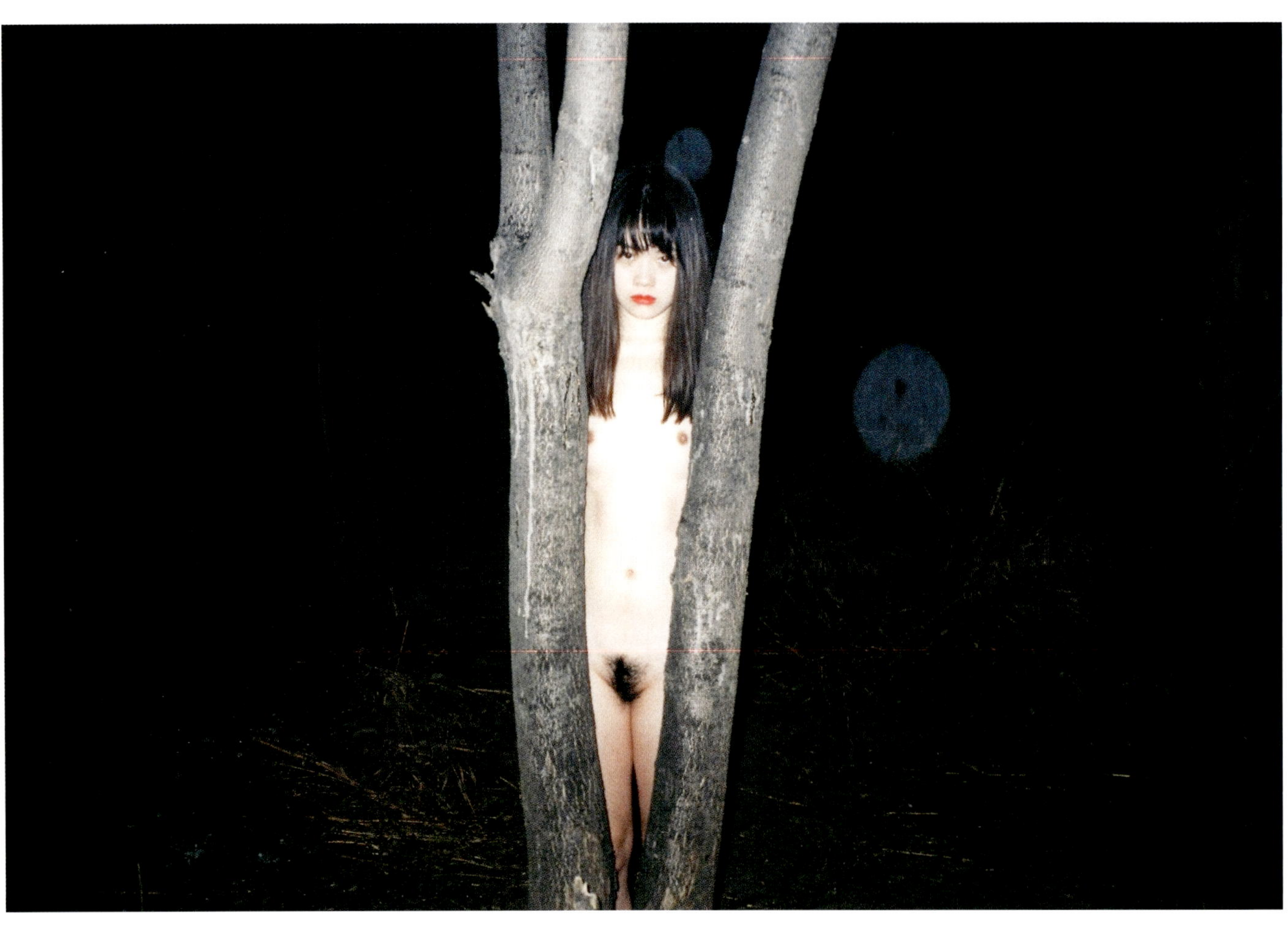

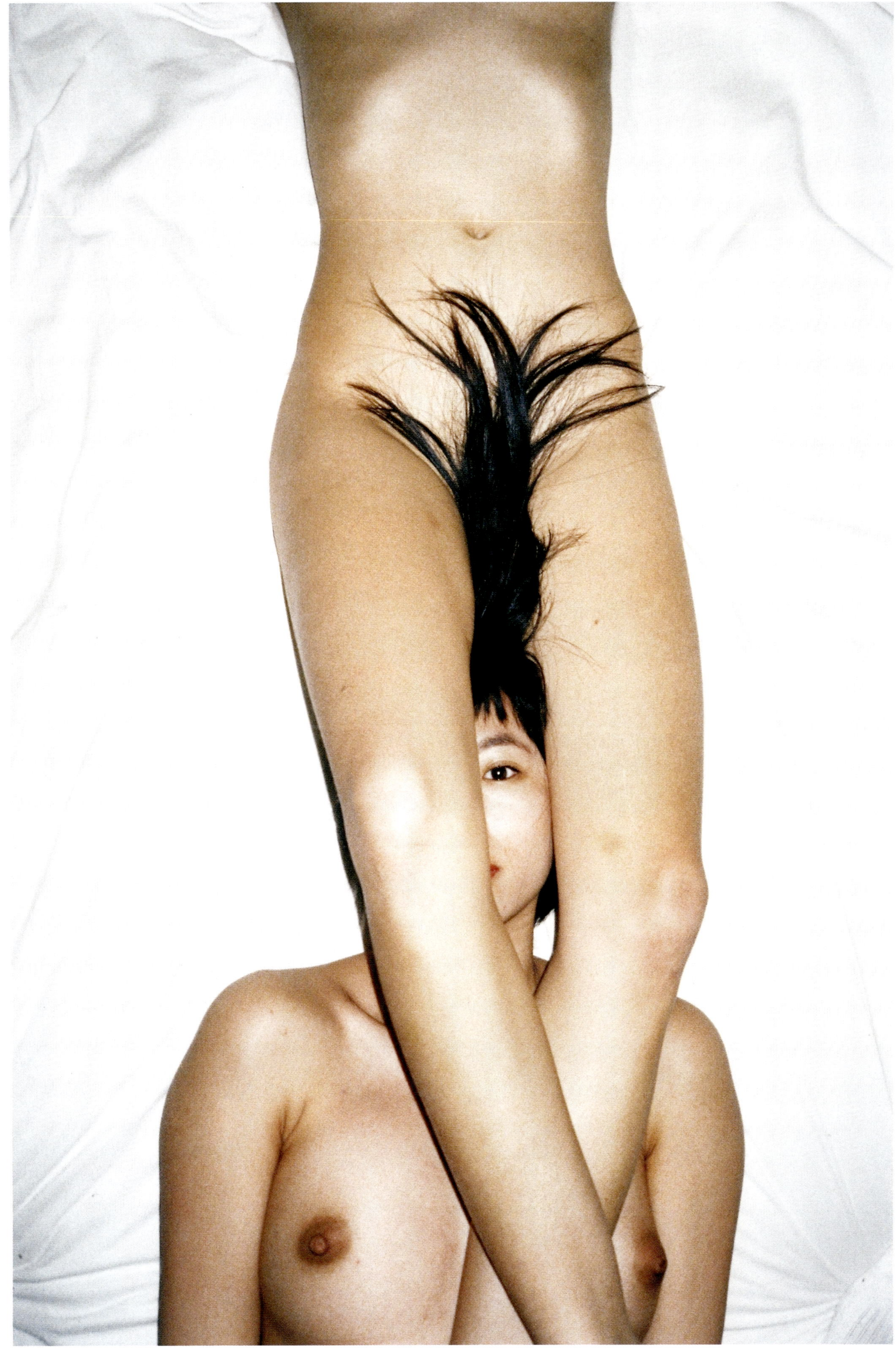

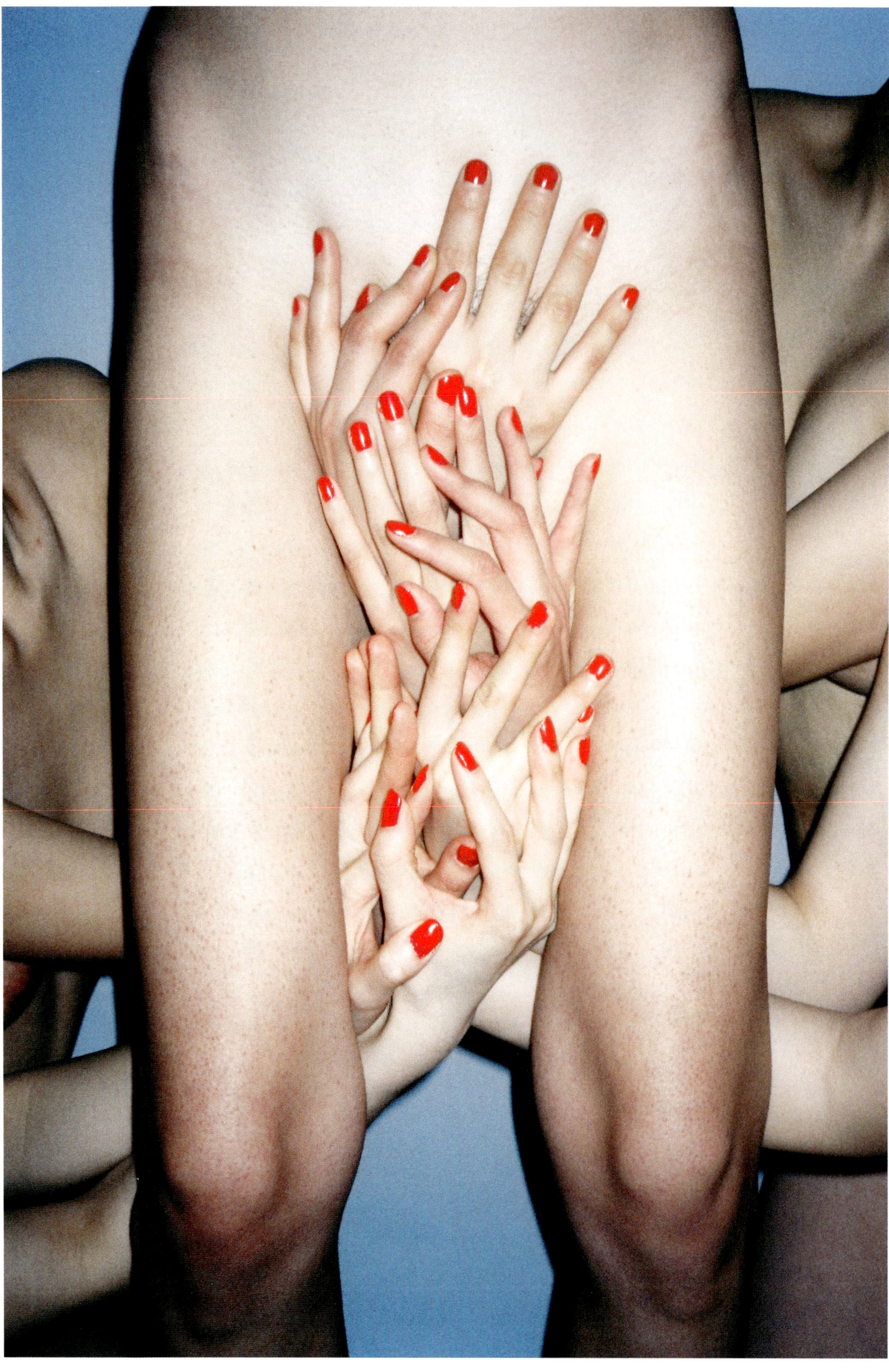

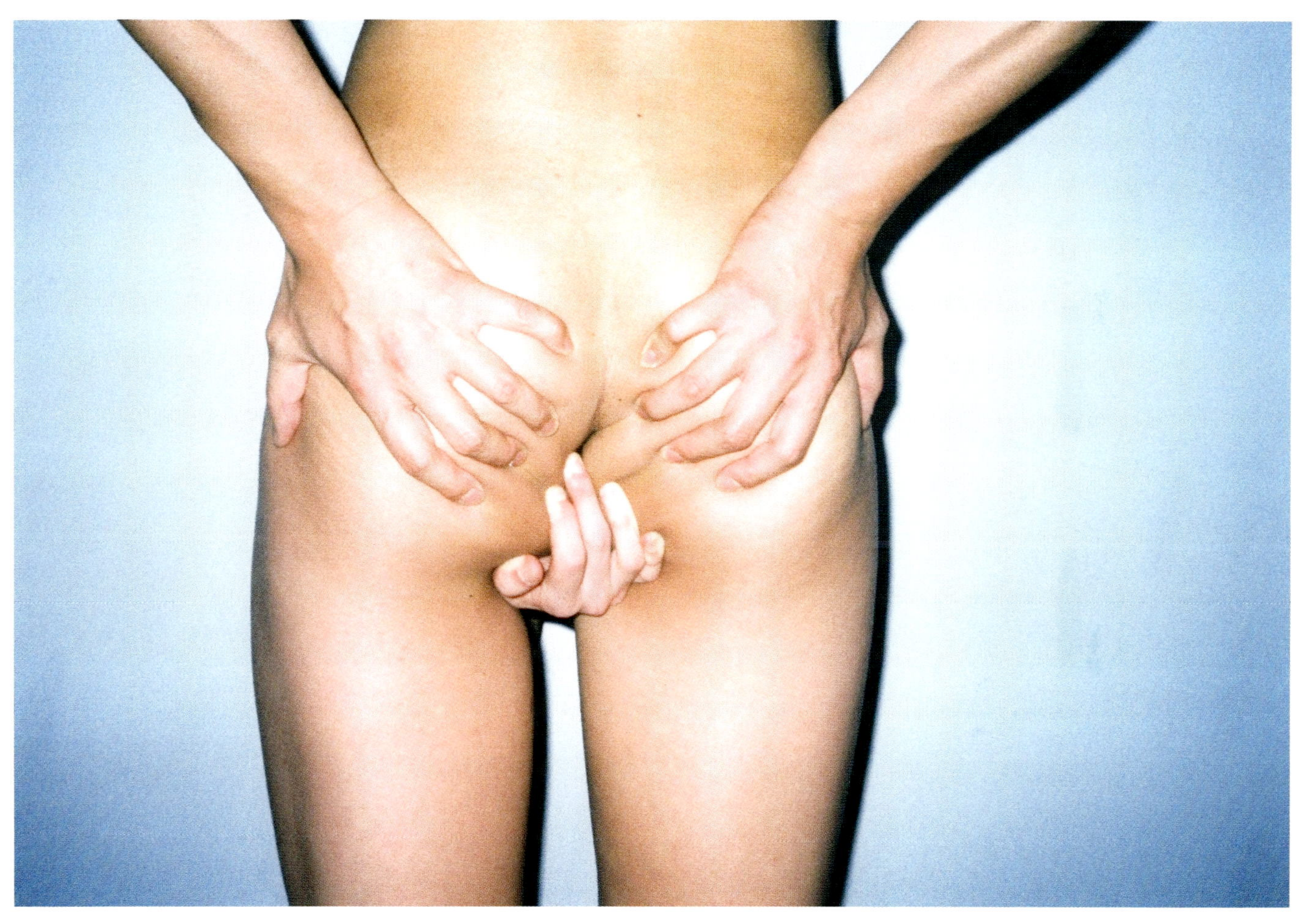

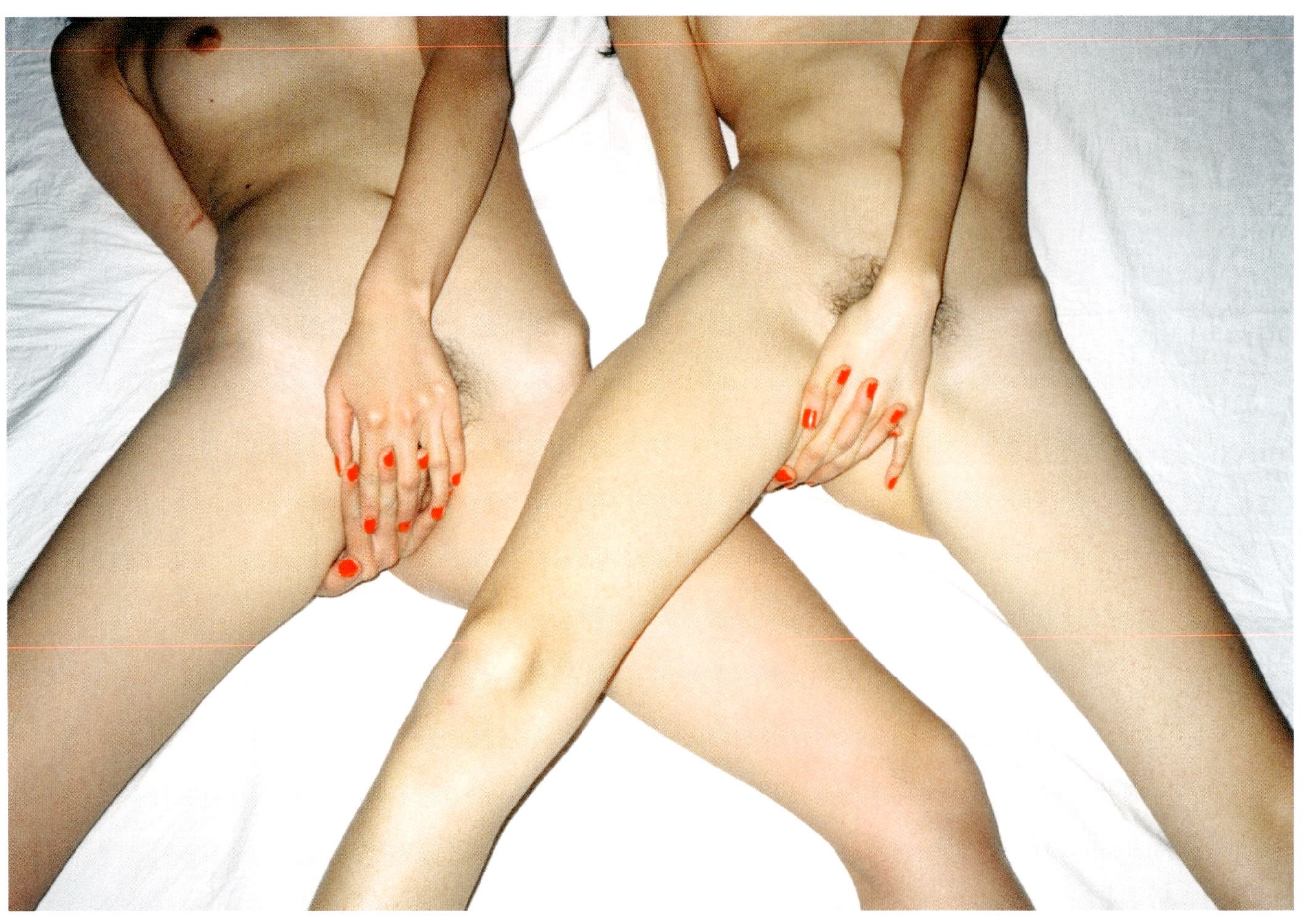

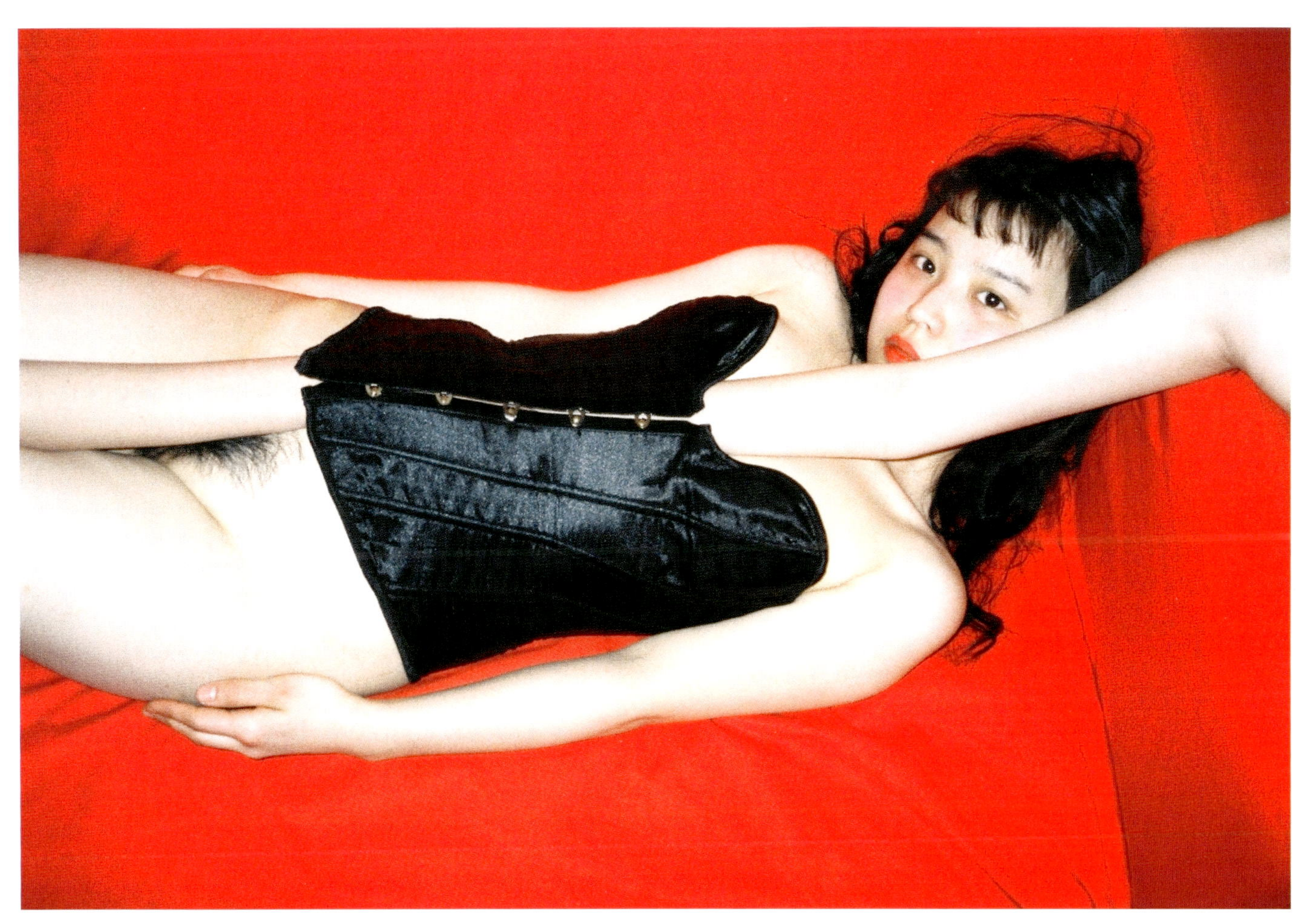

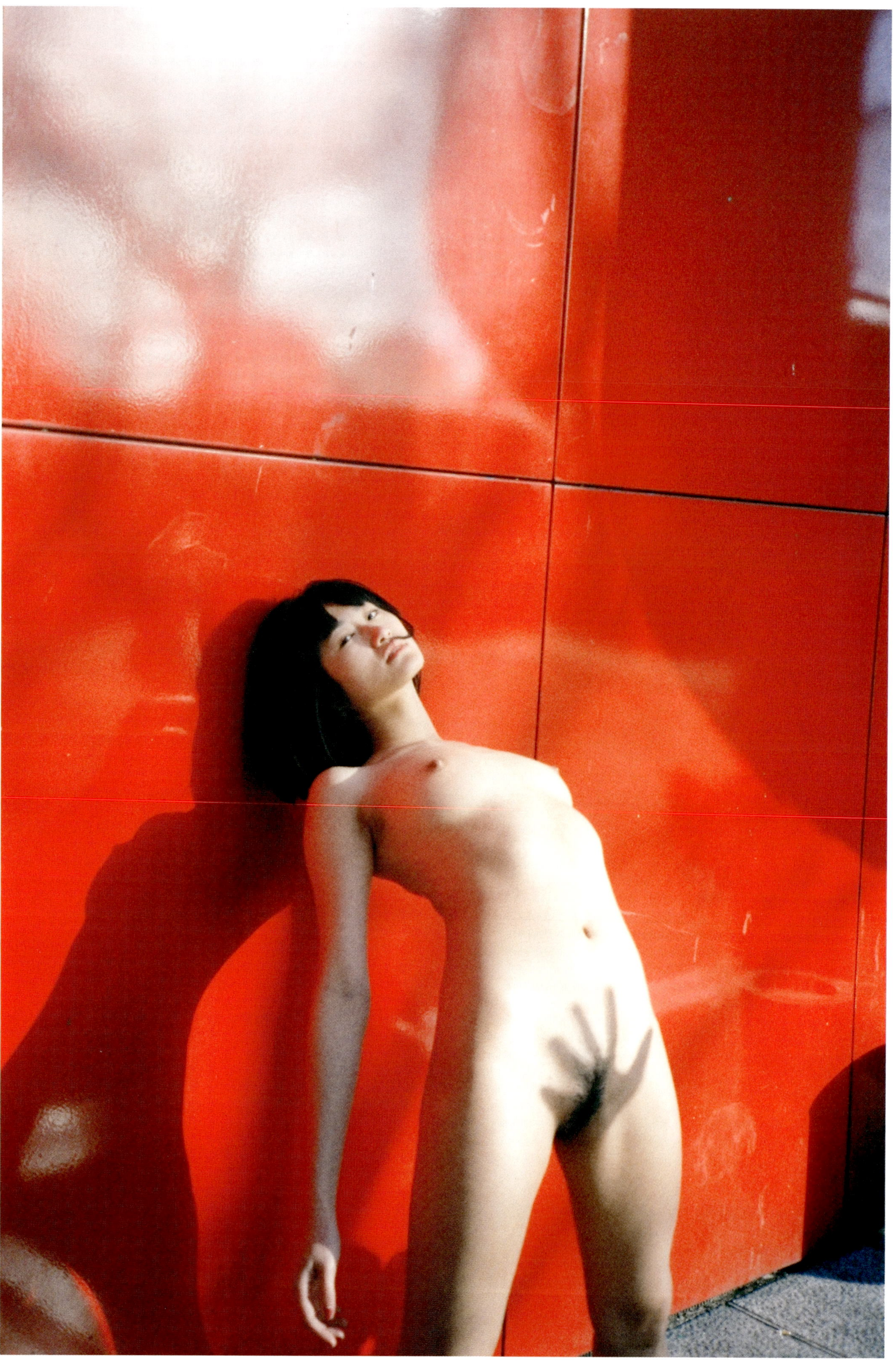

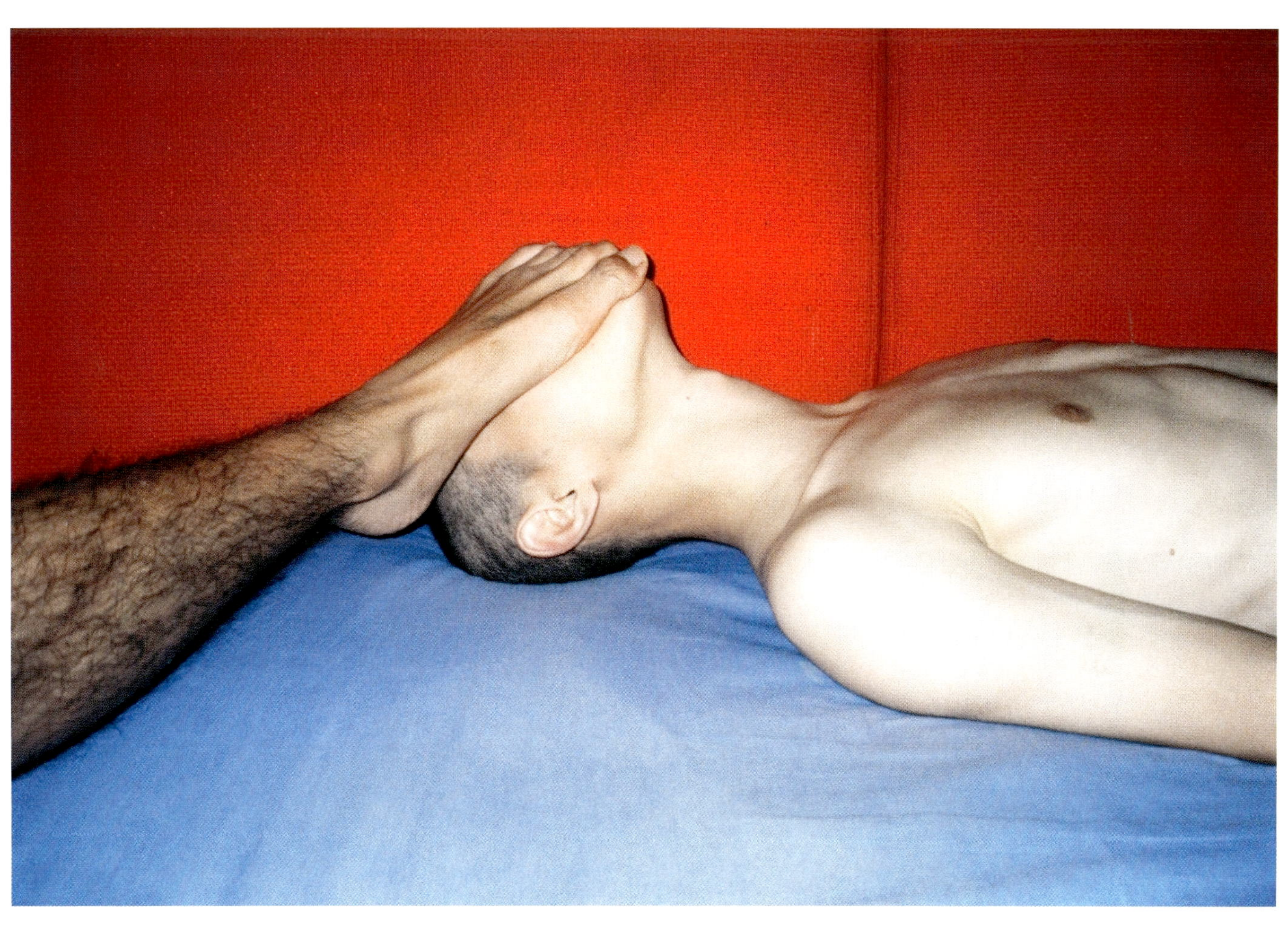

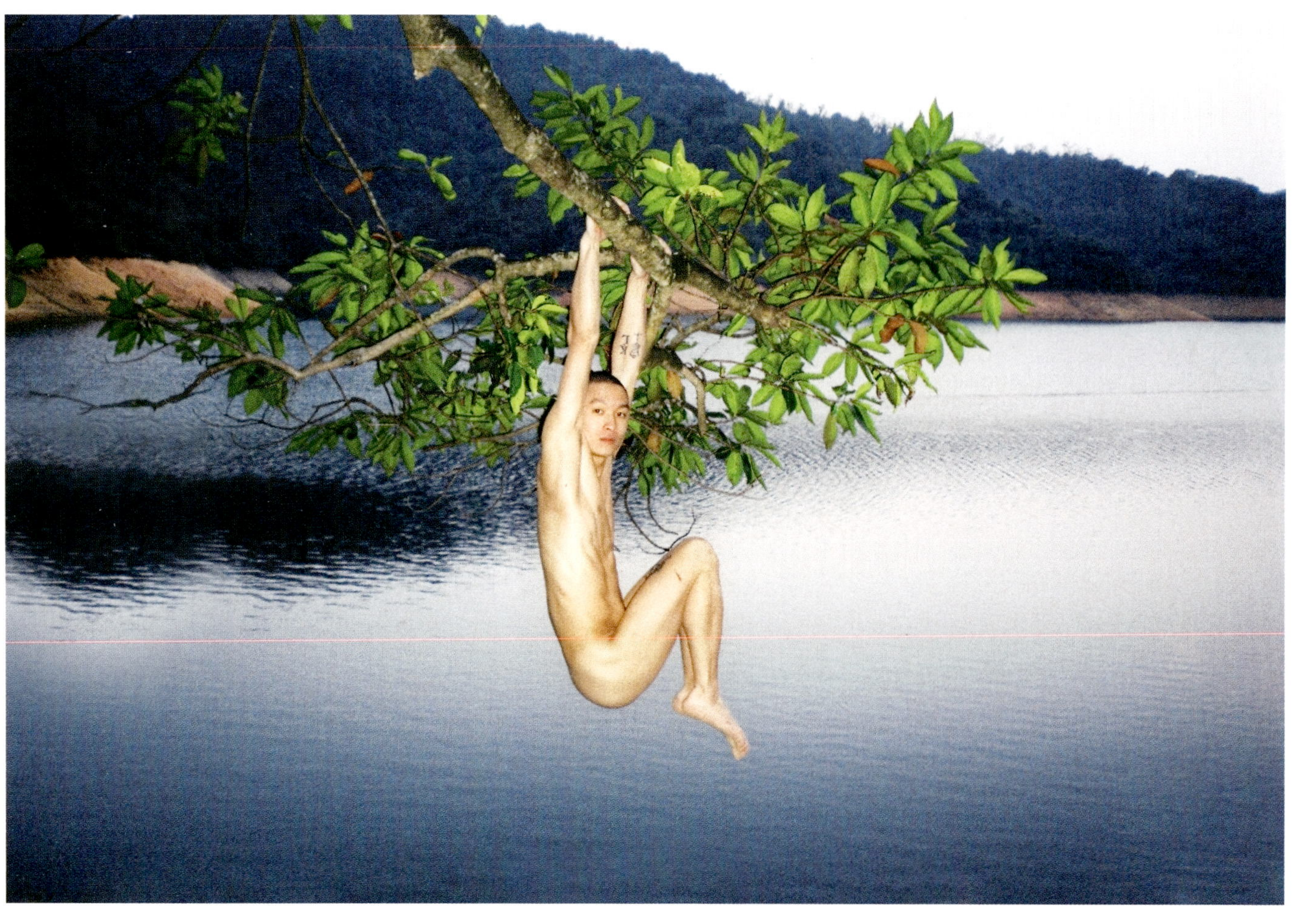

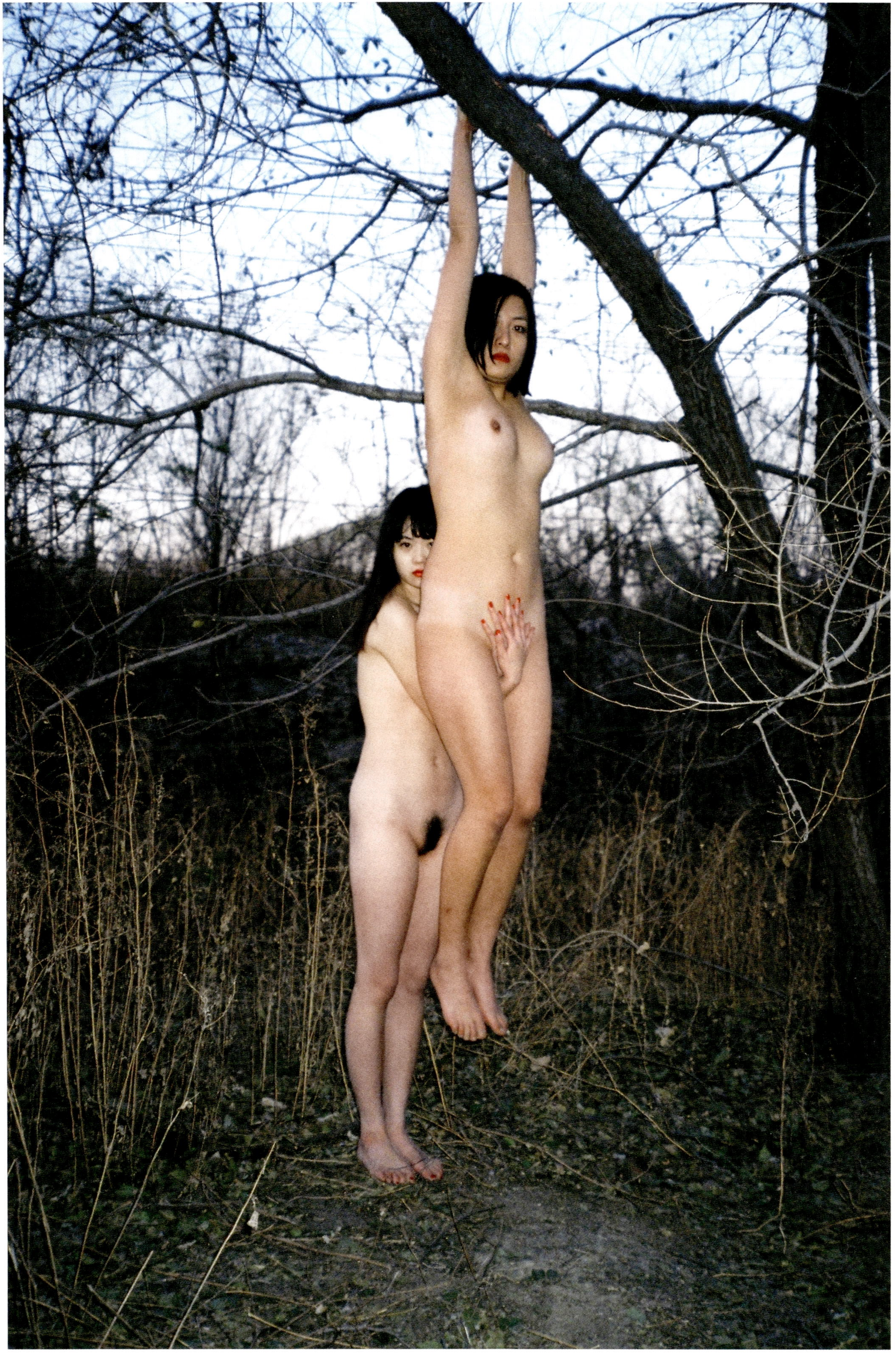

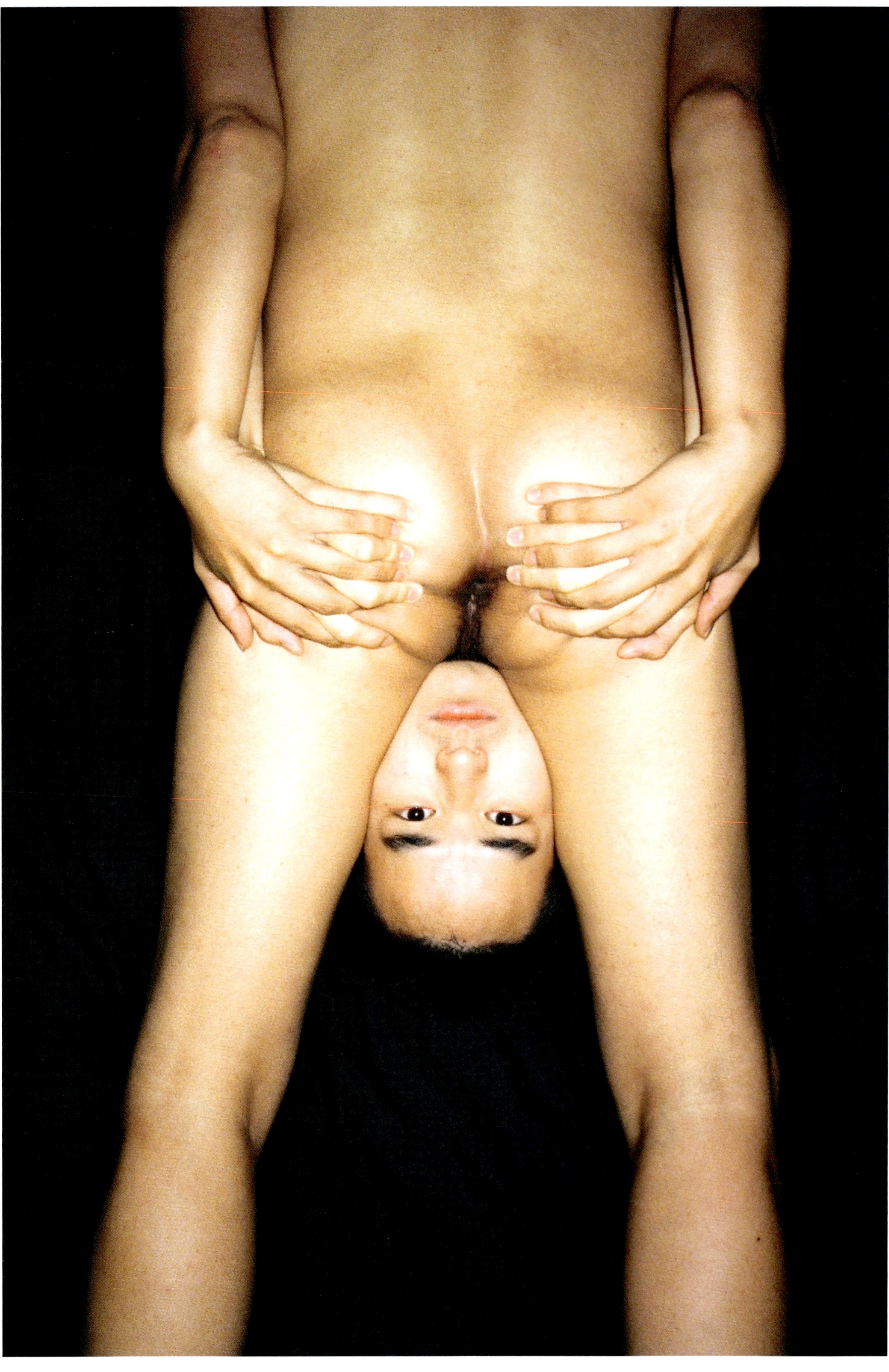

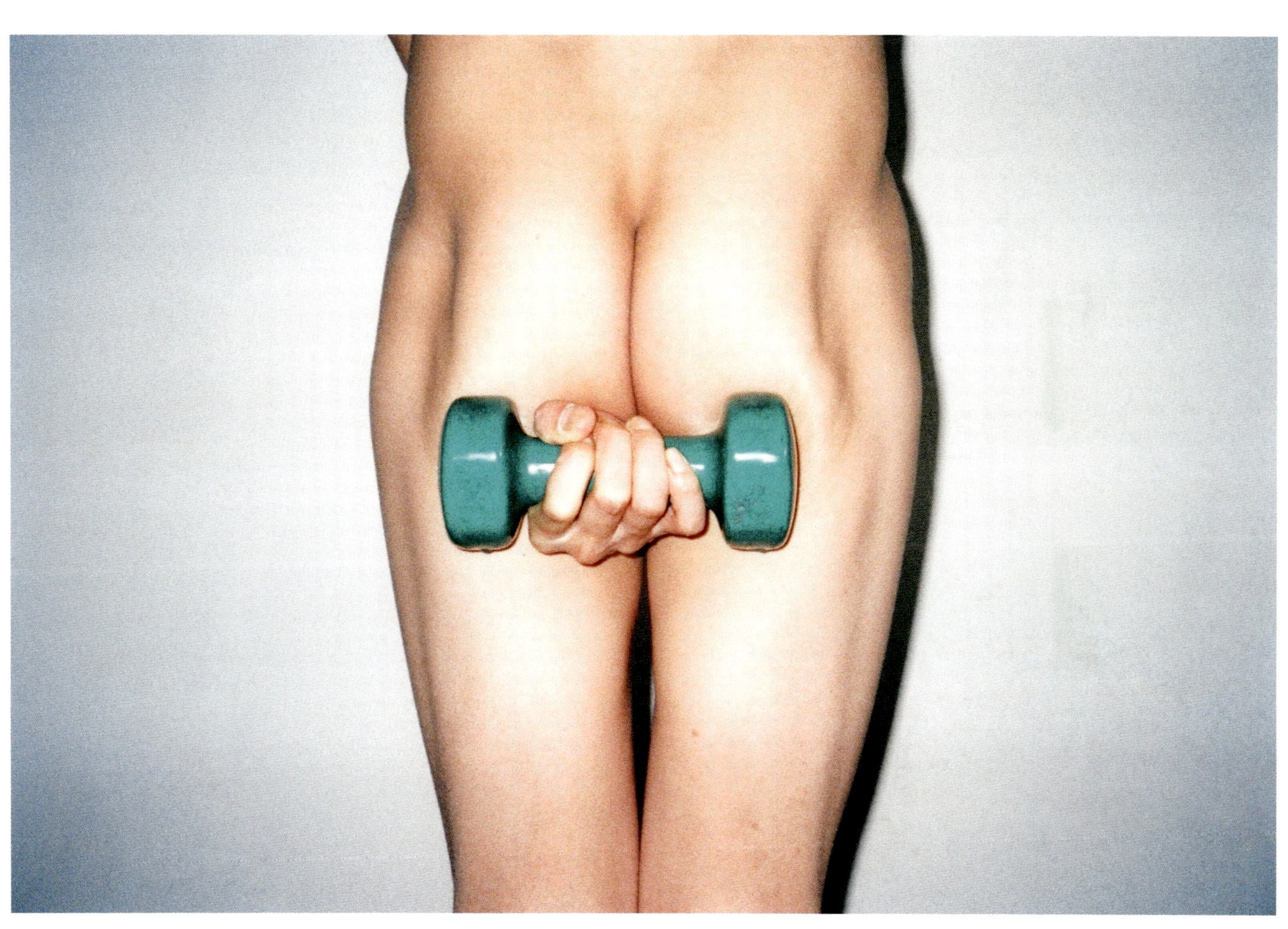

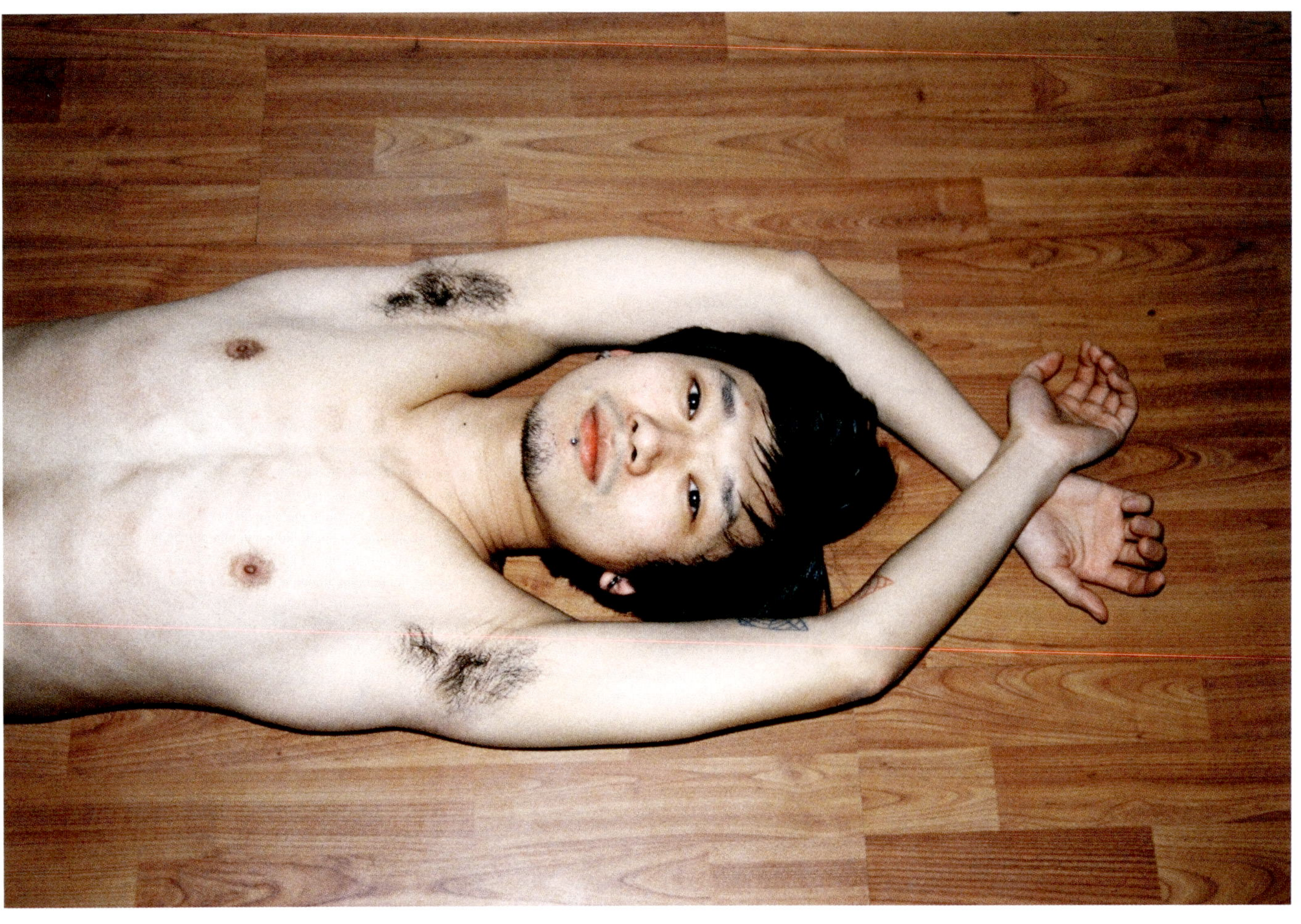

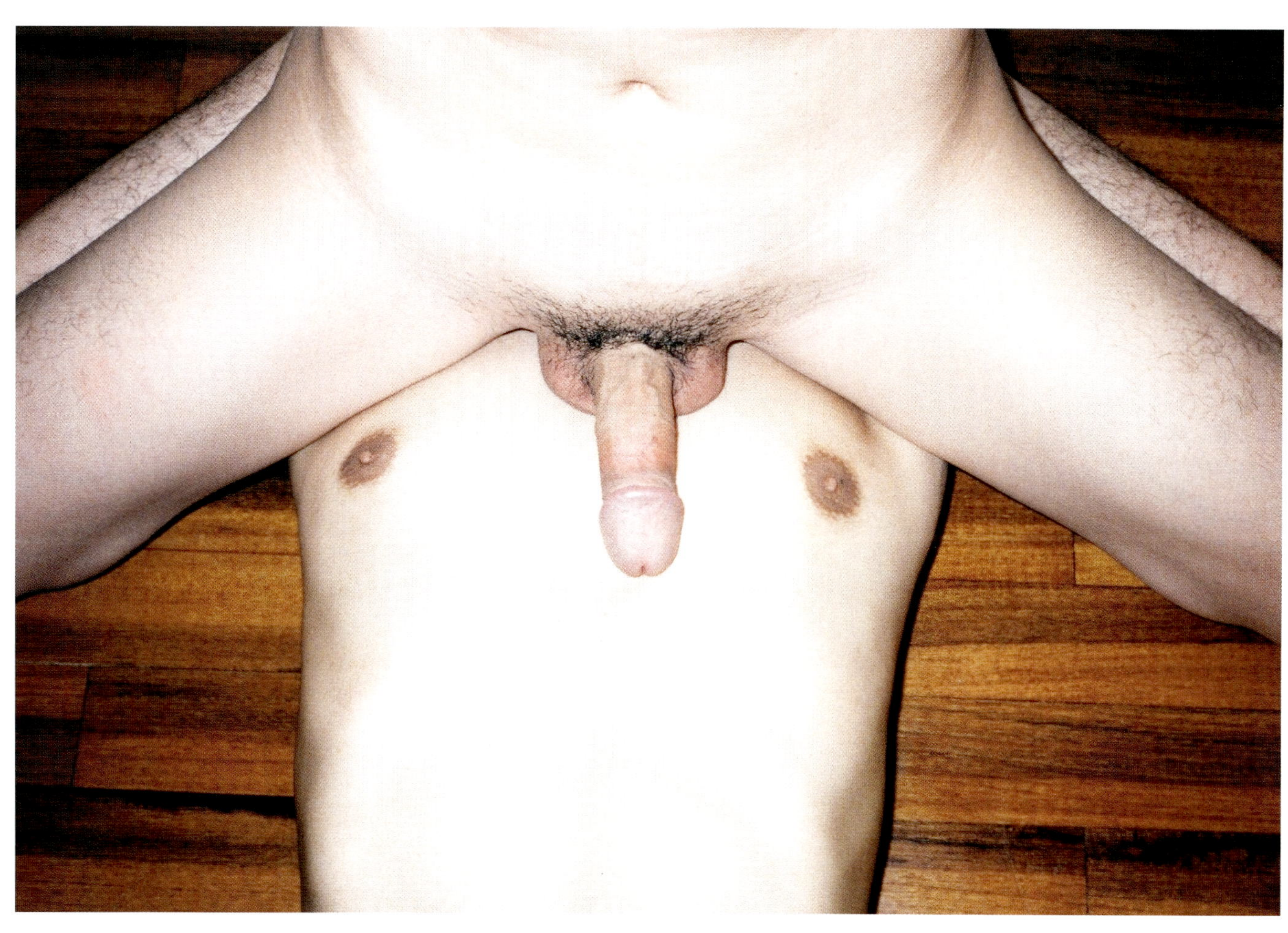

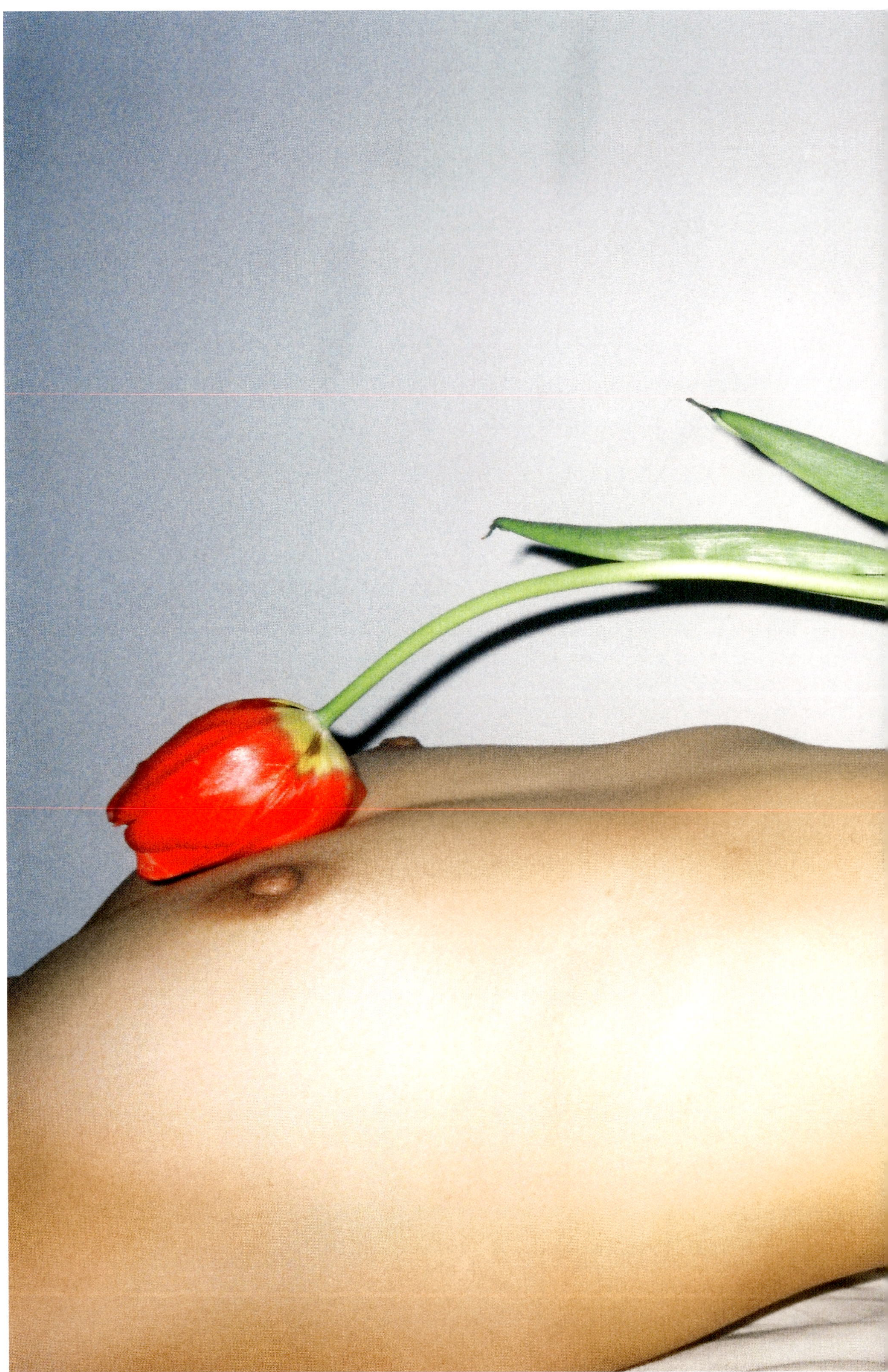

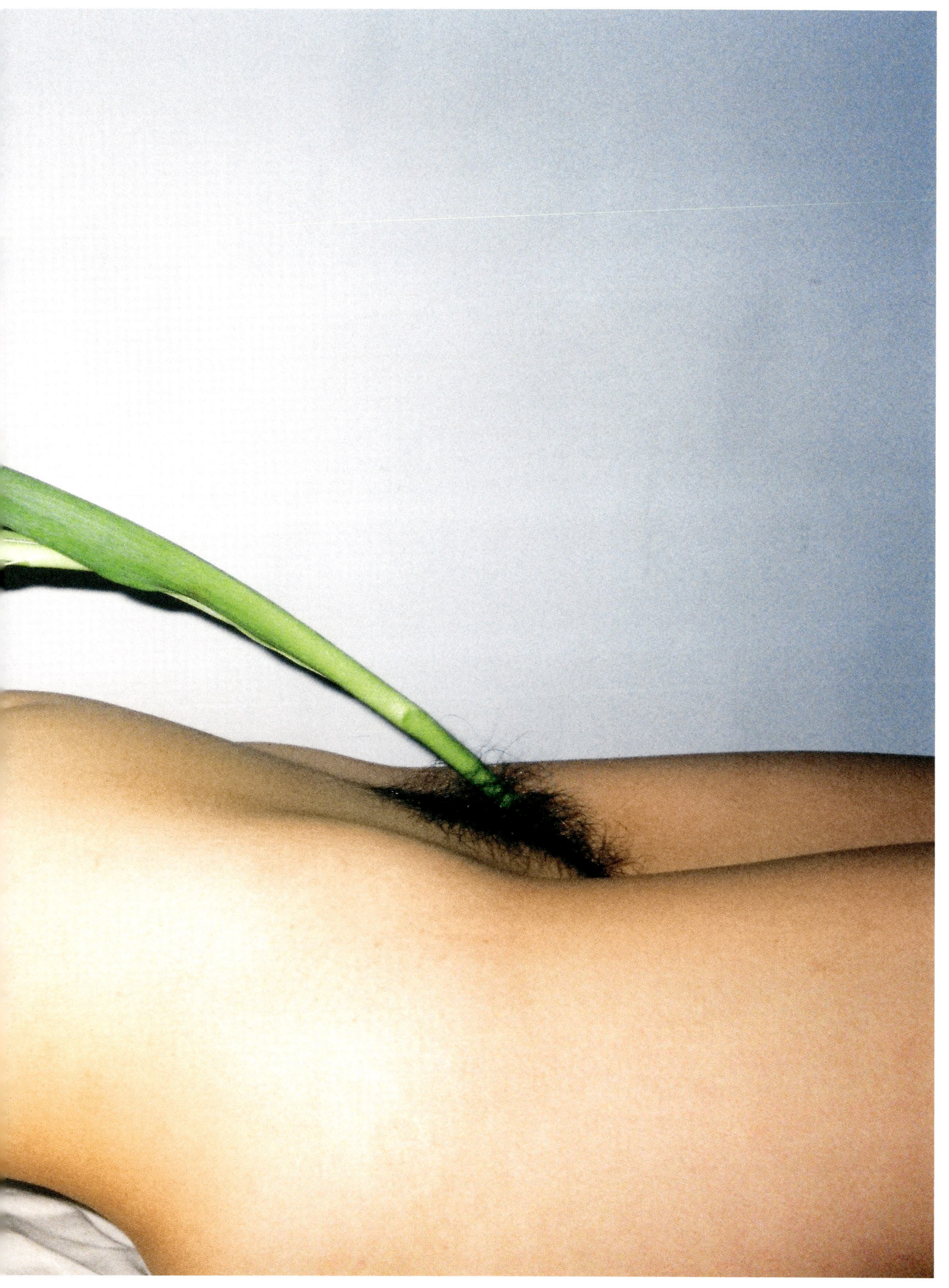

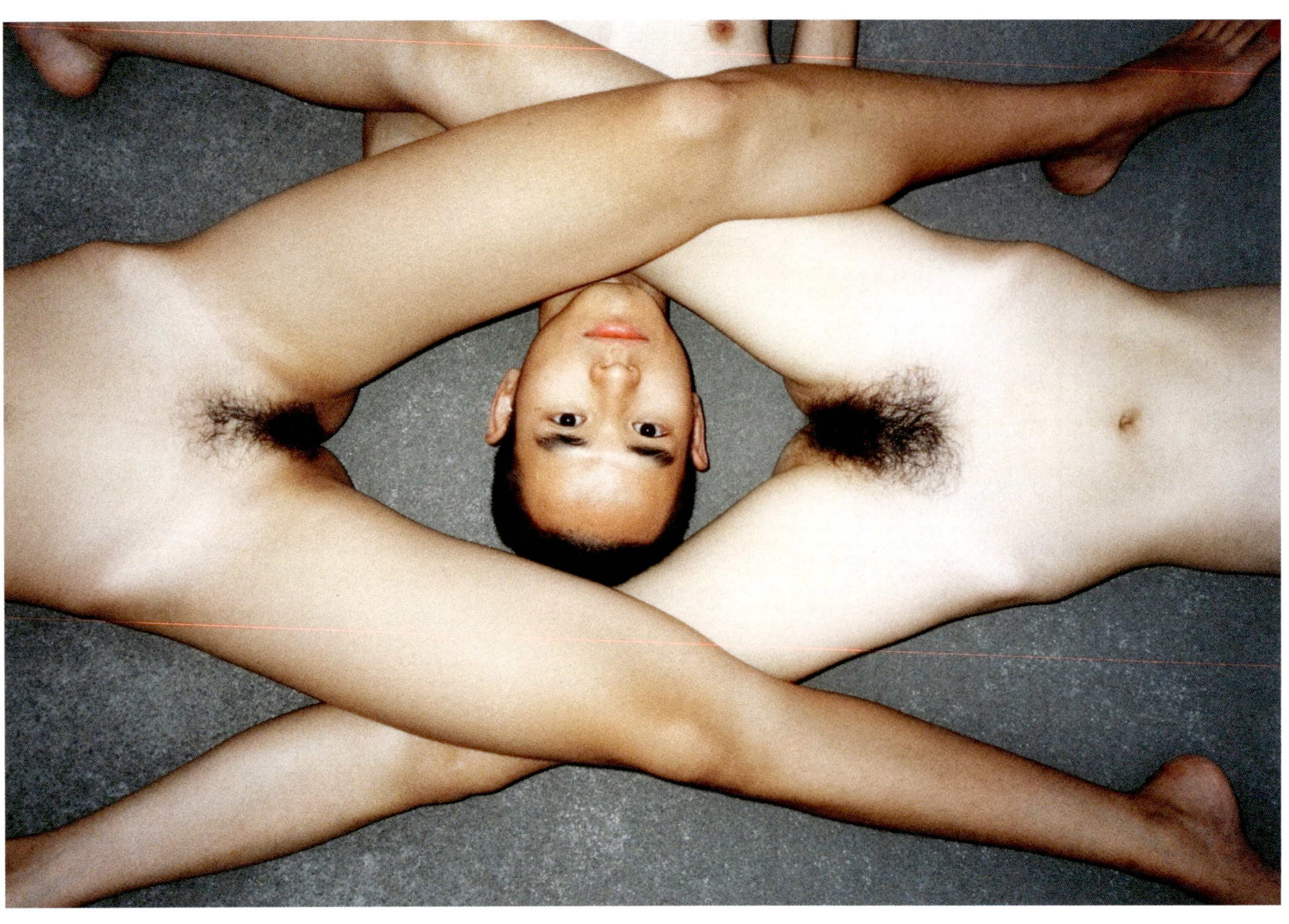

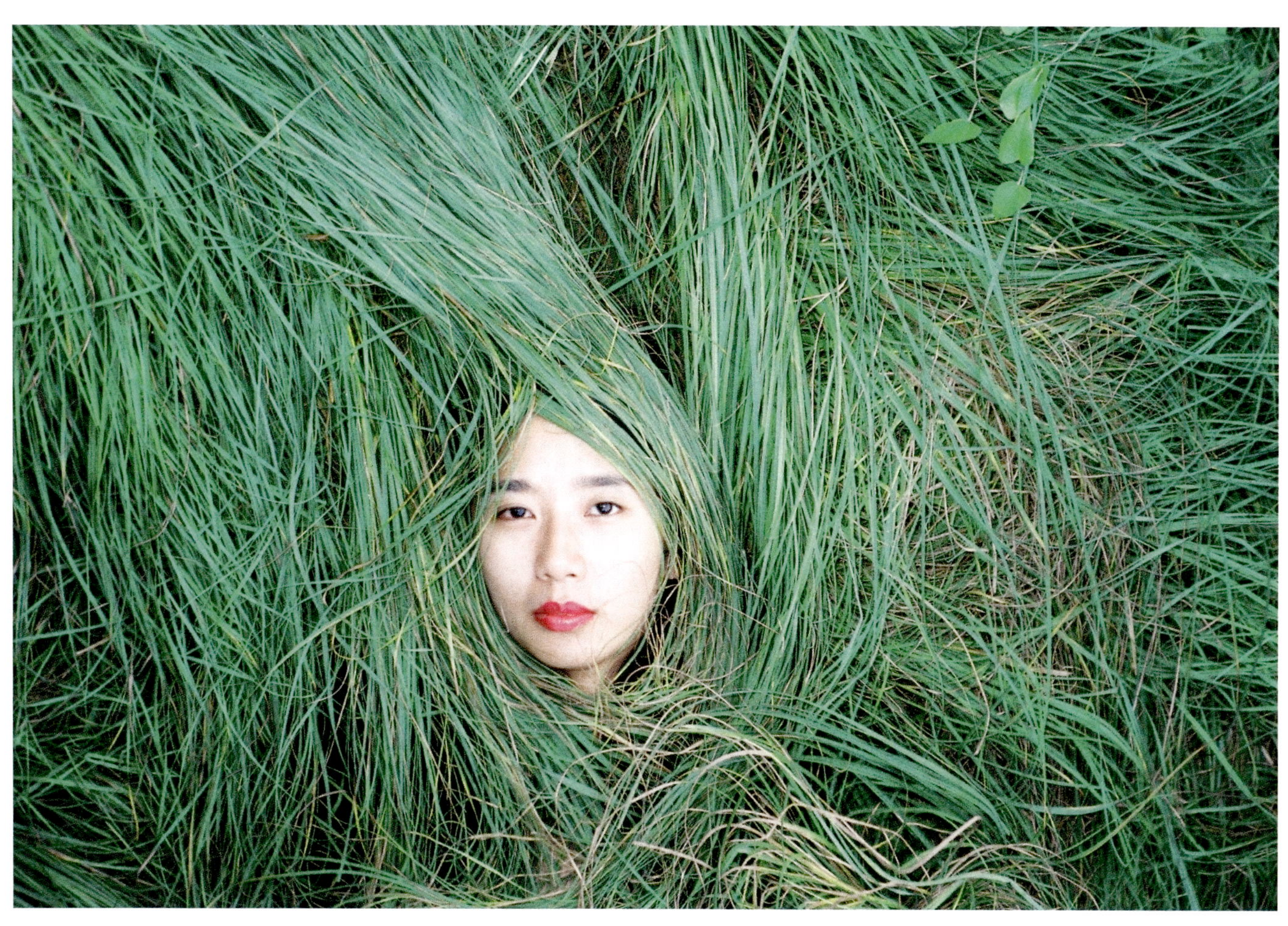

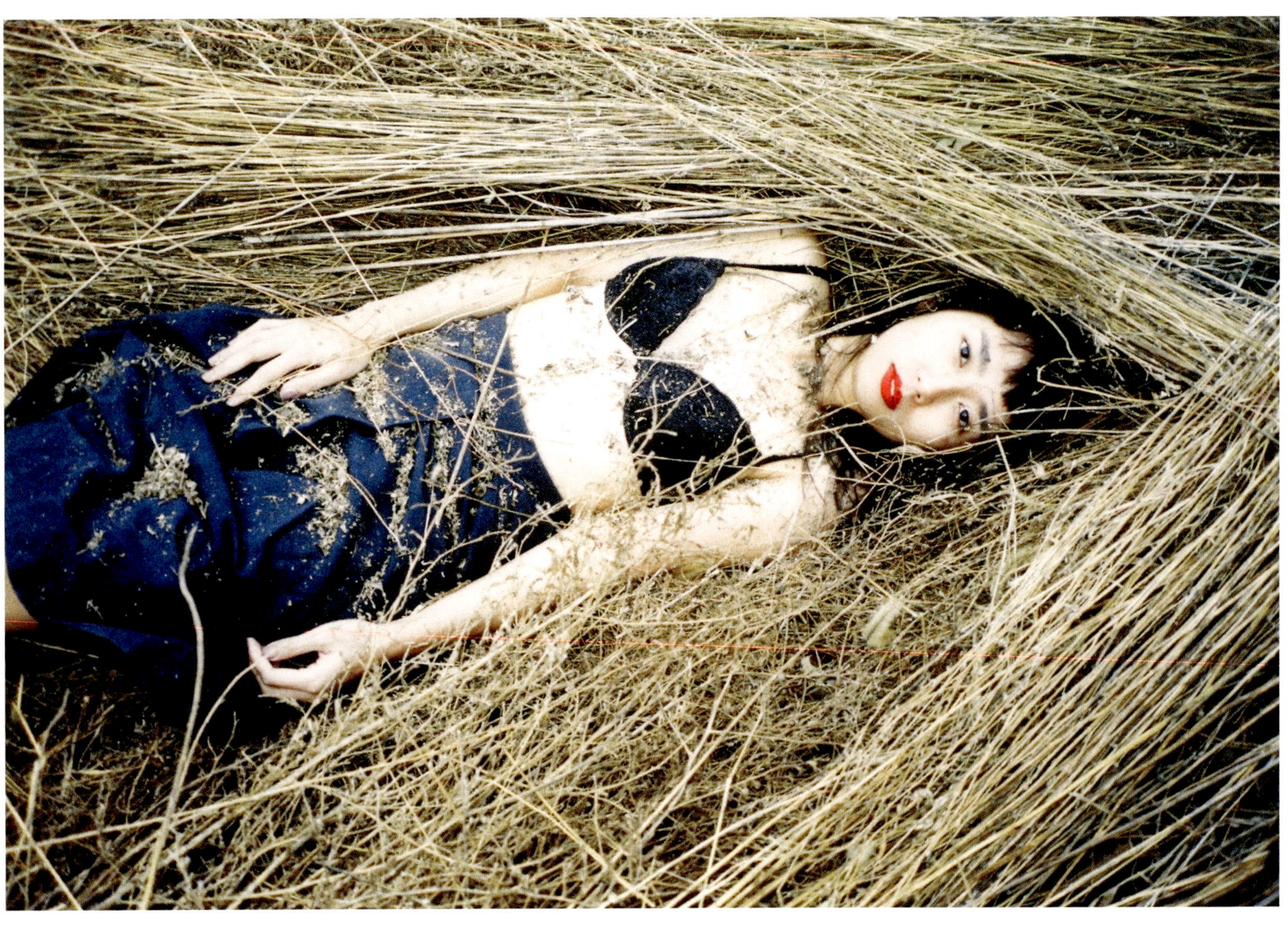

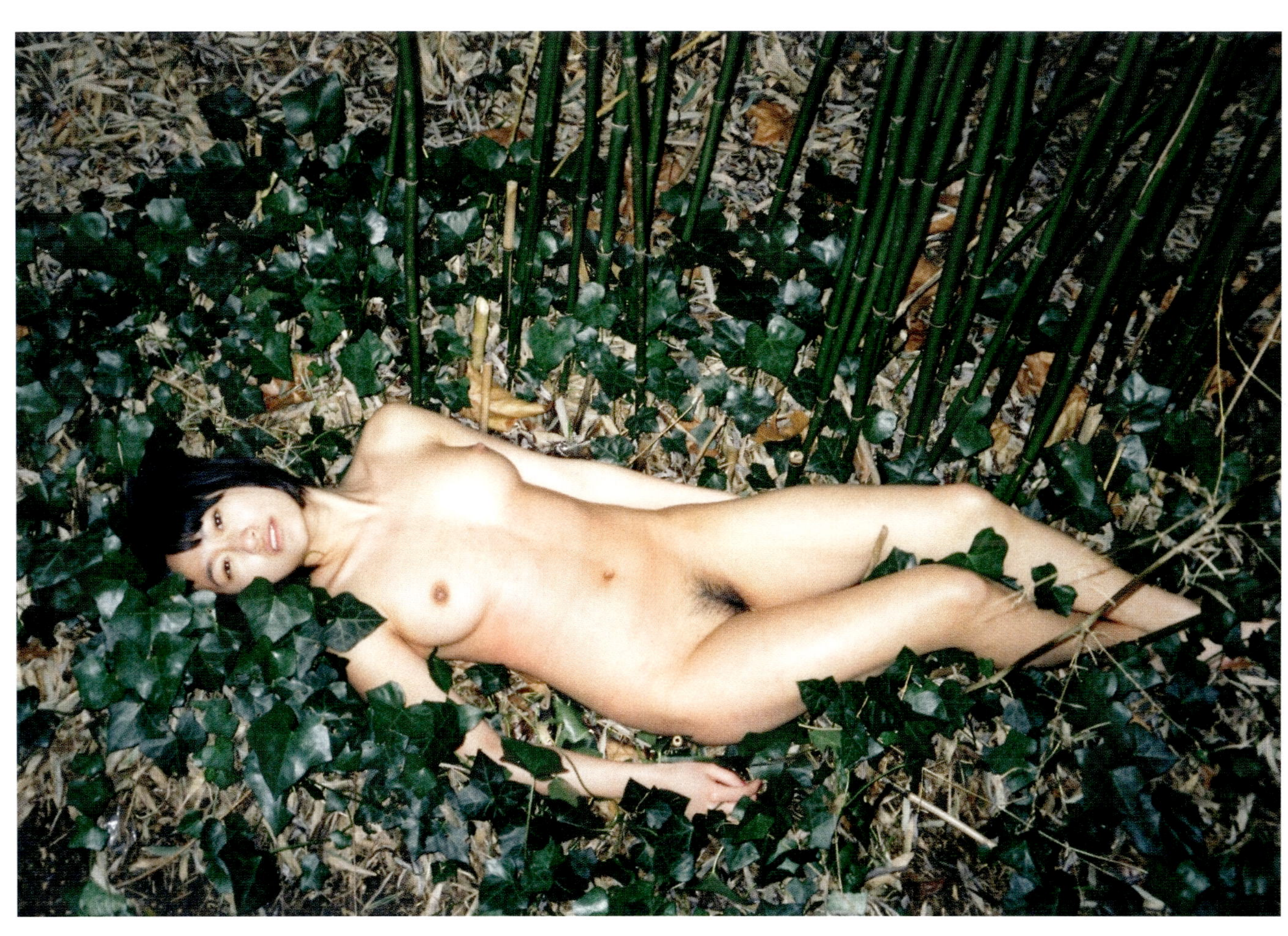

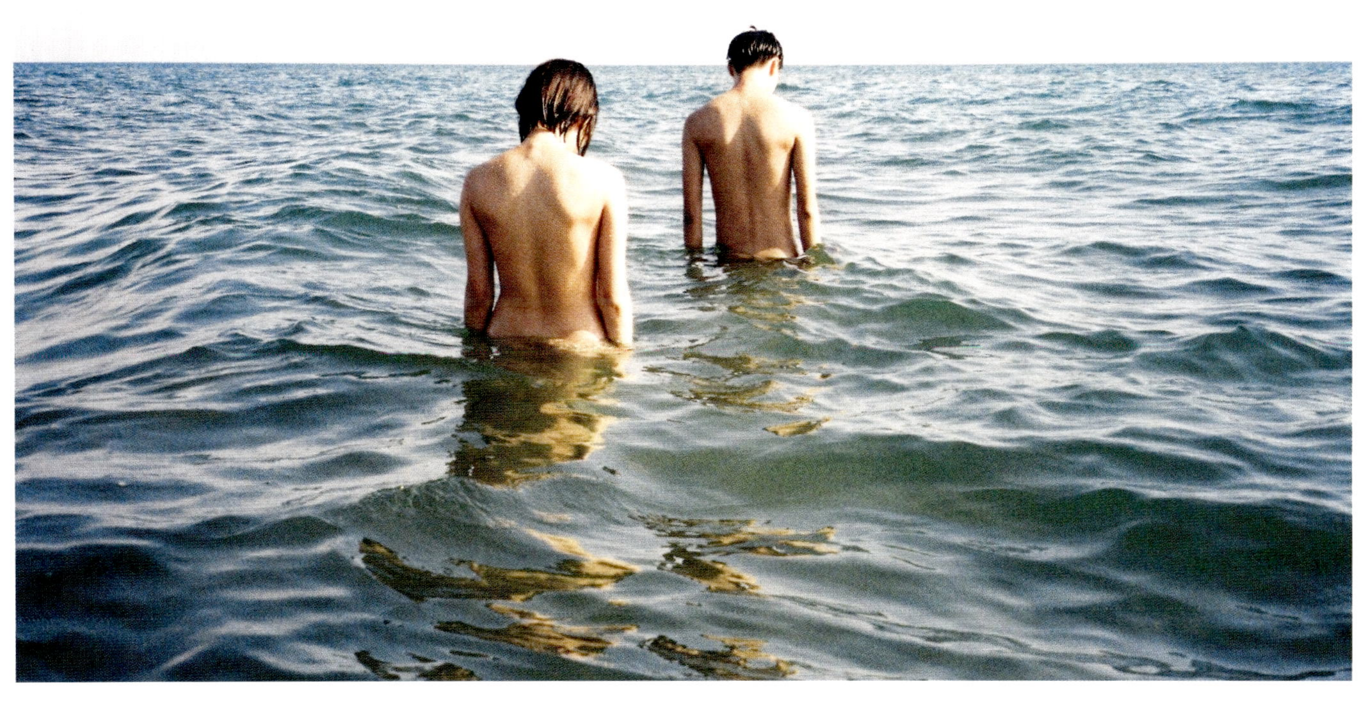

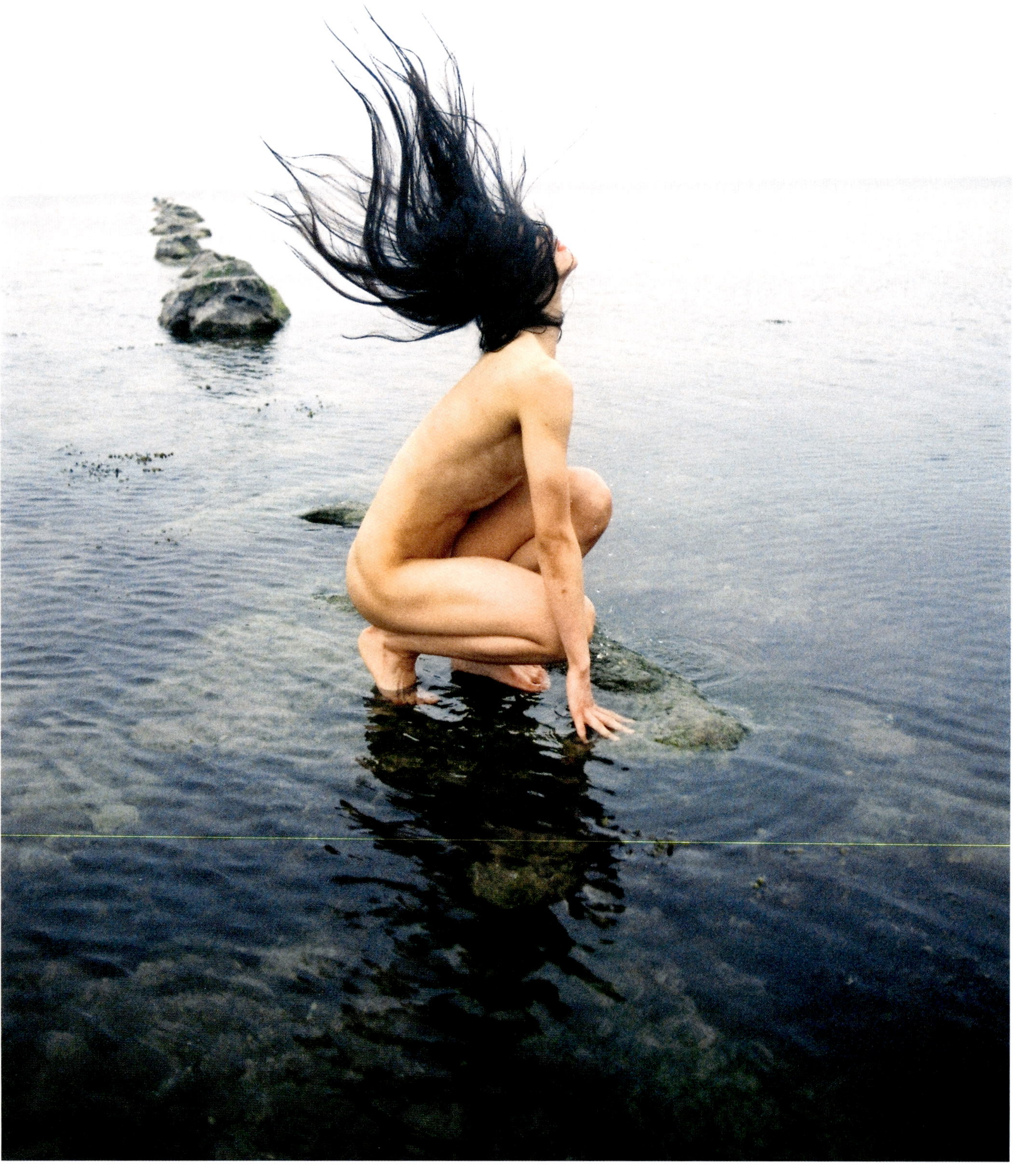

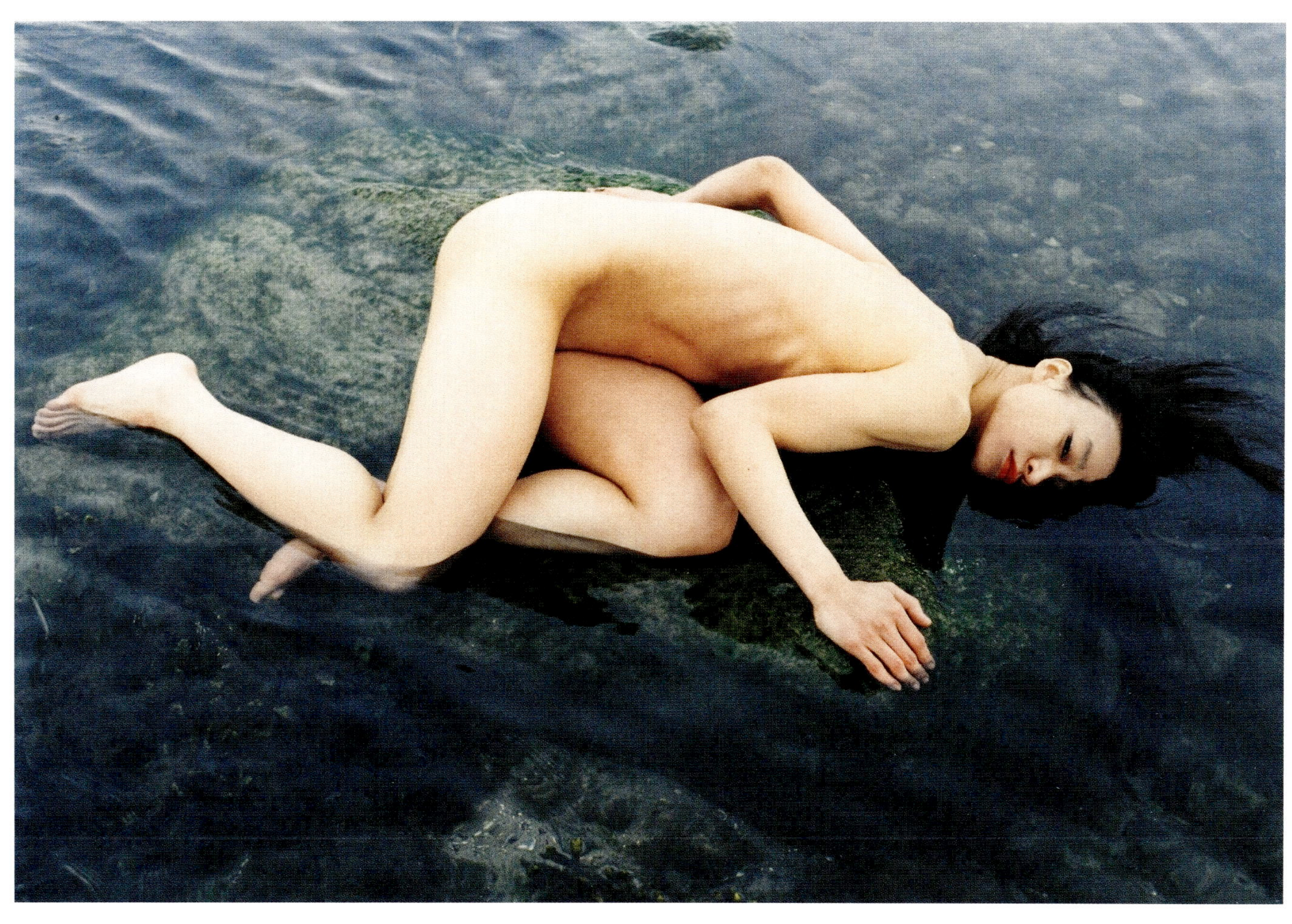

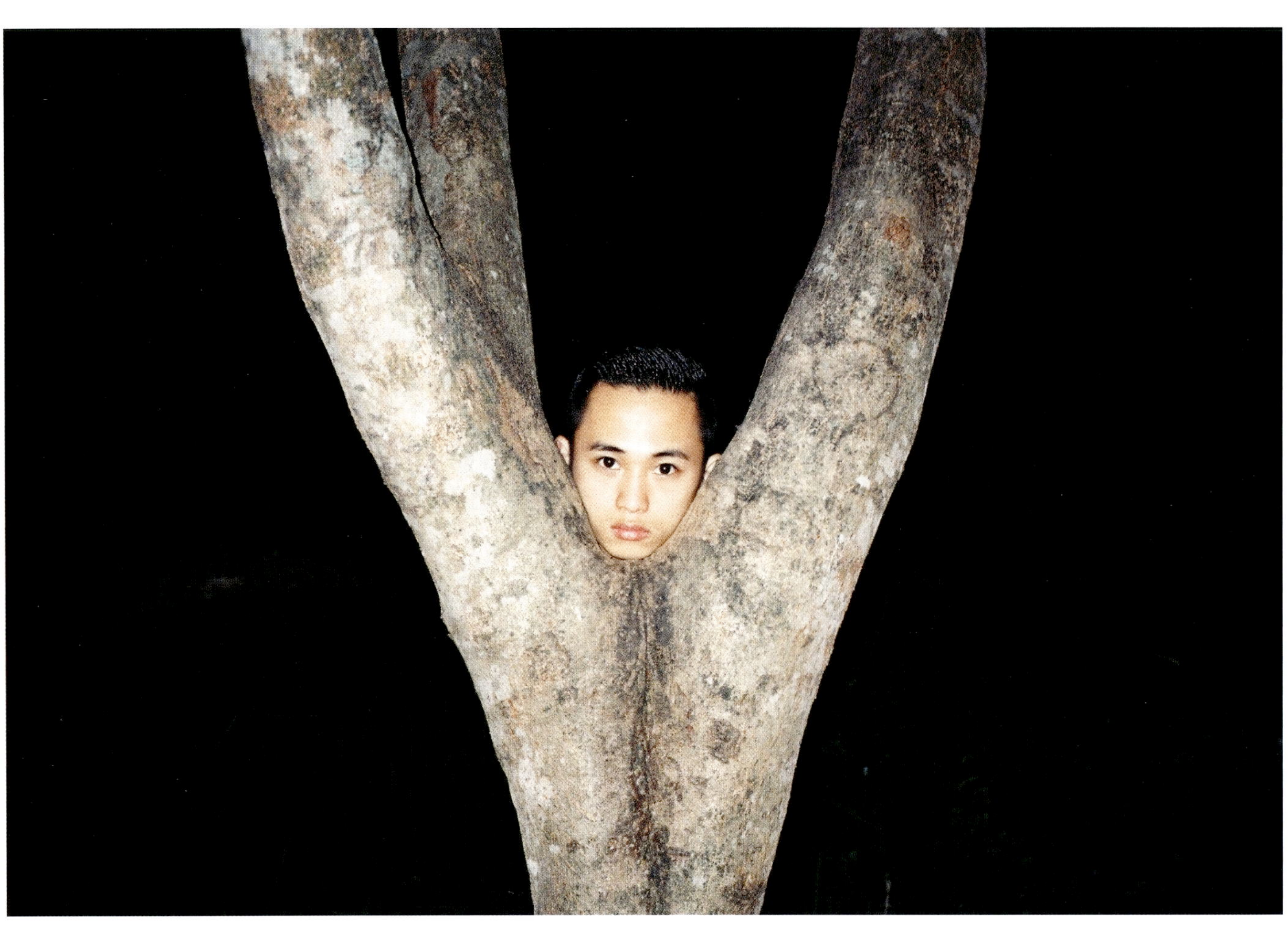

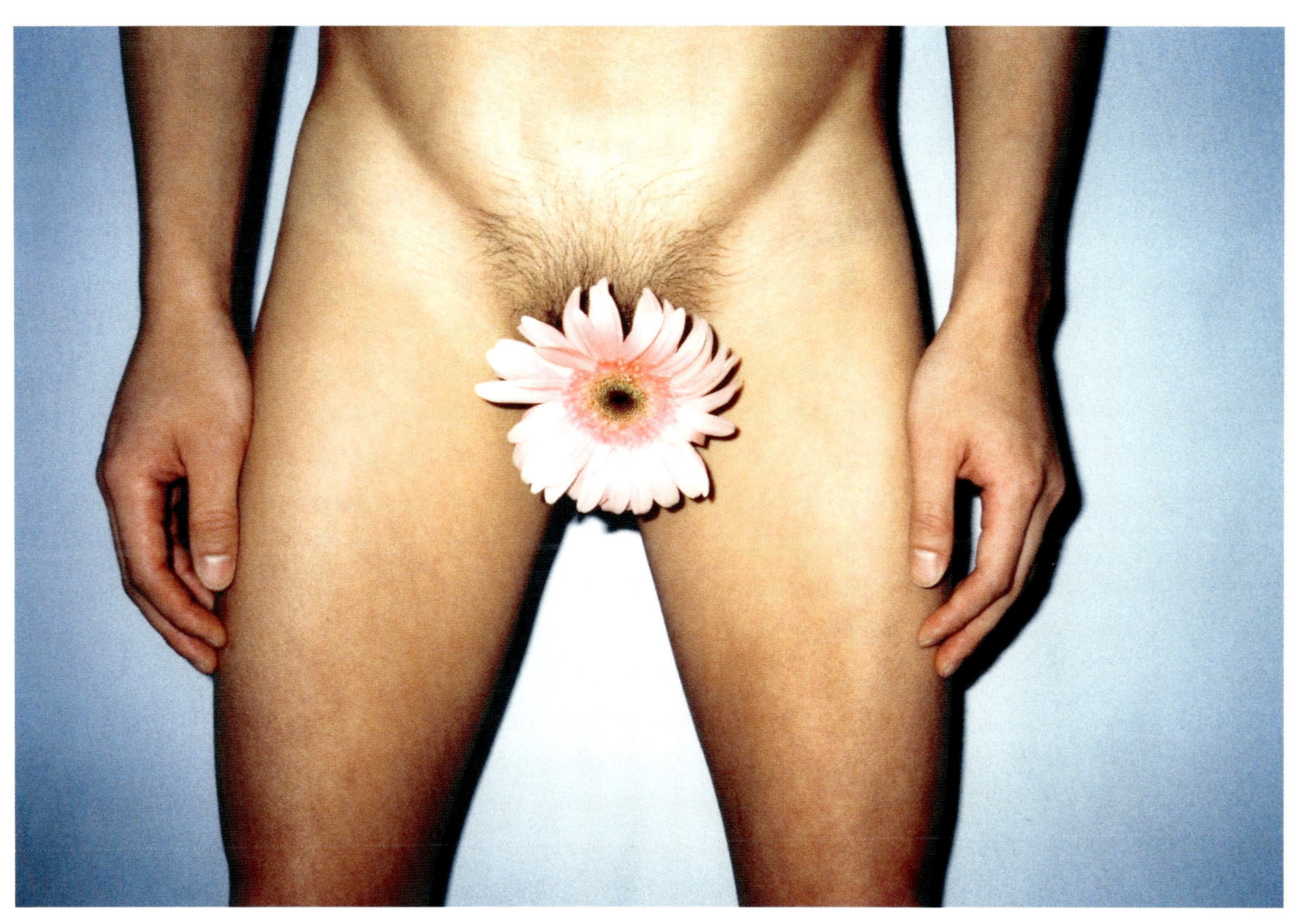

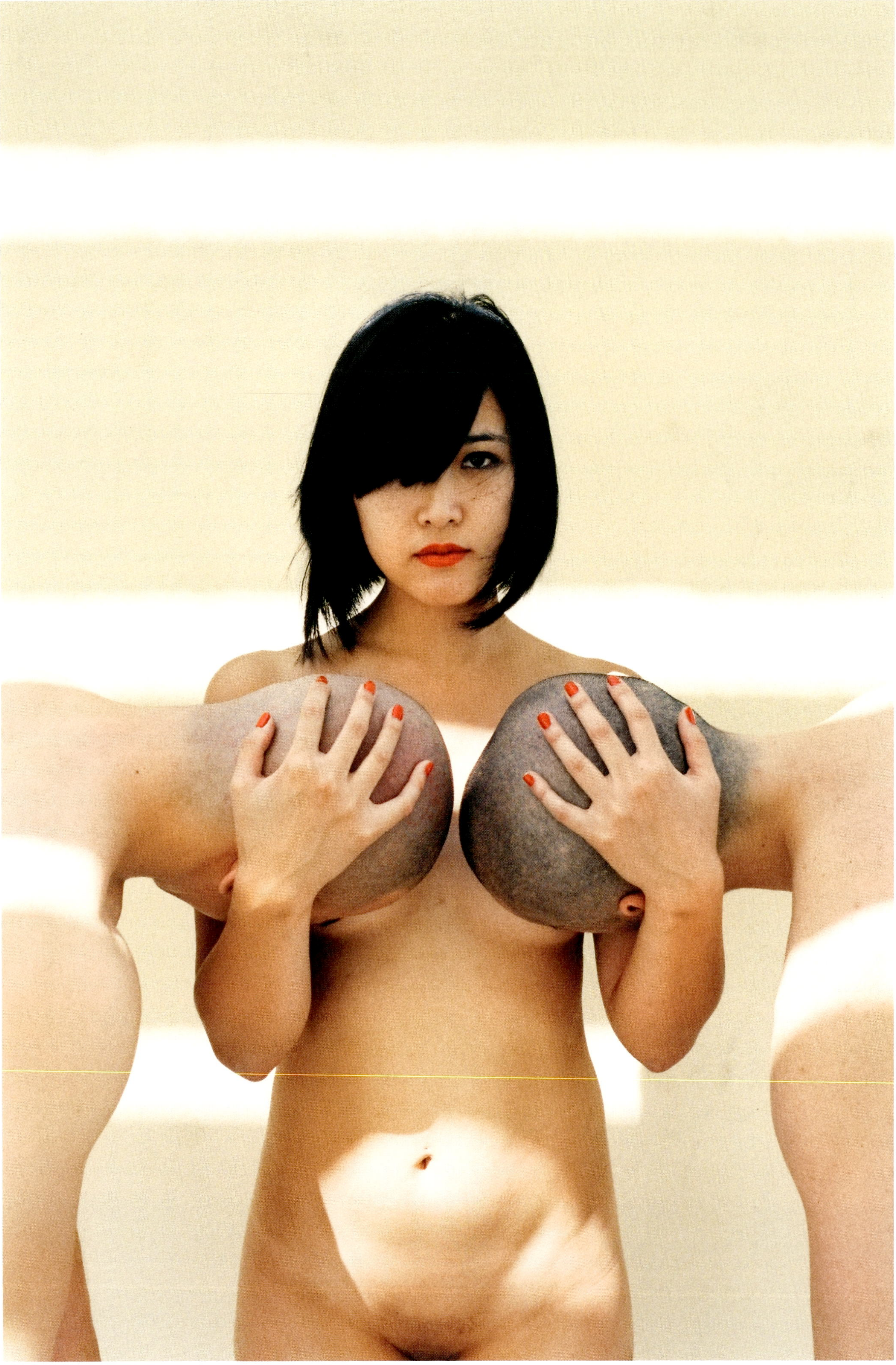

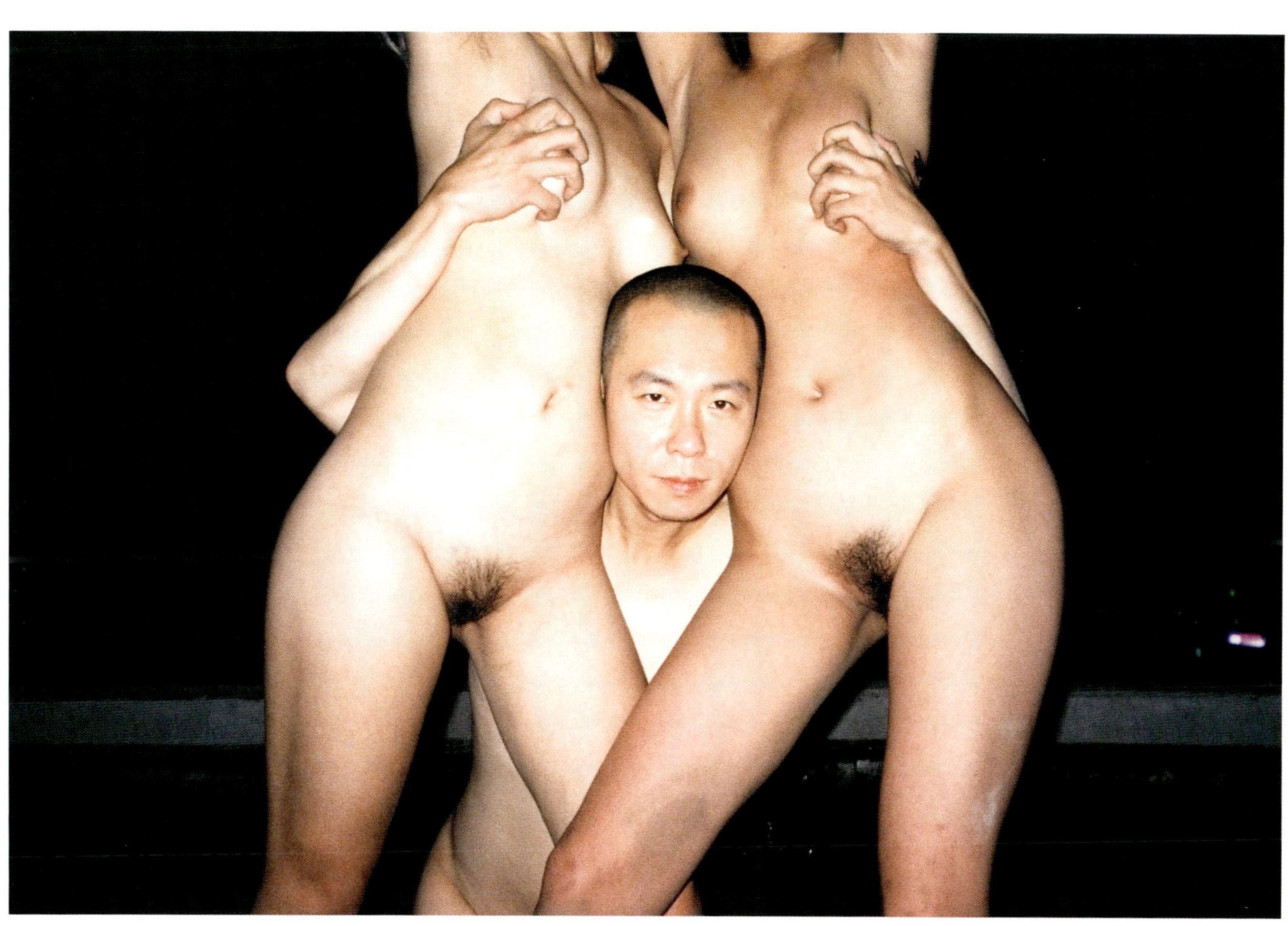

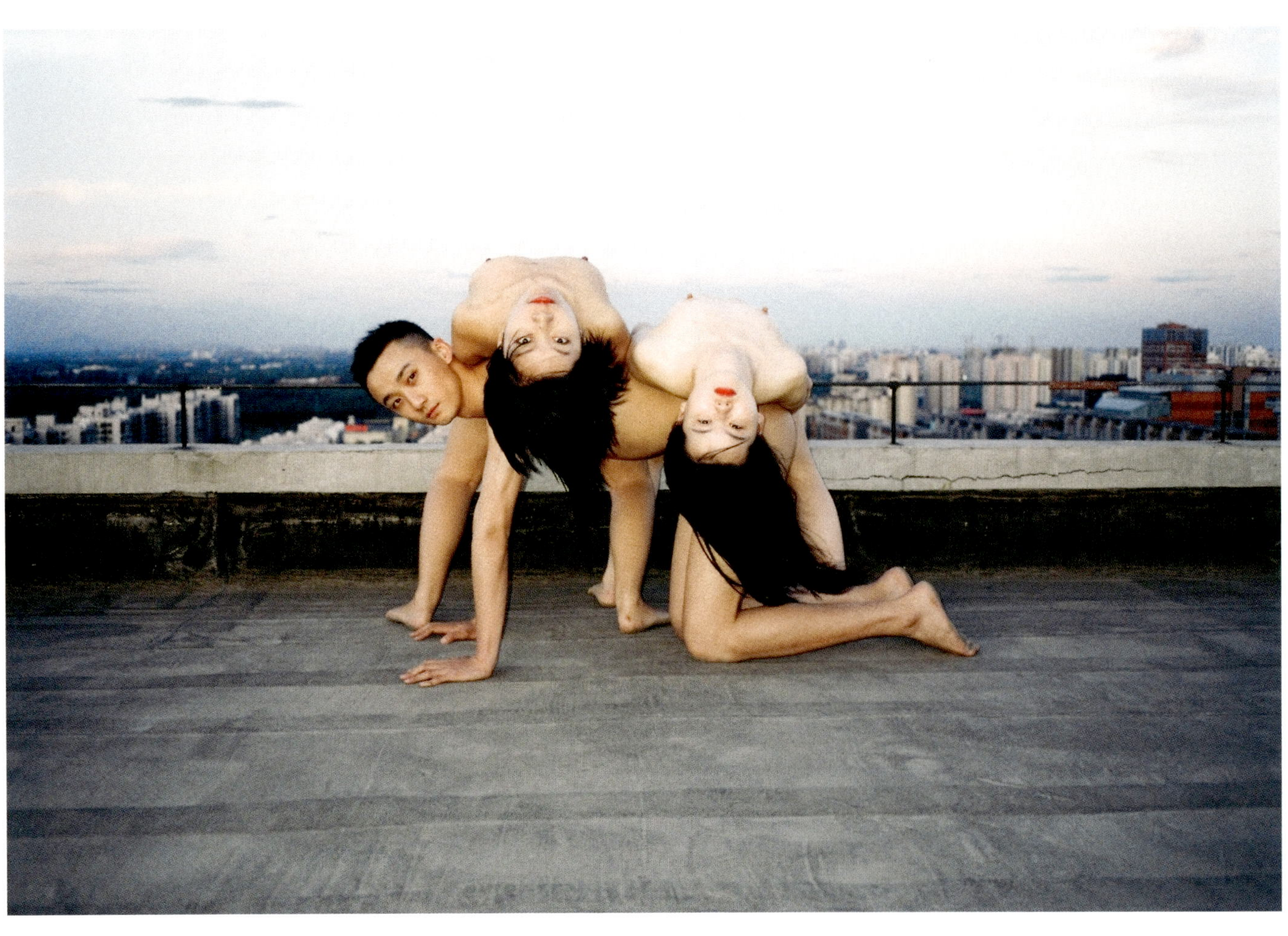

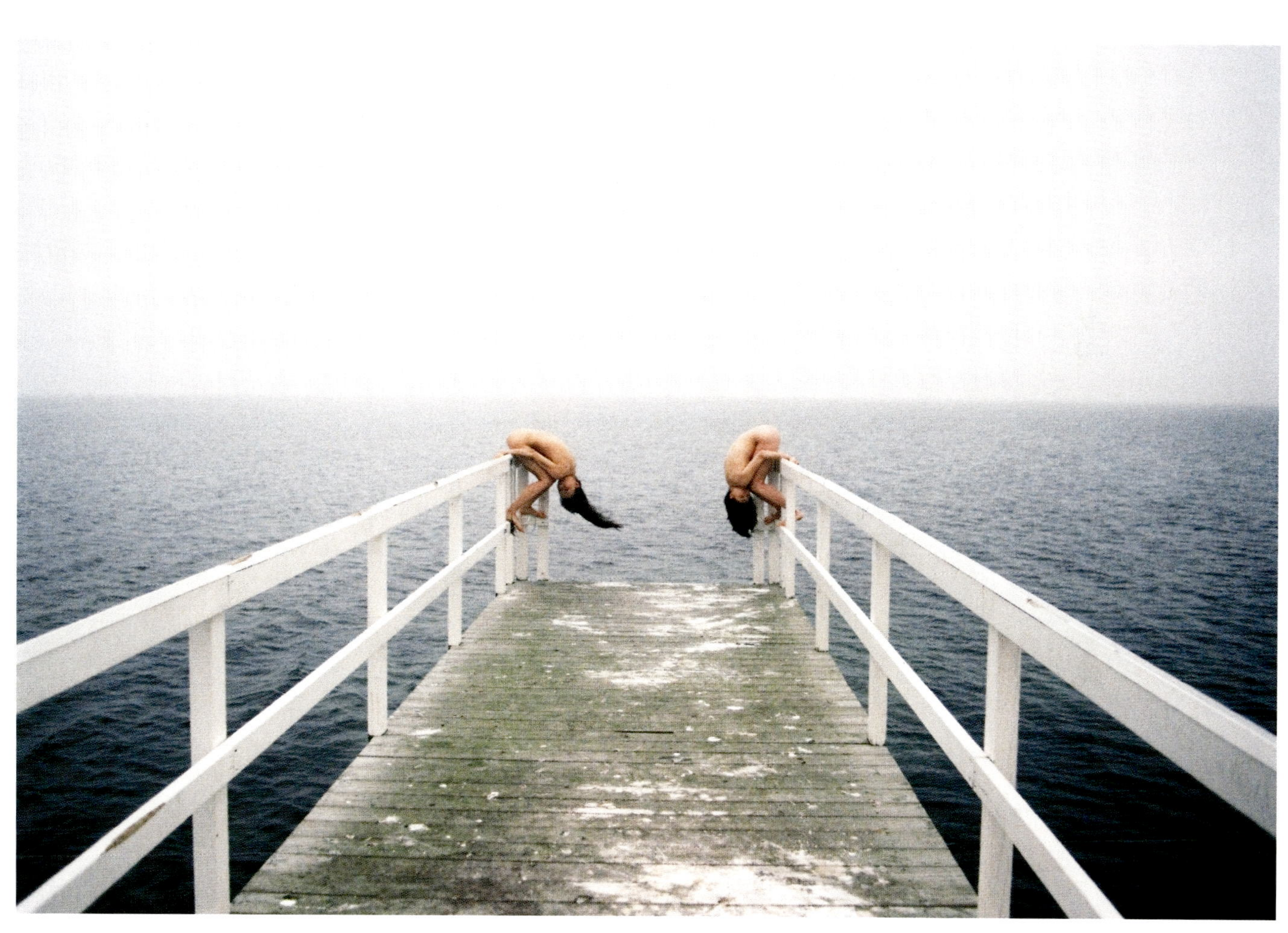

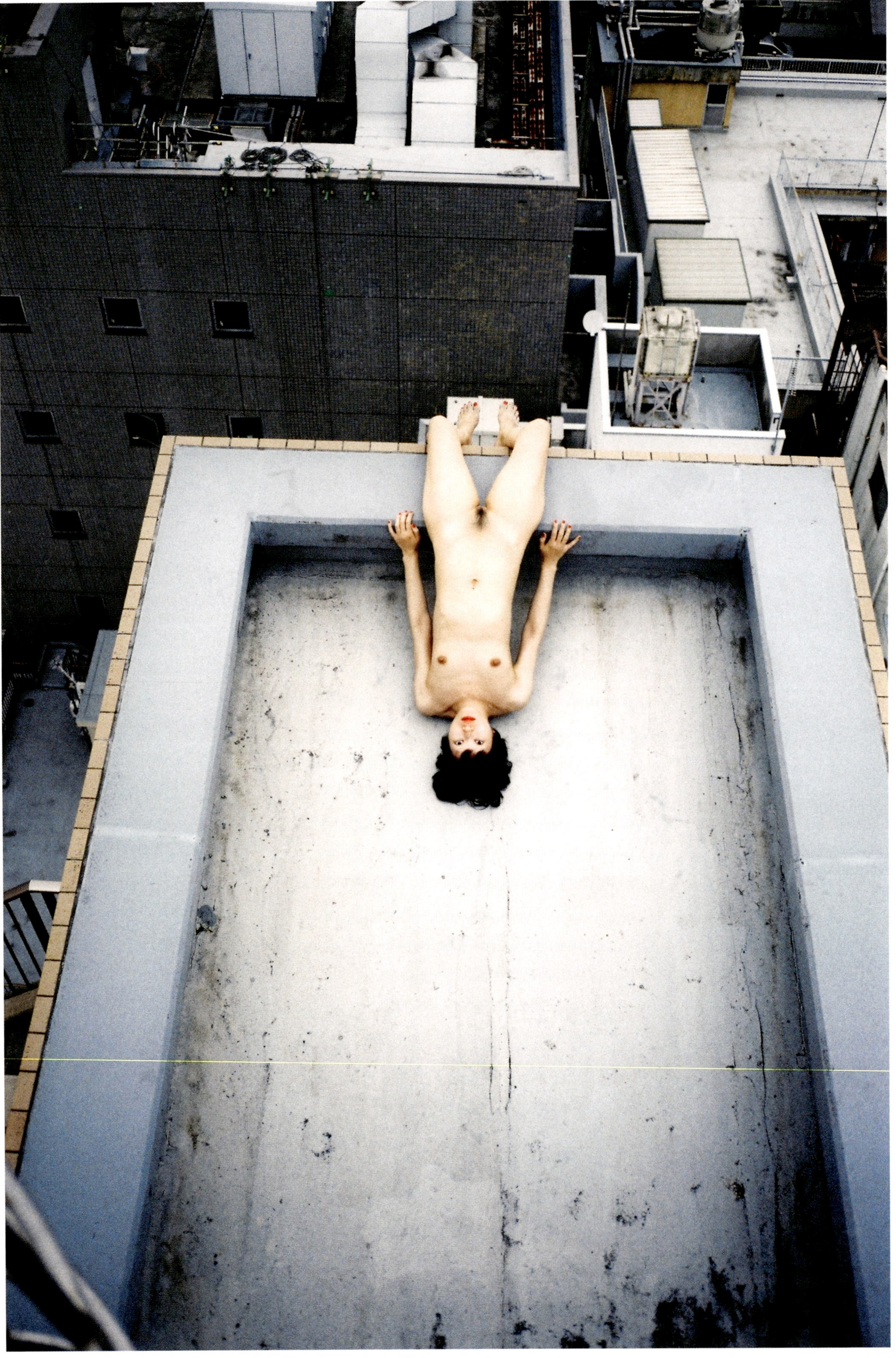

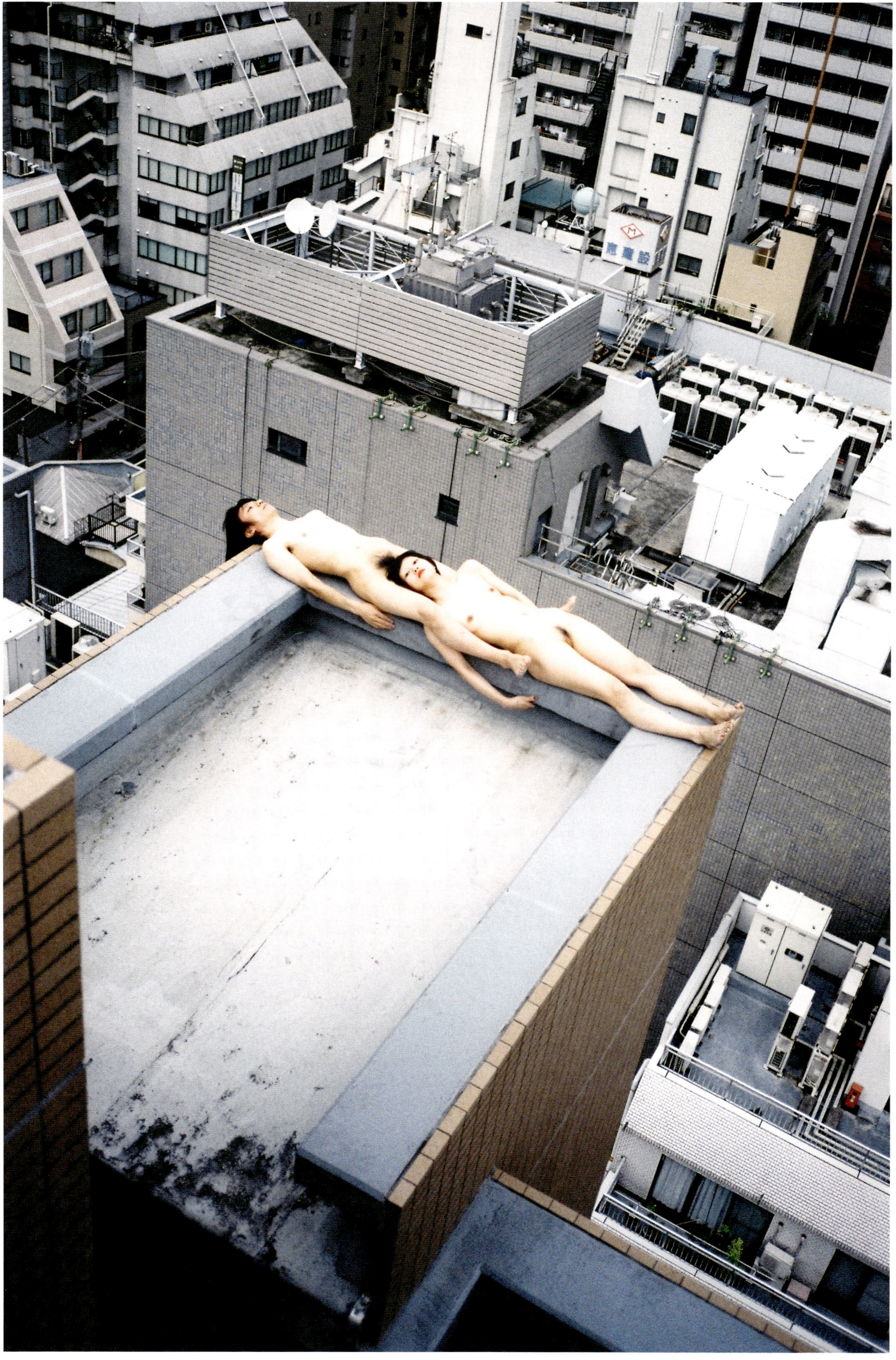

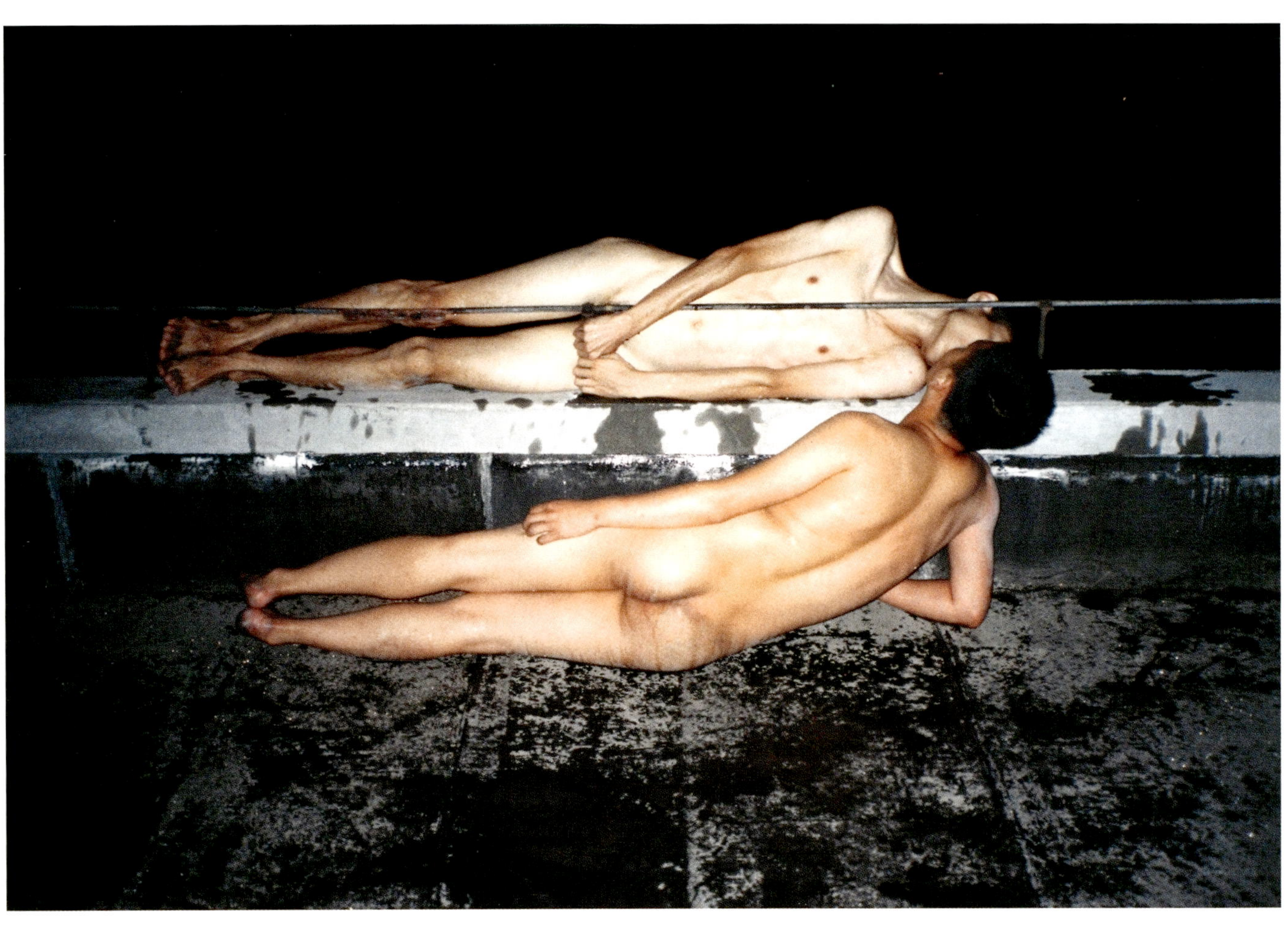

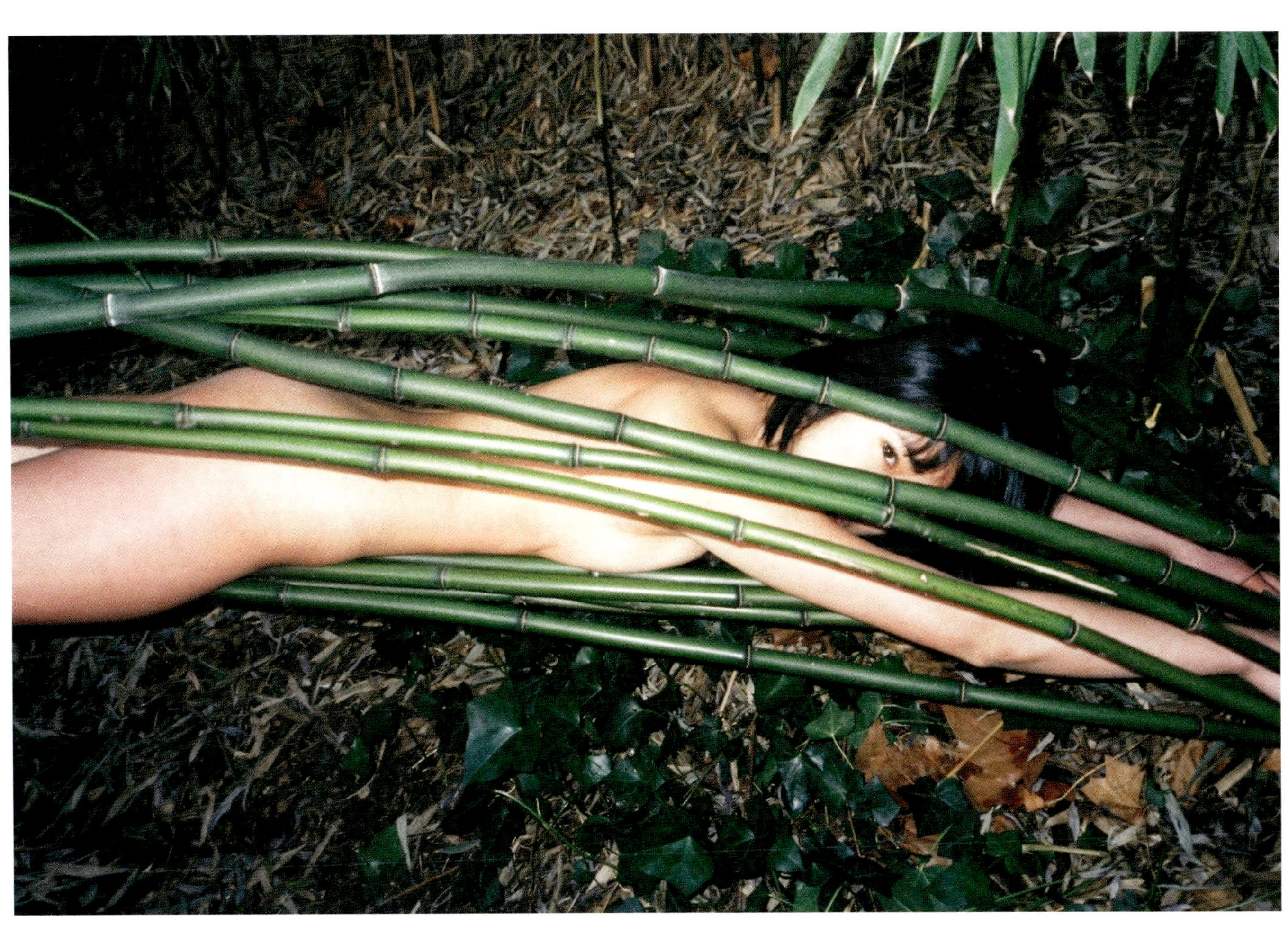

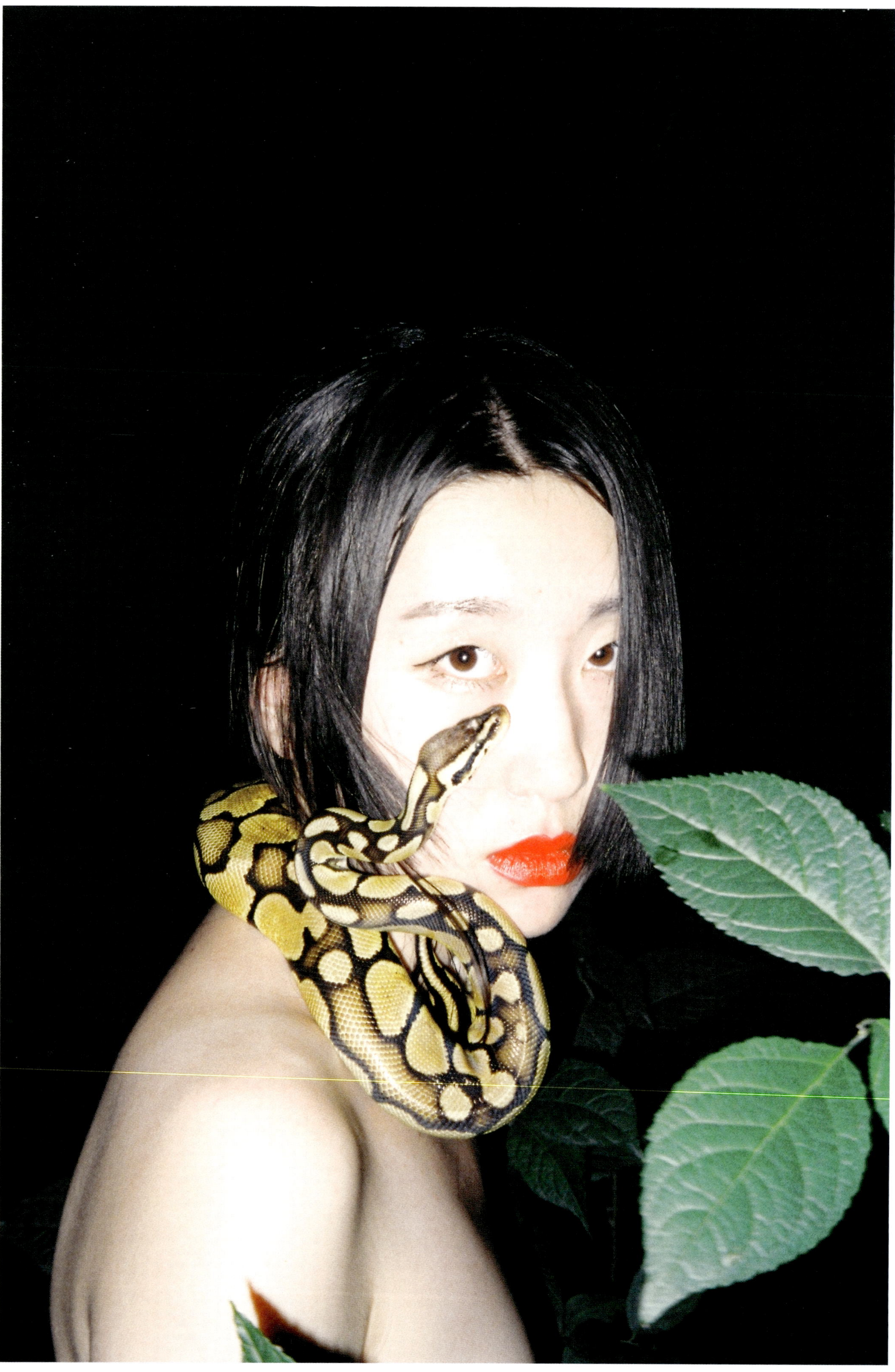

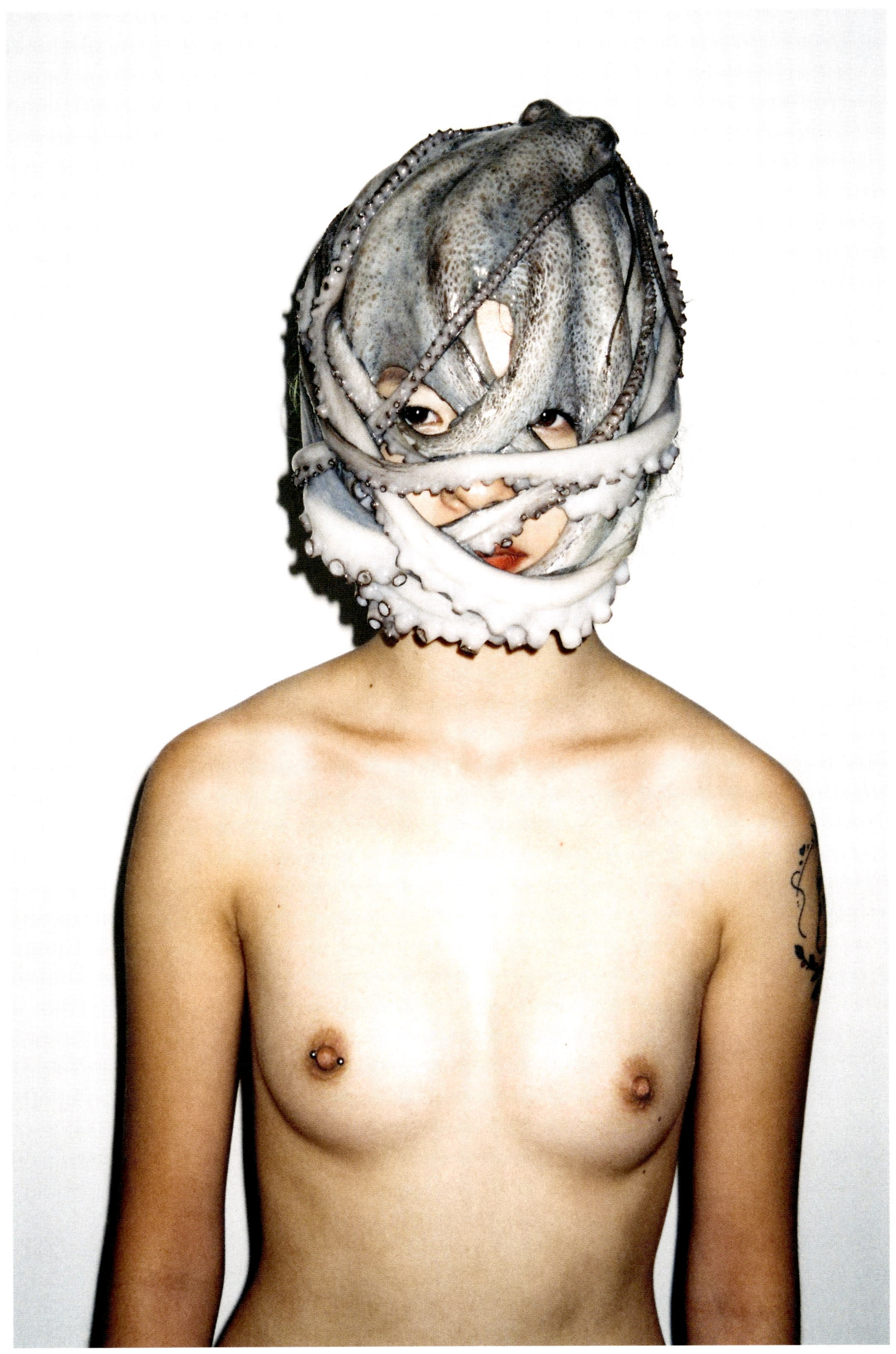

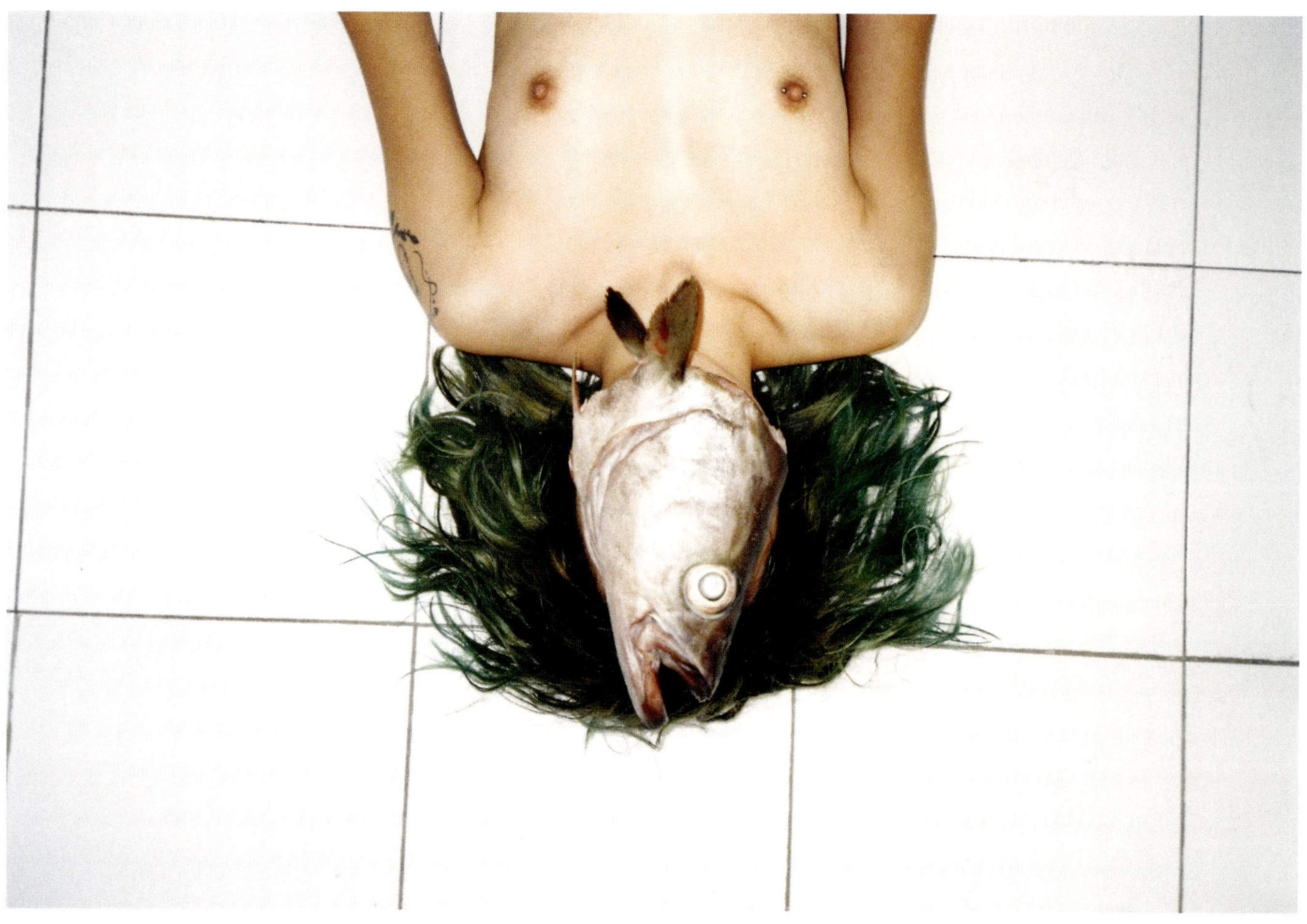

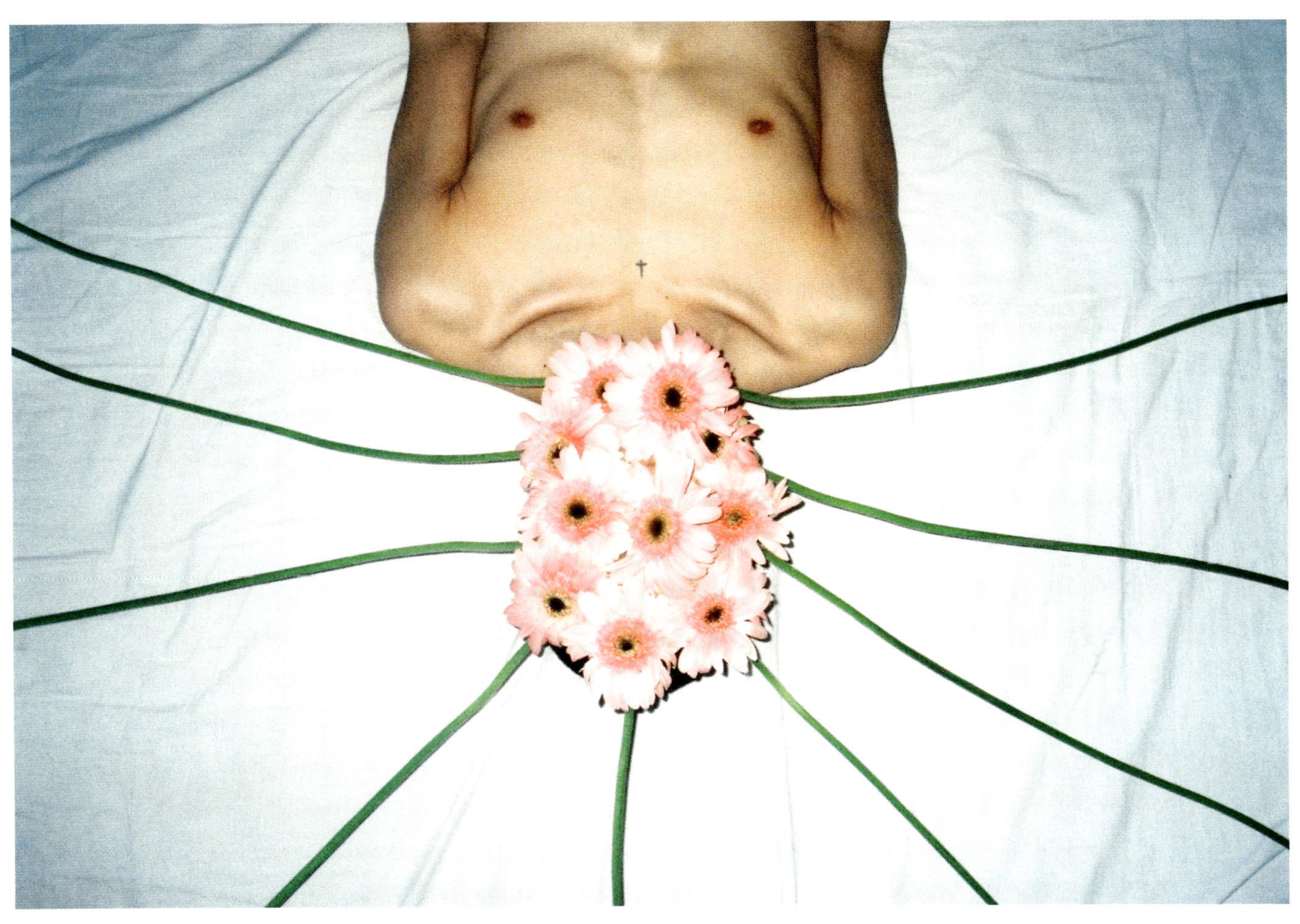

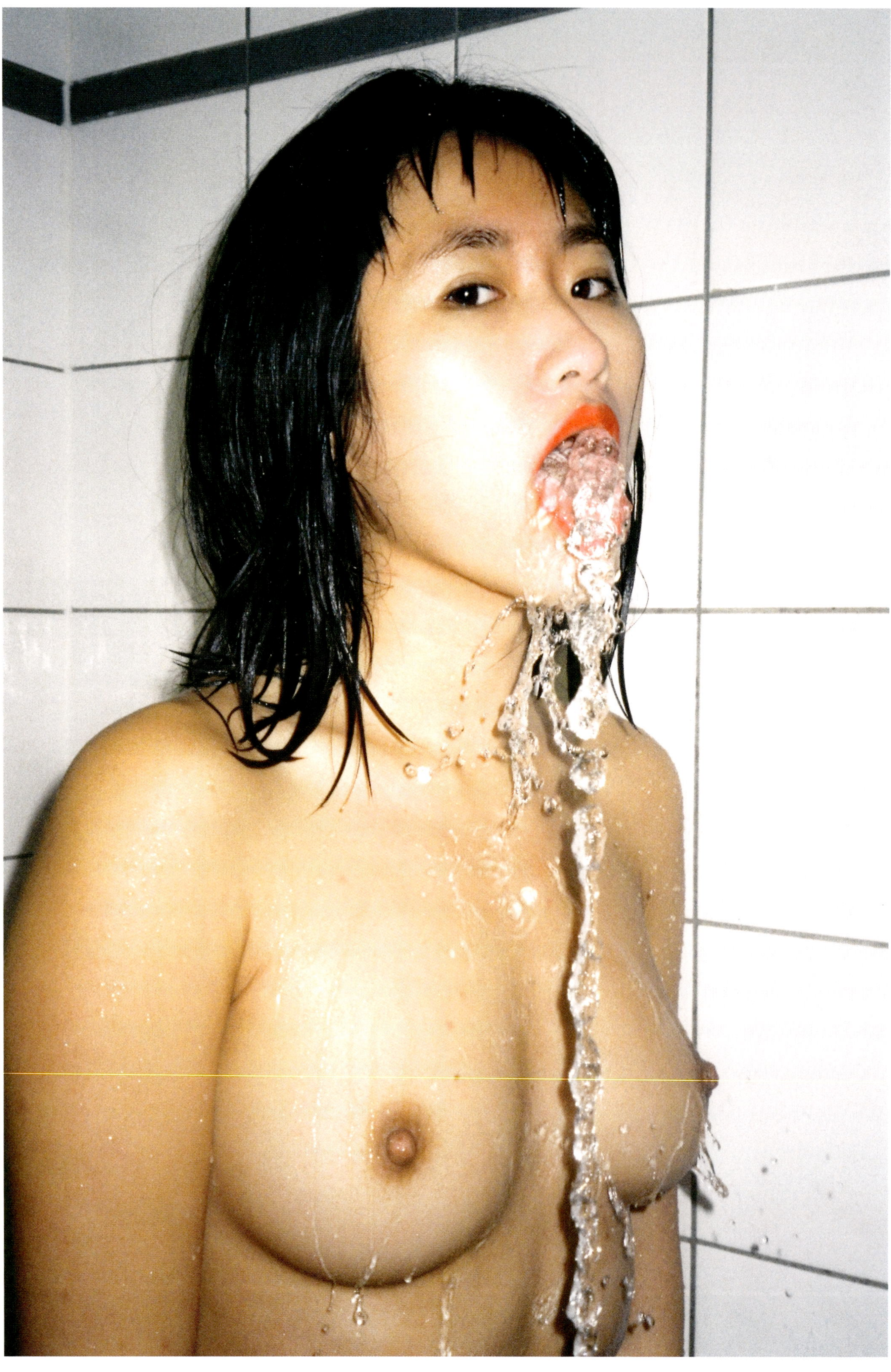

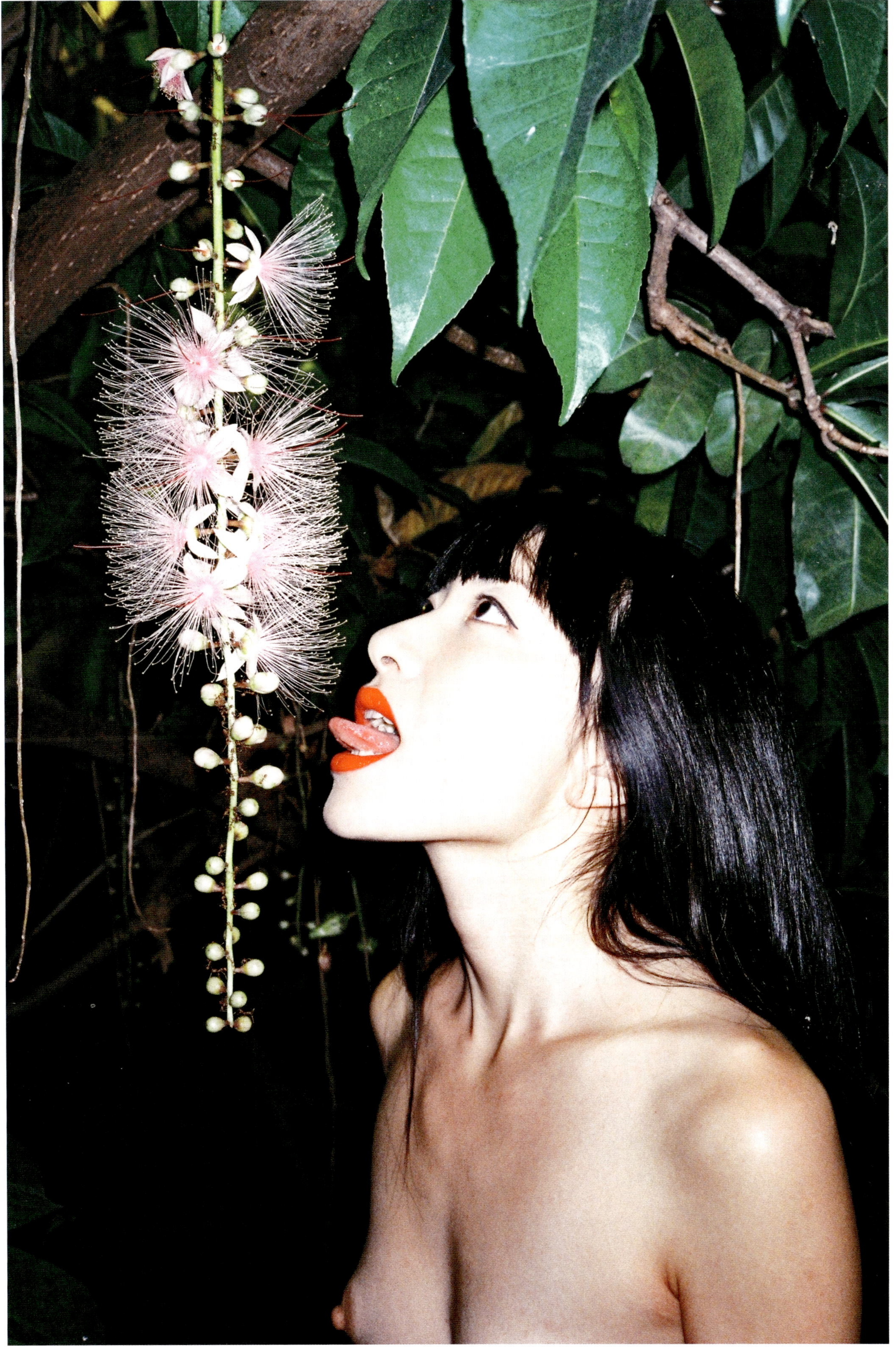

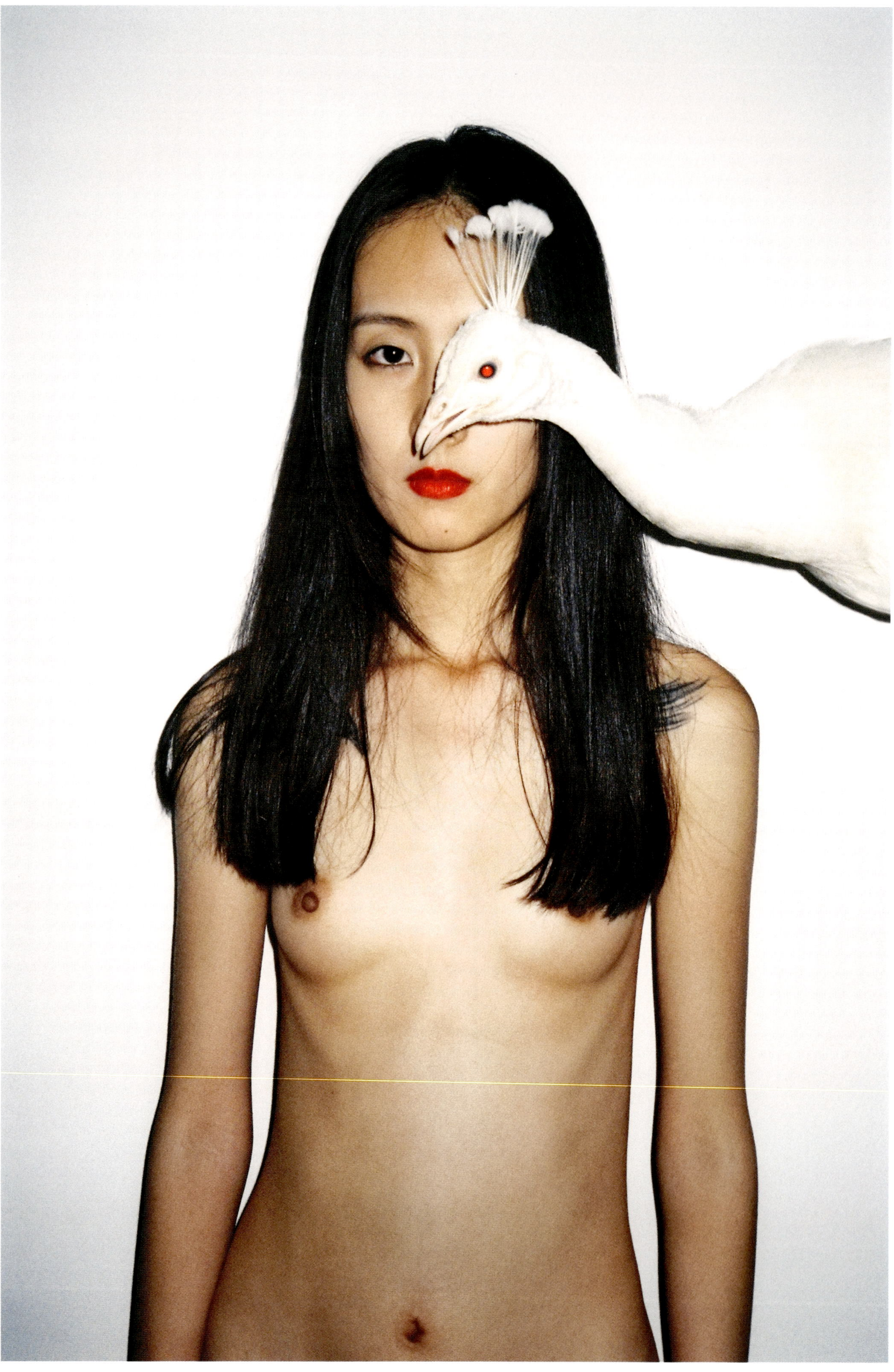

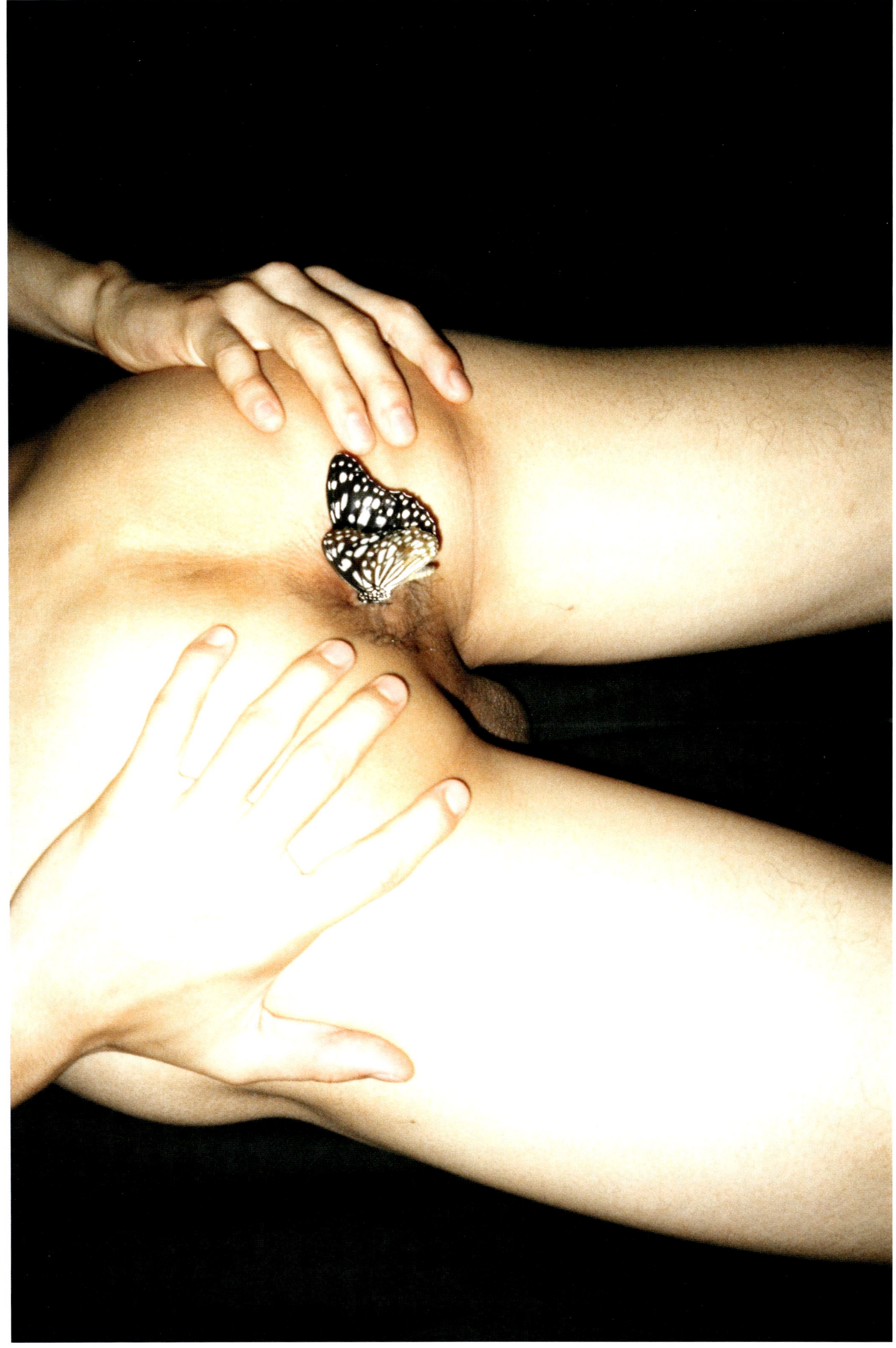

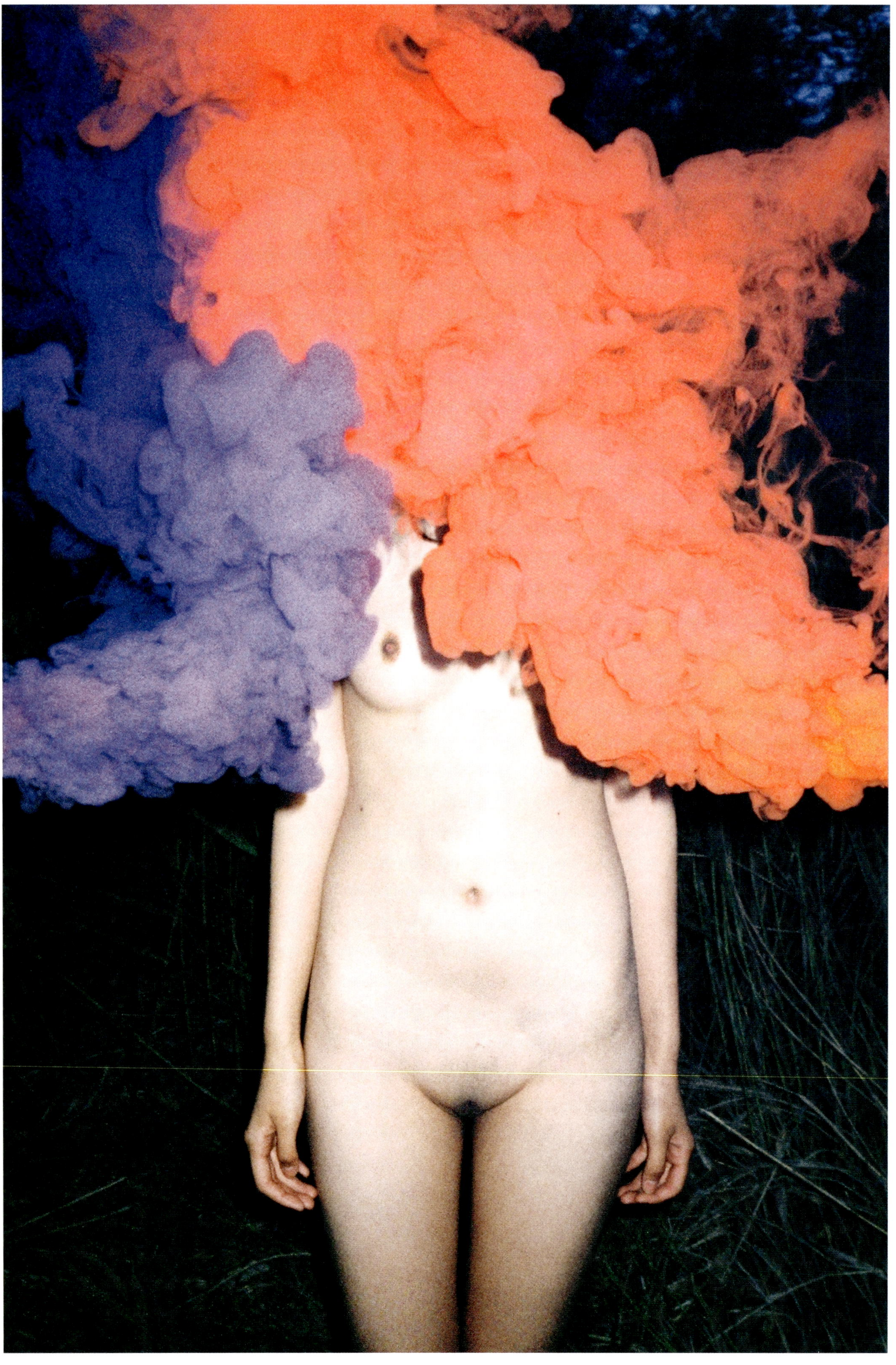

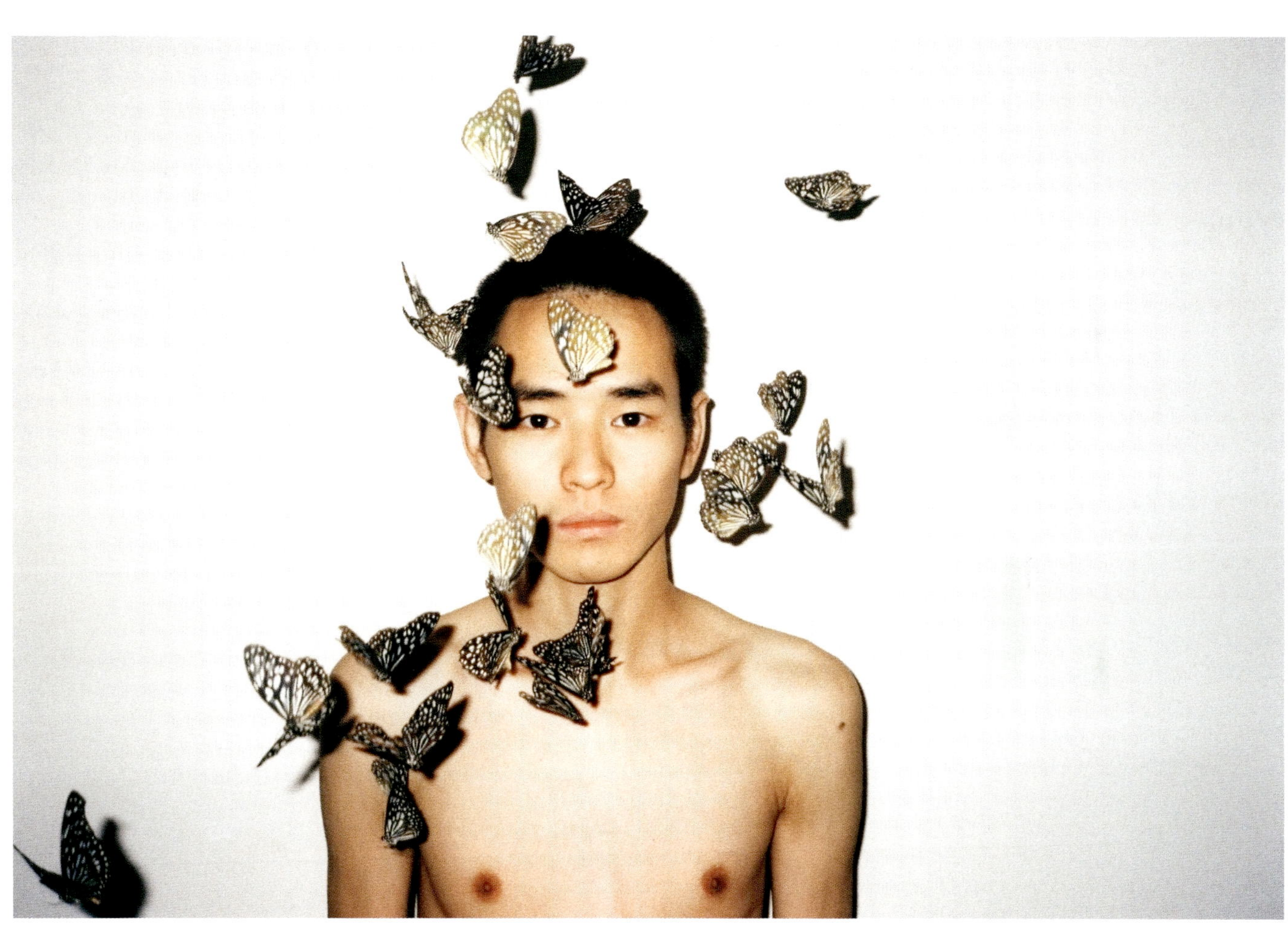

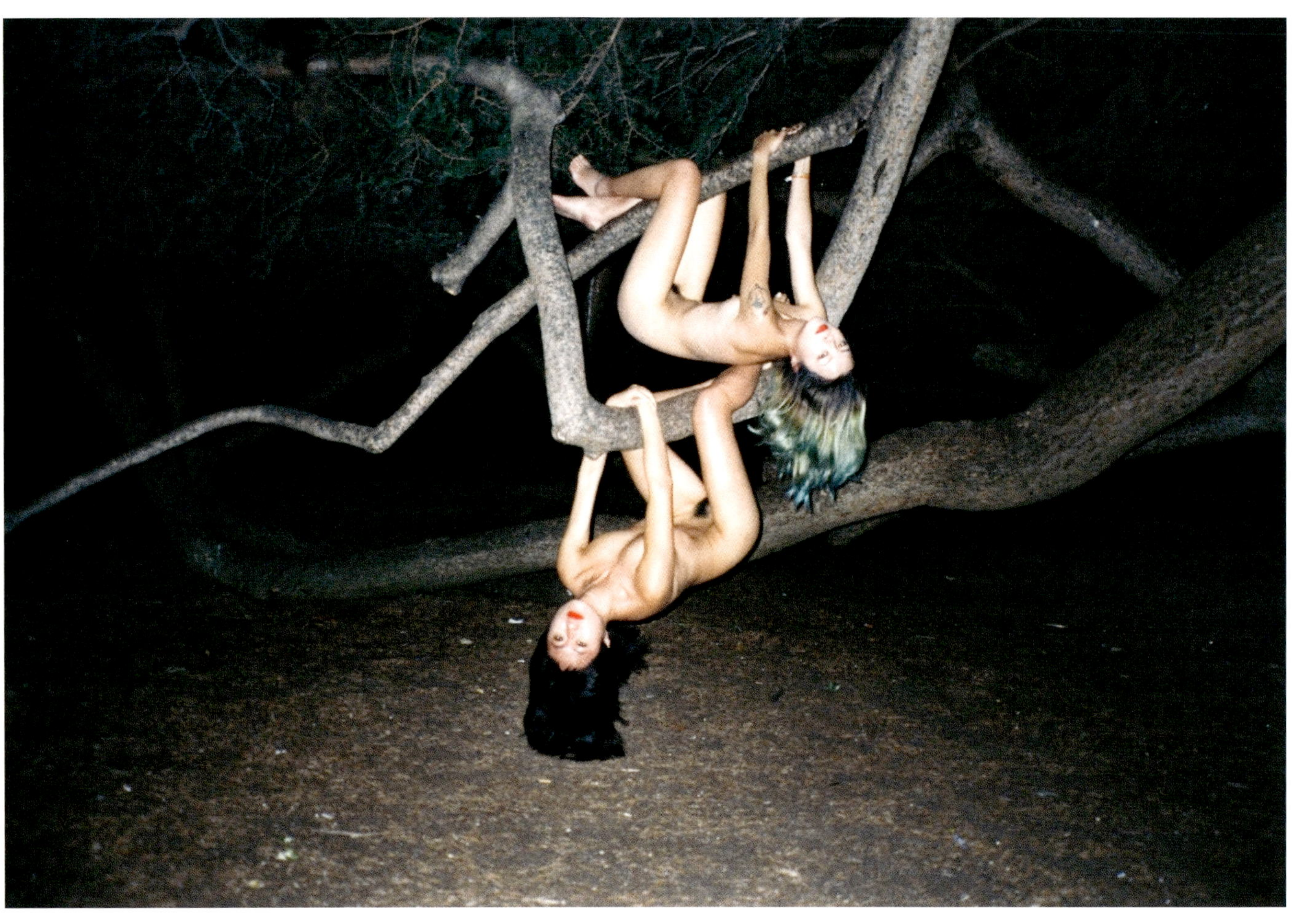

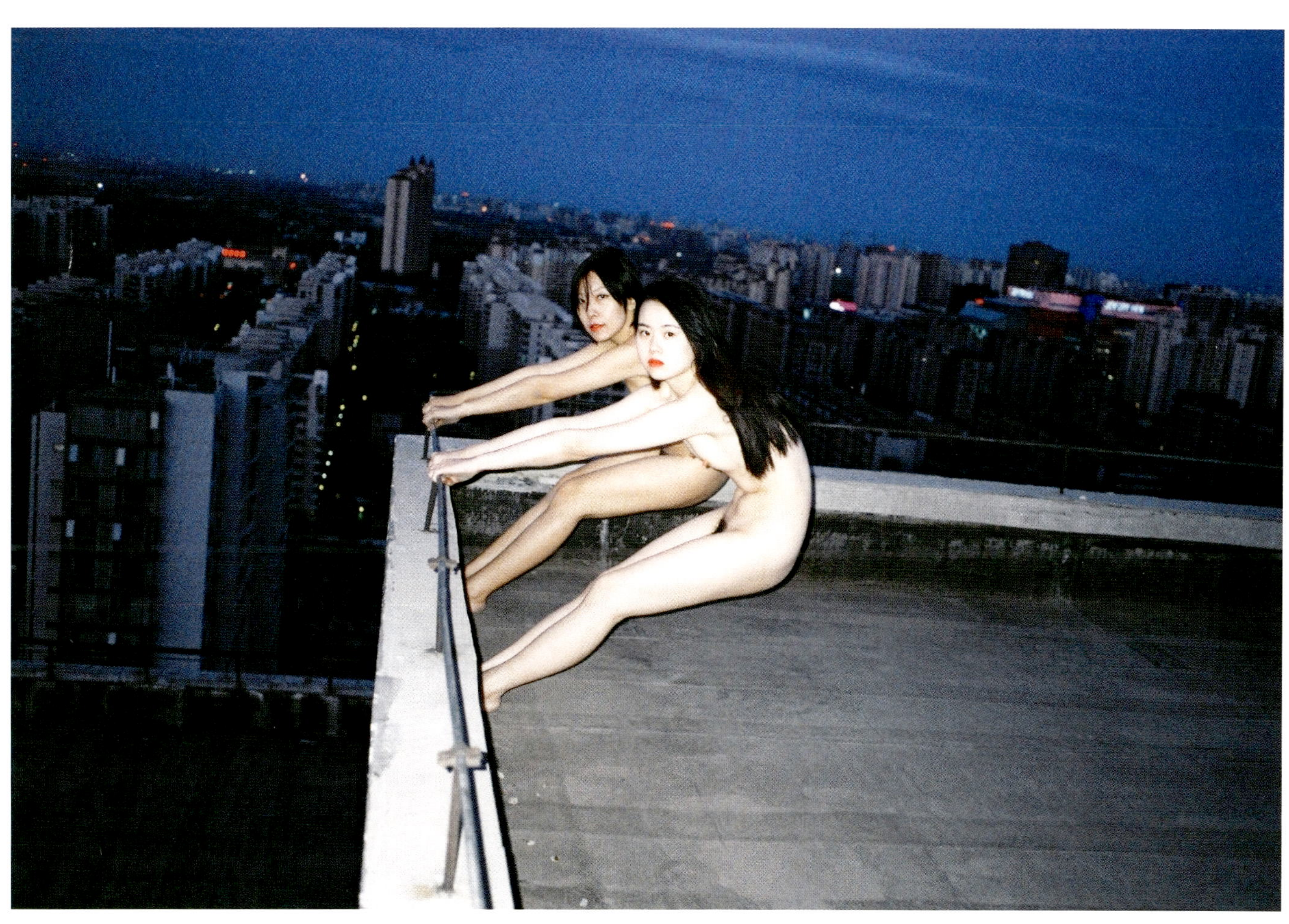

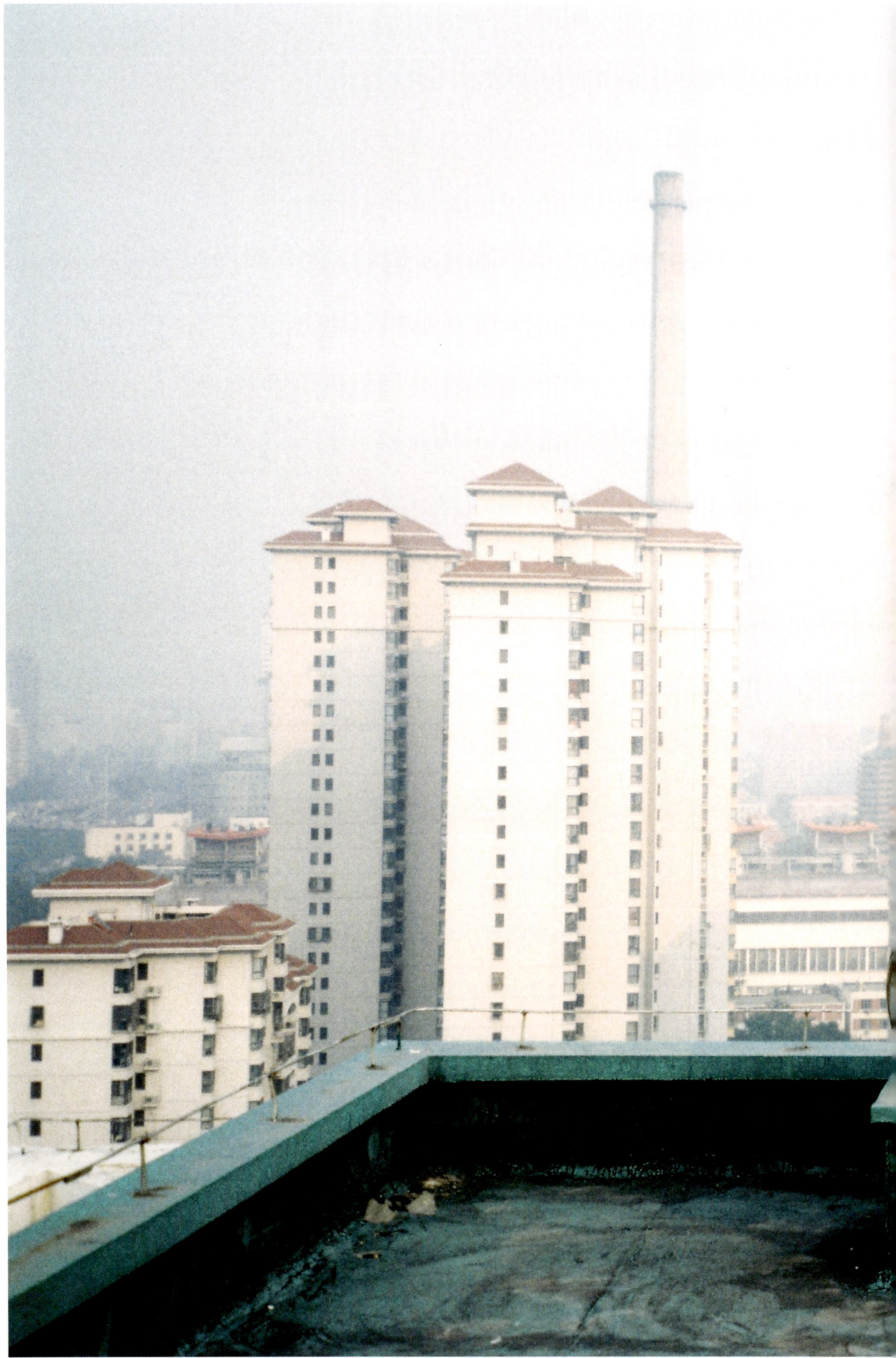

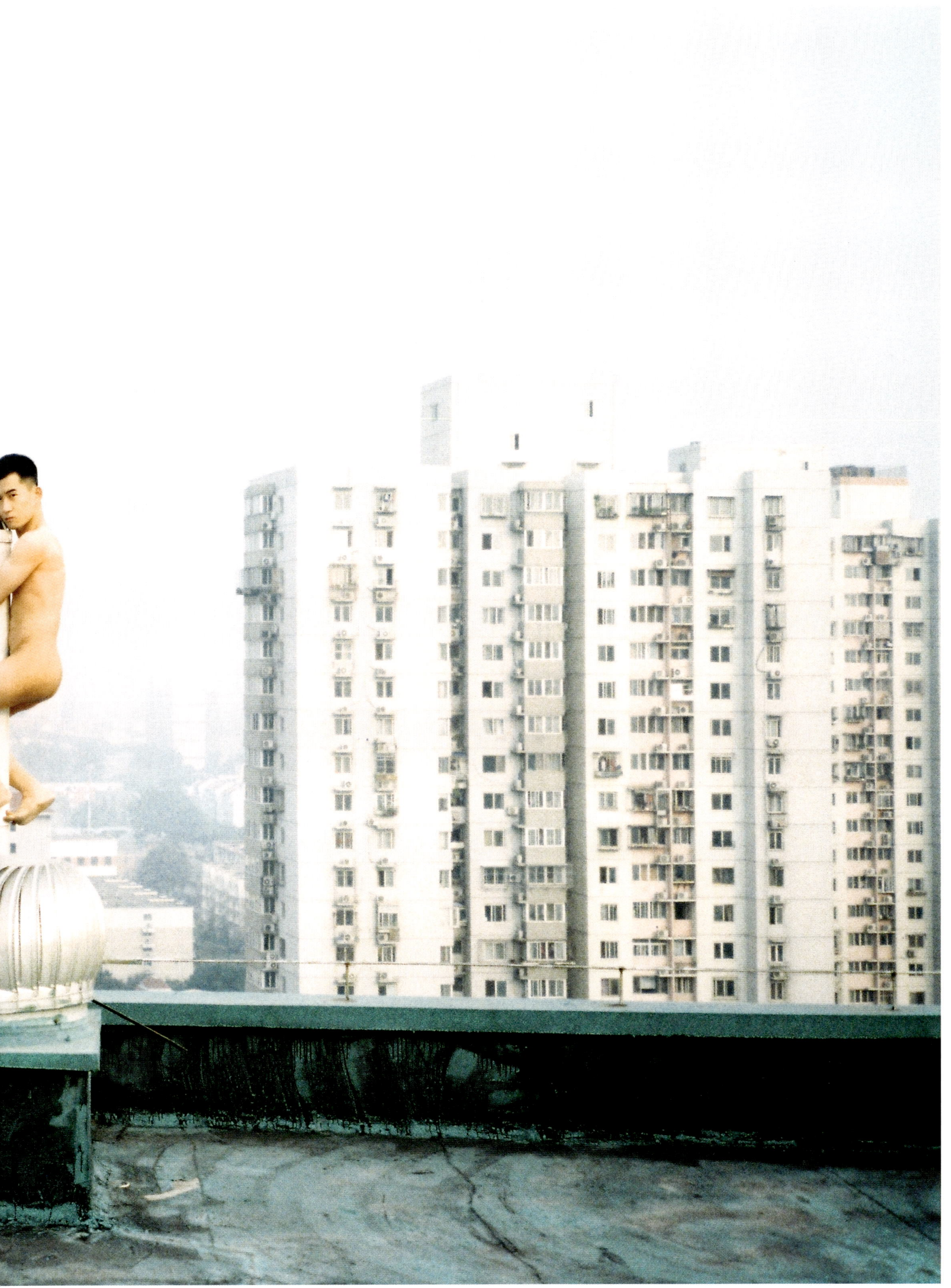

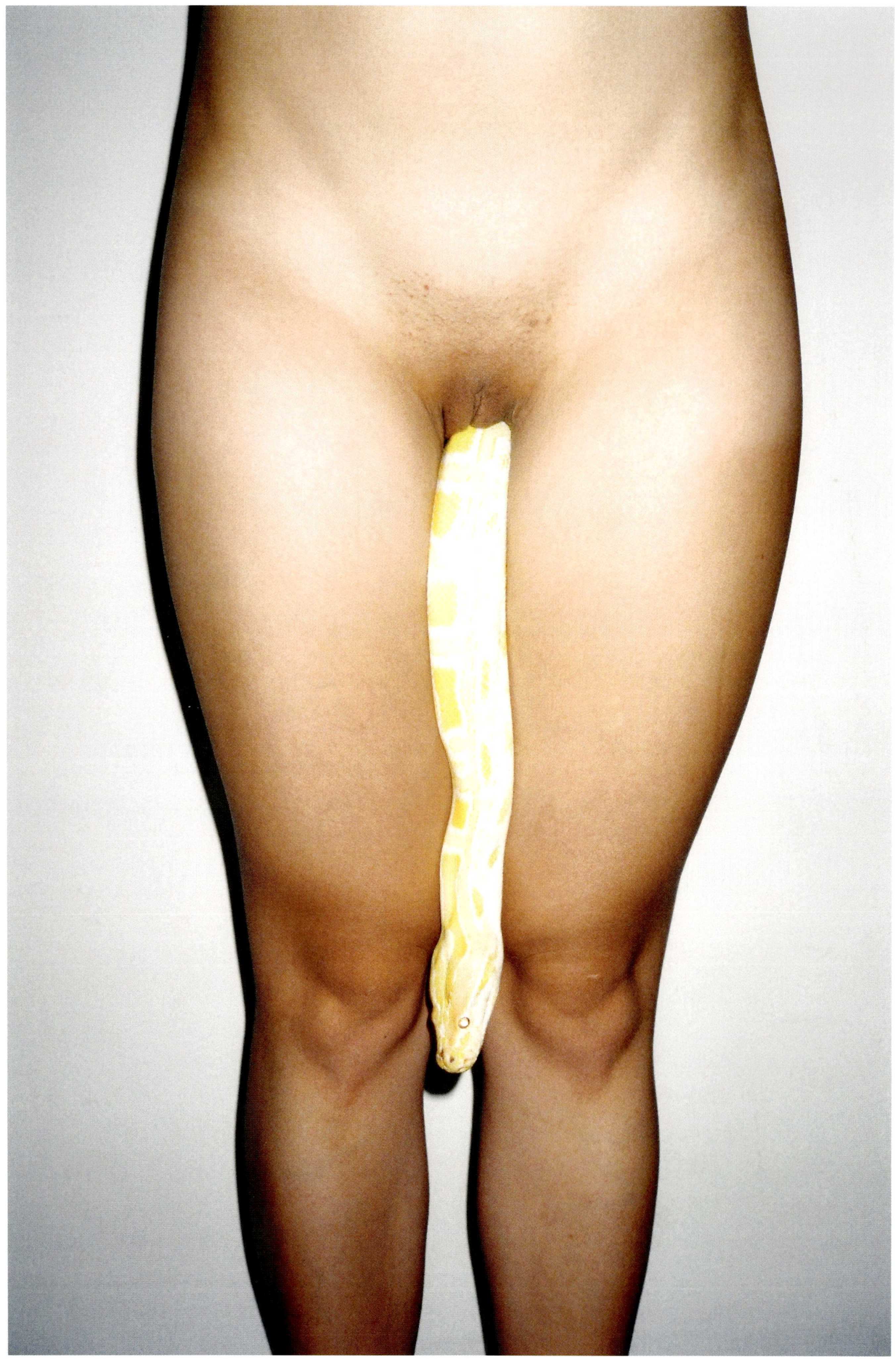

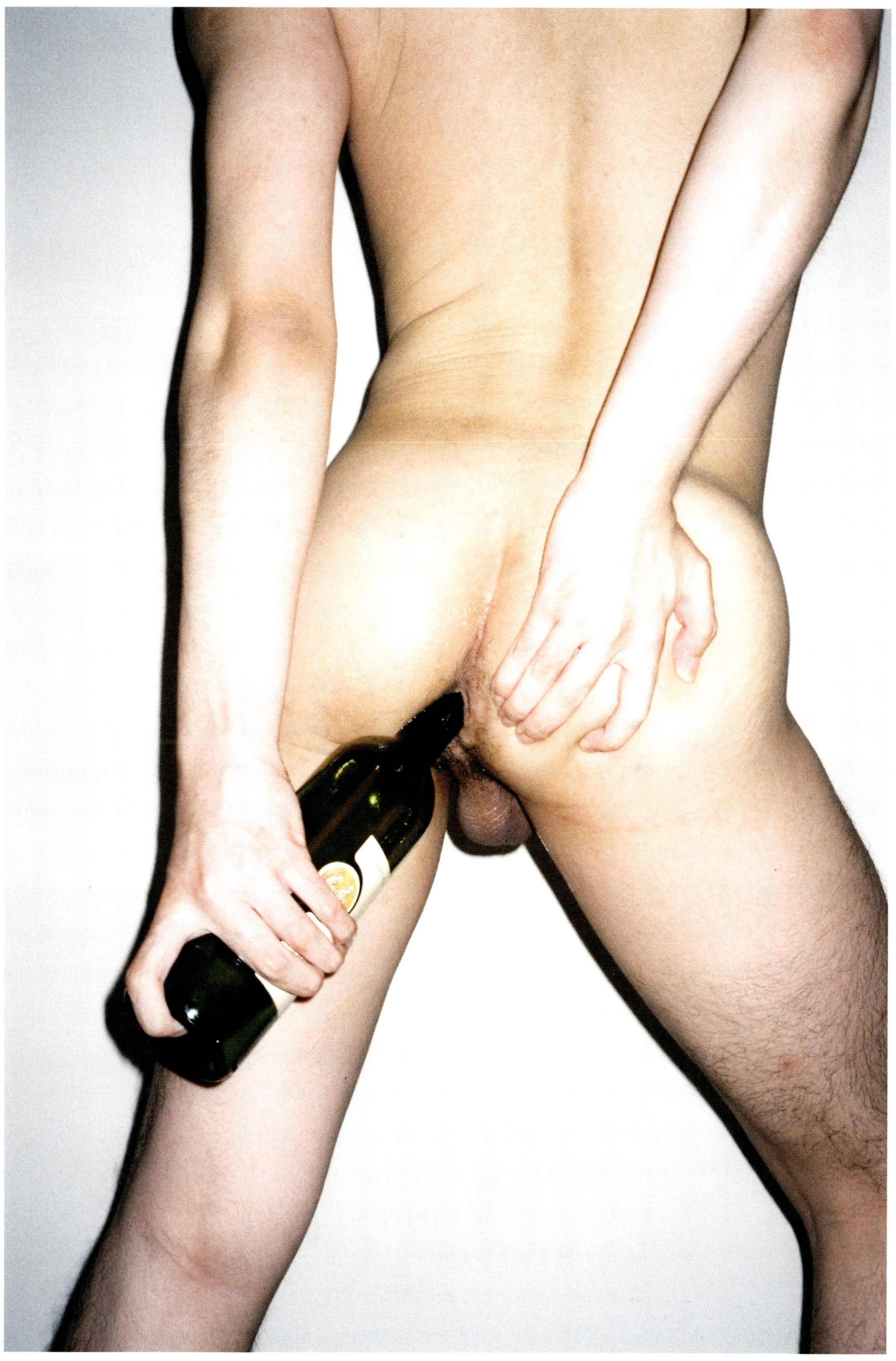

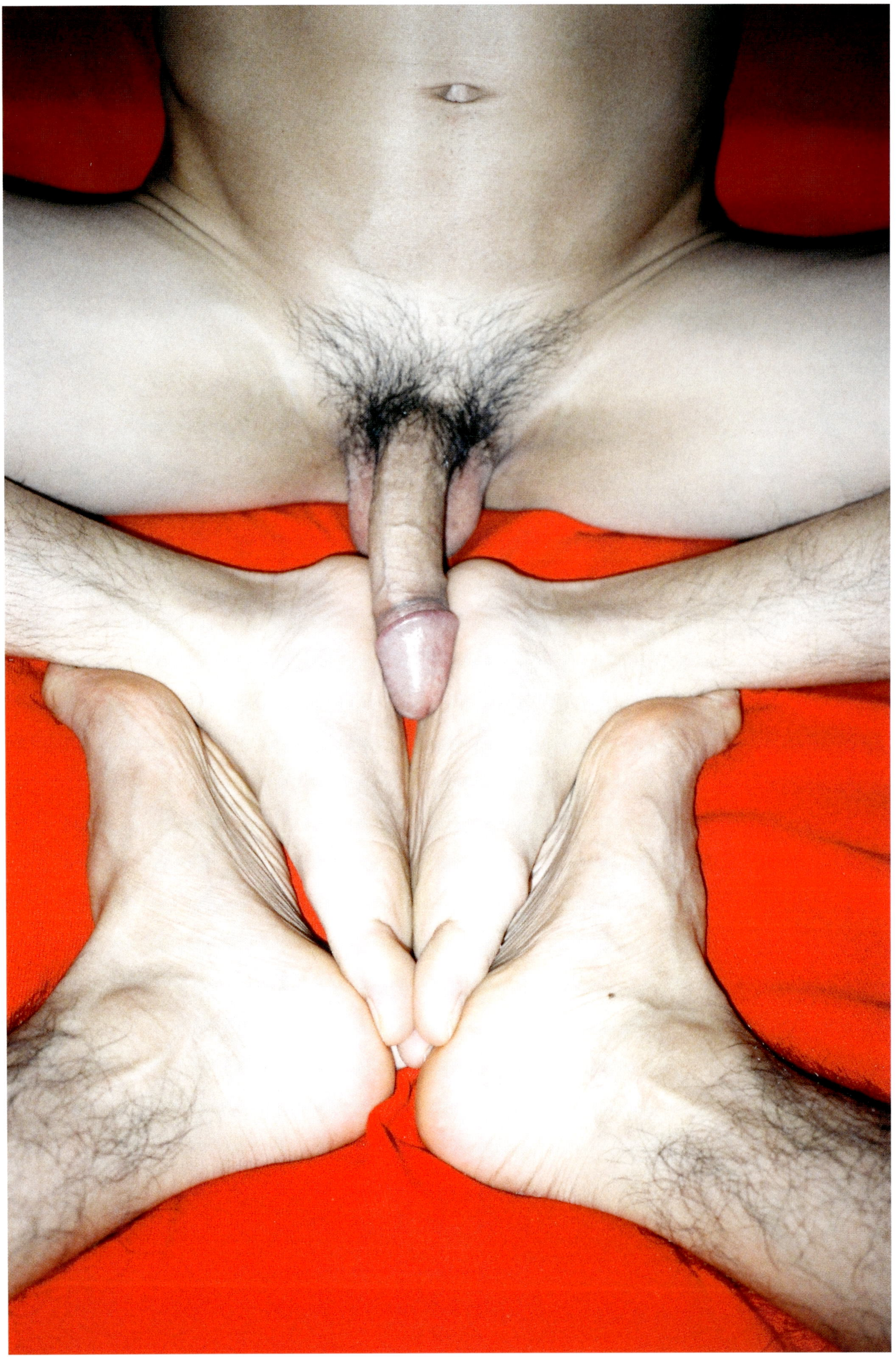

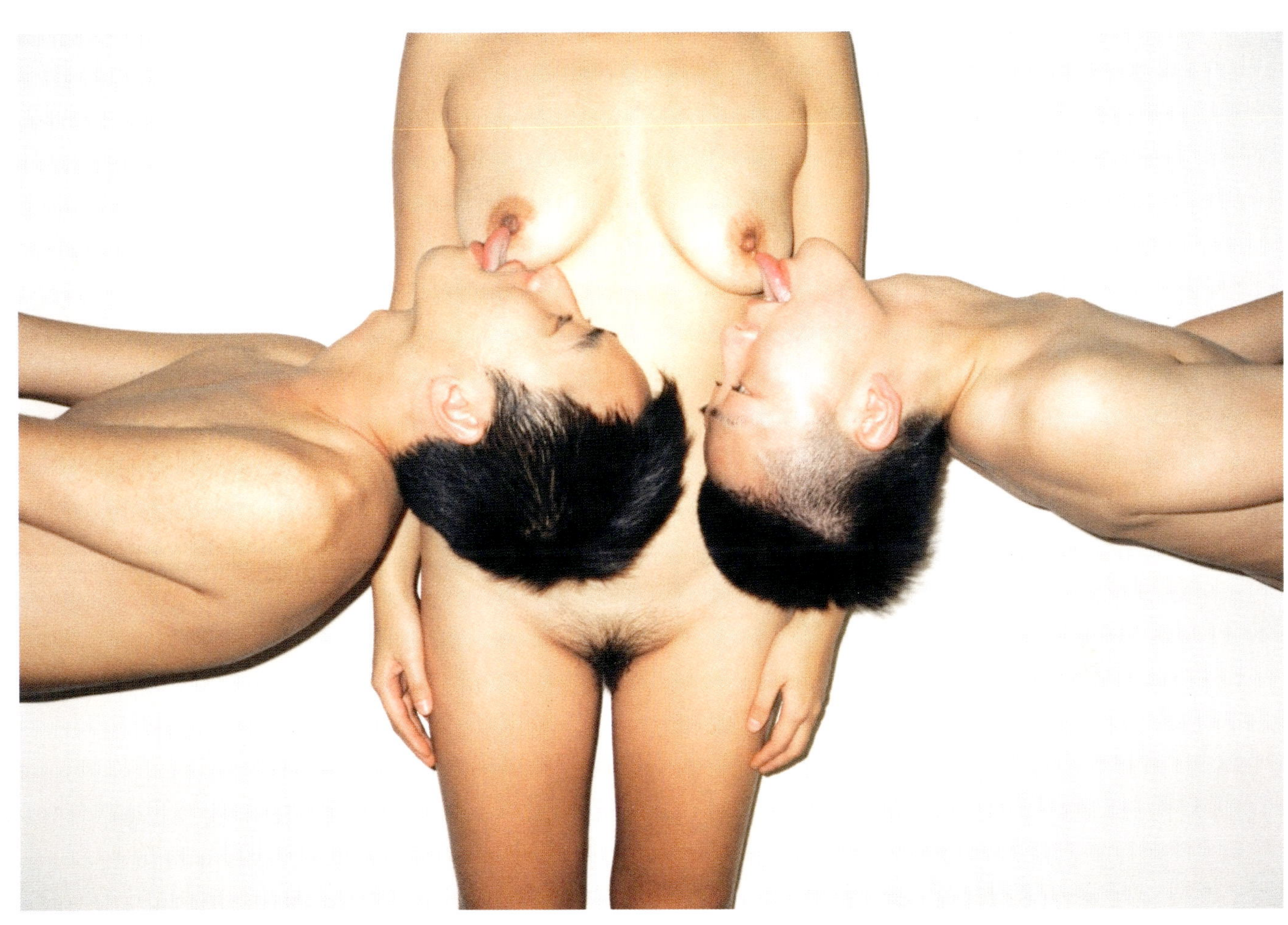

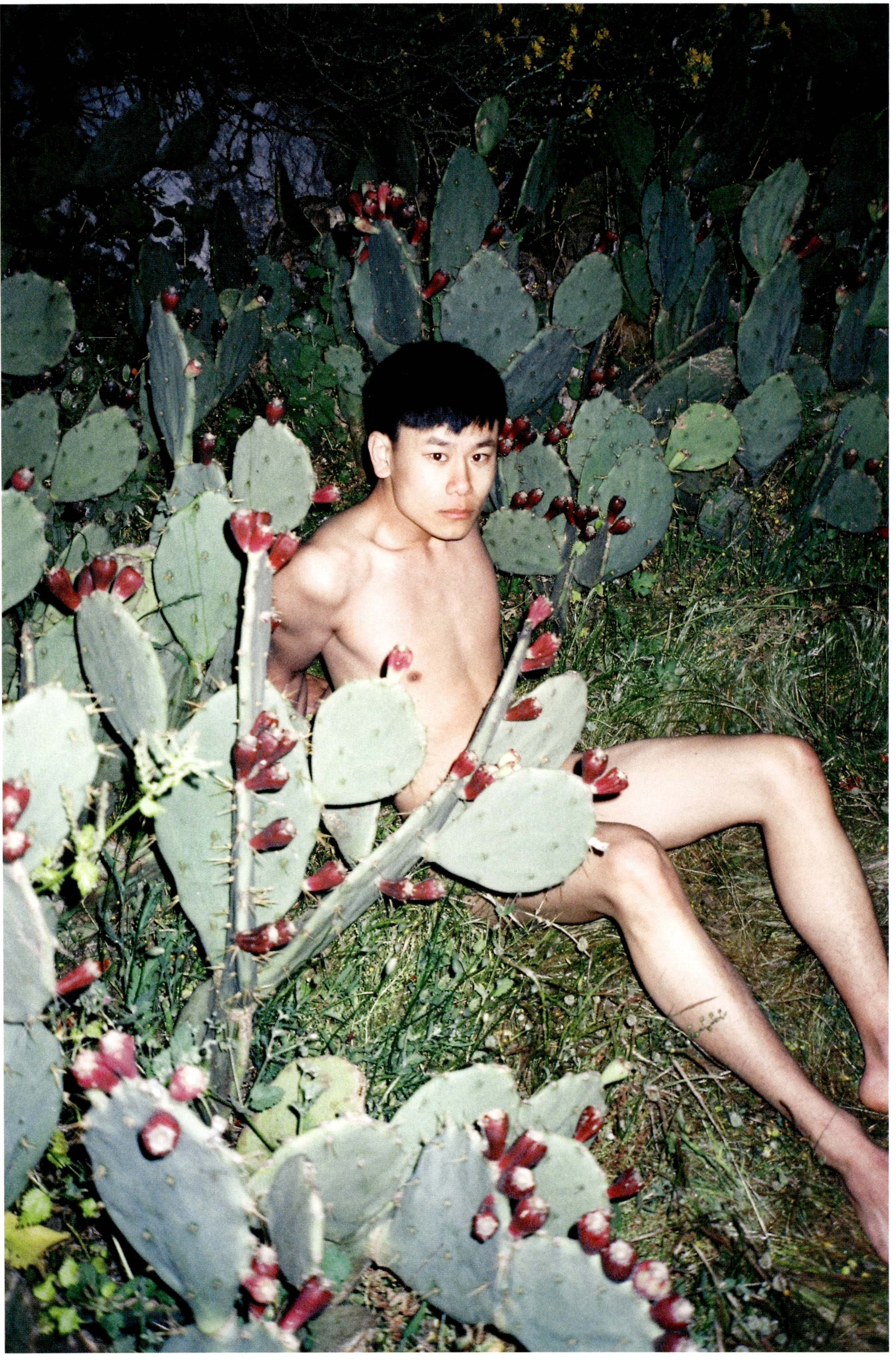

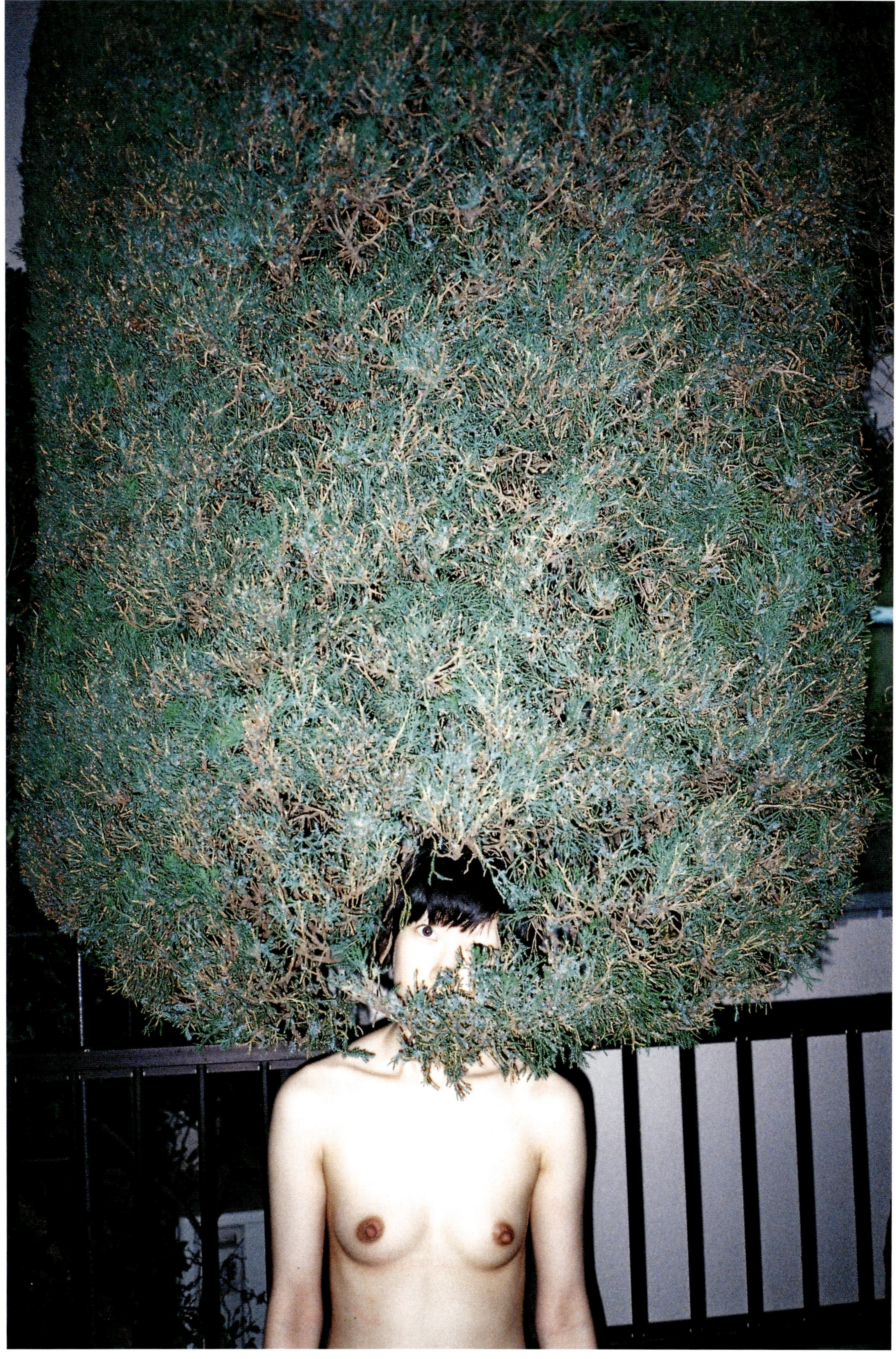

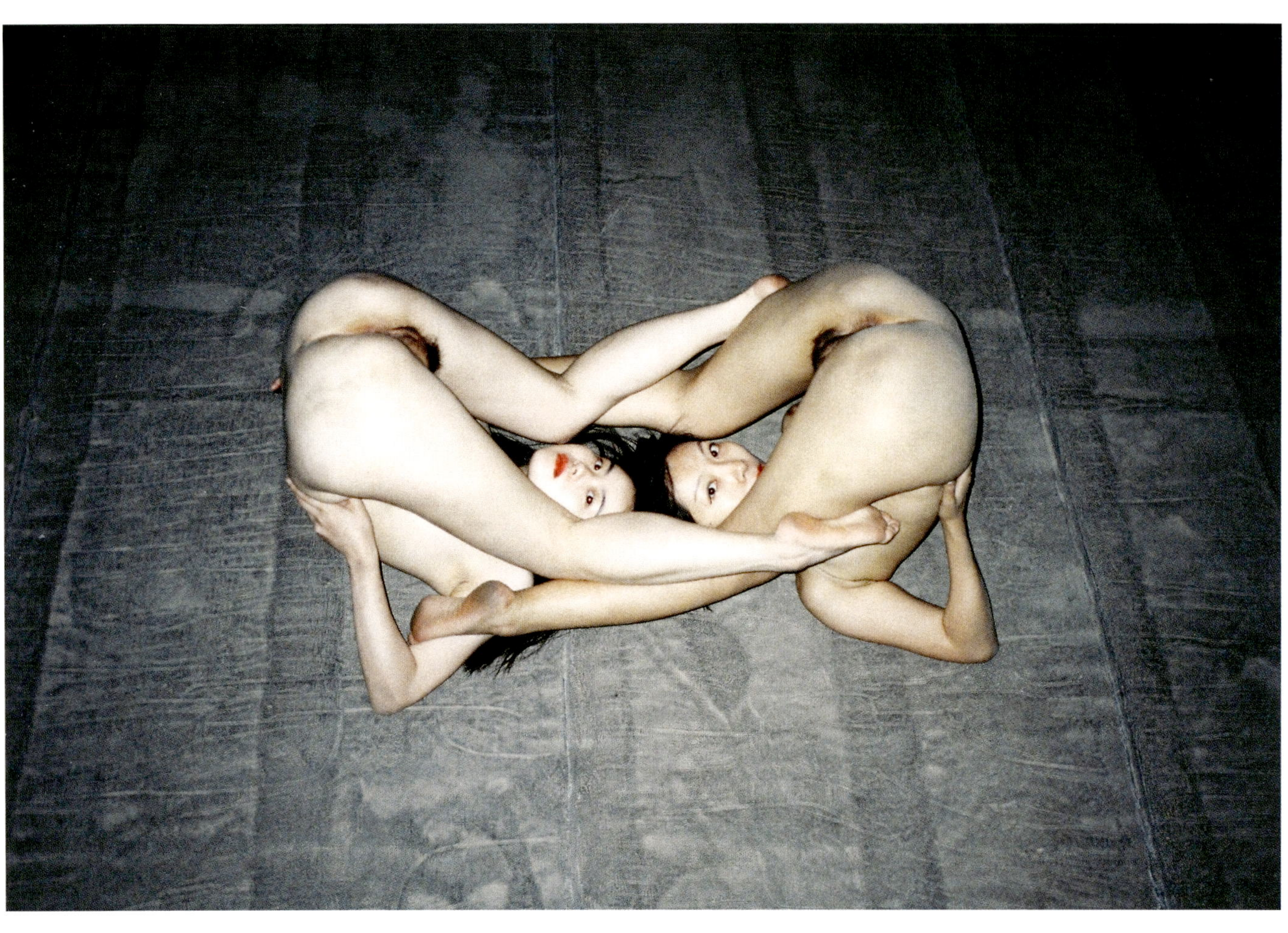

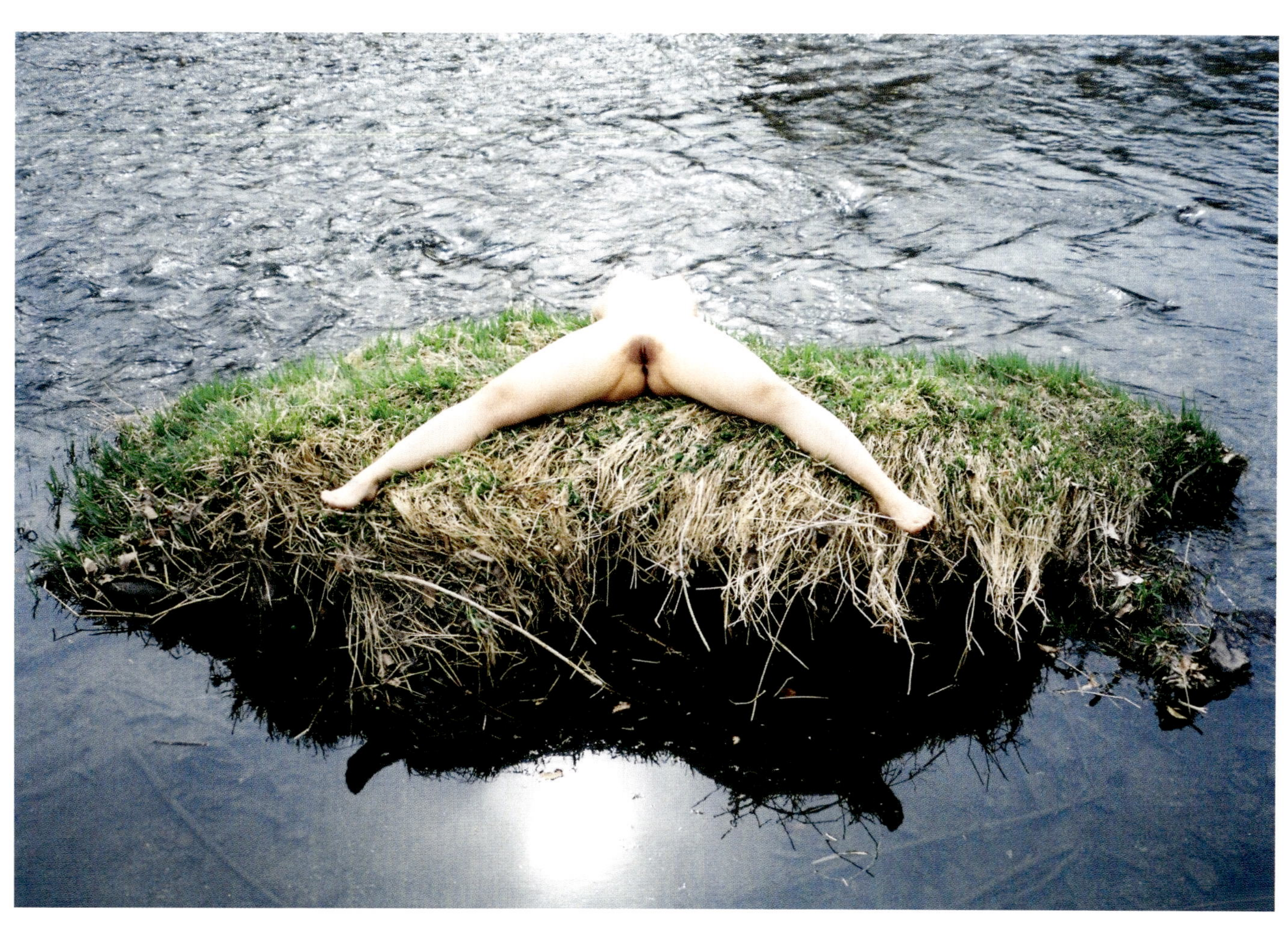

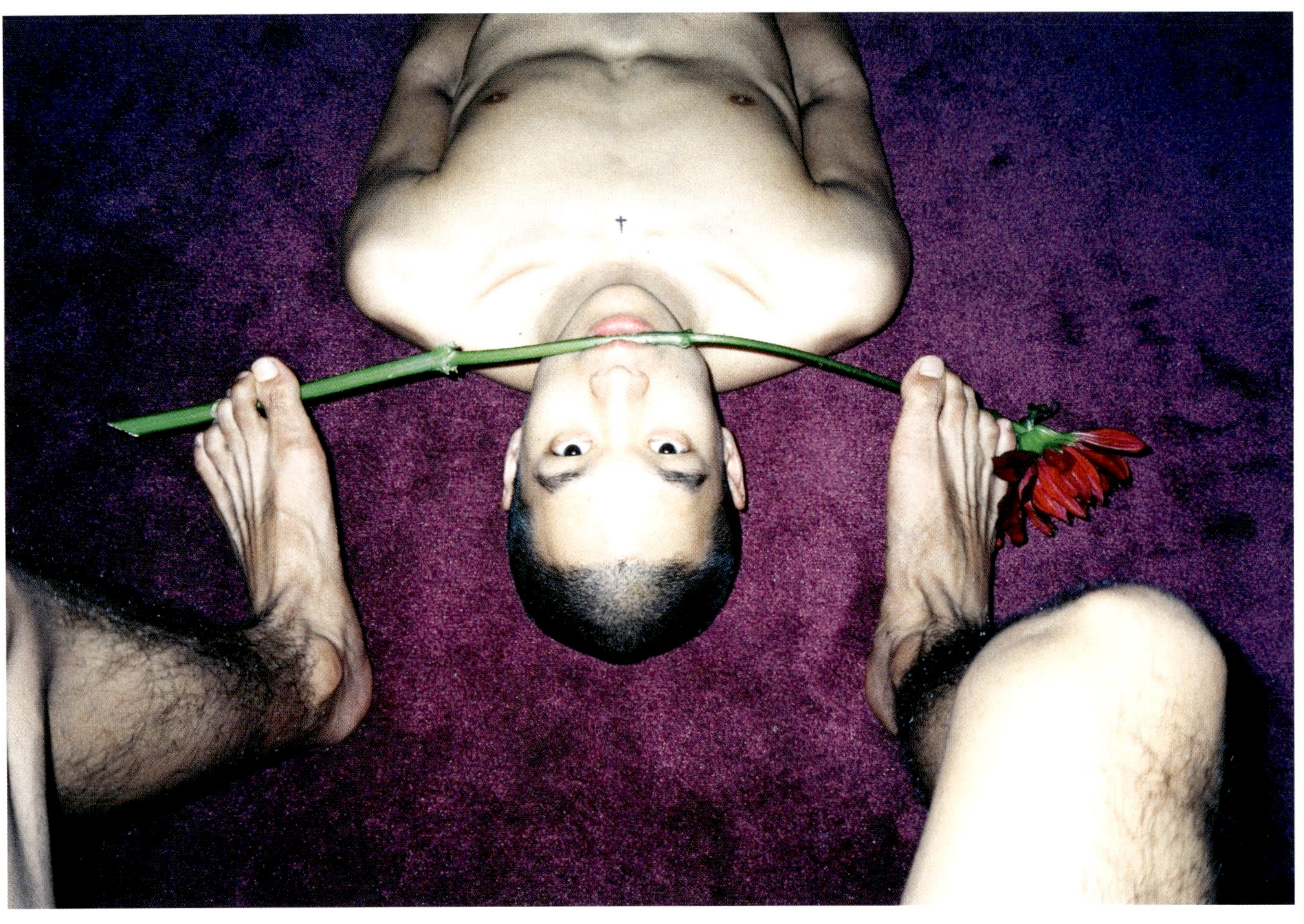

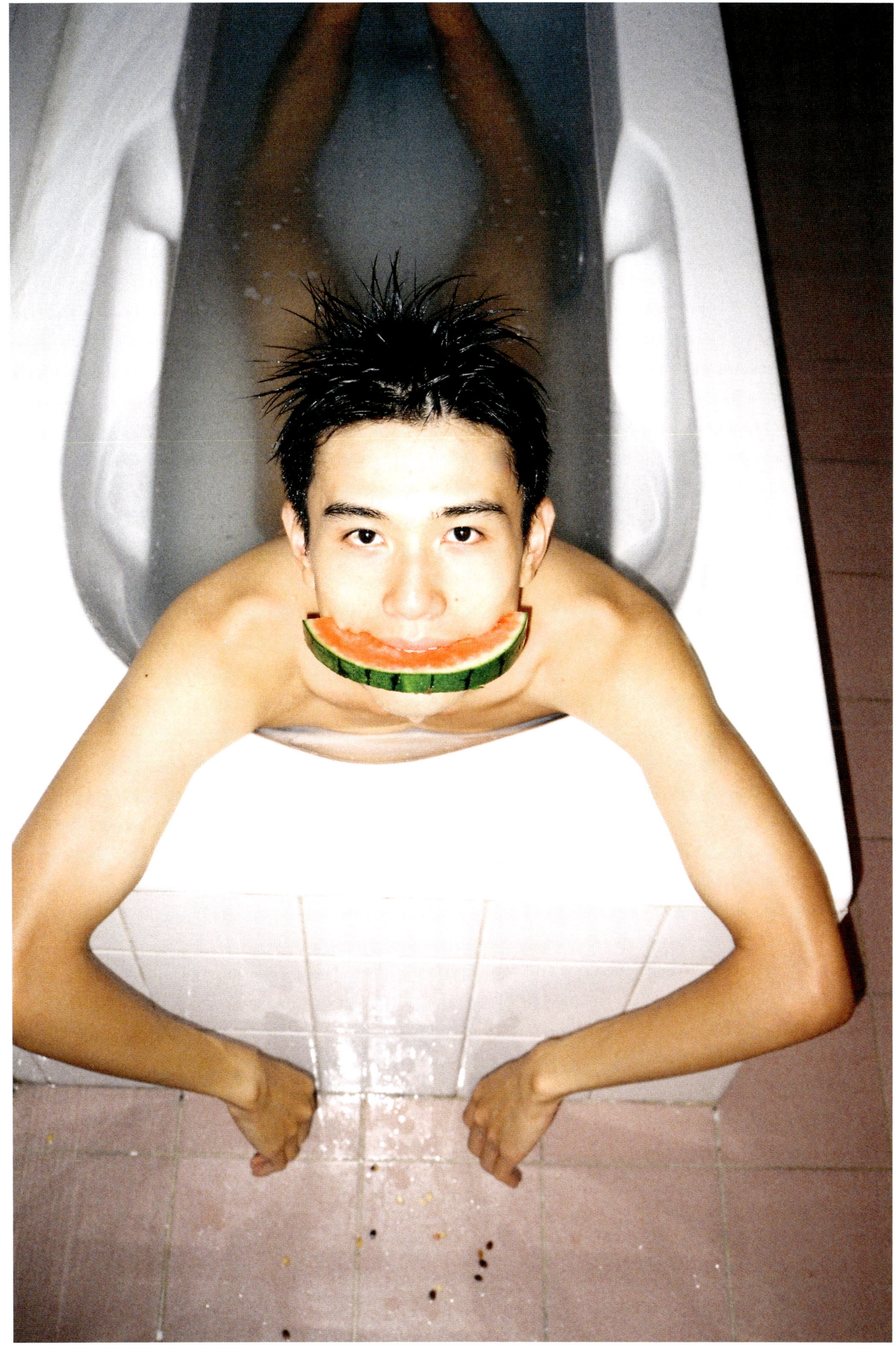

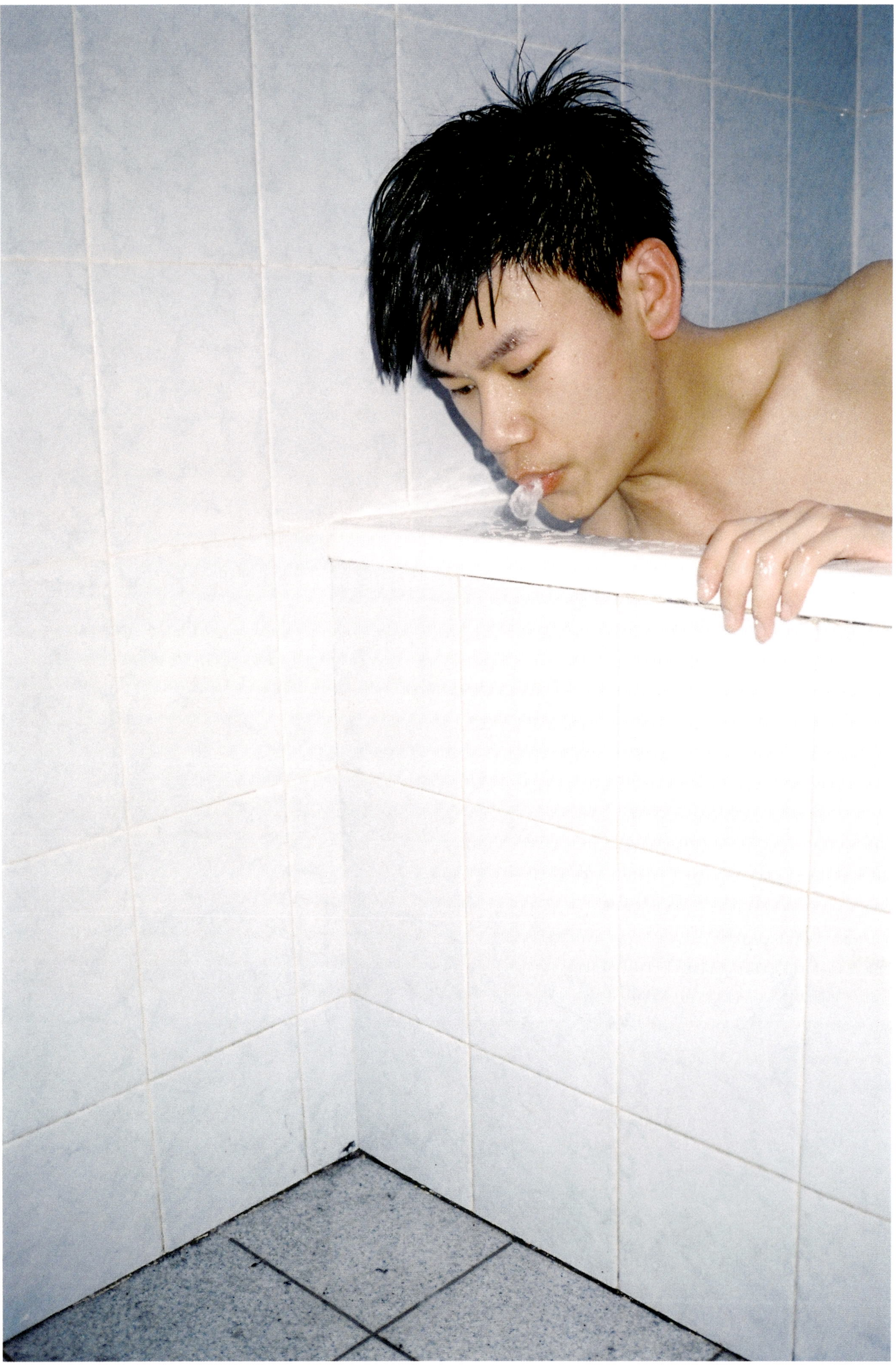

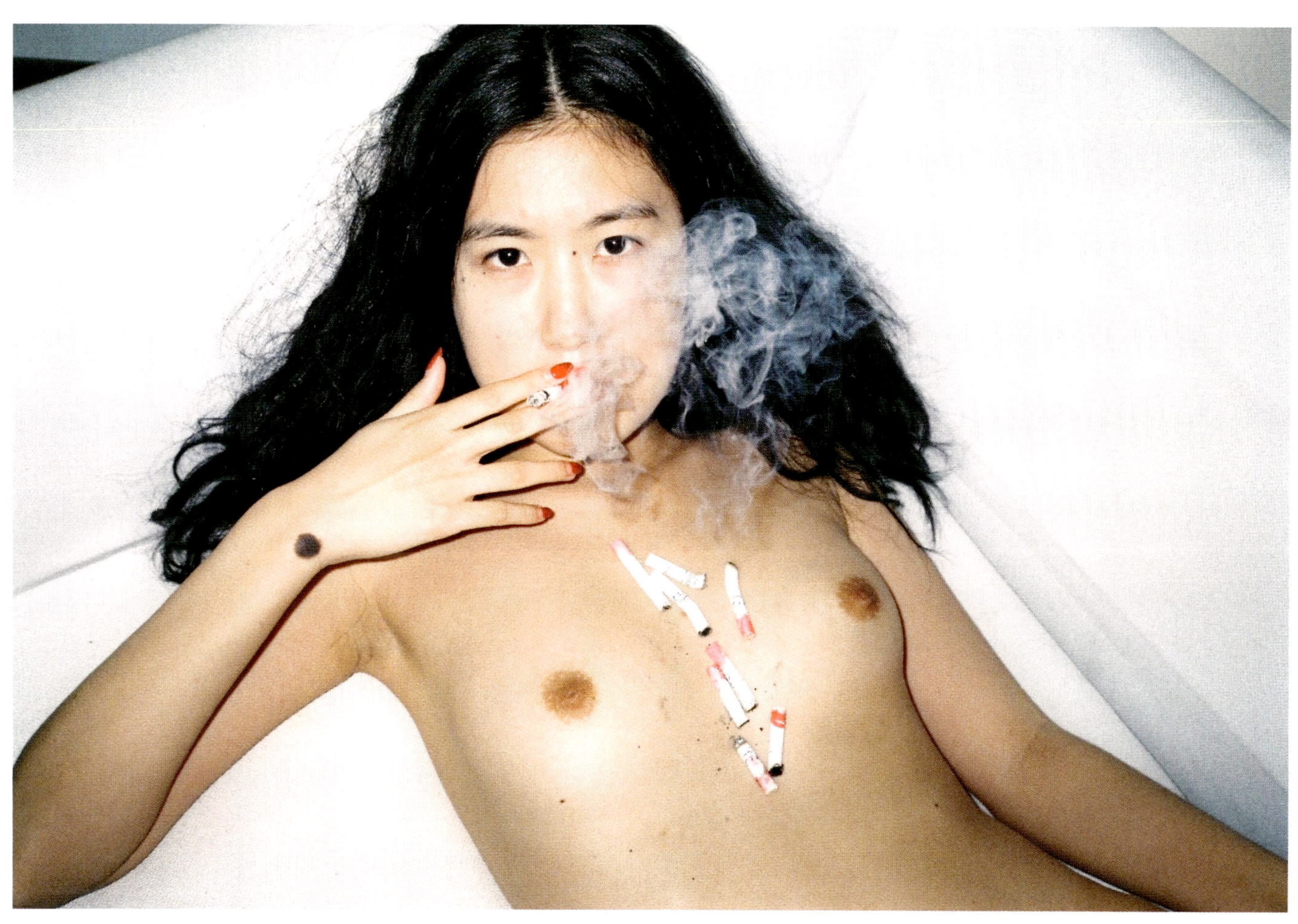

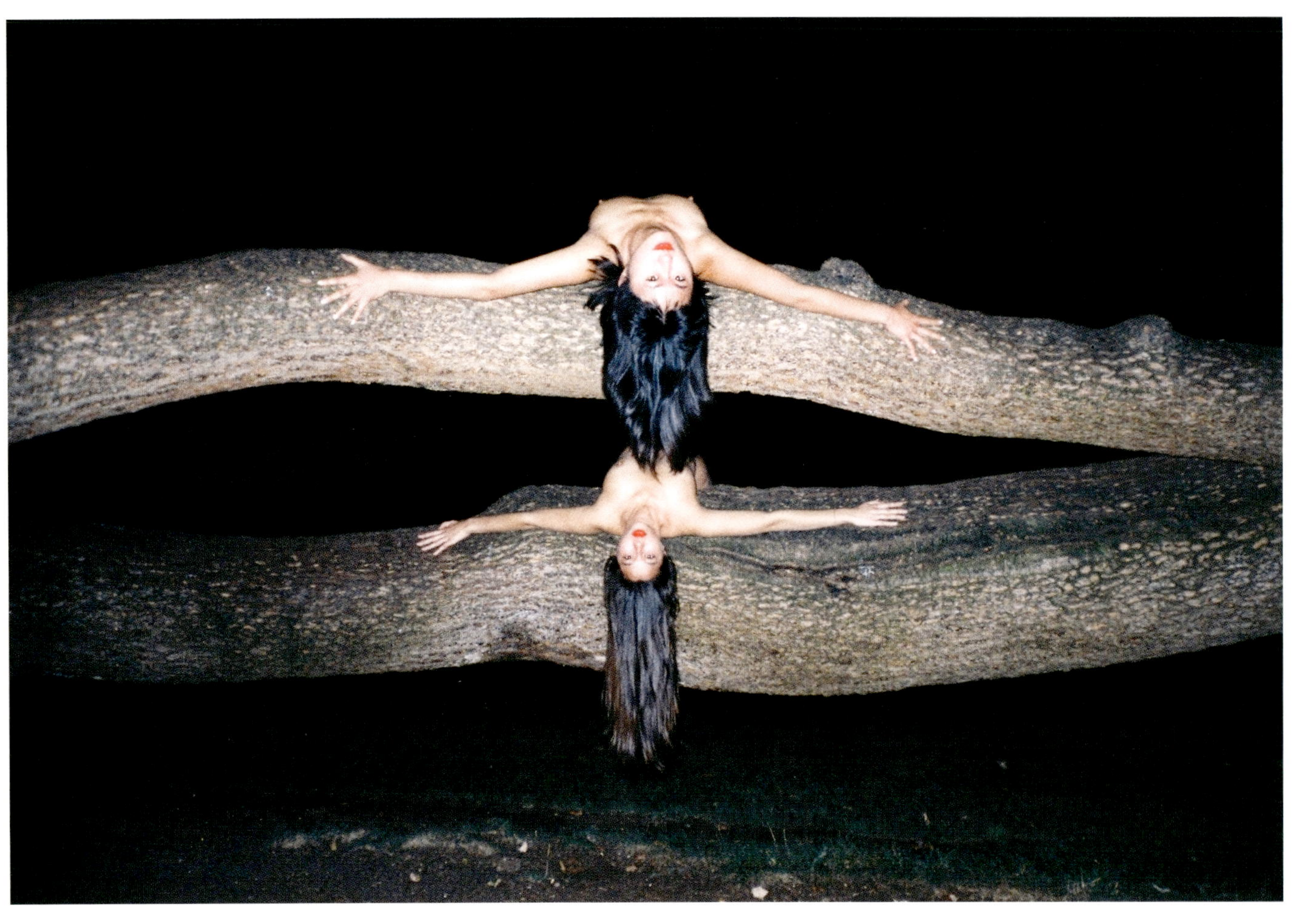

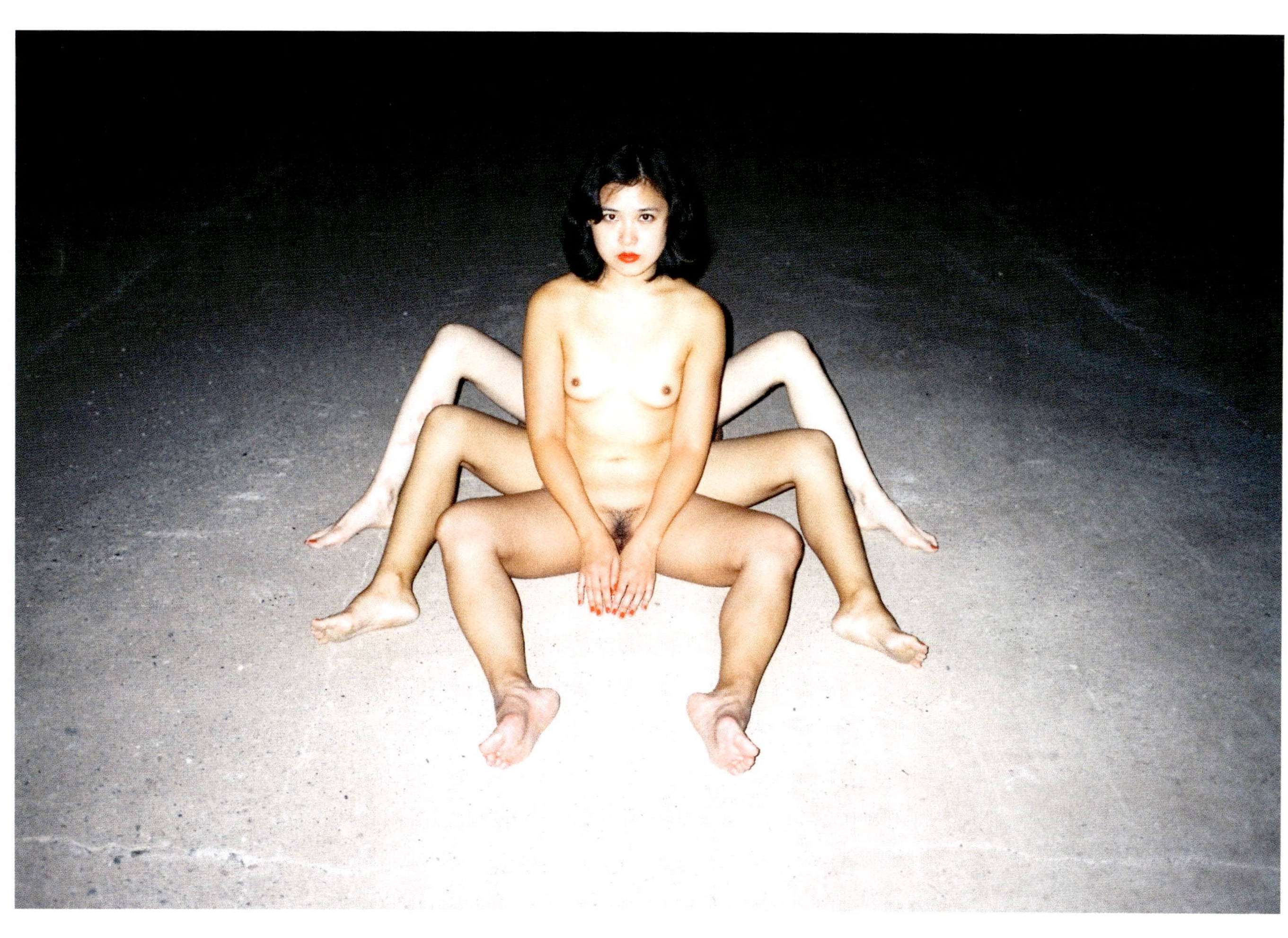

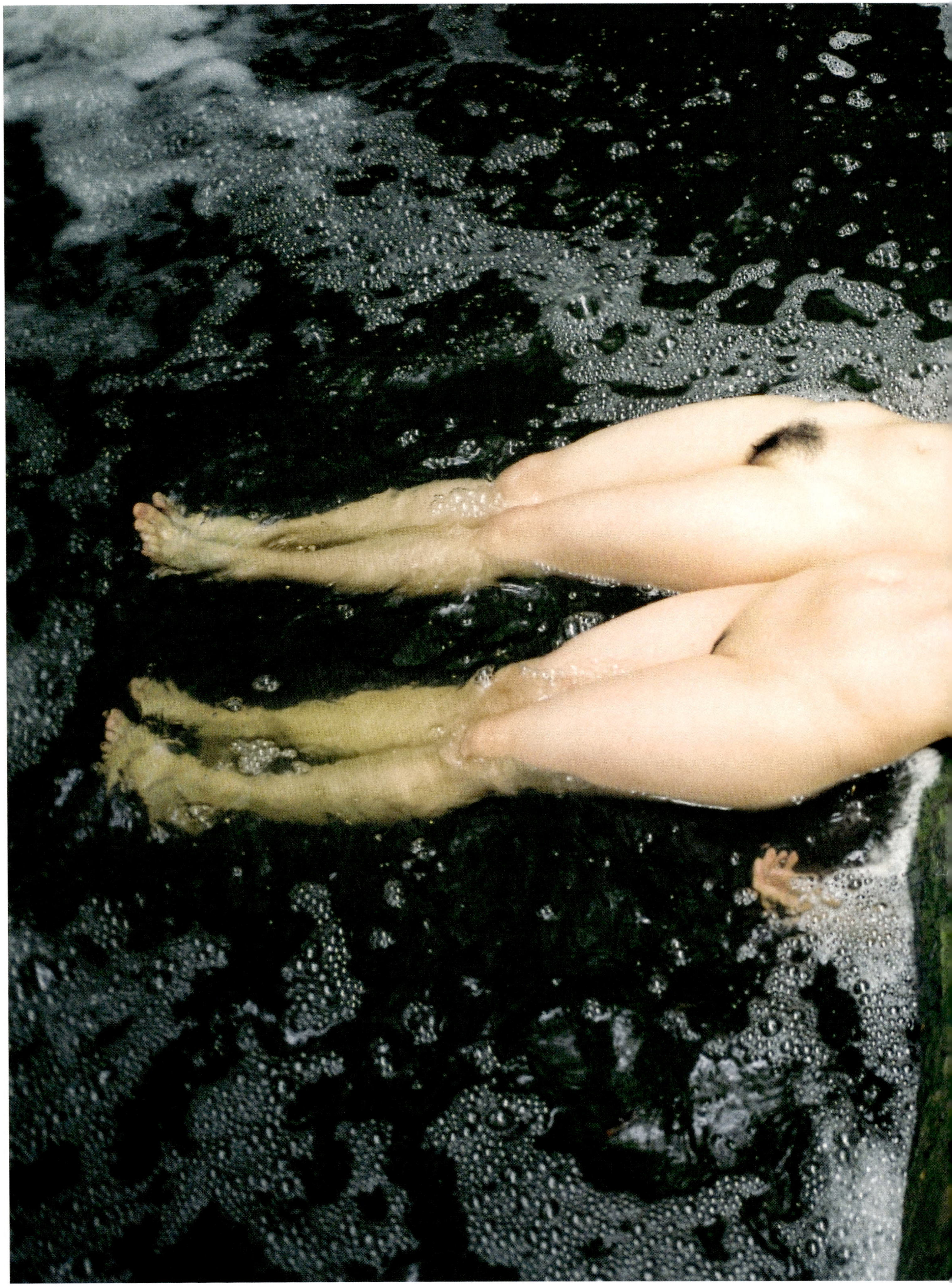

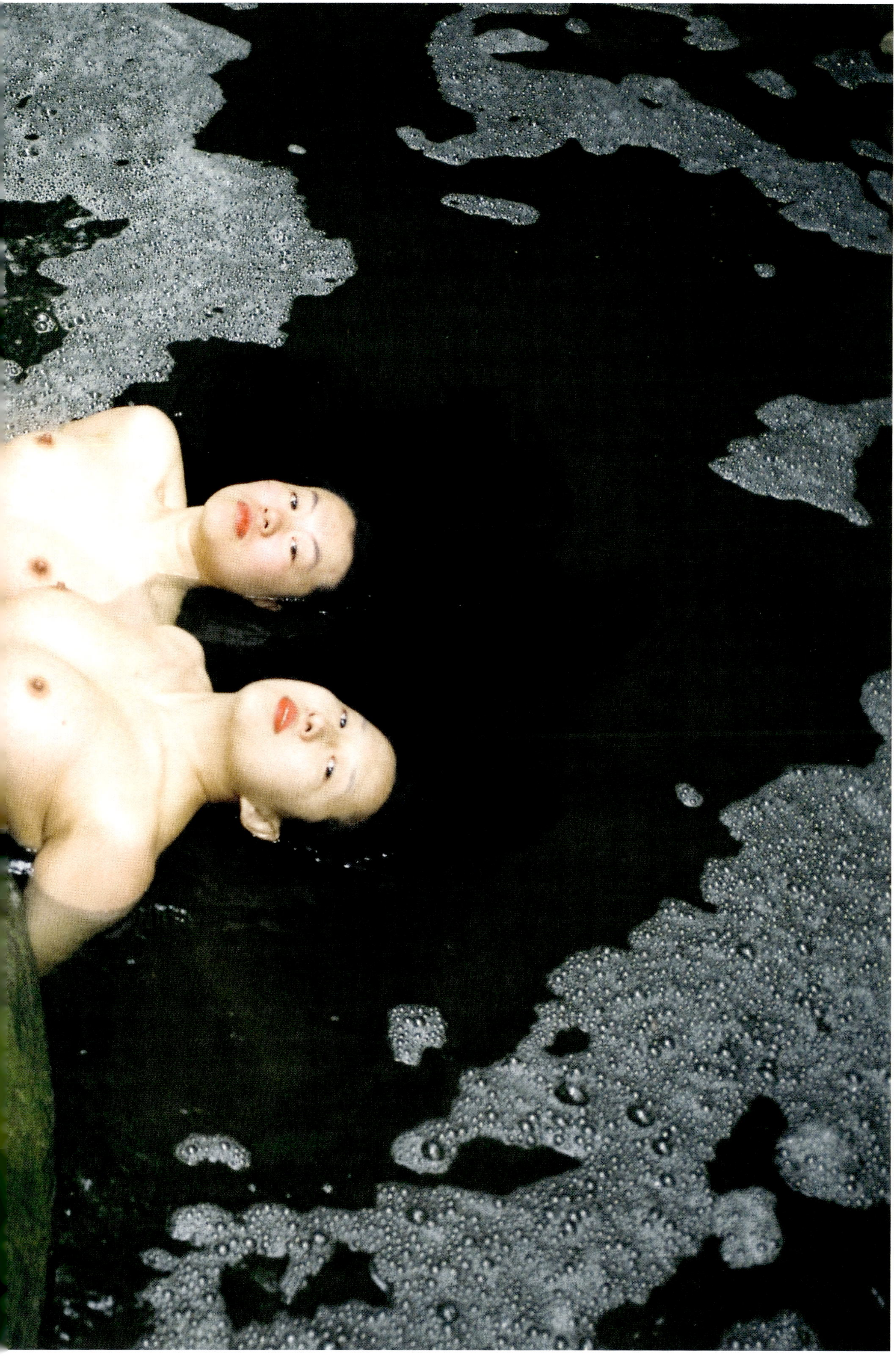

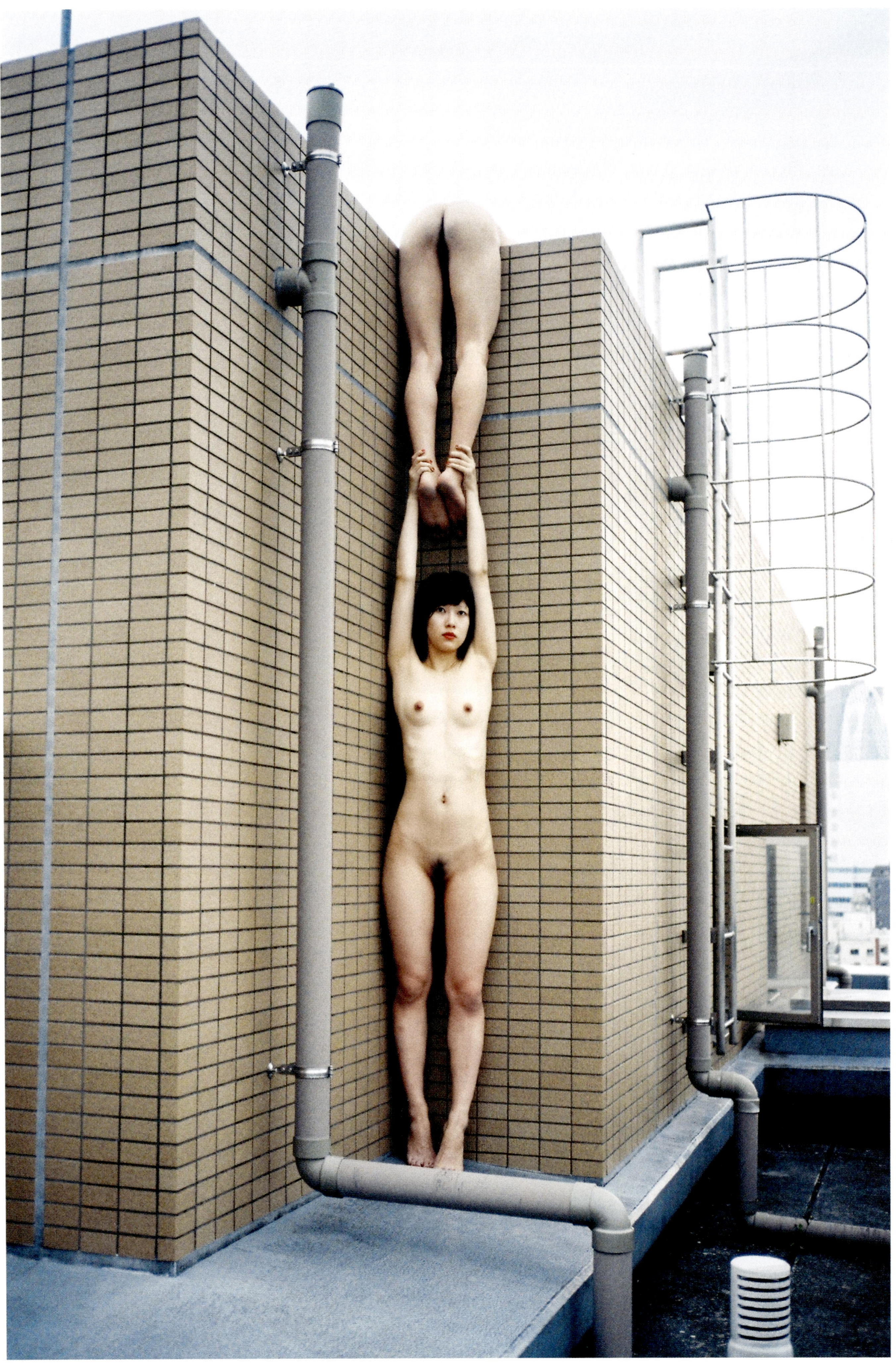

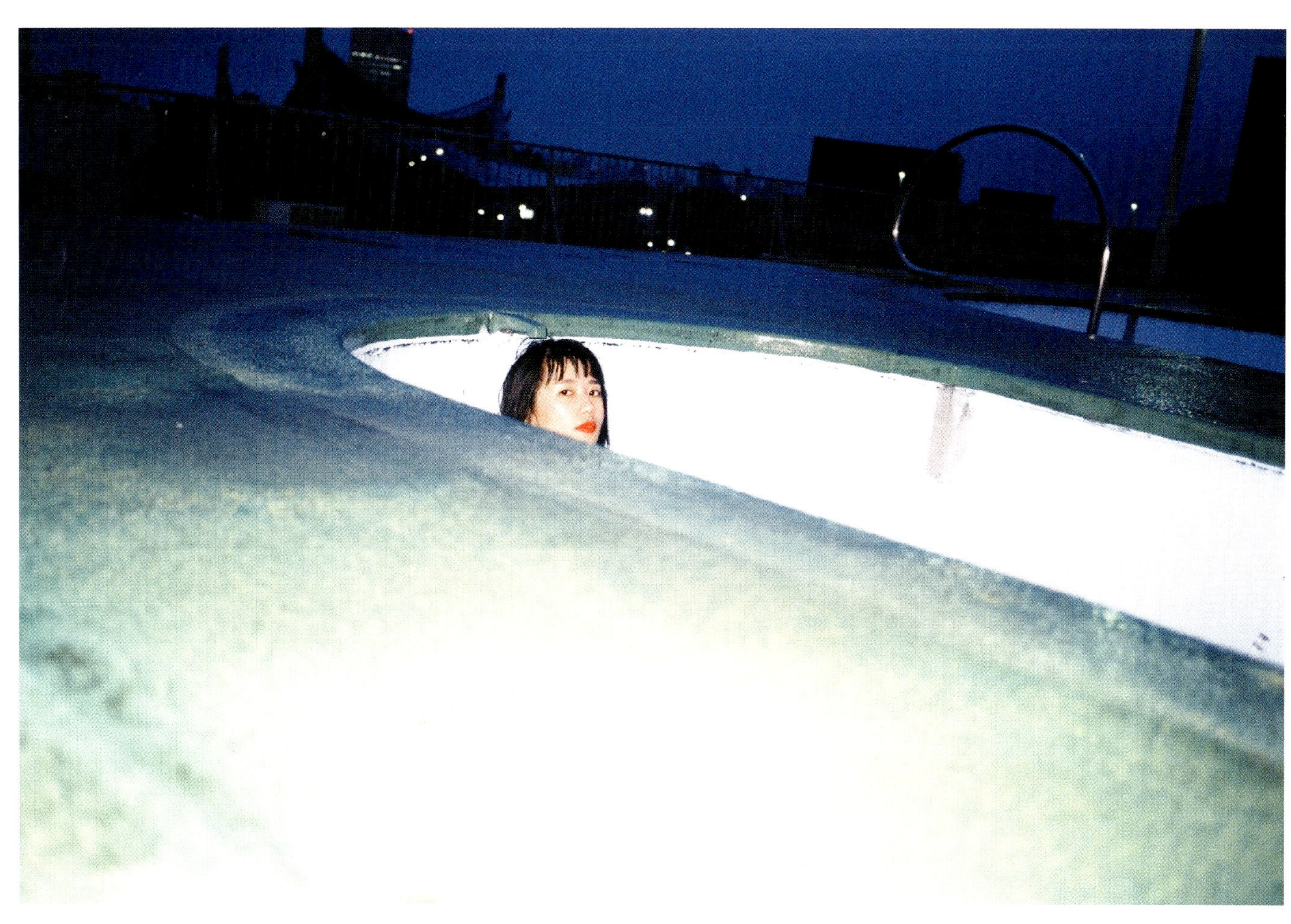

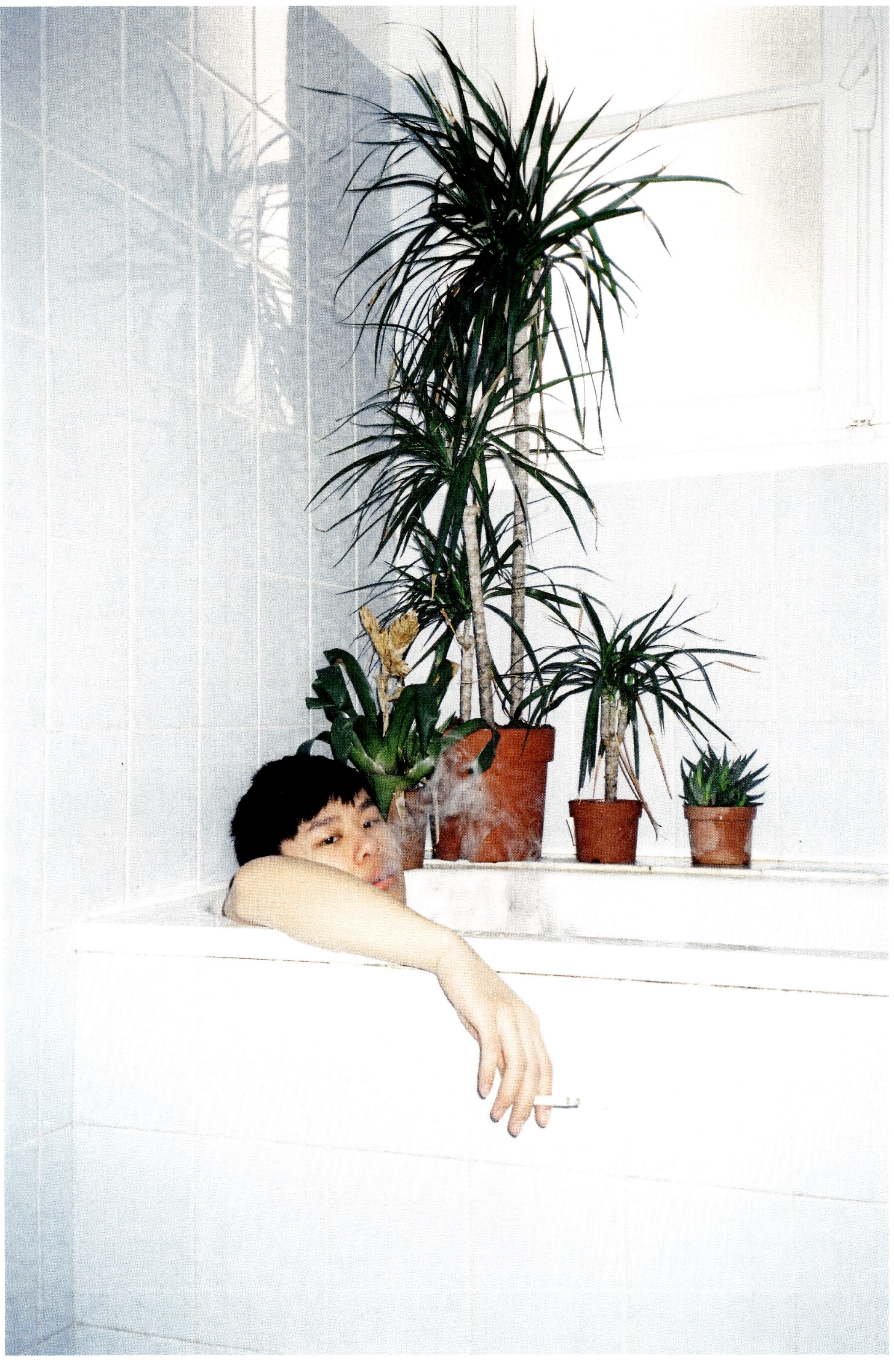

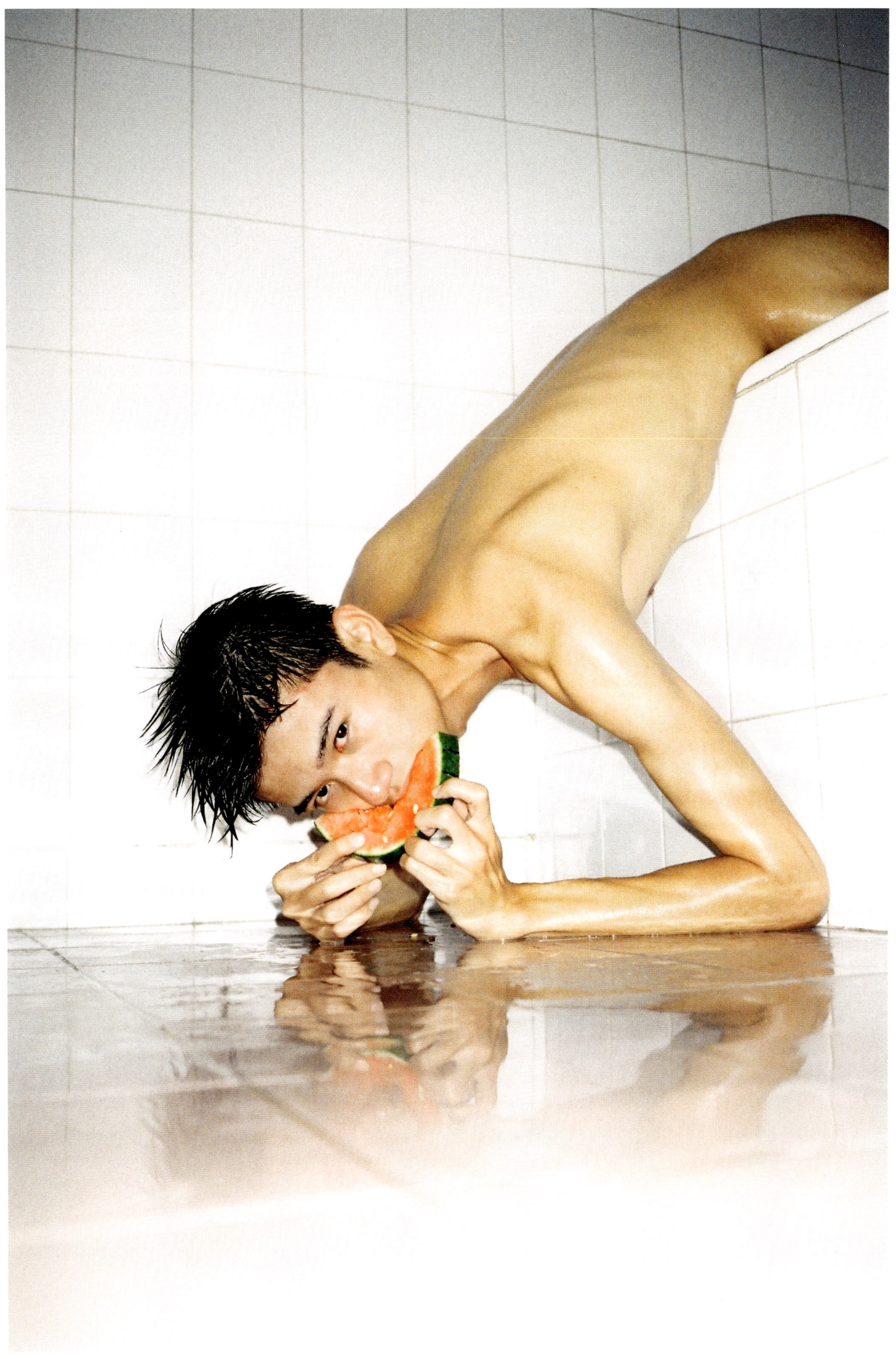

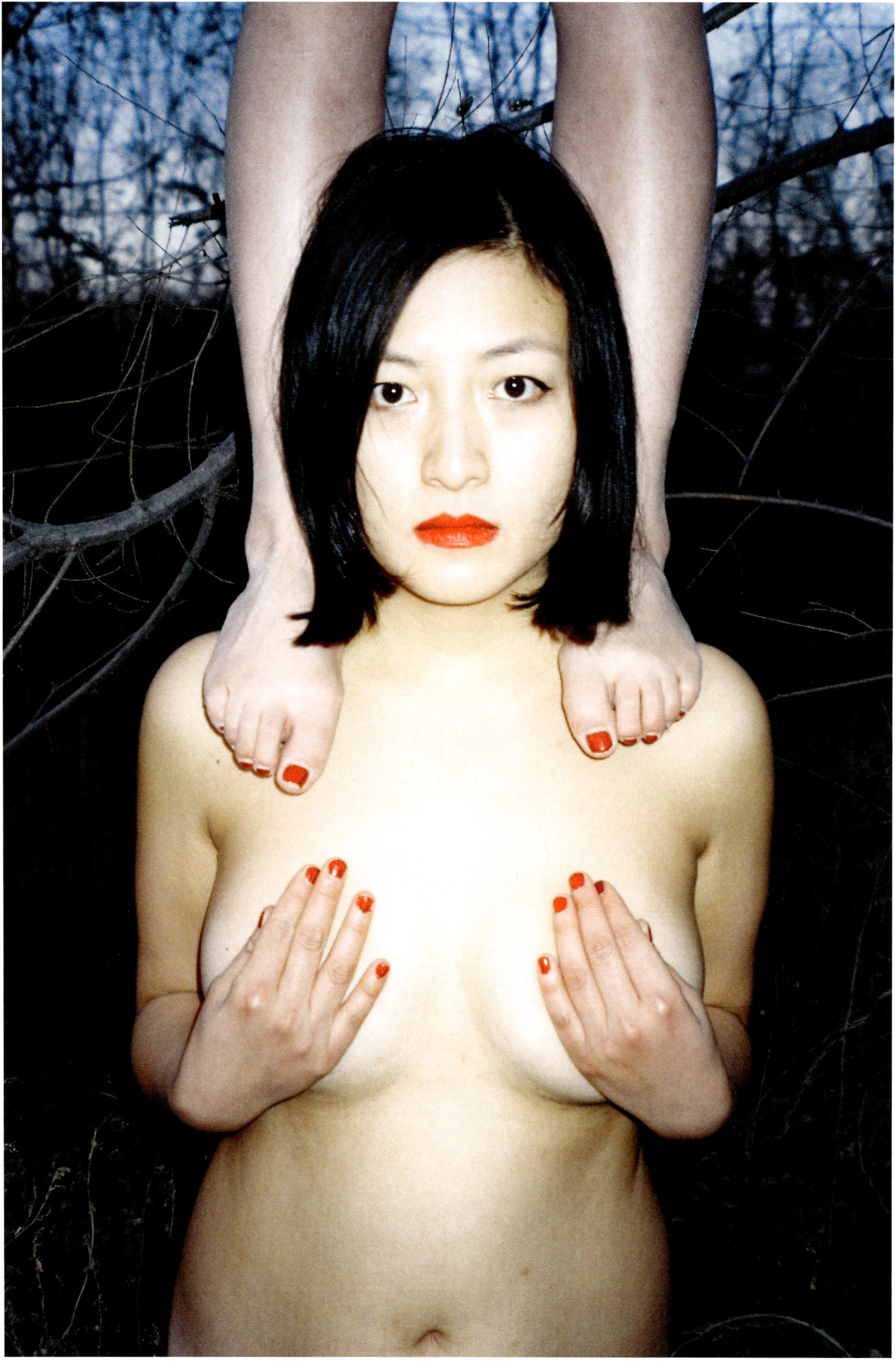

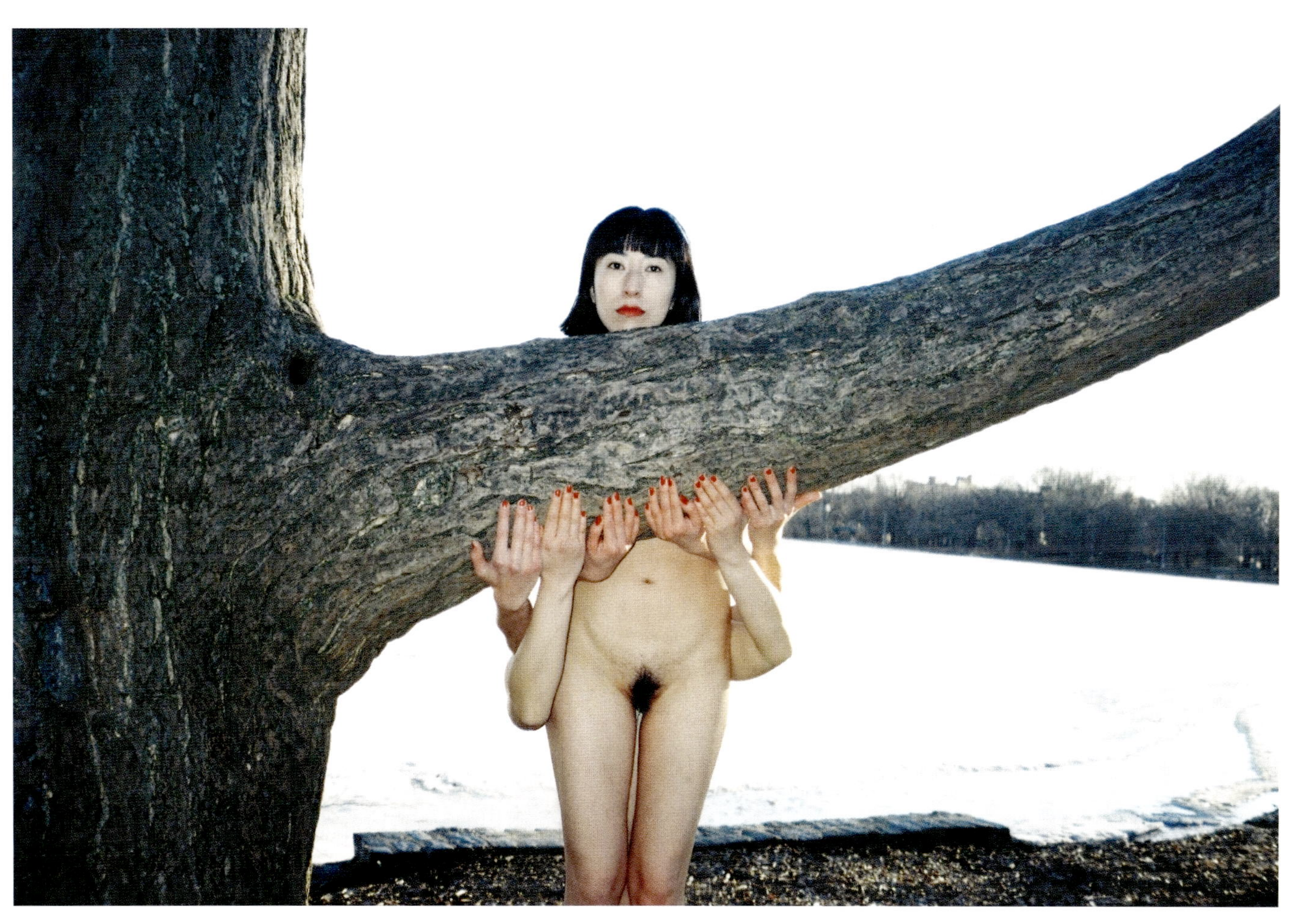

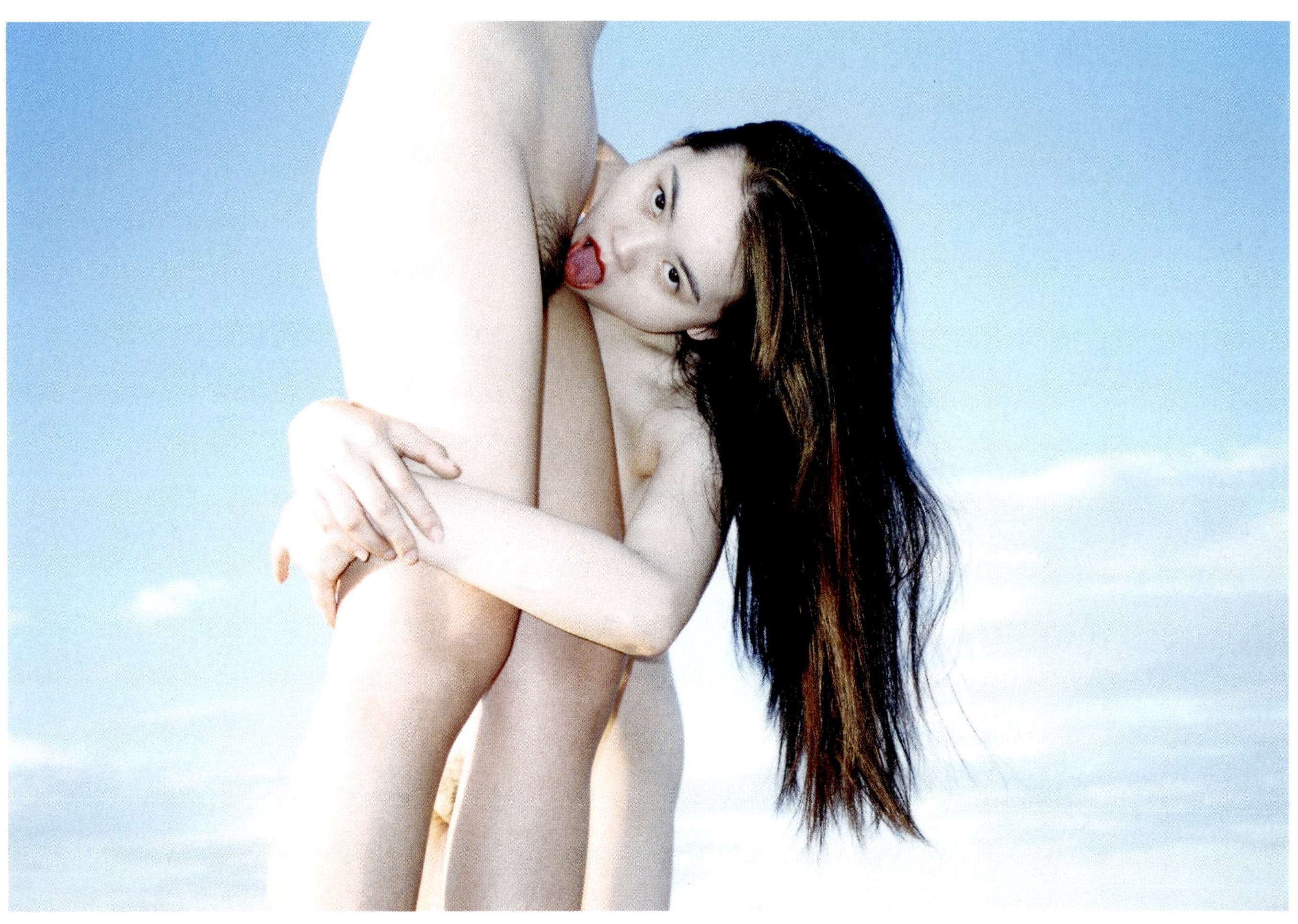

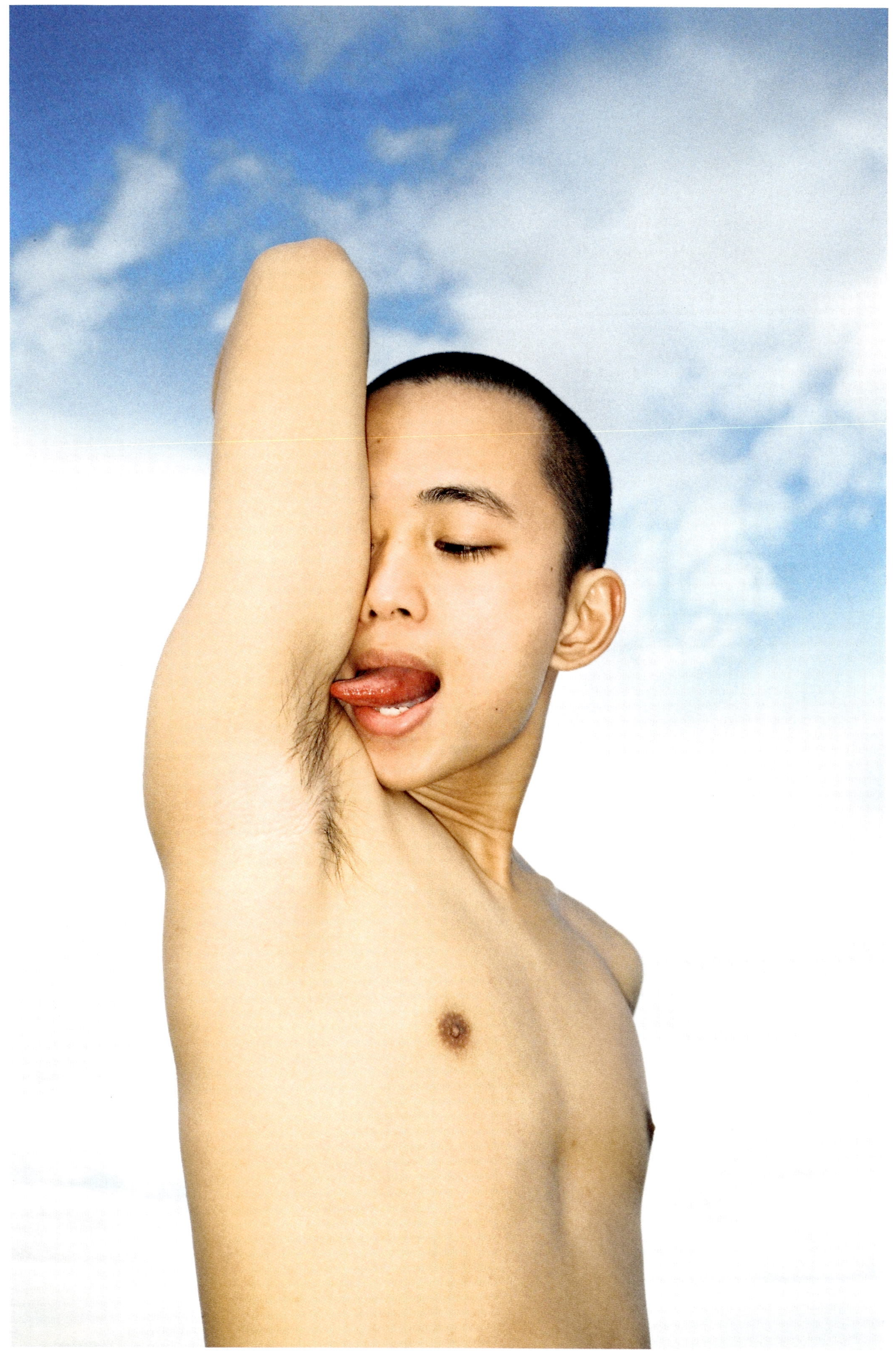

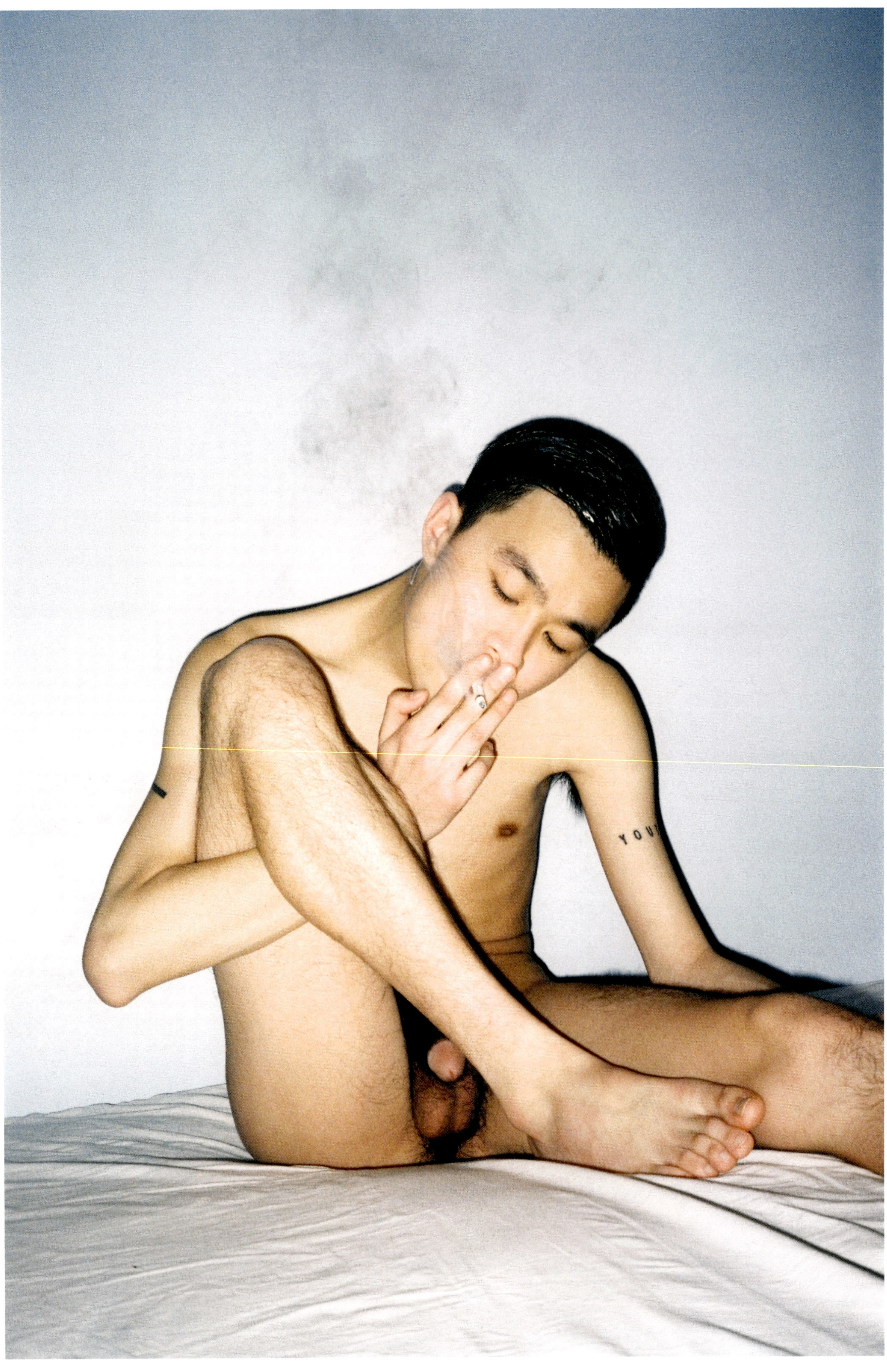
YOU

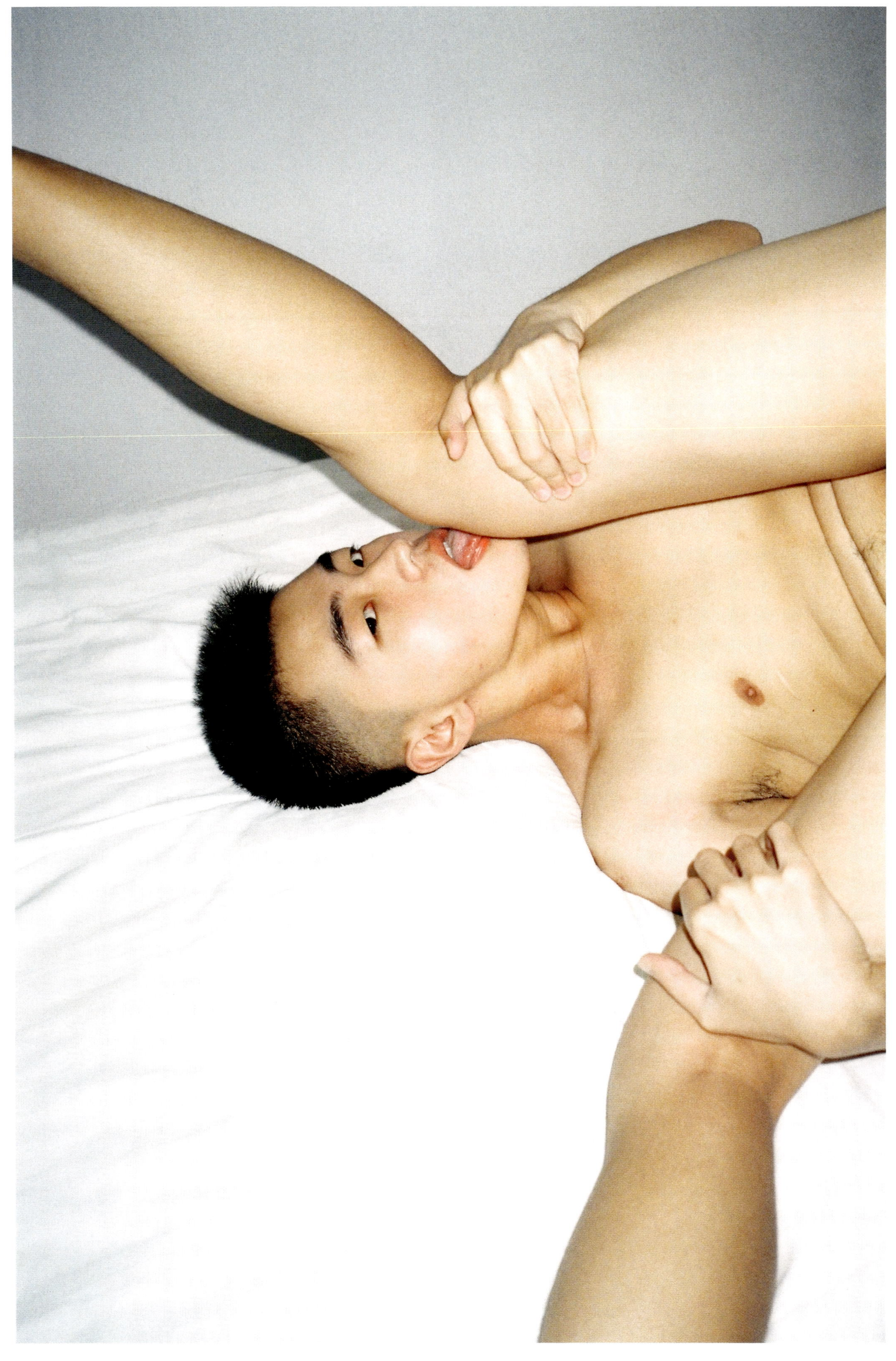

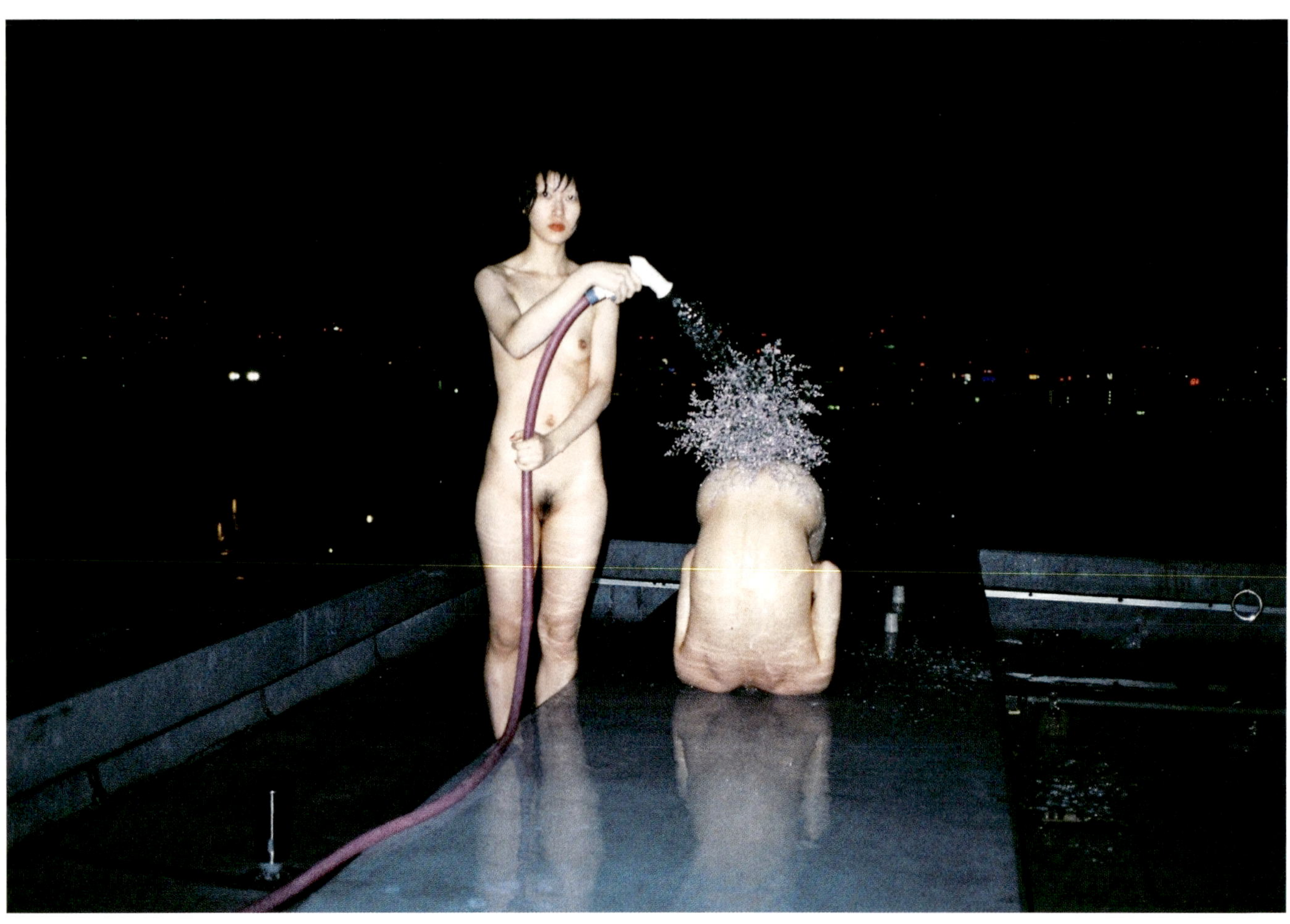

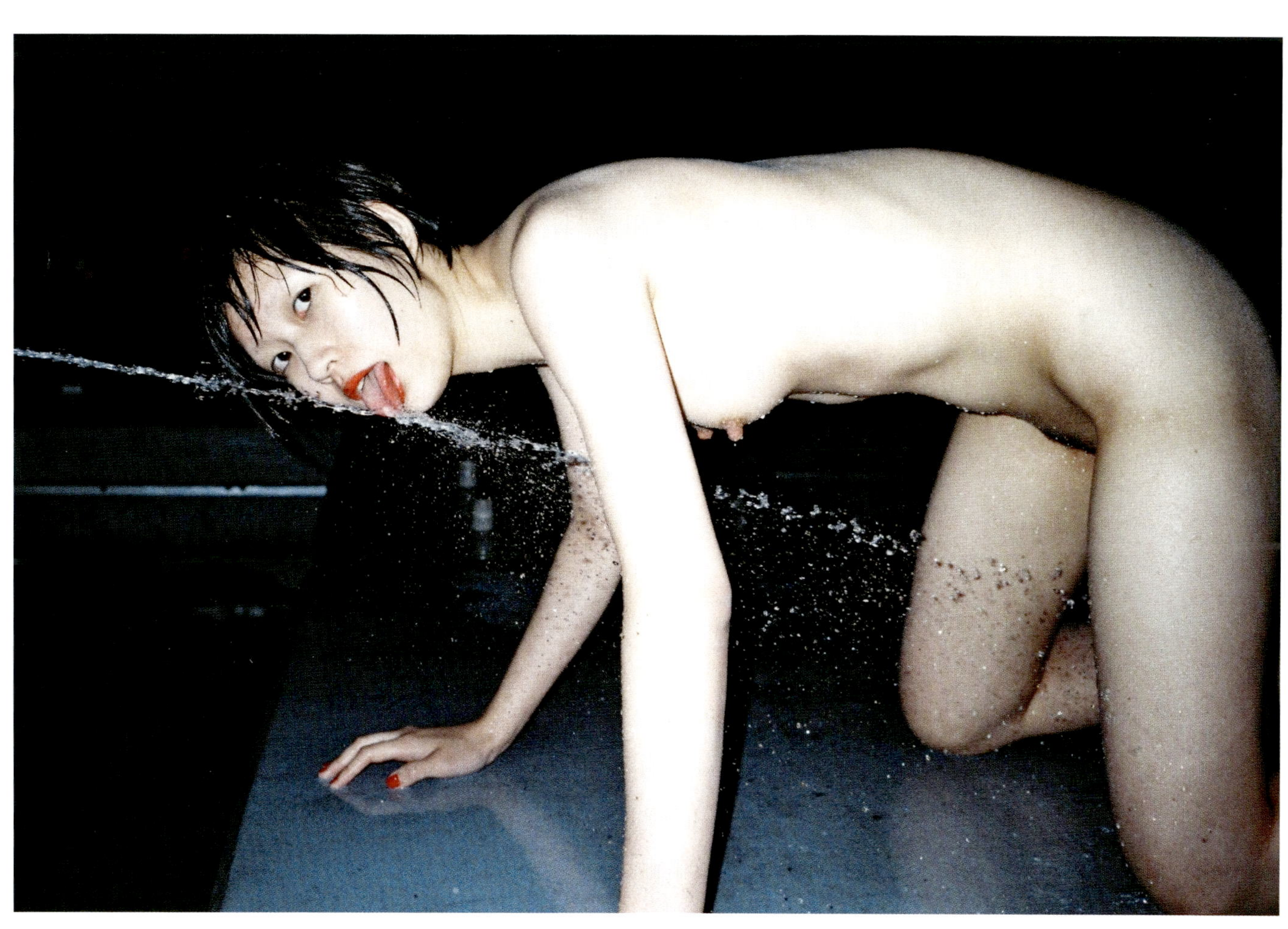

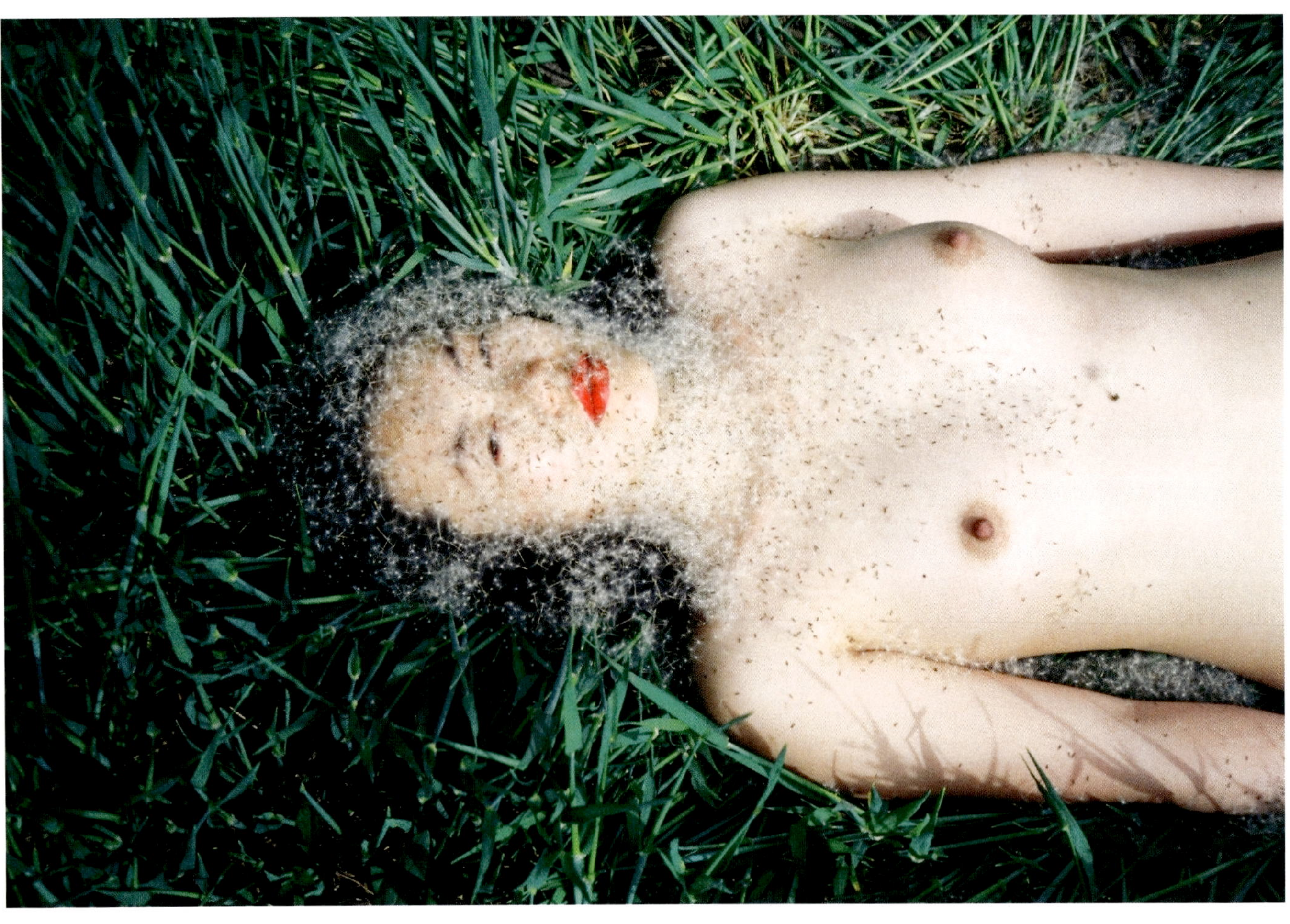

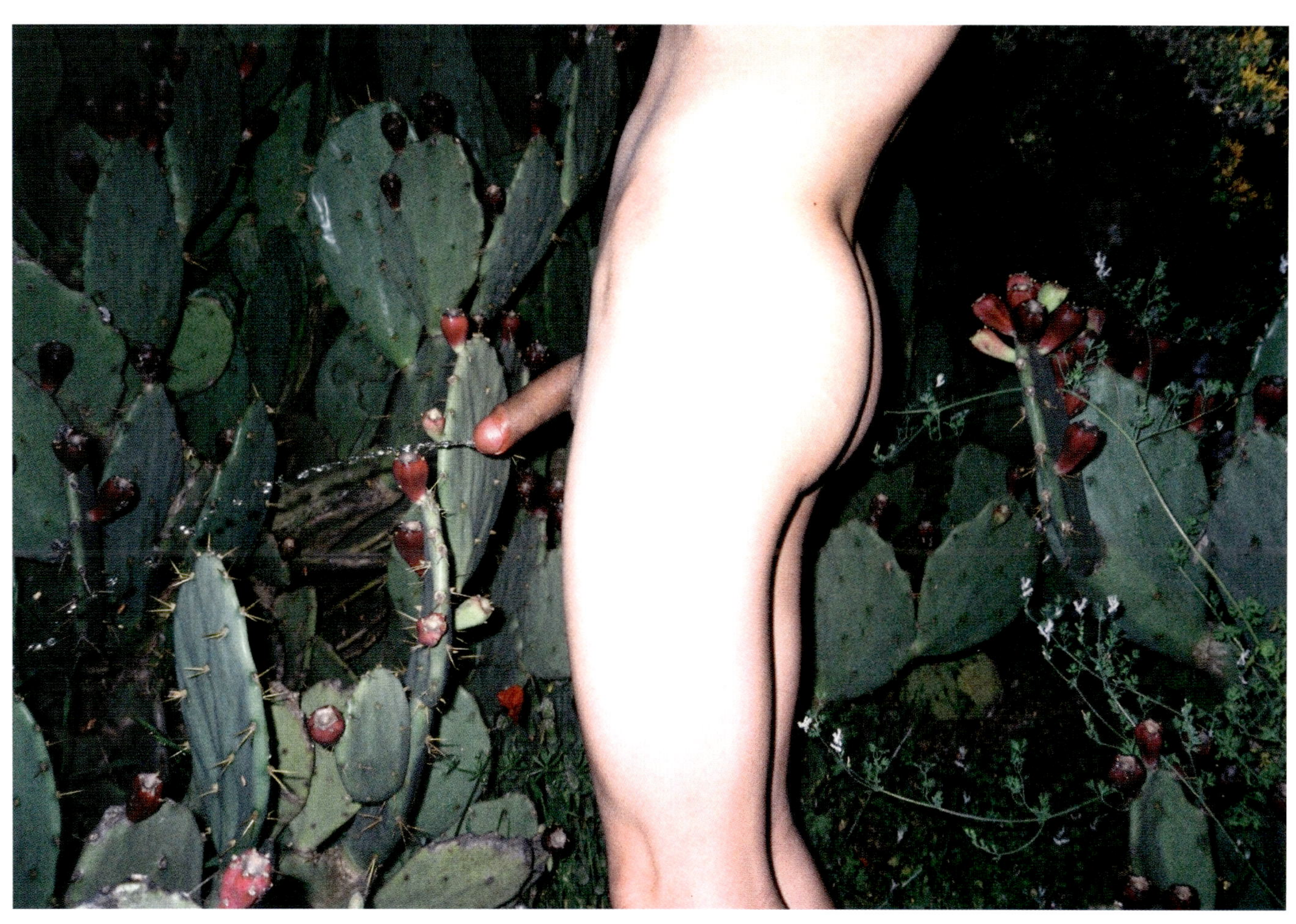

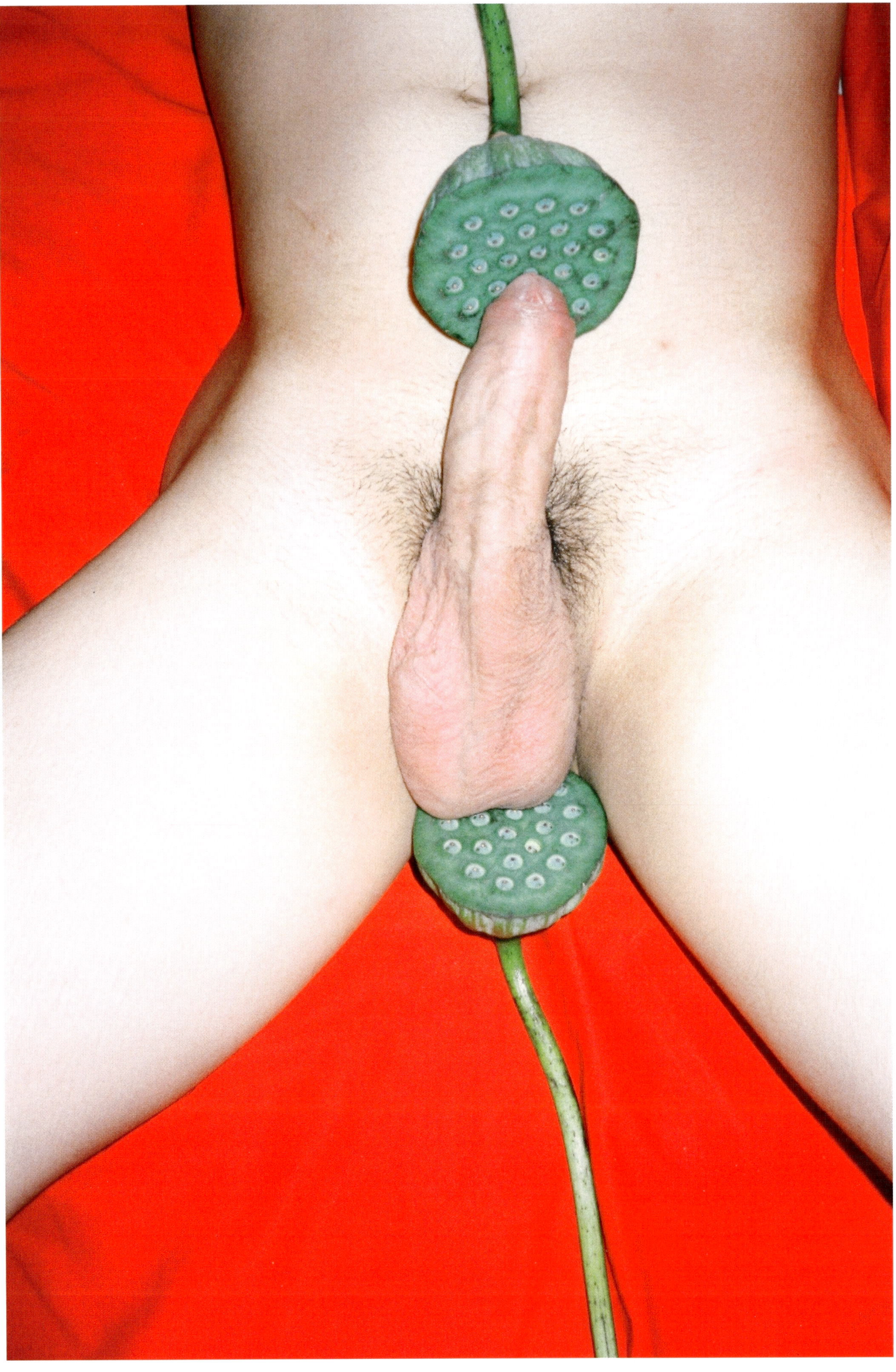

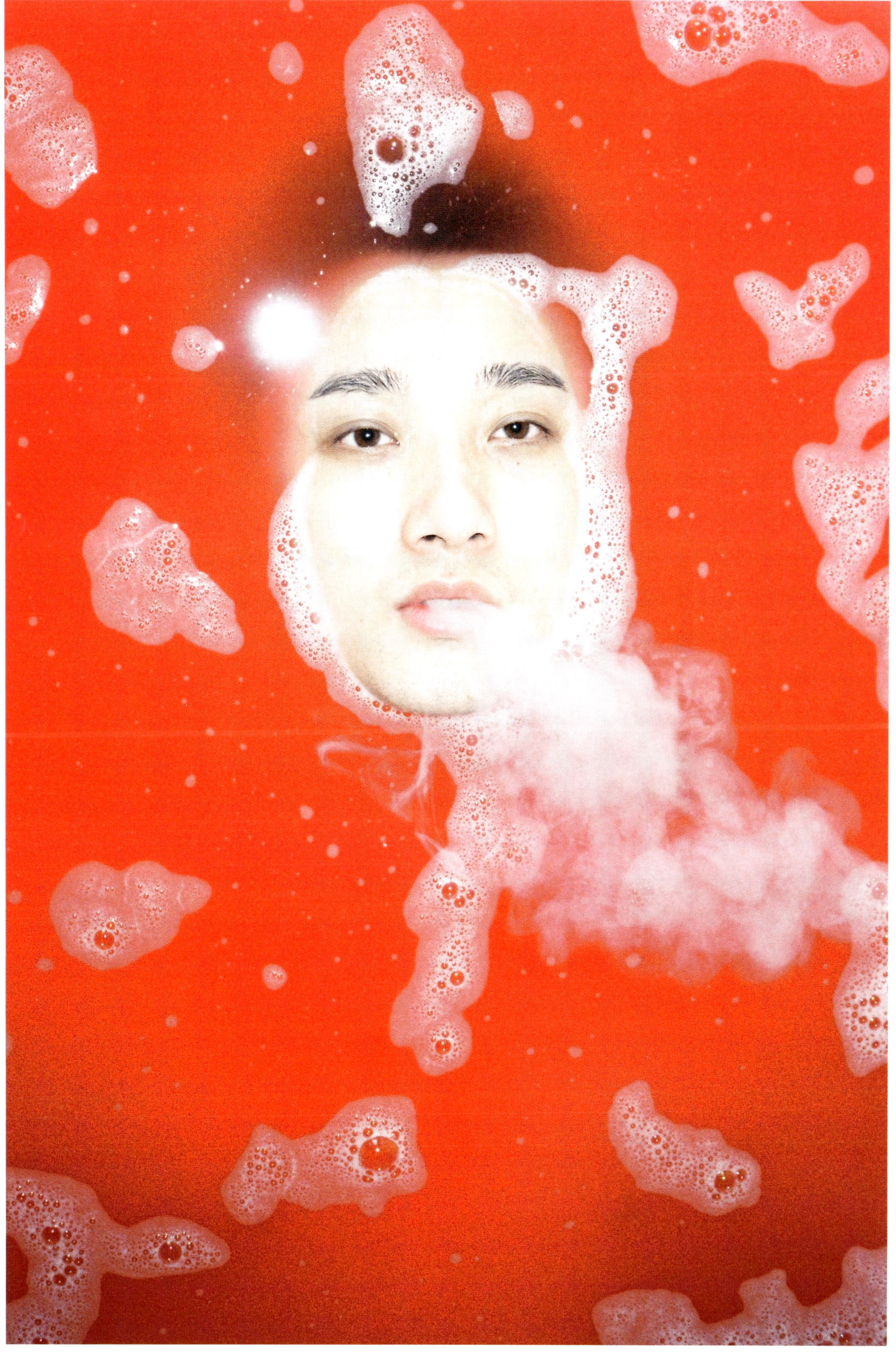

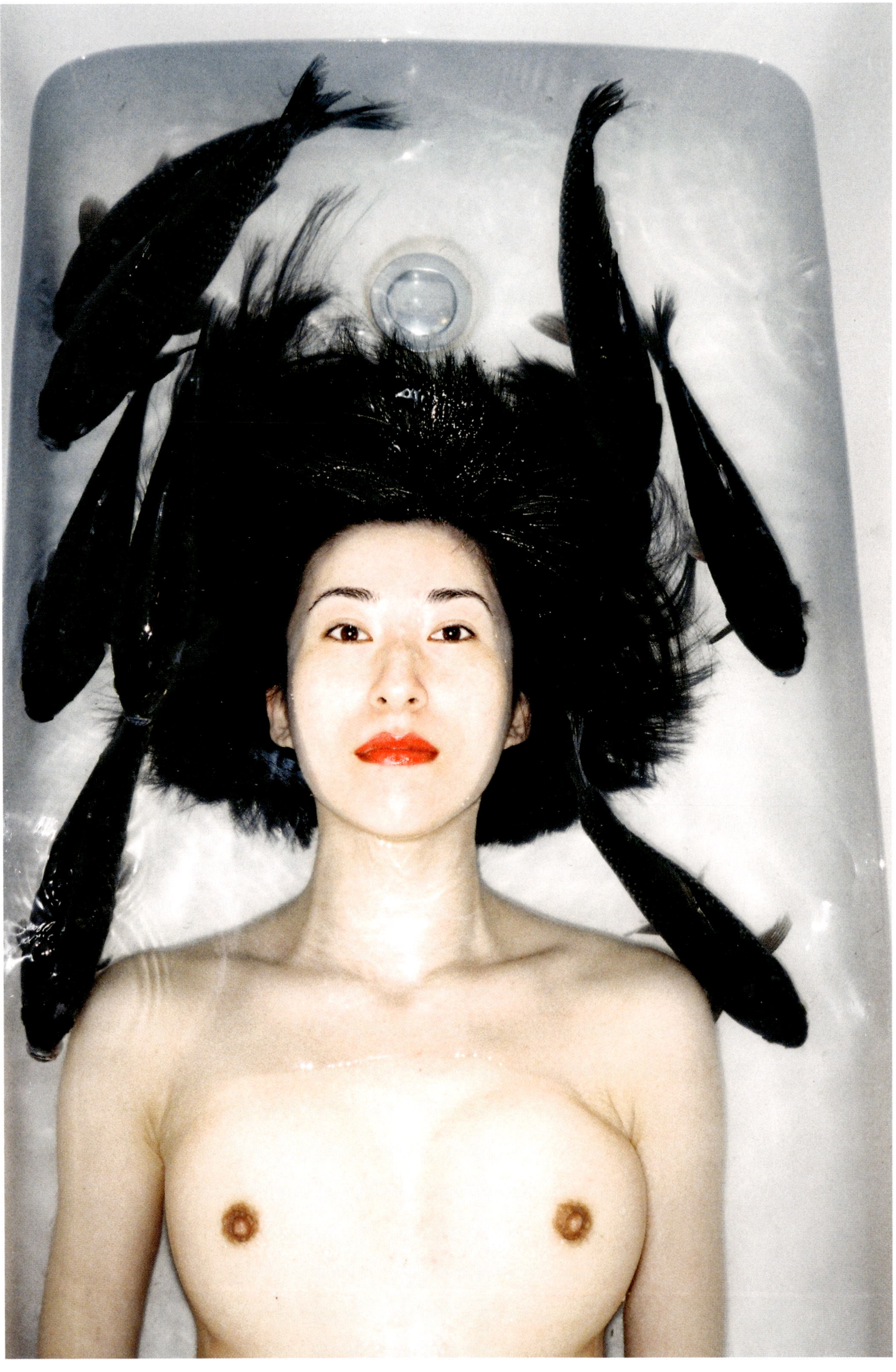

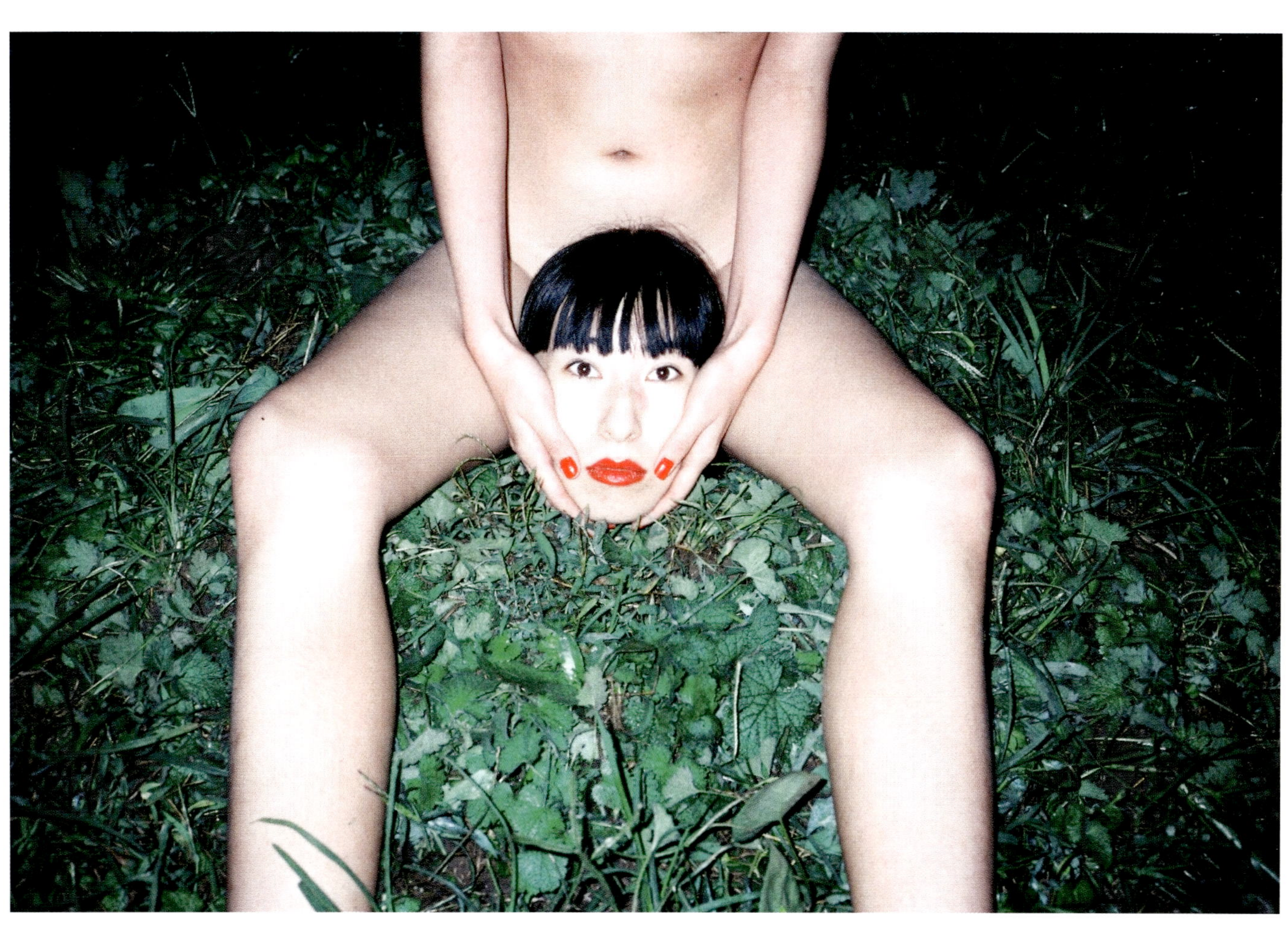

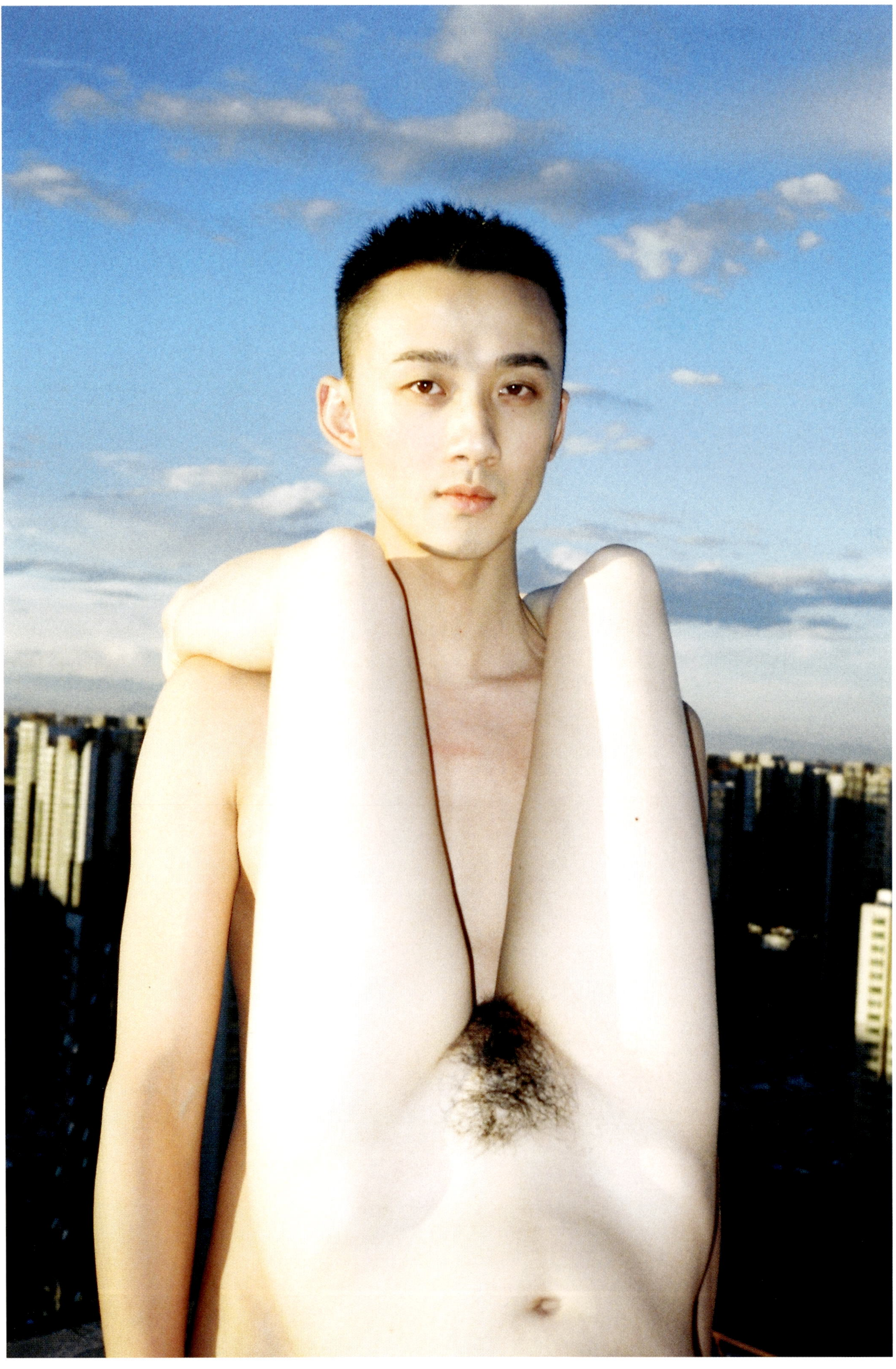

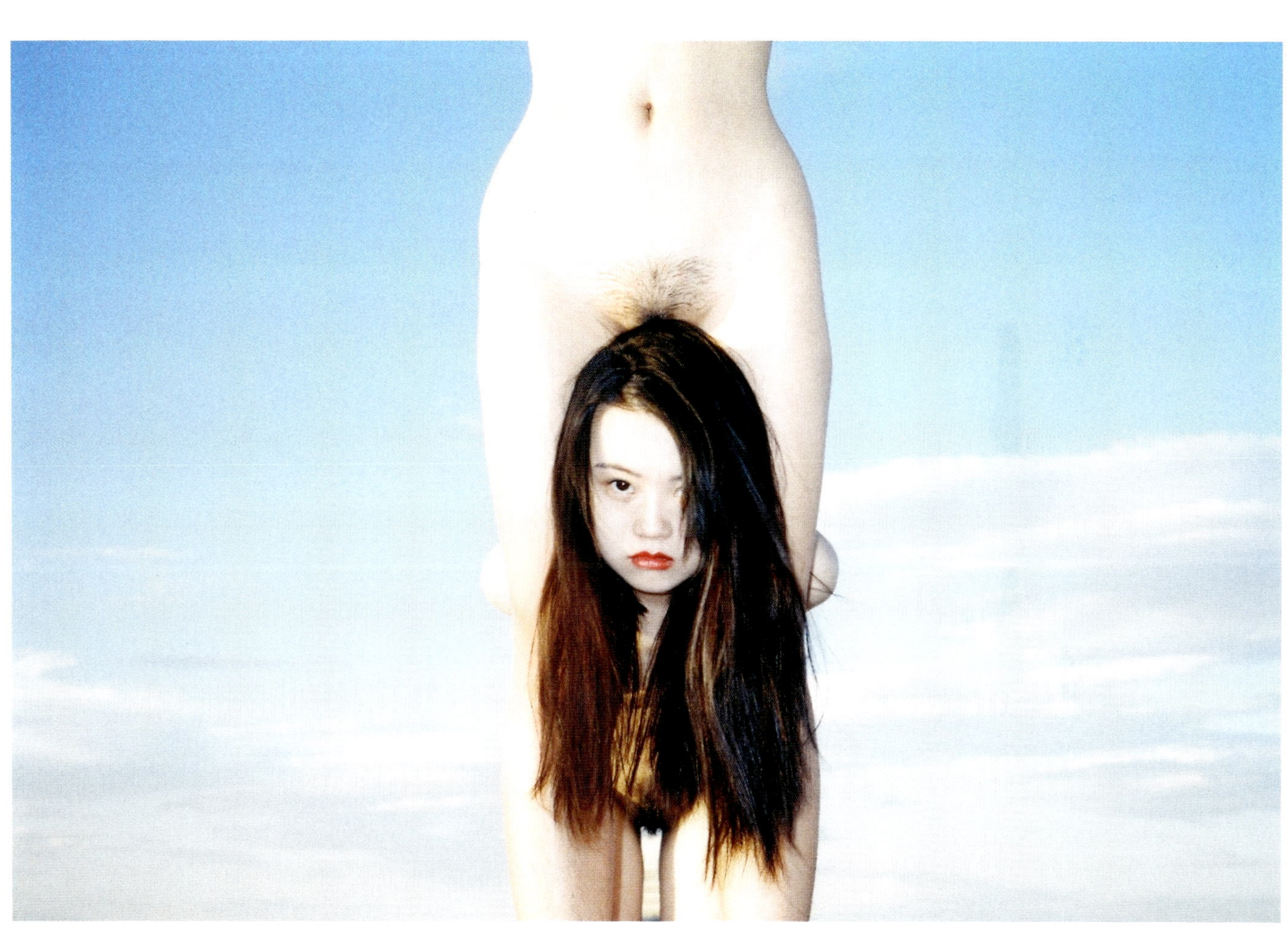

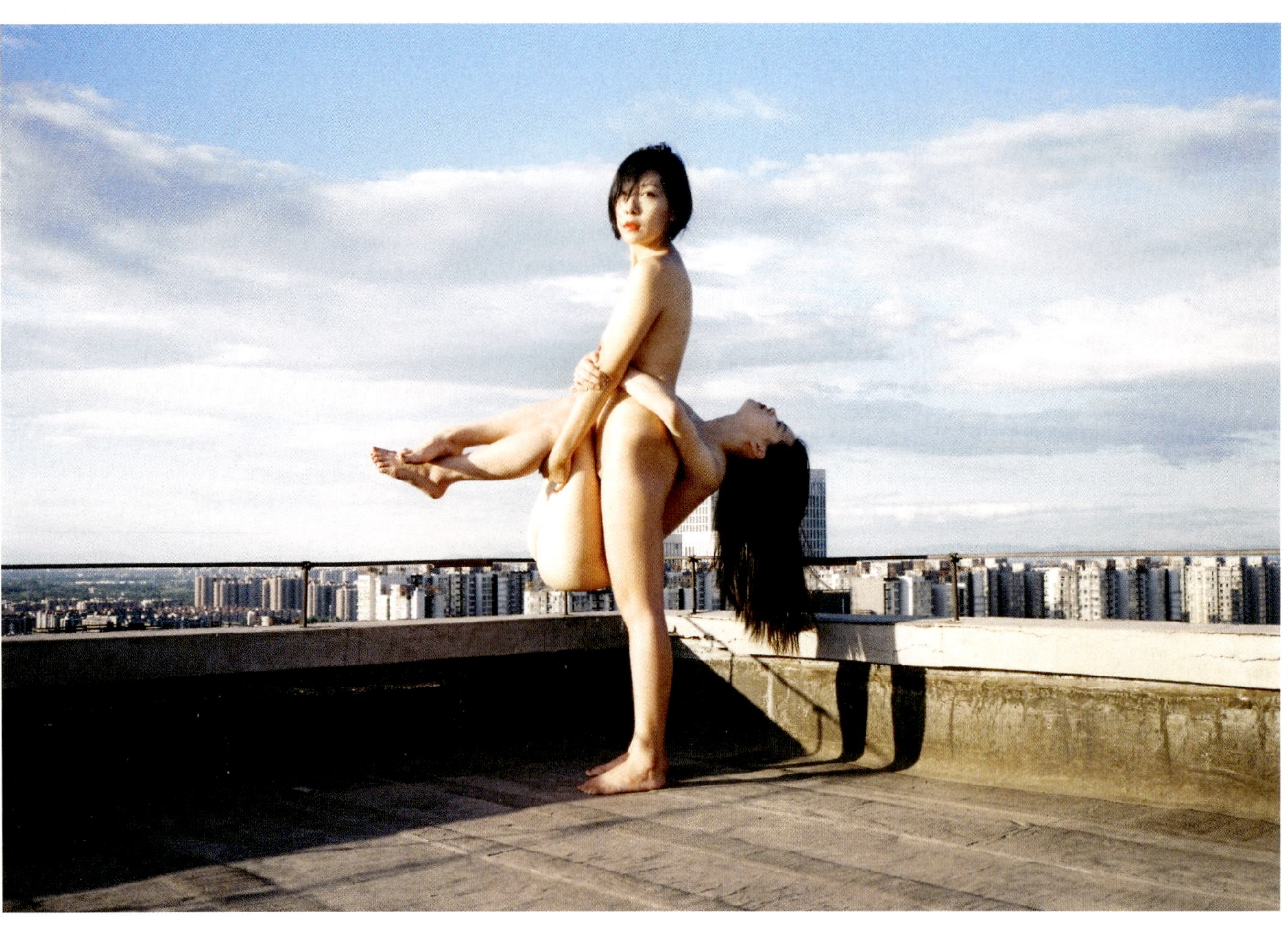

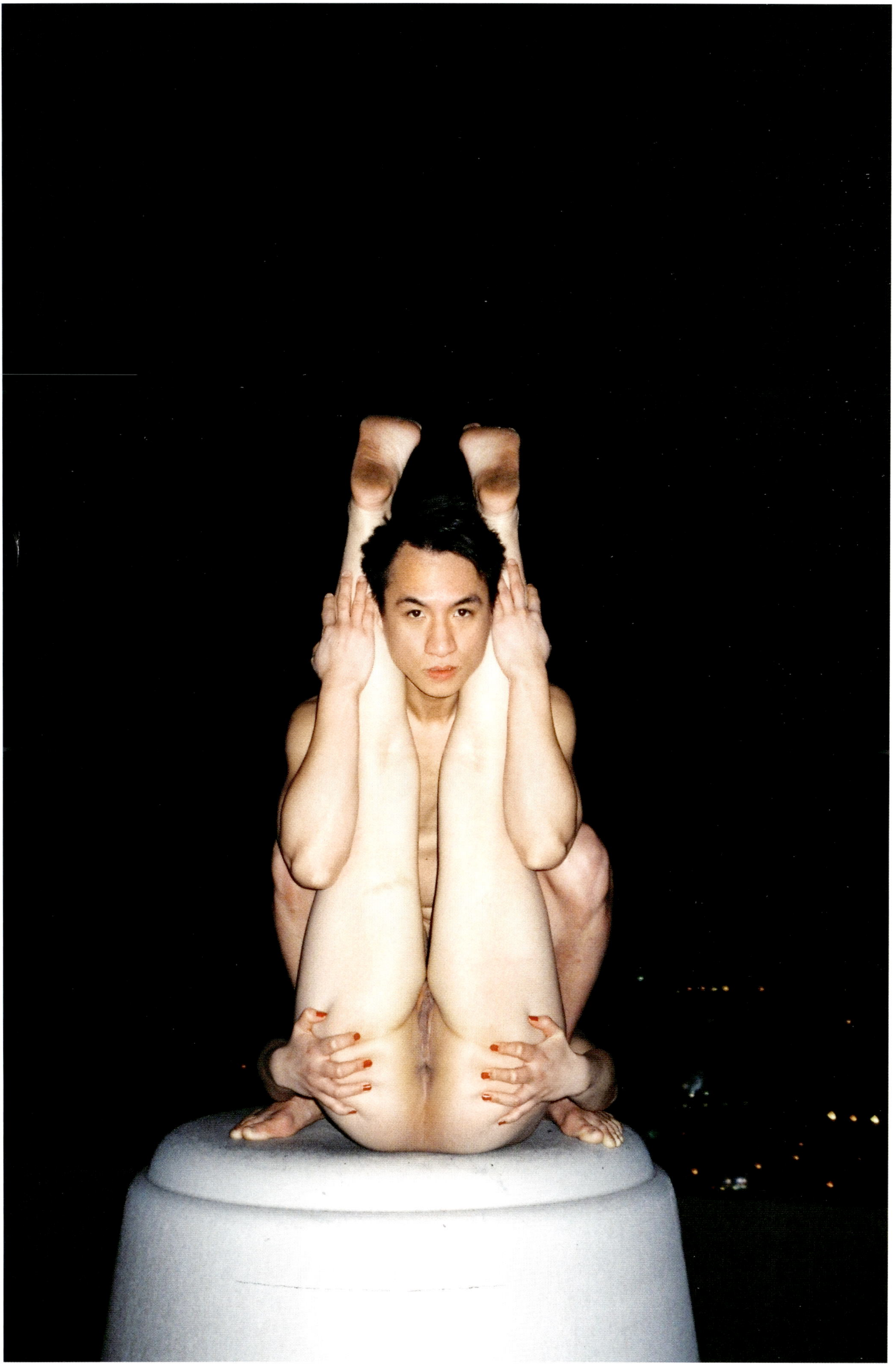

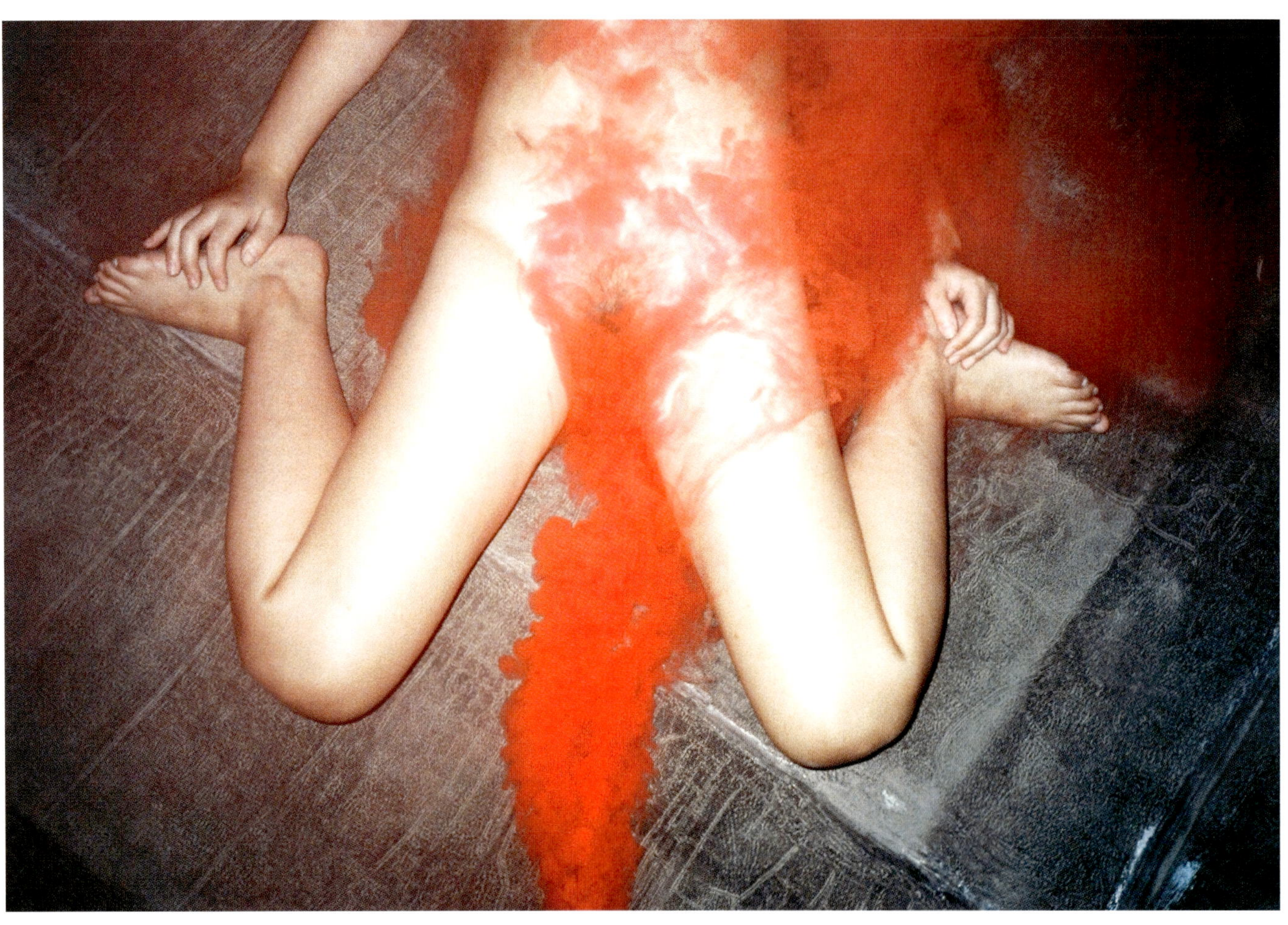

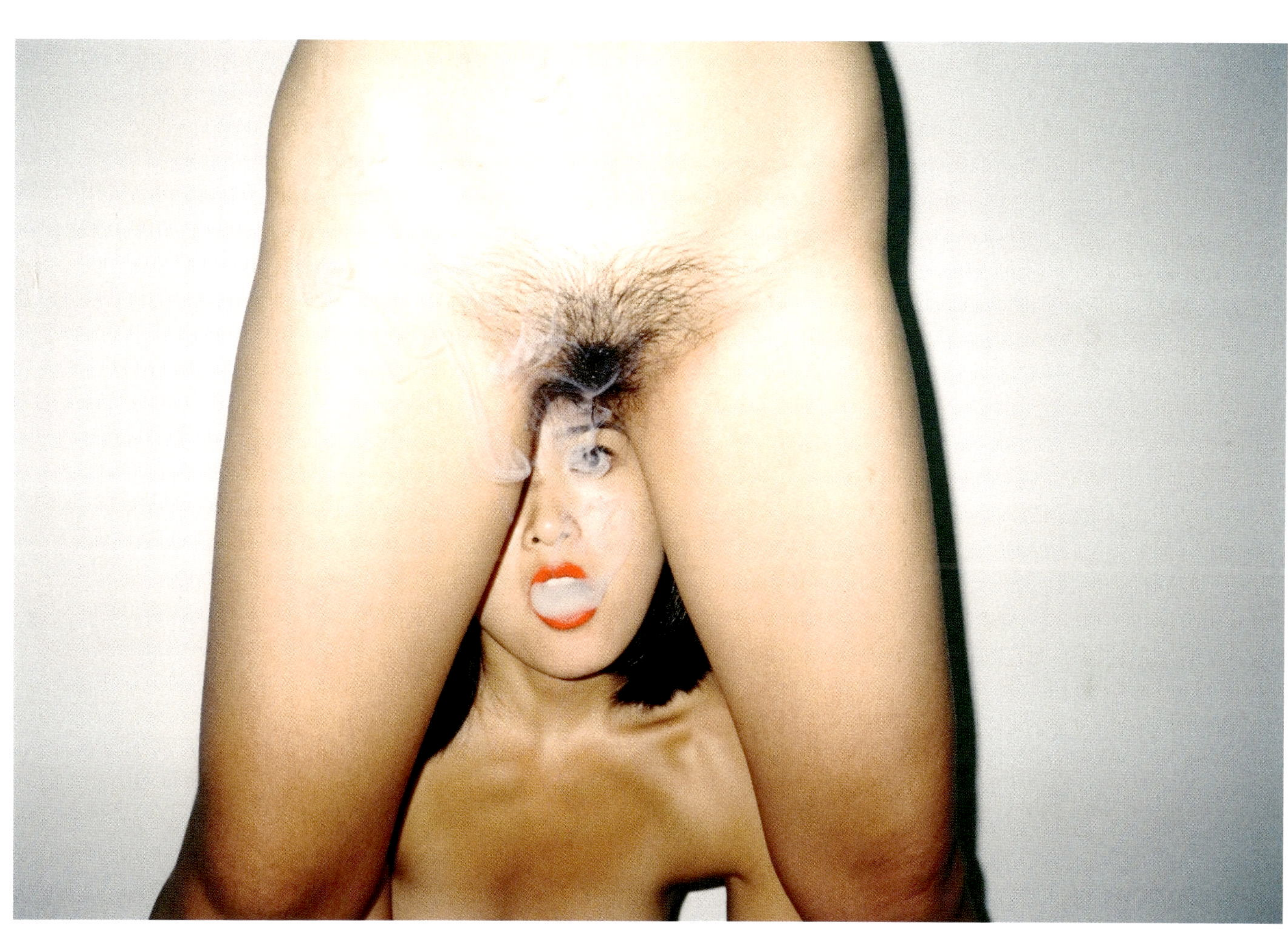

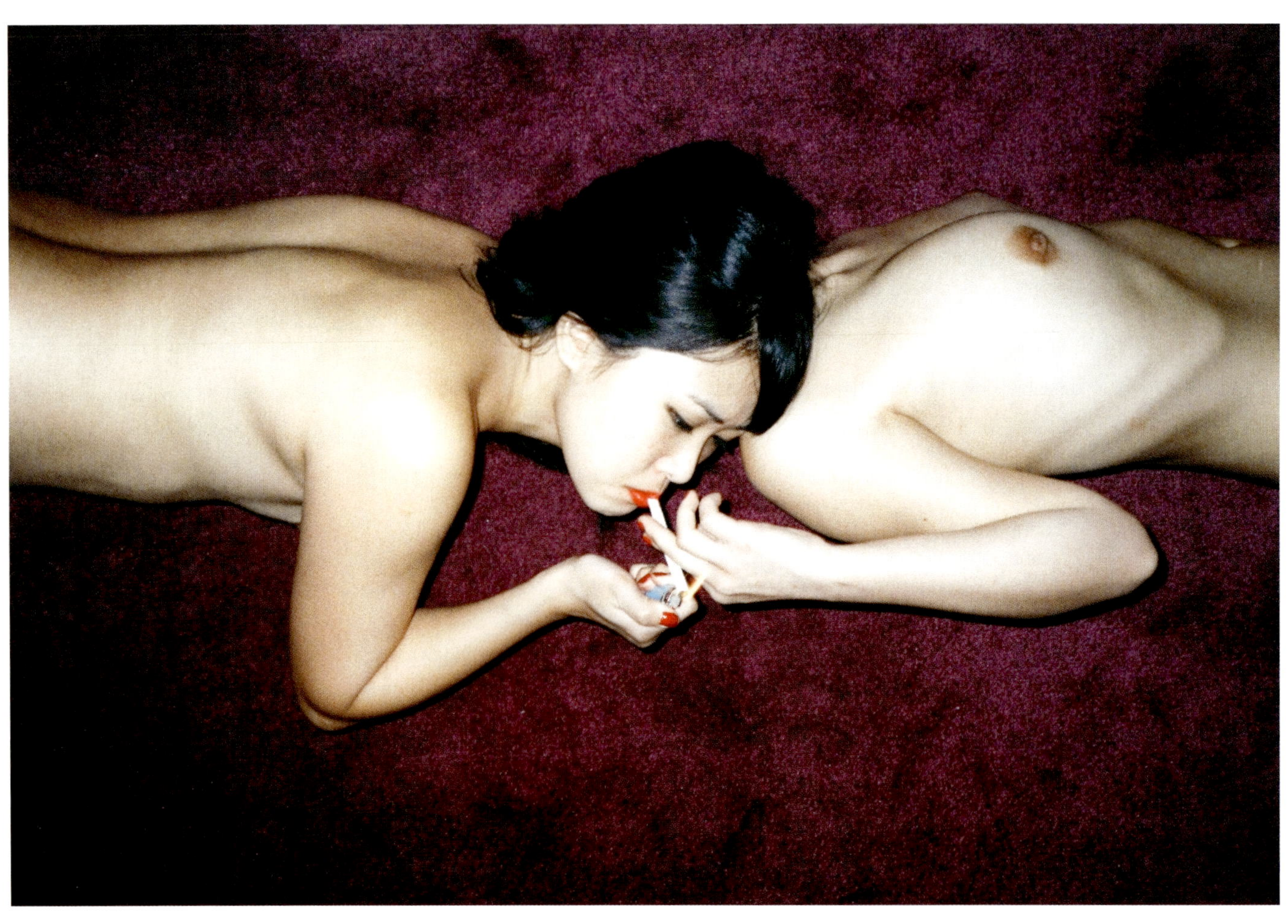

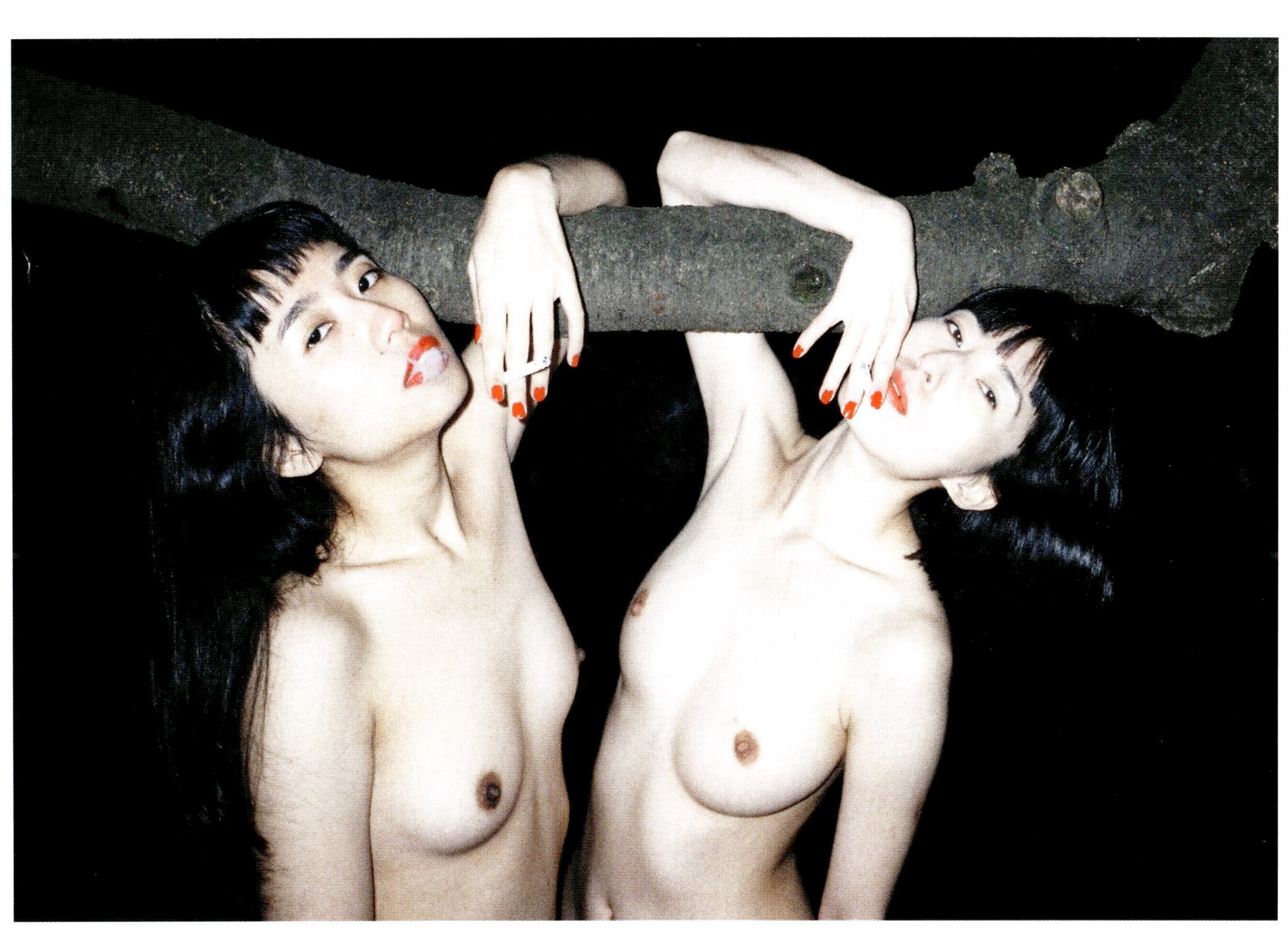

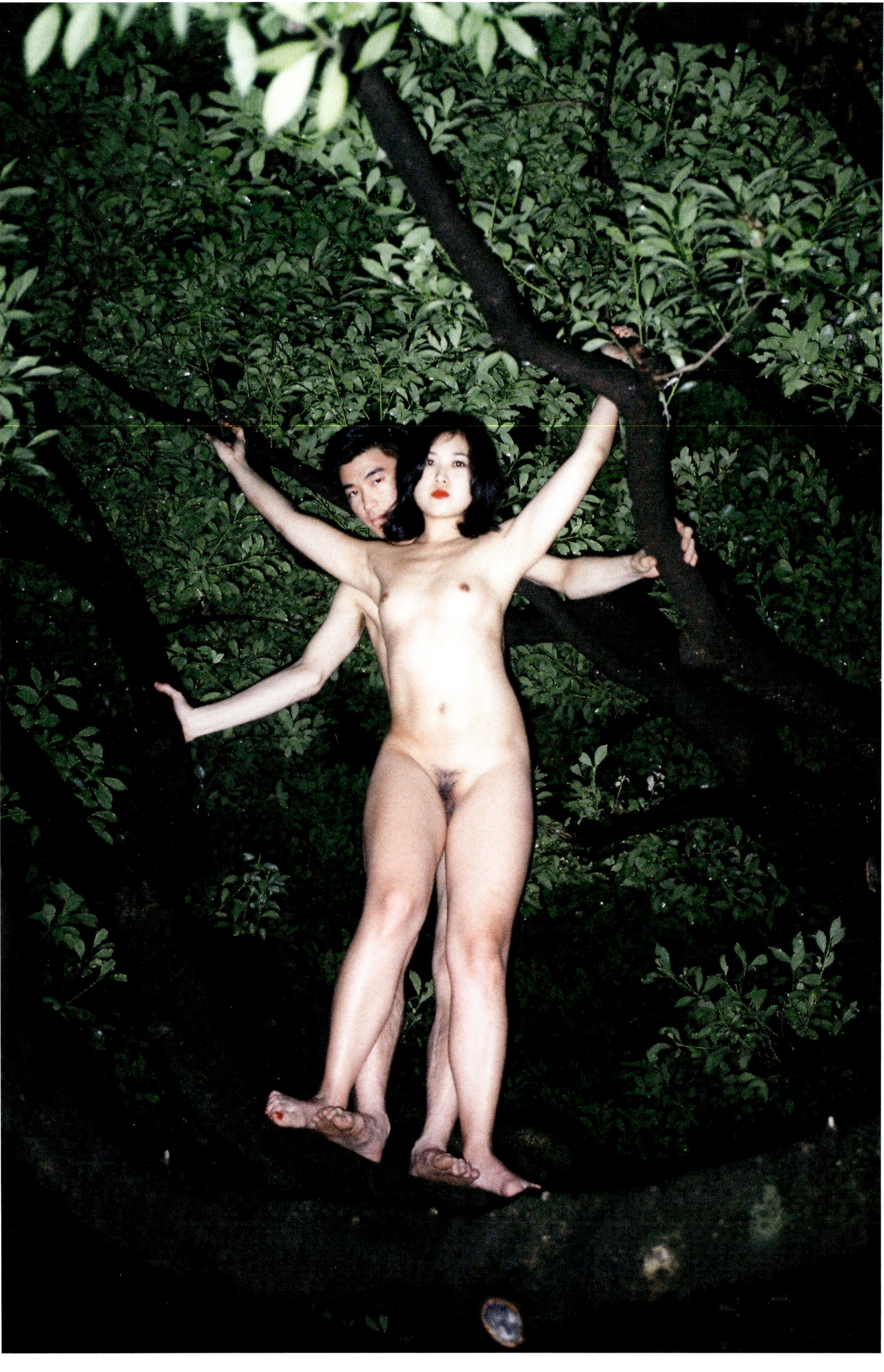

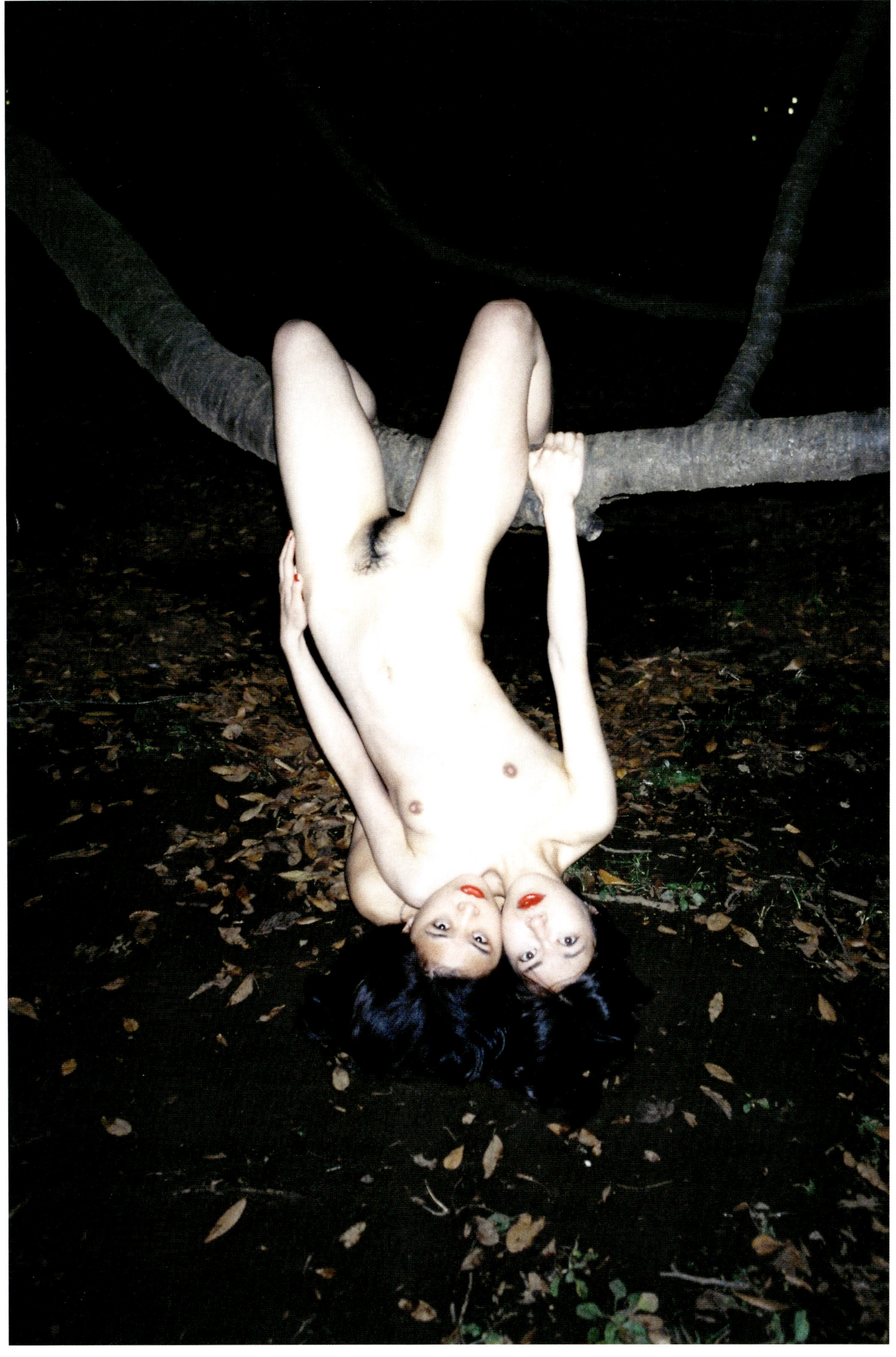

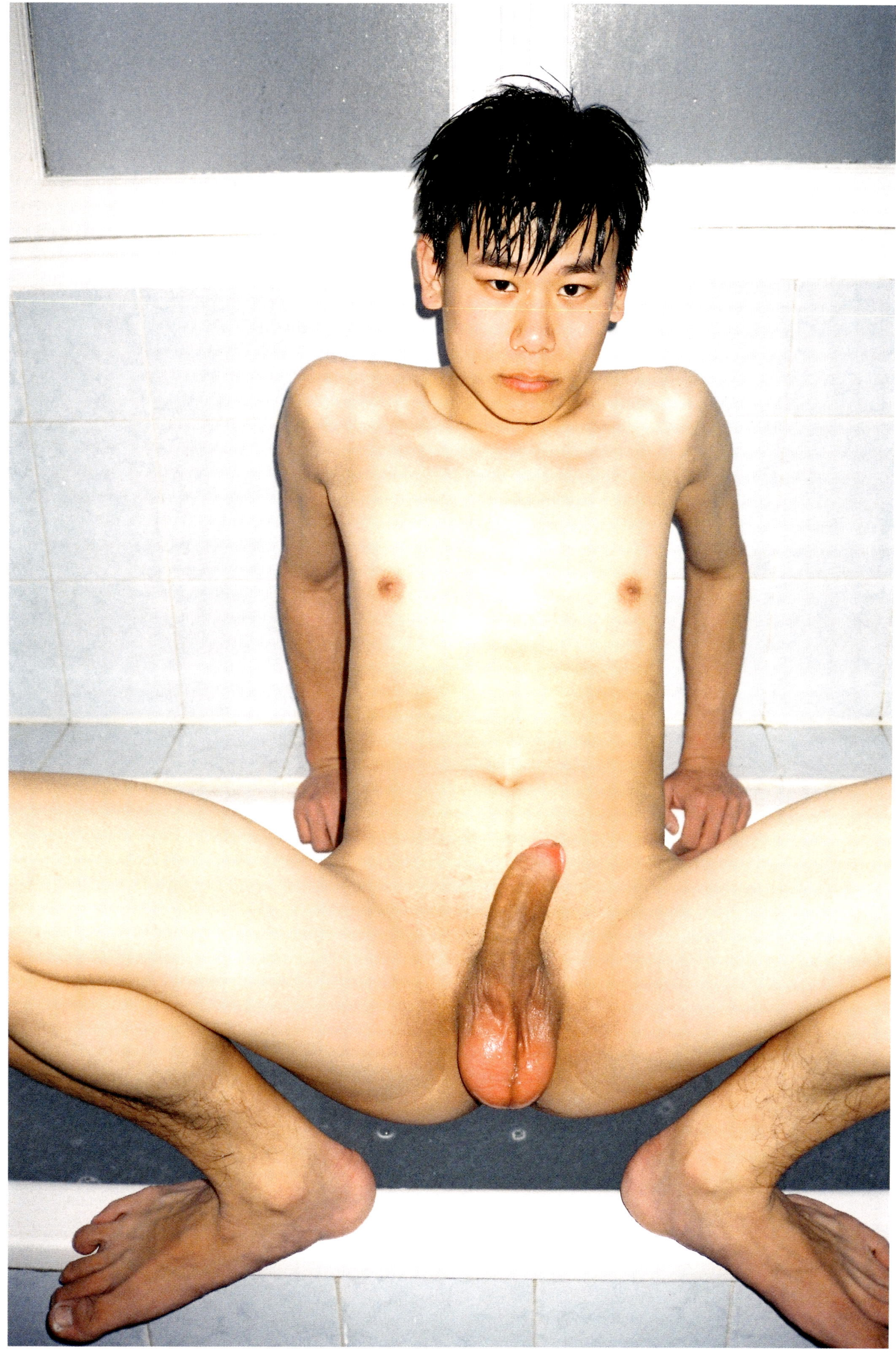

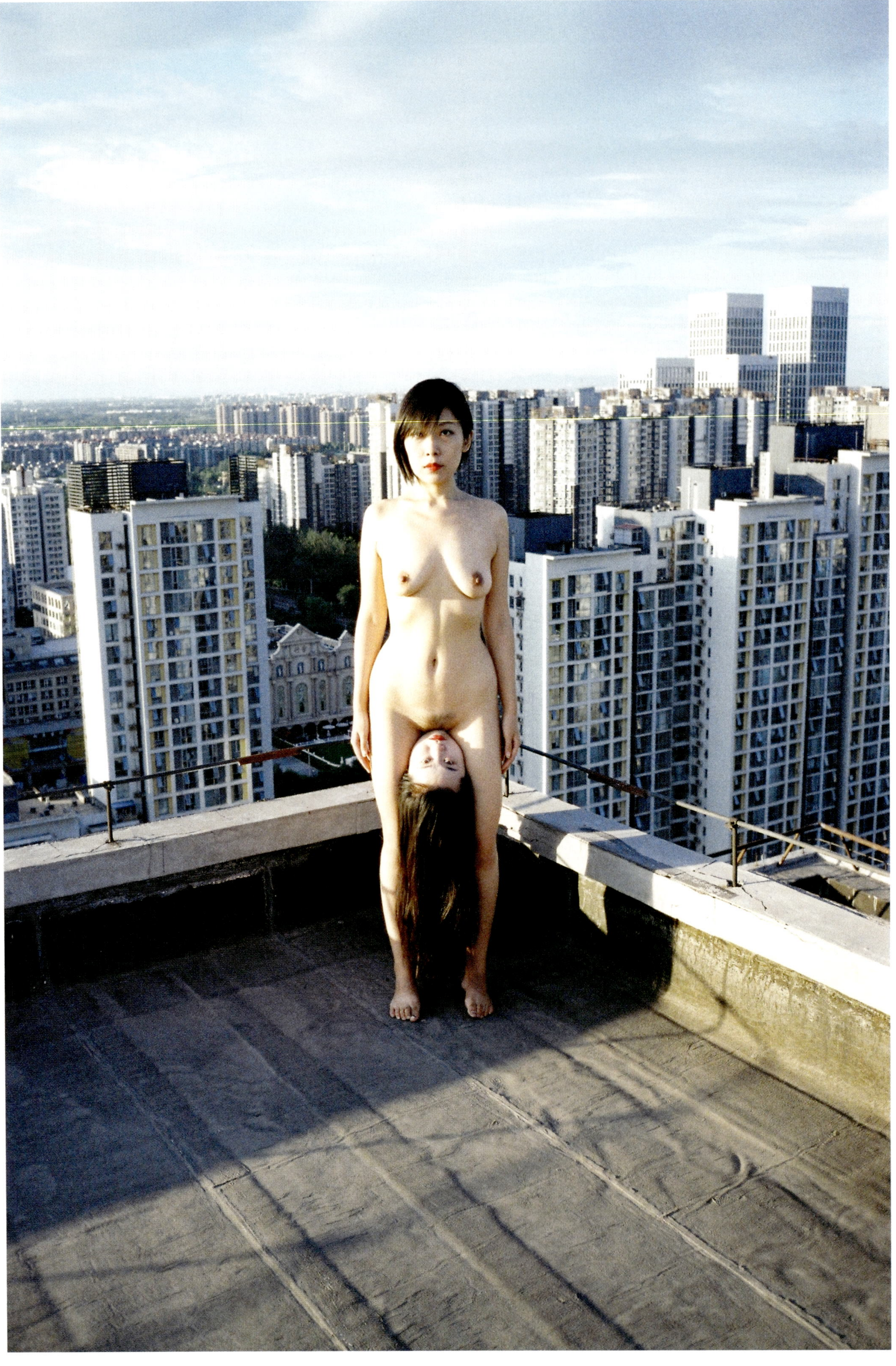

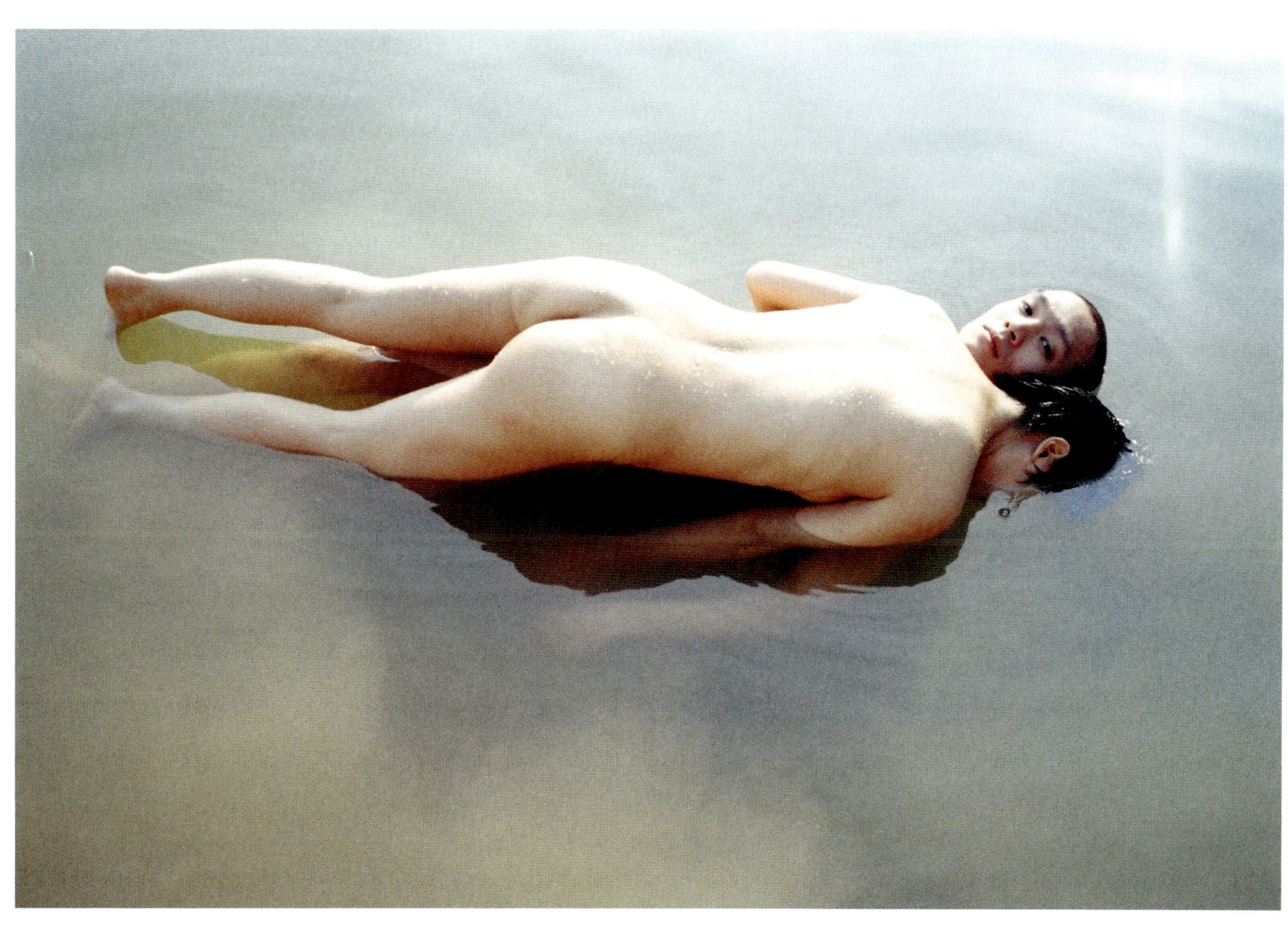

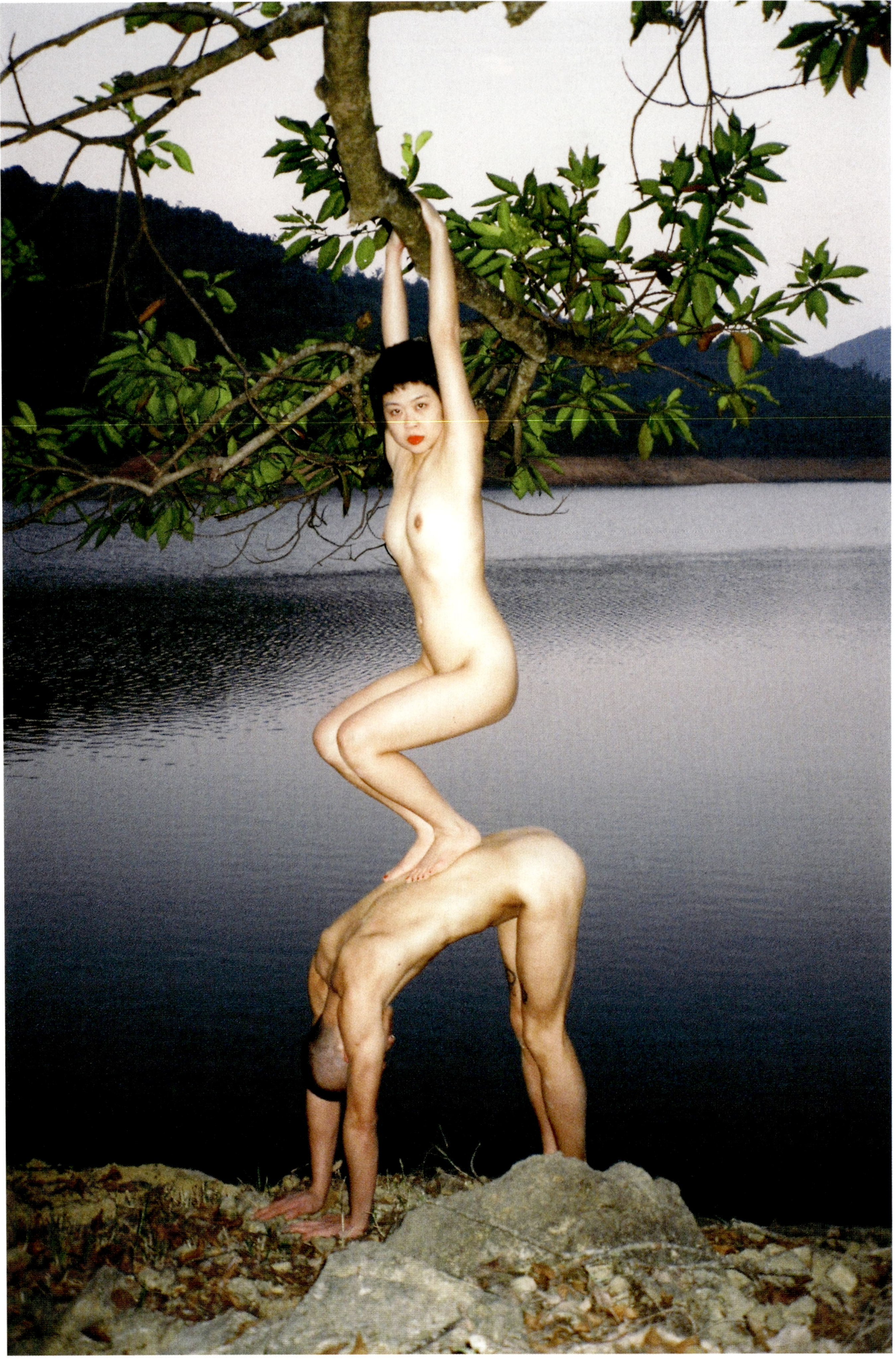

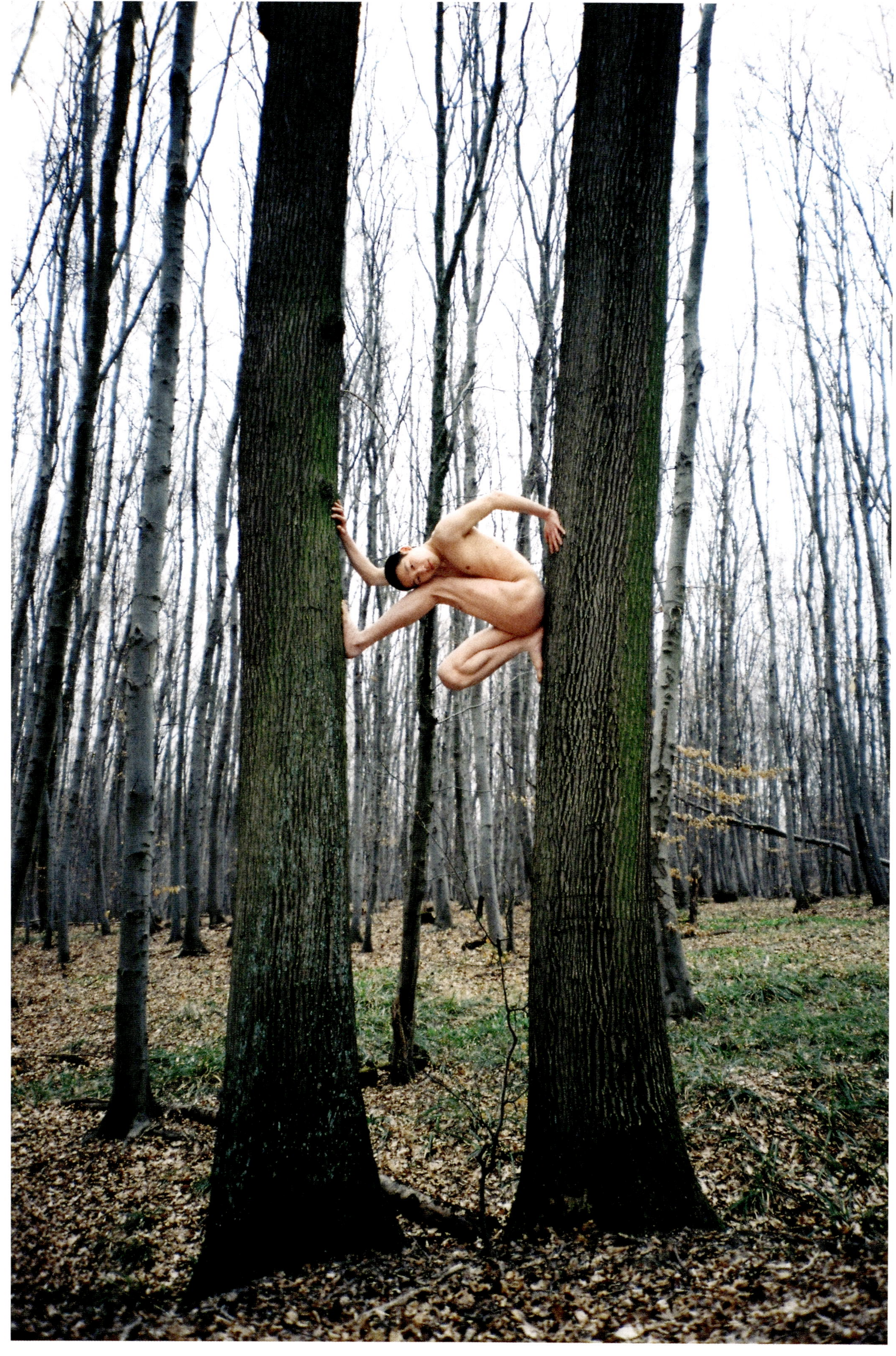

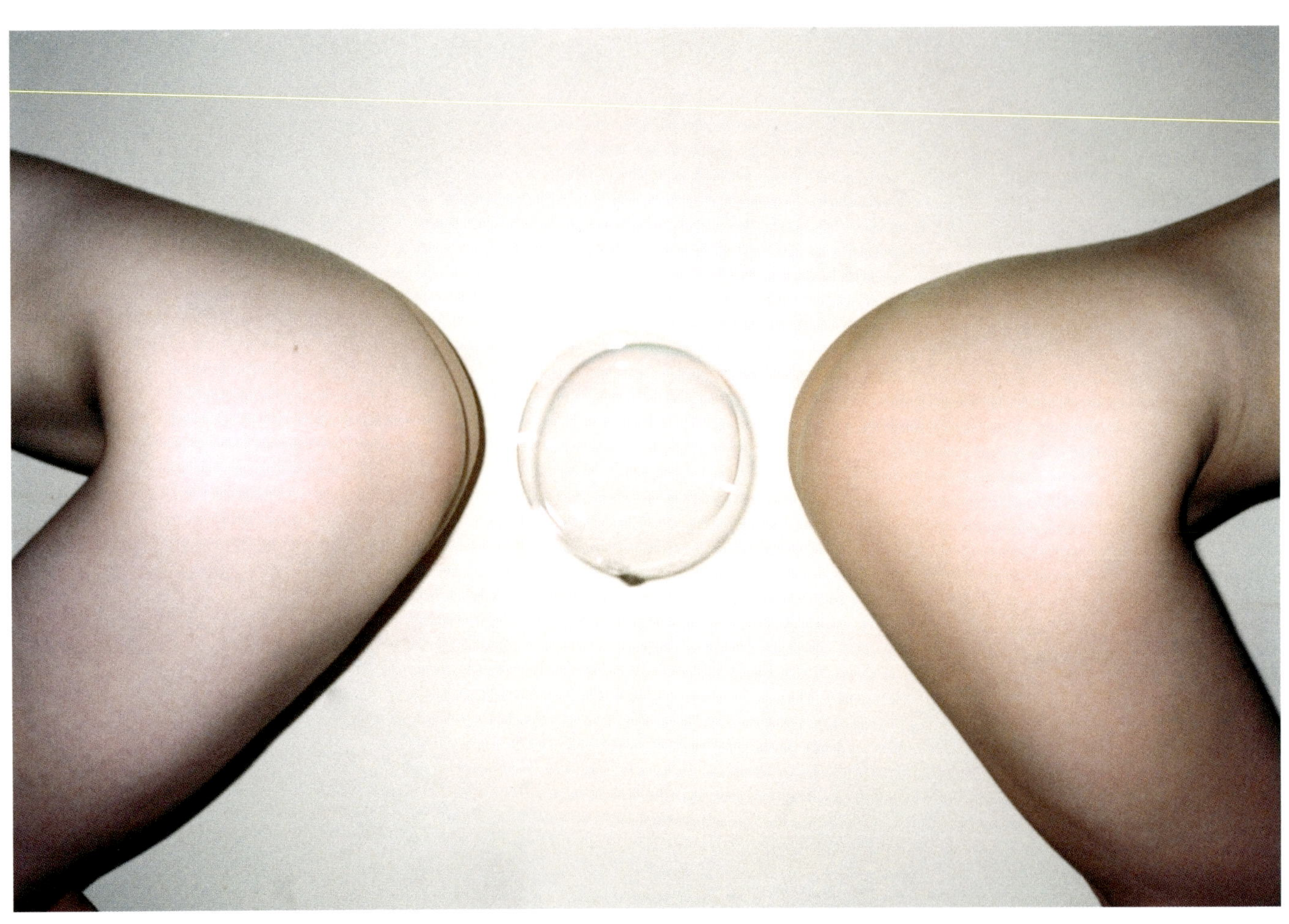

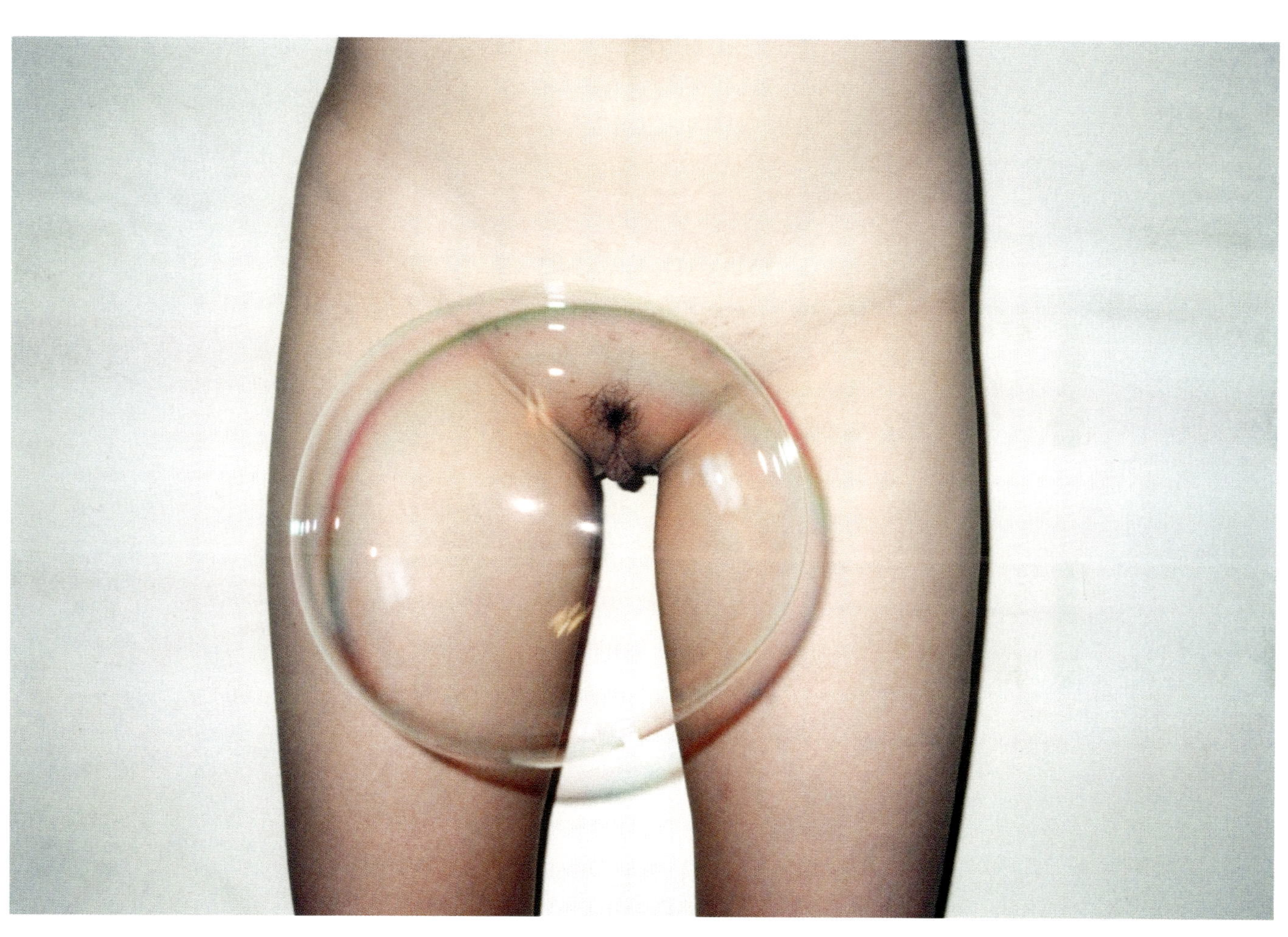

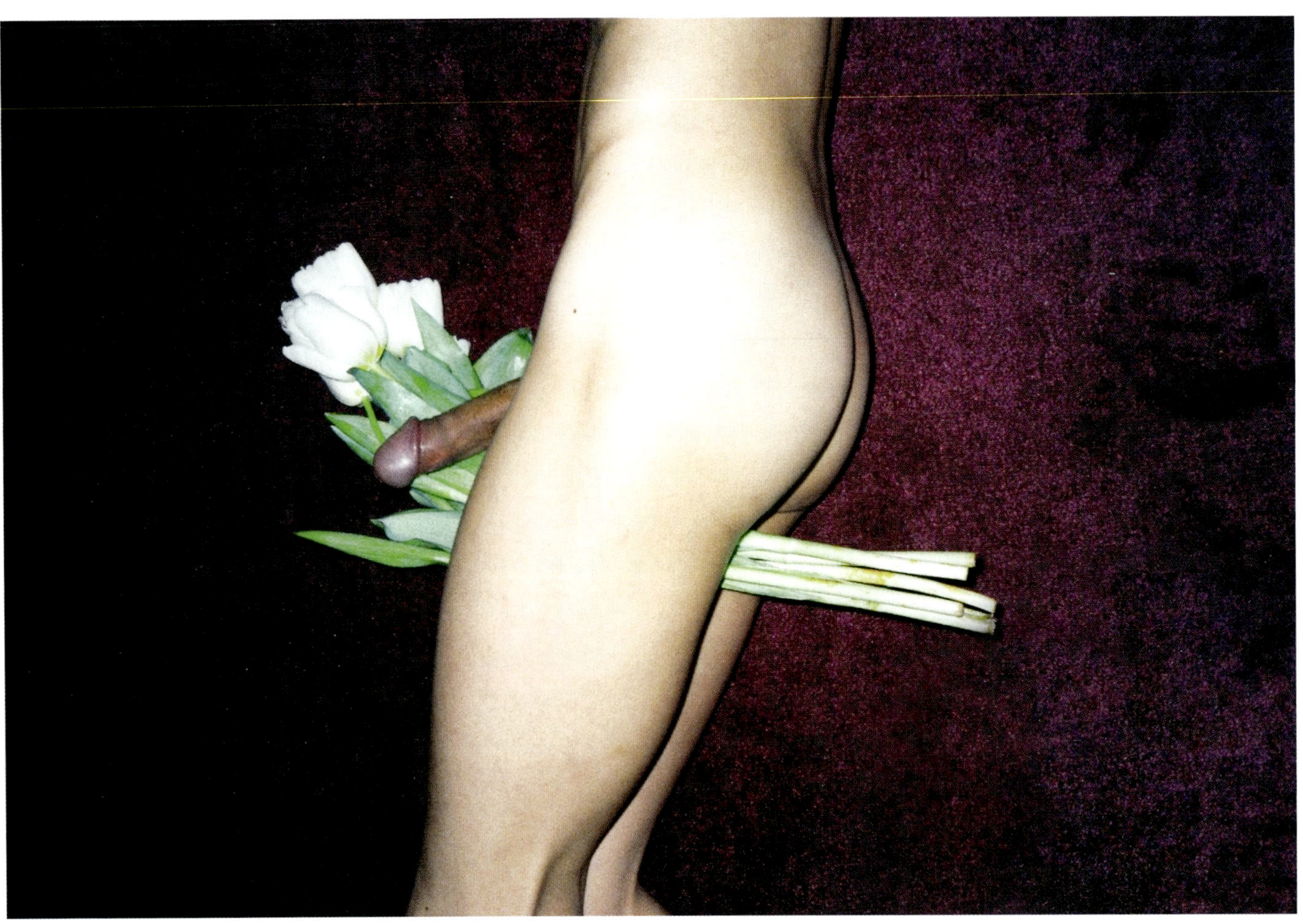

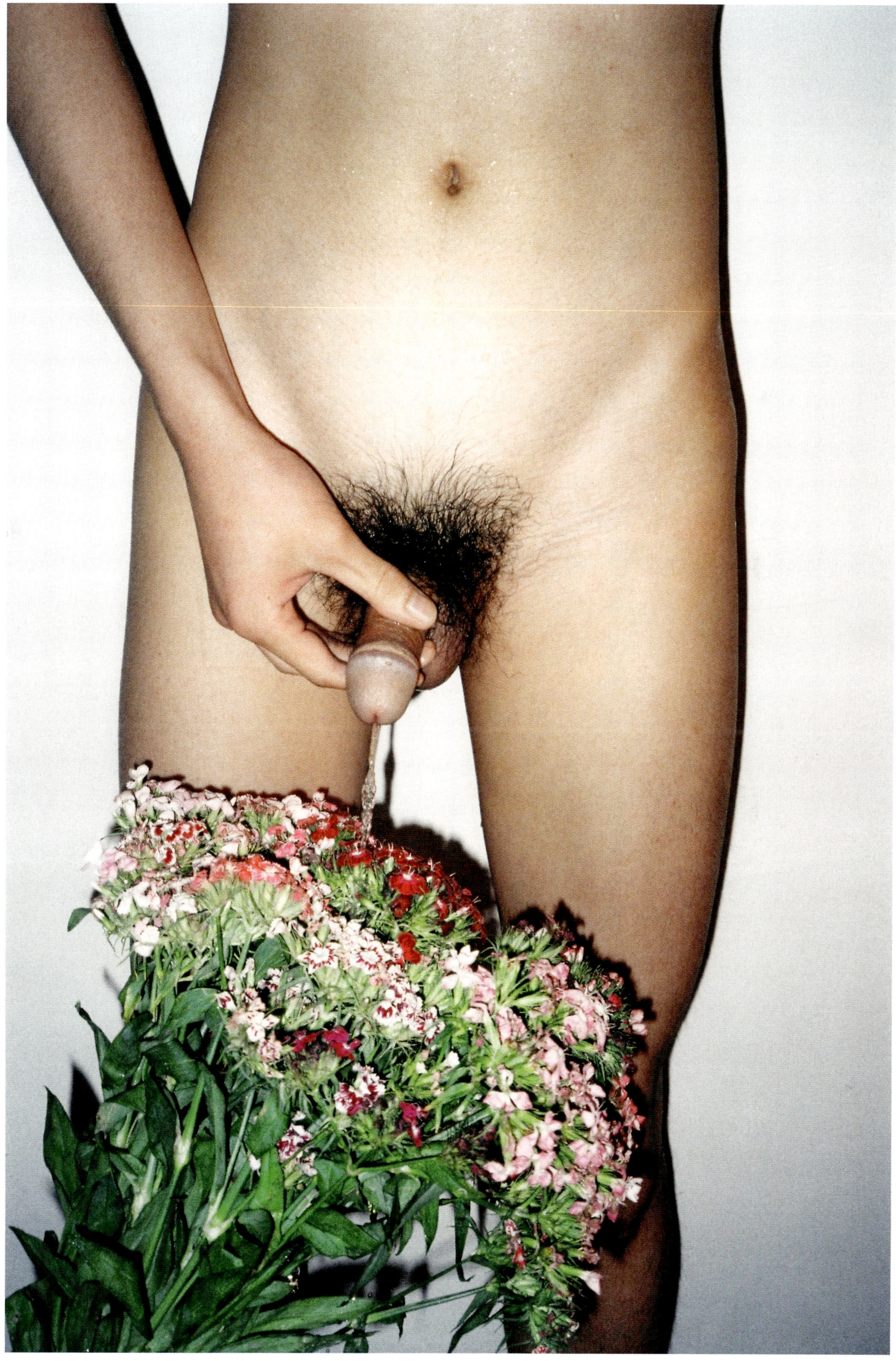

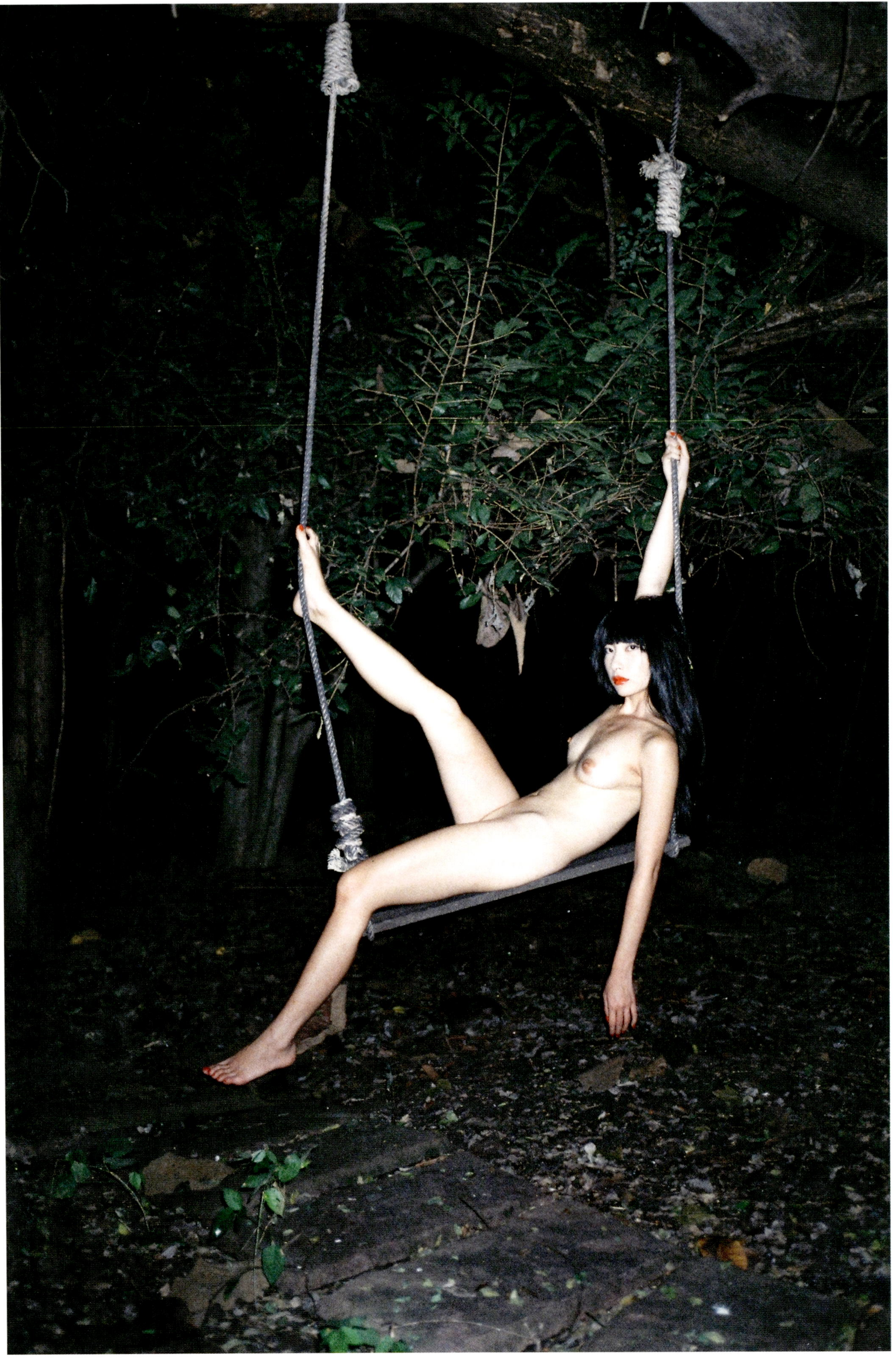

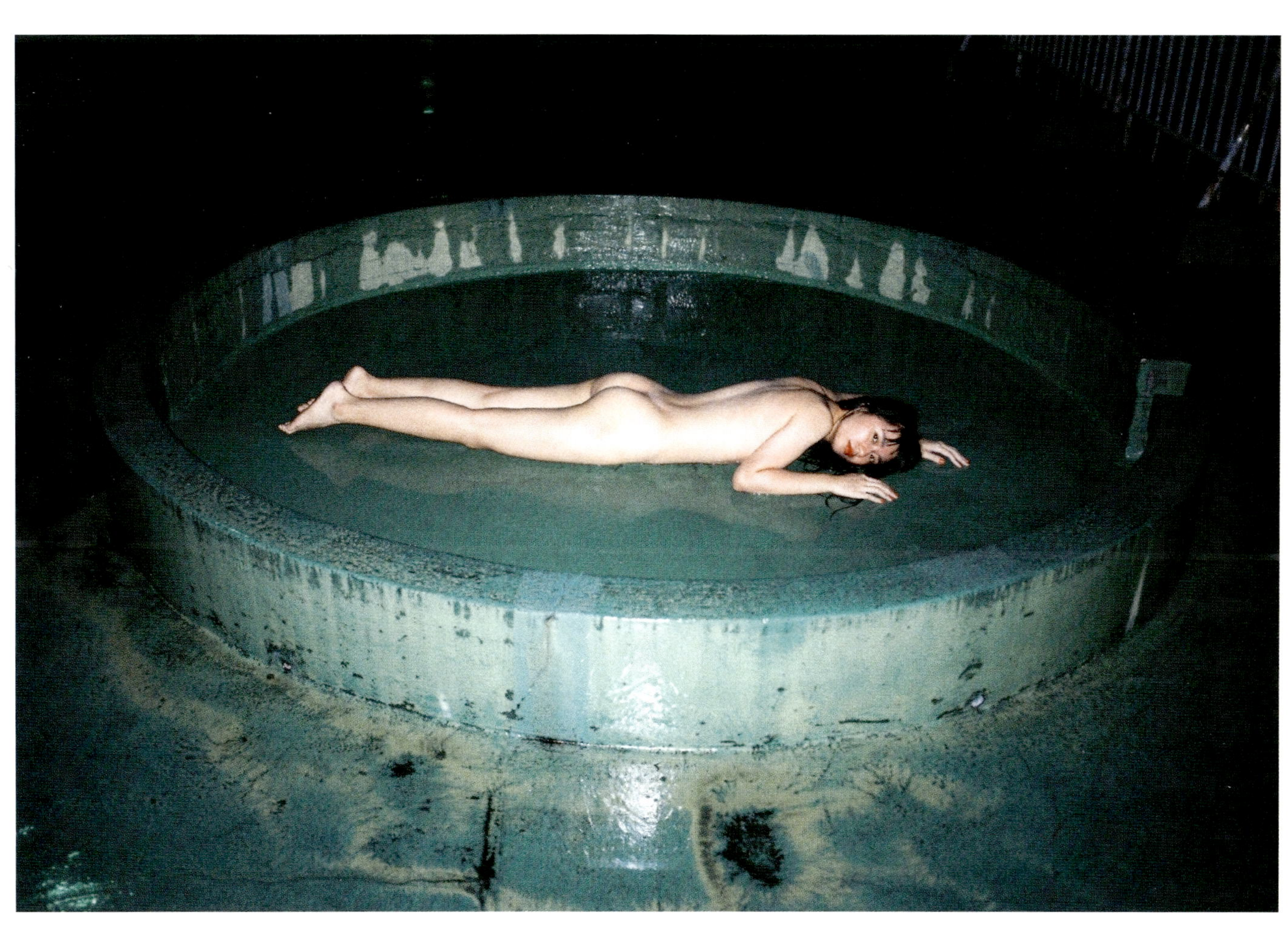

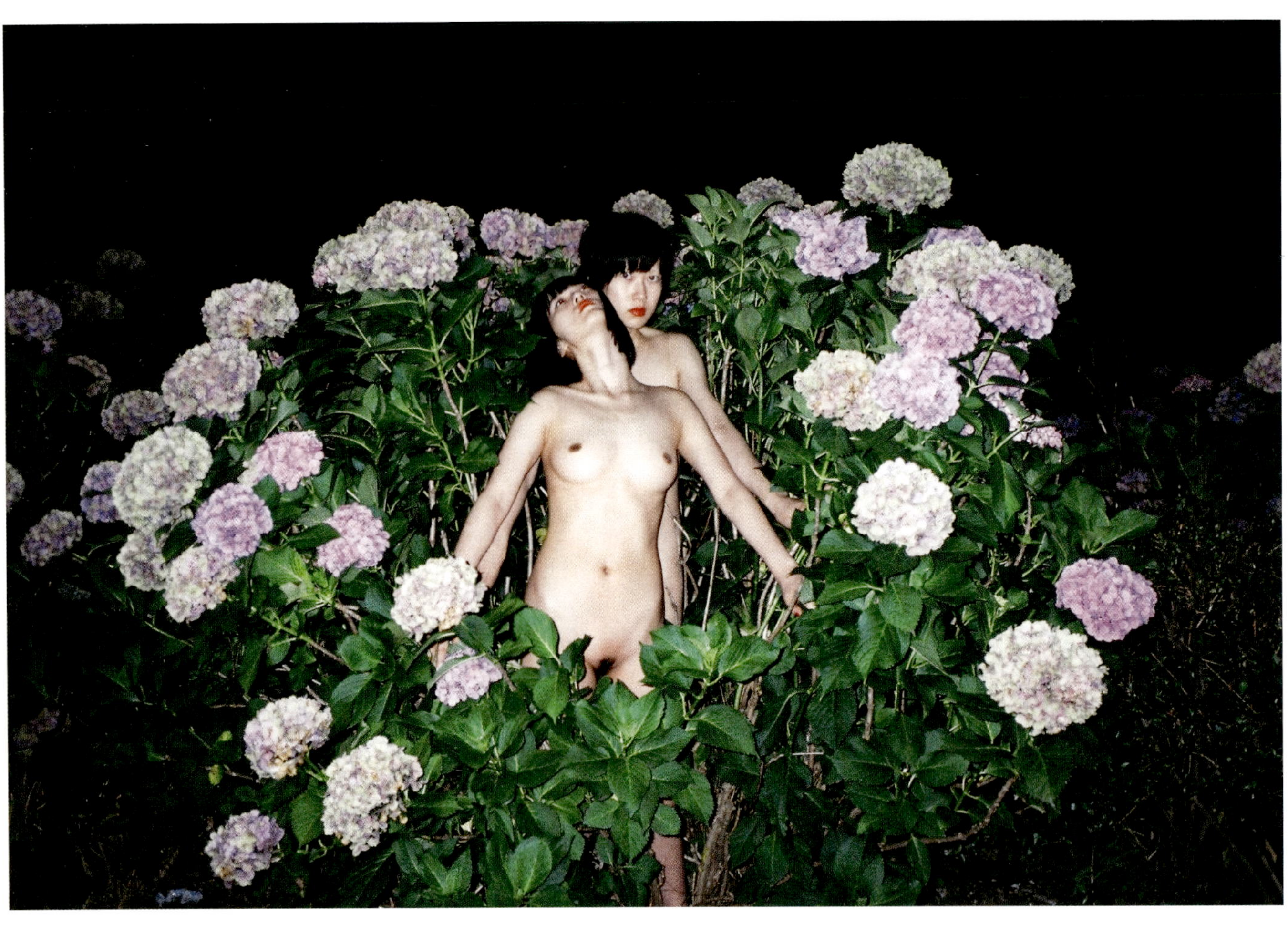

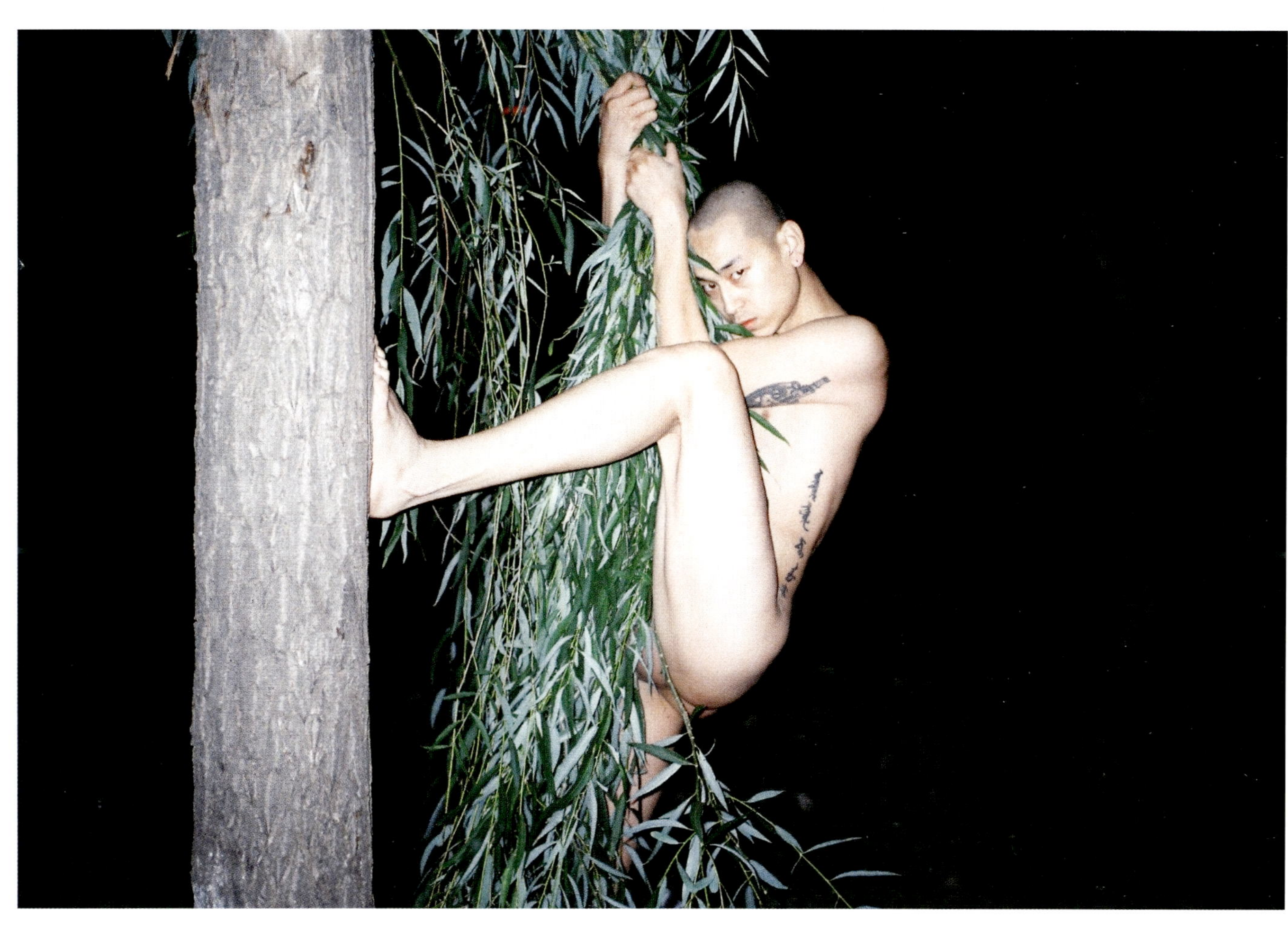

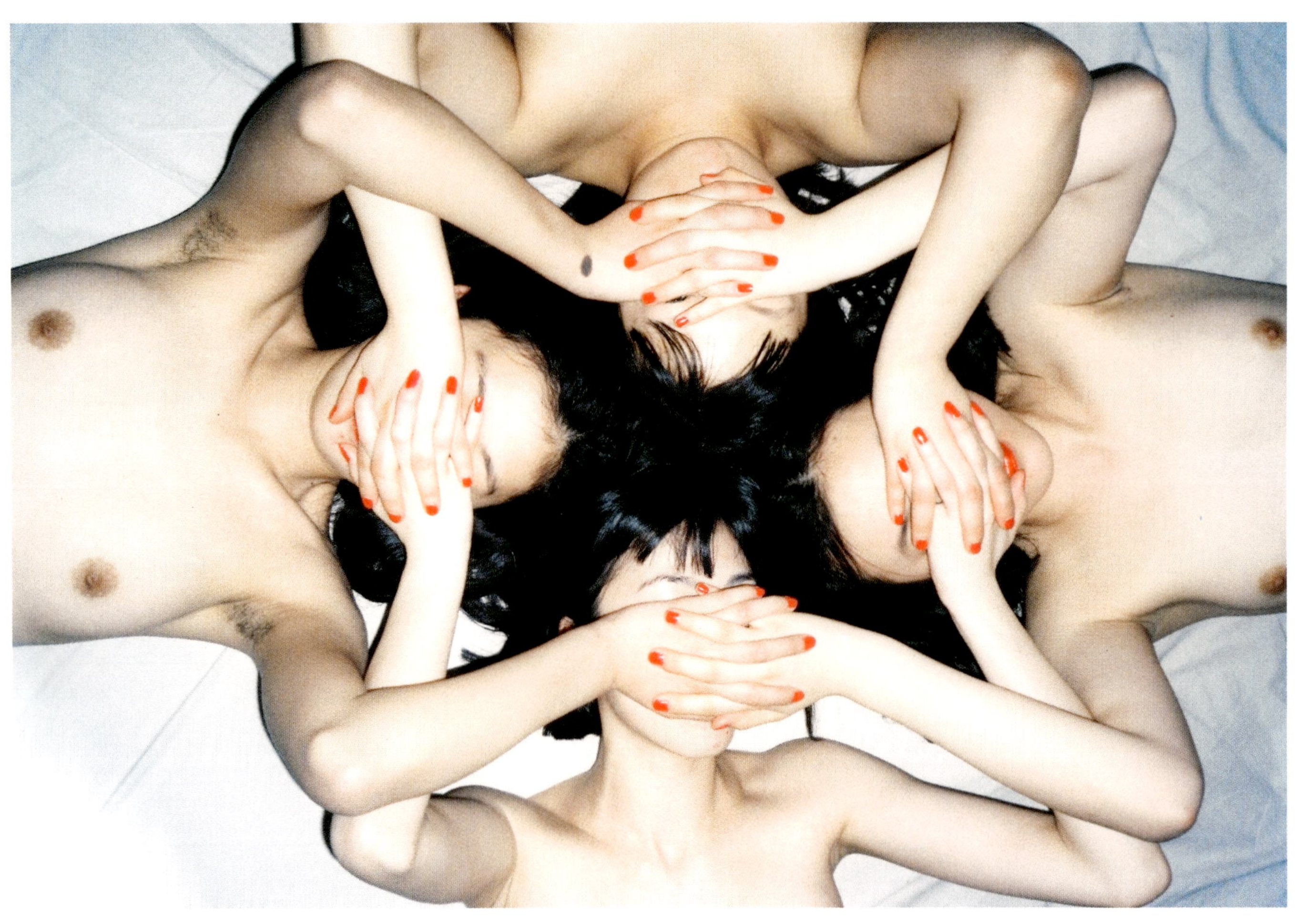

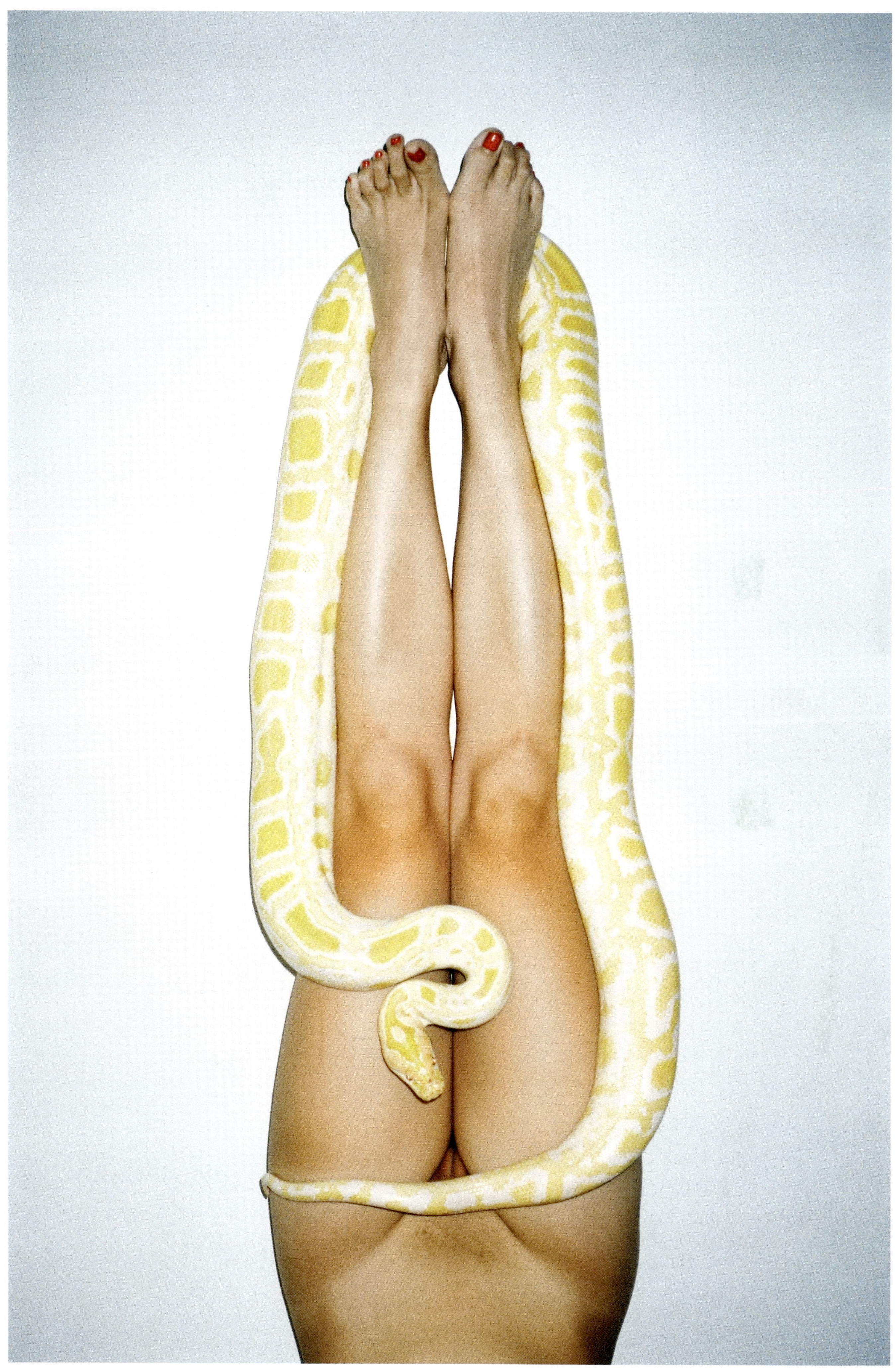

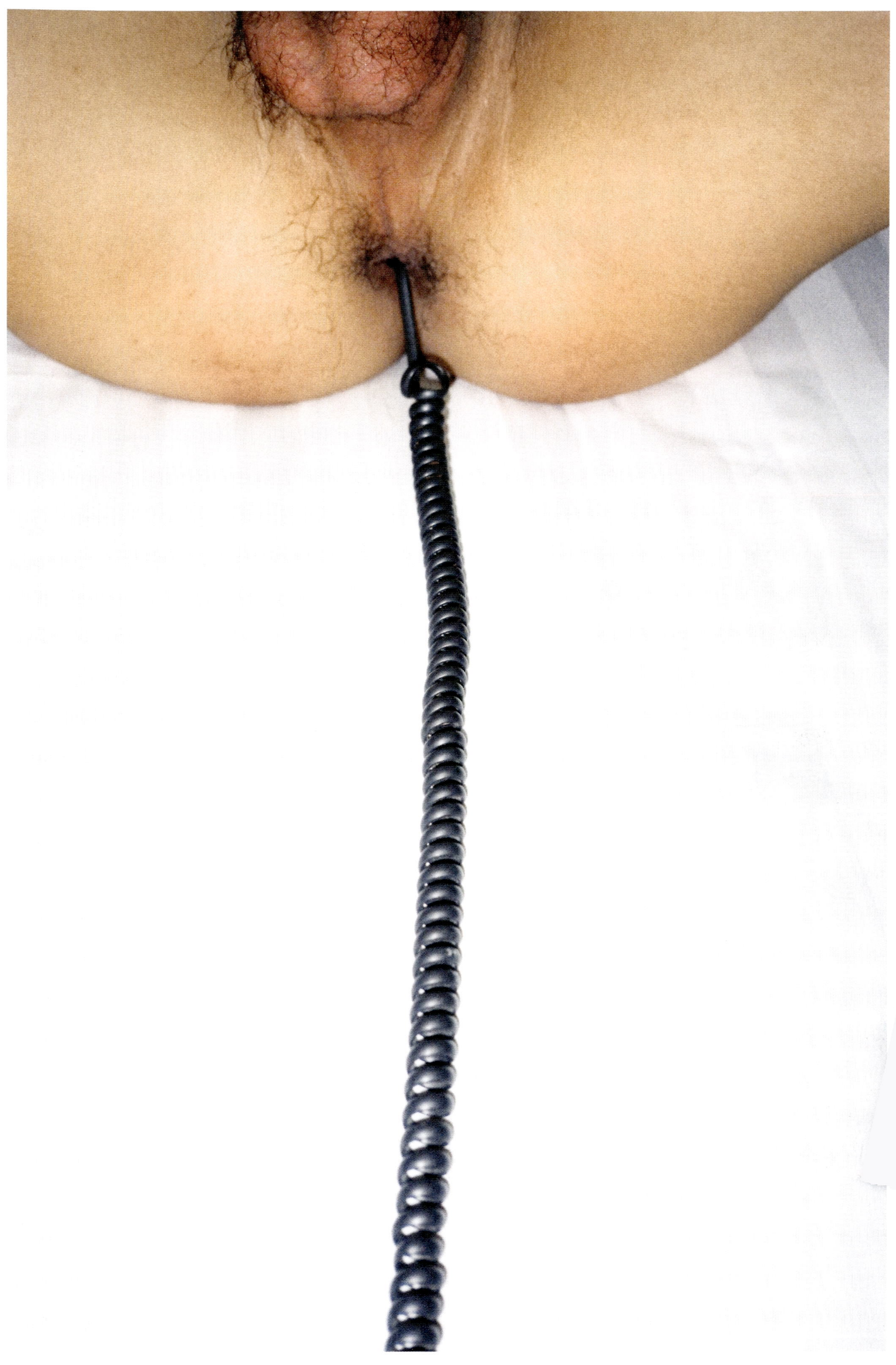

REN WOULD LIKE TO THANK:
Mom and Dad, Huang Jiaqi, Fish Zhang, Jun Sui, Yenk Wang, Zhang Dongqi, Zhang Shuoyu, Zang Yusi, Jason Mui, Onying Lai, Guo Siqi, Yang Wan, Cao Chao, Qiu Bohan, Wei Tong, Yin Zhenghang, Li Chenchi, Fu Lanhong, Liang Kun, Li Ruogu, Sheri Chiu, Leïna Flagada, Yanyan Huang, Li Ke, Zeng Meihuizi, Chen Bin, Gong Ze, Kuang Zhou, Li Yao, Yang Yu, Yu Zhe, Wu Xian, Zheng Jiayi, Di Jiuyuan, Gao Yunlin, Wang Xiaolong, Xie Zhong, Li Bowen, Ma Na, Qi Qi, Peng Moxie, Ning Meng, Su La'er, Shuhei Matsuya, Wang Jingyi, Jessica Ta, Ying Peng, Yvonne Liang, Garho Kametani, Mino, Bryce Zhao, Tsing Liu, RongRong & inri, Feng Boyi, Adrian Bratfanof et al.

EACH AND EVERY TASCHEN BOOK PLANTS A SEED!
Each year, we offset our annual carbon emissions with carbon credits at the Instituto Terra, a reforestation program in Minas Gerais, Brazil, founded by Lélia and Sebastião Salgado. To find out more about this ecological partnership, please check: www.taschen.com/institutoterra.
Inspiration: unlimited. Carbon footprint: (almost) zero.

Want to see more? Visit taschen.com to view our current publications, browse our latest magazine, and subscribe to our newsletter.

[illegible]henzollernring 53, D-50672 Köln
[illegible]w.taschen.com

[illegible] Dian Hanson
[illegible] Nemuel DePaula
[illegible]nese translation: Jun Sui
German translation: Egbert Baqué
French translation: Alice Pétillot

Printed in Slovakia
ISBN 978-3-8365-6207-2

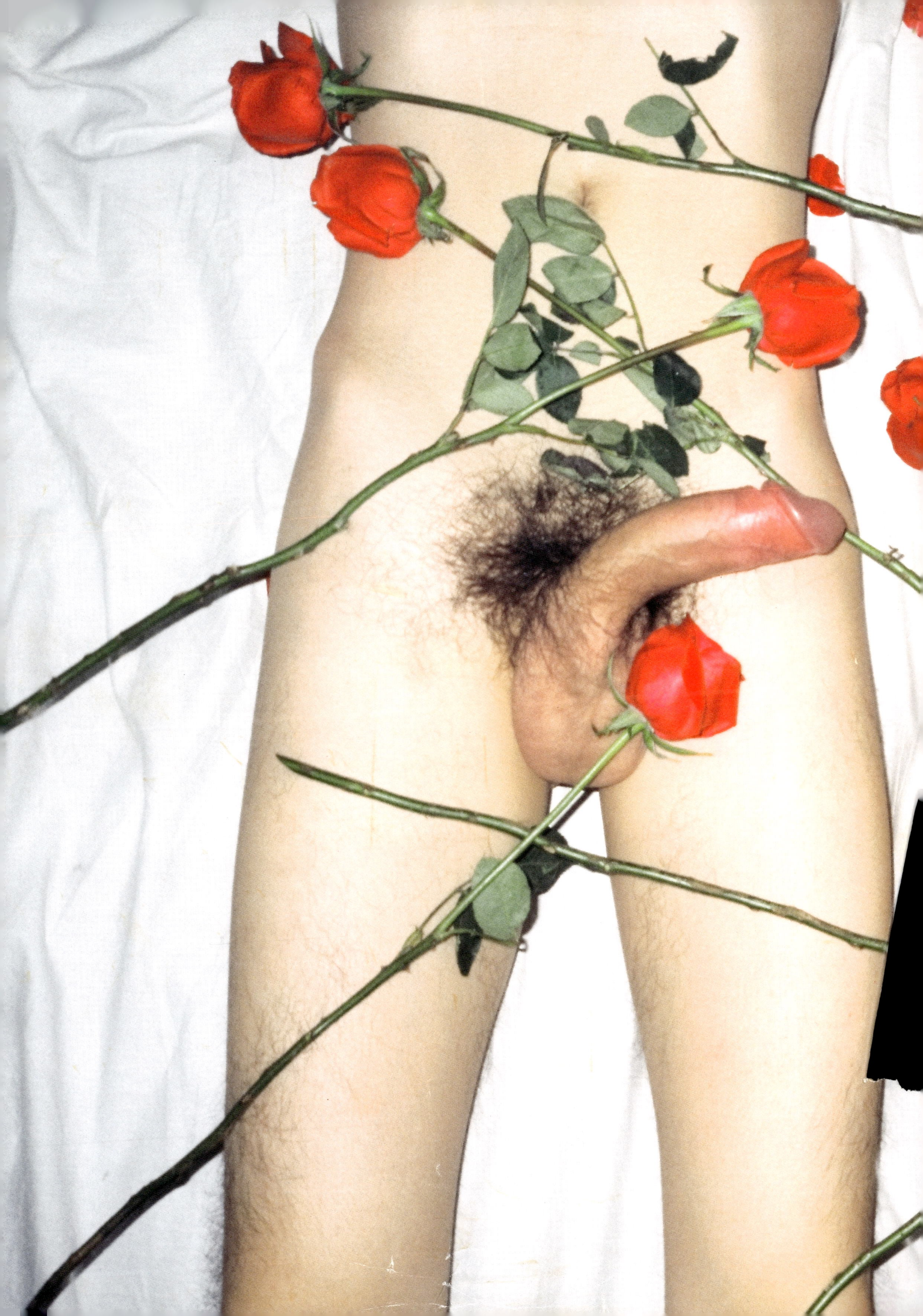